GESTÃO COM INDICADORES EM
HOTELARIA HOSPITALAR
O ESTADO DA ARTE
Métodos, Processos, Tendências e Propostas

GESTÃO COM INDICADORES EM HOTELARIA HOSPITALAR – O ESTADO DA ARTE
Métodos, Processos, Tendências e Propostas

Roberto Maia Farias
Djair Picchiai (*in memoriam*)
Domenico Caruso
Marcelo Boeger
Prefácio: Teresinha Covas Lisboa

Sarvier, 1ª edição, 2019
Sarvier, 2ª edição, 2023

Revisão
Maria Ofélia da Costa

Capa
Ana Carolina Vidal Xavier

Impressão e Acabamento
Digitop Gráfica Editora

Direitos Reservados
Nenhuma parte pode ser duplicada ou reproduzida sem expressa autorização do Editor.

sarvier
Sarvier Editora de Livros Médicos Ltda.
Rua Rita Joana de Sousa, nº 138 – Campo Belo
CEP 04601-060 – São Paulo – Brasil
Telefone (11) 5093-6966
sarvier@sarvier.com.br
www.sarvier.com.br

Dados Internacionais de Catalogação na Publicação (CIP)
(Câmara Brasileira do Livro, SP, Brasil)

Gestão com indicadores em hotelaria hospitalar : o estado da arte : métodos, processos, tendências e propostas / Roberto Maia Farias...[et al.]. -- 2. ed. -- São Paulo, SP : Sarvier Editora, 2023.

Outros autores: Djair Picchiai, Domenico Caruso, Marcelo Boeger.
Bibliografia.
ISBN 978-65-5686-034-3

1. Hospitais – Administração 2. Hospitais – Arquitetura 3. Hotelaria hospitalar 4. Qualidade em serviços 5. Serviços de saúde – Administração I. Farias, Roberto Maia. II. Picchiai, Djair. III. Caruso, Domenico. IV. Boeger, Marcelo. V. Lisboa, Teresinha Covas.

22-133400   CDD-362.1068

Índices para catálogo sistemático:
1. Hotelaria hospitalar : Administração   362.1068
Eliete Marques da Silva – Bibliotecária – CRB-8/9380

GESTÃO COM INDICADORES EM
HOTELARIA HOSPITALAR
O ESTADO DA ARTE

Métodos, Processos, Tendências e Propostas

Roberto Maia Farias
Djair Picchiai (*in memoriam*)
Domenico Caruso
Marcelo Boeger

Prefácio: Teresinha Covas Lisboa

sarvier

SOBRE OS AUTORES

Roberto Maia Farias

Administrador (CRA 8408/CE) e Jornalista (MTE 3543/CE).

Fundador e Presidente da SBHH – Sociedade Brasileira de Hotelaria Hospitalar – Regional Ceará desde junho de 2018. Coordenador da Comissão de Estudos CE 004.017.007 desde 2013 na ABNT – Associação Brasileira de Normas Técnicas. Criador e Mentor do Programa Nacional de Certificação de Qualidade em Lavanderias em Parceria com a ABNT – 2015.

Professor nos Cursos de Especialização do Hospital Albert Einstein no curso de Hotelaria Hospitalar; na UNIARARAS – Universidade de Araras, Araras – SP; Faculdade São Camilo; SENAC – SP; FACINE – Faculdade de Ciências e Tecnologia do Nordeste.

Palestrante do 25º Congresso Hospitalar Facilities – Feira Hospitalar 2018 em São Paulo – SP, Edição de 25 anos; Congresso de Hotelaria Hospitalar da Sociedade Brasileira de Hotelaria Hospitalar, Edição de 10 anos em Salvador – BA em 2017; 1º Congresso de Administração Hospitalar e Gestão da Qualidade em Saúde e Segurança do Paciente da FHO Araras – SP em 2016. Mentor e executor do 1º Seminário de Hotelaria Hospitalar do Cariri, Barbalha – CE em 2016; Seminário SIMPOI da Fundação Getúlio Vargas em São Paulo – SP em 2015. Seminário de Hotelaria Hospitalar – ISGH – Hospital Regional do Cariri, Juazeiro do Norte – CE em 2015; Seminário de Hotelaria Hospitalar na Universidade Federal de Viçosa – UFV em Viçosa – MG em 2014. Workshop – Governança Hospitalar em Salvador – BA em 2014. Semana da Escola Superior de Química – SESQ/2014, São Paulo – SP em 2014. EDUCASSUS – Federação das Santas Casas de São Paulo, São Paulo – SP em 2015; 1ª Jornada Técnica de Hotelaria Hospitalar de Minas Gerais, Belo Horizonte – MG em 2103 no Hospital UNIMED MG; Equipotel em São Paulo – SP na Sala Conference em 2011 e 2012. 1º Encontro das Lavanderias da Região Sul, Porto Alegre – RS, 2011.

Mestre em Administração de Empresas, UNIFACCAMP. Especialista em Administração de RH, Universidade Federal do Ceará – UFC. 2009/2010. Especialista em Administração Hospitalar, Faculdade Integrada do Ceará – FIC, 2004/2006. Especialista em Gestão de Saúde, Fundação Getúlio Vargas (EAESP – FGV), 2018 (em andamento). Graduado em Administração Hoteleira, Faculdade Integrada do Ceará – FIC, 2002/2004.

Artigos Publicados em revistas científicas e revistas técnicas. Autor de livros na área de gestão hospitalar, gestão e controle de higienização e limpeza e gestão de lavanderias domésticas e industriais.

e-mail: prof.roberto@hotmail.com. Fone: (85) 9 9981-1802/(11) 9 8725-2342.

Djair Picchiai (in memoriam)

Doutorado em Administração de Empresas pela Escola de Administração de Empresas de São Paulo da Fundação Getúlio Vargas – SP, 1991. Mestre em Administração Pública pela Escola Brasileira de Administração Pública da Fundação Getúlio Vargas, 1983. Professor da Fundação Getúlio Vargas EAESP – FGV do Departamento de Administração Geral e Recursos Humanos desde 1987. Experiência na Área de Administração, com ênfase em Administração Estratégica e de Pequenos Negócios, atuando principalmente nos seguintes temas: Gestão Estratégica, Estrutura Organizacional, Gestão de Pessoas, Organização, Administração Hospitalar e Gestão Pública. Trabalha com modelos de gestão para hospitais, universidades e MPEs. A partir de março de 2007 colaborou na formulação e implantação do Mestrado Profissional de Administração das Faculdades Campo Limpo Paulista, que foi aprovado pela Capes – Mec em 2008, começando a funcionar em 2009. Participou da aprovação e implantação do Programa de Doutorado Acadêmico em Administração de Micro e Pequenas Empresas. Docente Pesquisador permanente dos Programas de Doutorado Acadêmico e de Mestrado Profissional em Administração da UNIFACCAMP. Professor Titular da Disciplina Teoria e Modelos Organizacionais das Micro e Pequenas Empresas desde 2009. Tem mais de 38 anos de experiência no setor público como executivo público. Tem 41 anos como Professor Universitário. Tem publicações desde 1977, artigos em revistas *Qualis*, pesquisa realizada pela FAPESP e vários relatórios de pesquisas publicados pelo núcleo de publicações e pesquisas da EAESP – FGV. Possui artefatos desenvolvidos e aplicados em organizações, um de planejamento estratégico e outro de dimensionamento de pessoas em hospitais e pequenas clínicas. Possui material técnico de estruturas organizacionais utilizado por diversas instituições. Prestou serviços de consultorias realizadas nos setores público e privado.

e-mail: djair.picchiai@fgv.br

Domenico Caruso

Mestrado em Engenharia de Produção pela Fundação Educacional Inaciana (FEI). Especialização em Administração Hospitalar pela Escola de Administração de Empresas de São Paulo Fundação Getúlio Vargas (EAESP – FGV). Especialização em Engenharia Clínica – Universidade Estadual de Campinas (UNICAMP). Graduado em Engenharia Elétrica com ênfase em Eletrônica pela Universidade Federal de Itajubá – MG (UNIFEI).

Gerente de Operações no HCor – Hospital do Coração – SP, desde 2015 (Gestão das Áreas de Governança (Higiene e Lavanderia), Segurança Patrimonial, Estacionamento, Hospitalidade, Central de Serviços, Uniformes e Recepções Centrais. Gerente de Hotelaria (Operações) de fevereiro de 2007 até junho 2012. Gestão de Serviços de Atendimento ao Paciente (Internação, Gerenciamento de Leitos, Agendamento, Recepção e Hospitalidade) e Serviços de Infraestrutura (Lavanderia e Limpeza). Gerente de Engenharia Clínica e Telefonia, de outubro de 2002 até fevereiro de 2007. Gerenciamento de Equipe de Manutenção de Equipamentos Médico-Hospitalares e de Telefonia. Realização de Trabalhos de Avaliação Tecnológica, Especificação e Treinamento dos Usuários (Médicos, Enfermeiros e Técnicos).

Gerente Administrativo no Hospital Samaritano de São Paulo de junho de 2013 a junho de 2015. Gestão nas Áreas de Atendimento (Internação, Centro de Diagnósticos, Pronto-Socorro e Ambulatórios), Governança (Higiene e Lavanderia), Entreposto, Segurança Patrimonial, Estacionamento, Hotelaria, Hospitalidade, Gerenciamento de Leitos, Agendamento Cirúrgico, Nutrição, Central de Serviços, Telefonia e SAME.

Gerente Executivo de Operações no Hospital São Francisco – Ribeirão Preto – SP, de junho de 2012 a junho de 2013. Gestão das Áreas de Operações de Hospital compreendendo os Serviços de Manutenção Predial, Engenharia de Obras, Engenharia Clínica, Hotelaria, Recepções, Governança, Logística, Farmácia e Faturamento.

Projeto REFORSUS – Ministério da Saúde – Brasília – DF. Engenheiro Clínico Consultor (Coordenador do Grupo de Equipamentos sob Controle do Ministério da Saúde). Trabalhos de Especificação de Equipamentos e Acompanhamento de Licitações Internacionais de outubro de 1997 até outubro de 2002.

Engenharia Clínica, Consultoria e Comércio Ltda., São Paulo – SP. Engenheiro Clínico Consultor. Dezembro de 1996 a outubro de 1997.

Professor do Módulo de Sistemas Gerenciais no Curso de Pós-Graduação em Hotelaria Hospitalar – SENAC, 2014. Professor da Disciplina de Equipamentos Biomédicos e Instalações Hospitalares do Curso Técnico de Segurança do Trabalho – SENAC, 1997. Curso Técnico de Administração Hospitalar – SENAC, 1997. Professor convidado na Disciplina de Bioquímica na Faculdade de Medicina de Itajubá (FMIt)/MG. Equipamentos utilizados em laboratórios de análises clínicas, 1997.

Participações como palestrante: na HIS 2017 – Healthcare Innovation Show. Tema: Alocação de capital: terceirização, gestão de riscos, outubro de 2017.

Fórum Infra de Facilities Manager no ambiente Hospitalar. Tema: Inovação na limpeza Hospitalar – Case do (HCor) Hospital do Coração, maio de 2017.

14ª Infra São Paulo – Facility no Comando. Inovação na Limpeza Hospitalar – Case do (HCor) Hospital do Coração, maio de 2017.

13ª Infra São Paulo – Facility: O invisível que entrega resultados. Complexidade e Paradigmas na Gestão de Facility em Ambientes Hospitalares – Case Hospital do Coração (HCor), maio de 2016.

IBC – International Business Communications. Indicadores Hospitalares, Tema: Construa Indicadores que apoiam o Desenvolvimento dos Serviços de Hotelaria Hospitalar, abril de 2011.

IX Fórum de Hotelaria Hospitalar. A Hotelaria Hospitalar no Cenário Atual e seu impacto na Gestão das Especialidades, outubro de 2010.

CQH'2008 – XII Congresso Brasileiro de Qualidade em Serviços de Saúde. Sistemas de Saúde Público e Privado: Sustentabilidade, Qualidade e Ética, junho de 2008.

IX Congresso Paulista de Terapia Intensiva. Manutenção Preventiva de Equipamentos Médico-Hospitalares, abril de 2005.

Idiomas: Inglês (Avançado) e Espanhol (Intermediário).

Membro Efetivo do Comitê de Ética em Pesquisa do HCor – Hospital do Coração, janeiro de 2007 a junho de 2012. Prêmio-Chave de Ouro em Hospitalidade e Governança de Excelência. SINTHORESP – Sindicato dos Trabalhadores no Comércio e Serviços em Geral de Hospedagem, Gastronomia, Alimentação Preparada e Bebida a Varejo de São Paulo e Região, 2009.

Publicações internacionais

Application of Discrete Systems Simulation to Reduce Waiting Time in the Outpatient Service of a Hospital in the City of São Paulo.

Apresentação e Publicação do trabalho nos anais do evento: I3M: The 9th Multidisciplinary Modelling & Simulation Multiconference – I – WISH: The International Workshop on Innovative Simulation for Health Care. Viena – Áustria, setembro de 2012.

e-mail: domenico-caruso@hotmail.com

Marcelo Boeger

Presidente da Sociedade Latino-Americana de Hotelaria Hospitalar. Mestre em Planejamento Ambiental pela Universidade Ibero-Americana. Mestre em Gestão de Hospitalidade pela Universidade Anhembi Morumbi. Coordenador e Professor dos Cursos de Especialização do Hospital Albert Einstein. Professor convidado nos cursos de MBA em Gestão da Saúde e Infecção Hospitalar (INESP) e Fundação UNIMED. Sócio e Consultor da Empresa Hospitalidade Consultoria. Autor de diversos livros na área de Hotelaria Hospitalar.

e-mail: marceloboeger@gmail.com

O QUE É HOTELARIA HOSPITALAR?

É o estado da arte na gestão e na vigília dos serviços de apoio em busca do atendimento das necessidades, desejos e da superação da expectativa de quem mais necessita de cuidados diferenciados.

Roberto Maia Farias (2014)

Serviços de apoio como unidades essenciais à qualidade de assistência ao paciente, e exercício das atividades dos profissionais de saúde.

Djair Picchiai (*in memoriam*) **(2016)**

A sobrevivência de qualquer instituição depende diretamente da qualidade da sua gestão. Não existe boa gestão sem informação que possa ser utilizada para estabelecer processos de melhoria contínua. A construção de indicadores que reflitam o estado real de processos na área de operação é primordial para que possamos tomar decisões que aprimorem a segurança no ambiente hospitalar e a qualidade da assistência fornecida ao cliente.

Domenico Caruso (2019)

É a reunião de todos os serviços de apoio, que oferecem aos clientes conforto, segurança e bem-estar durante o seu período de internação.

Marcelo Boeger (2010)

AGRADECIMENTOS

ROBERTO MAIA FARIAS

A Deus, a todos do clã, aos meus filhos Lia e Daniel, aos meus netos Júlia, Felipe e Artur e Ravi pela alegria de vida. A minha mulher Mônica agradeço pelo intenso carinho e dedicação com que estamos construindo um novo tempo. Mônica eu te amo.

Agradecimento especial aos profissionais de hotelaria hospitalar, professores e alunos. Vocês são partes integrantes da minha formação profissional e acadêmica.

DJAIR PICCHIAI (in memoriam)

A minha família, ao Professor Claude Machline, à EAESP-FGV, à UNIFACCAMP, aos alunos e aos profissionais com quem convivi nestes últimos 43 anos.

DOMENICO CARUSO

A minha filha Letizia, minha inspiração para buscar crescimento pessoal e profissional todos os dias.

MARCELO BOEGER

A Deus por oportunizar essa integração entre profissionais e possibilitar ofertar um material para melhoria de desempenho dos gestores resultando em um serviço de melhor qualidade e maior segurança aos pacientes e equipes.

Somos gratos à Professora Doutora Teresinha Covas Lisboa pelas palavras doces e pelo seu olhar inovador sobre todos os aspectos. É muito gratificante ouvir seus ensinamentos. Um grande abraço à família Covas Lisboa.

PREFÁCIO

O crescimento da área hospitalar possibilitou o surgimento de novas tendências no processo de gestão. A própria complexidade dos hospitais assim o exigiu, tendo em vista modernas estruturas, profissões e funcionalidades de unidades. Esse avanço contemplou as esferas públicas e privadas, atingindo a internacionalização de hospitais e as empresas que prestam serviços para essas instituições.

Com a profissionalização desse segmento, competências e habilidades alinharam-se e, assim, surgiram profissionais para conduzir o processo administrativo e tecnológico dos hospitais. É o caso da hotelaria que integrou a organização hospitalar e aqui é estudada pelos métodos, processos, tendências e propostas.

O conteúdo desta obra leva-nos a refletir, primeiramente, sobre a Saúde Pública no Brasil, seus programas e como são implantados, beneficiando uma população que necessita de cuidados imediatos e de qualidade. No contexto do acolhimento e humanização, esses programas necessitam de gestores e técnicos para disponibilizar o melhor atendimento e obedecer às legislações vigentes.

Os autores construíram uma sequência de capítulos de forma clara e objetiva, minuciosamente desenhados, para atender às principais necessidades dos setores de Hotelaria Hospitalar. Neles se encontram os passos de como um gestor deve conduzir todo o processo de planejamento da área de Hotelaria Hospitalar.

A Hospitalidade, a Humanização e a Hotelaria Hospitalar são temas de grande importância e os autores demonstram àqueles que pesquisam sobre o tema capítulos sobre a criação de departamentos, desde a arquitetura, organização de cargos e funções até à implantação, sempre com foco no processo de gestão.

Os capítulos que envolvem Indicadores apresentam itens detalhados e aplicáveis, oferecendo ao leitor a oportunidade de implementá-los de forma prática e direcionada para atingir resultados estratégicos nas unidades hospitalares. E, nesse contexto, encontram-se as principais situações existentes no cotidiano dos hospitais.

Finalizam com Acreditação das Instituições de Saúde, momento que as organizações atendem aos critérios de segurança em seu ambiente e apresentam uma gestão baseada em processos de integração.

A obra possui, portanto, um material de grande representatividade sobre o tema, uma fonte de pesquisa e de estudos para acadêmicos e profissionais, muito bem demonstrado pelos Professores Roberto Maia Farias, Djair Picchiai, Domenico Caruso e Marcelo Boeger.

Profa. Dra. Teresinha Covas Lisboa
Consultora na Área de Saúde.
TCL Consultoria e Assessoria S/C Ltda.
Docente da Universidade Paulista – UNIP.
Docente da Florida Christian University – FCU.
e-mail: teresinhacovas@uol.com.br

APRESENTAÇÃO

Implantar a hotelaria hospitalar exige sensibilidade, criatividade e comprometimento do administrador do hospital, muito mais do que a mera disponibilização de recursos, sejam estes humanos ou financeiros. Os recursos para implantar a hotelaria hospitalar com a visão de manter-se no "Estado da Arte" nascem de uma parcela de eliminação dos desperdícios provocados pelas falhas ou pela falta de gestão estratégica nos setores coordenados pela Hotelaria Hospitalar.

A Hotelaria Hospitalar é baseada na Hotelaria Hoteleira (Tradicional) aplicada em uma organização de saúde. A existência de atitudes hospitaleiras é um pré-requisito à sua implementação e não deve ser um ato mecânico que não permita individualizar algumas formas de atendimento.

A hotelaria, seja ela hoteleira ou hospitalar, deve parametrizar seus padrões, ter seus limites definidos, porém deve ser flexível quando necessário, desde que essa flexibilização não interfira na qualidade técnica dos serviços médicos. Em Hotelaria Hospitalar, o momento de atendimento, além de único, é também emergencial. Clientes de saúde urgem por necessidades fisiológicas básicas e a instantaneidade para atender vai fazer a diferença. A Hotelaria deve manter os procedimentos padrões básicos, ressaltando sempre a qualidade dos serviços e dos produtos, porém deve ter criatividade, disponibilidade e competência para agregar "valores de confeitaria[1]" para todos os clientes envolvidos.

A percepção dos clientes sobre quais os serviços que mais podem oferecer qualidades intrínsecas e agregar valores é fato de extrema realidade. É inevitável que as empresas que desejam manter-se como diferenciais se preparem para receber e atender as necessidades, desejos e expectativas dos seus clientes, principalmente os clientes de saúde.

Os Autores

---

[1] Todo bolo tem uma estrutura básica (trigo + ovos + fermento). Uns podem ter chocolates e caramelos, outros podem ter recheios e bordas confeitadas com os motivos e detalhes exclusivos para cada ocasião. Isto é Valores de confeitaria.

CONTEÚDO

1	Introdução	1
2	A Saúde Pública no Brasil	4
3	Hospitais e a Saúde	13
4	Tópicos de Hotelaria	19
5	Hospitalidade e Hotelaria Hospitalar	32
6	A Humanização e a Hotelaria Hospitalar	37
7	Hotelaria Hospitalar	41
8	Implantação da Hotelaria Hospitalar	61
9	Arquitetura em Hotelaria Hospitalar	76
10	Organização e Cargos em Hotelaria Hospitalar	82
11	Departamentos em Hotelaria Hospitalar	88
12	Gestão Organizacional em Hotelaria Hospitalar	96
13	Indicadores de Desempenho	189
14	Bioindicadores e a Gestão da Qualidade Sanitária	249
15	Indicadores de Hotelaria: da Operação à Estratégia	286
16	SLA e a Relevância para a Gestão na Hotelaria	305
17	Expressões e Siglas Utilizadas em Hotelaria	332
18	Acreditação das Instituições de Saúde	354
19	Referências Bibliográficas	361
	Índice Remissivo	366

1 INTRODUÇÃO

Para Castelli (2003), o ser humano é o único responsável pela prestação de serviços a outro ser humano, o primeiro denominado de emissor ou fornecedor e o segundo denominado de receptor ou cliente. A ação de prestação dos serviços tem como objetivo suprir uma necessidade ou realizar um desejo. Quem realiza o serviço também o faz por uma necessidade, atendendo a um desejo. Portanto, a necessidade e o desejo são condições mútuas e contínuas dos seres humanos.

Nesse encontro de necessidades e desejos, pode surgir um relacionamento comercial e duradouro, que é denominado de fidelização do cliente ao serviço. A fidelidade ocorre a partir da contemplação das necessidades de quem recebe o serviço. Será maior se os serviços forem entregues de forma justa, com cortesia, presteza, cordialidade, enfim, com hospitalidade.

A hospitalidade pode contribuir para a habitualidade na relação de troca comercial de serviços ou produtos. Em algumas atividades, o serviço é a parte fundamental para marcar a fidelização do cliente. No turismo, a hospitalidade tem como resultante a habitualidade do turista para retorno ou como divulgador da região e formador de opiniões às outras pessoas, gerando a perenização e o crescimento da hotelaria. O turismo, por si só, é fonte de geração de riqueza, porém, com atitudes hospitaleiras, é sinônimo de perenização dessa riqueza com desenvolvimento social.

A hotelaria é a mão amiga do turismo. Um ambiente bem organizado necessita dos ritos da hospitalidade para manter sua prosperidade. Portanto, fica claro que o turismo depende da hotelaria e ambos implicam hospitalidade. Estudiosos da gestão relacionam a hospitalidade como um valor que toda a empresa deve cultivar, a fim de antecipar-se às necessidades dos clientes.

A hotelaria avançou e saiu dos meios de hospedagem tradicionais e alimentou, nos Estabelecimentos Assistenciais de Saúde (EAS), a opção de manter um ambiente com hospitalidade e humanização. São ambientes semelhantes com marcantes diferenças. Para o ambiente hoteleiro se dirigem pessoas supostamente saudáveis em busca de conforto e bem-estar. Para o ambiente hospitalar se dirigem pessoas supostamente doentes em busca de conforto e bem-estar. Essa marcante diferença, o estado de saúde das pessoas, faz da hotelaria hospitalar o diferencial nos serviços prestados.

Ao escrever este projeto, "hotelaria hospitalar como estado da arte", não podiam faltar os conceitos definidos por Torres (2001), Beni (2006), Castelli (2003), Farias (2006), que são referências literárias da hotelaria hoteleira e do turismo, afinal de contas, a hotelaria hospitalar nasceu da hotelaria hoteleira, que nasceu do turismo.

Em hotelaria hospitalar, os principais autores pesquisados foram Mezzomo (2004), Taraboulsi (2004) e Boeger (2005). Mezzomo aborda a gestão hospitalar. Taraboulsi e Boeger conceituam e contextualizam o tipo de hotelaria a ser implantado, seus benefícios e riscos, os departamentos e cargos e a importância dos serviços de hotelaria na instituição hospitalar.

Na gestão de produtos e serviços, as referências são Taylor (1911), Maslow (1946) e Drucker (2005). Esses são considerados pilares da estruturação organizacional, das relações humanas e do ambiente organizacional.

Na linha do empreendedorismo e inovação, para fundamentar a hotelaria hospitalar ao estado da arte, as referências são Shumpeter (1942) e Prahalad e Hammel (1990). Shumpeter na sua linha filosófica da inovação como uma destruição criativa, Prahalad e Hammel como definição do *core business* da hotelaria hospitalar.

O autor utilizou como fonte de pesquisa, além das referências citadas, livros, artigos, conteúdo da experiência em palestras, discussões em grupos, seminários e, principalmente, como *survey* (estudos de casos) as consultorias realizadas em hotelarias hoteleira e hospitalar no Brasil.

Embora a pesquisa tenha sustentação teórico-bibliográfica e um somatório de estudos de casos, este trabalho não pretende esgotar o assunto, mas fortalecer a mensagem da importância da hotelaria hospitalar na qualidade dos serviços prestados e na redução dos custos no atendimento ao cliente da saúde. O efeito sinergético da qualidade e o sistêmico na redução de custos são os principais motivos para implantar a hotelaria hospitalar no seu pleno estado da arte.

A hotelaria hospitalar é, de fato, um diferencial, desde que estejam em harmonia os fundamentos da própria hotelaria, da hospitalidade e da humanização.

A hotelaria conduz à humanização e a humanização é hospitaleira.

A humanização é entender, atender e acolher as necessidades coletivas respeitando a individualidade de cada ser humano.

O atendimento humanizado tem relação intrínseca com a motivação da equipe e, como consequência, impacta na produtividade da instituição. A humanização precisa ser uma palavra de ordem no segmento da saúde. O olho no olho, o sorriso, a cordialidade e a preocupação em entender o indivíduo como um ser integral são alguns dos aspectos fundamentais para garantir uma experiência positiva aos clientes da saúde.

Mezzomo (1995) afirma que, ao direcionar a óptica para a essência da humanização dentro de um hospital, torna-se fundamental vivenciar uma mudança de cultura que prime por um atendimento pautado no respeito à dignidade do ser humano. É com esse olhar que Baraúna (2005) realça que as ações da humanização procuram resgatar o respeito à vida humana. Acrescenta, ainda, que é fundamental estar atento às necessidades do outro com respeito e dedicação.

Para Baraúna (2005, p. 1) a humanização é um processo de construção gradual, realizada por meio do compartilhamento de conhecimentos e de sentimentos. Nesse contexto, humanizar é ter uma predisposição para contribuir (o sentimento e o conhecimento) com o outro de forma ética, individual e independente, reconhecendo seus limites e o dele, compondo uma empatia entre indivíduos e possibilitando a troca de informações.

Segundo Viegas (2008), humanizar é o mesmo que dar condição humana; civilizar, ou seja, proporcionar ao cidadão condições de usufruir os seus direitos humanos de forma respeitosa e mútua. Por essa mesma via, Calvetti, Silva e Gouer (2008) afirmaram a necessidade de ouvir a pessoa hospitalizada de forma afetiva, para acolher seus sentimentos e perceber o paciente na sua totalidade.

A hotelaria hospitalar é uma ponte entre instituições que se preocupam com o atendimento aos clientes da saúde e os que se ocupam, acolhem e cuidam das pessoas. São inúmeros os motivos para acreditar na existência da hotelaria hospitalar em um ambiente assistencial de saúde. É, portanto, um pacto harmônico entre a qualidade e a rentabilidade em ambiente acolhedor e saudável.

Este projeto está definido em 18 capítulos. No capítulo 1, a introdução ao trabalho, e no capítulo 2, uma abordagem sobre a saúde pública no Brasil e seus avanços e programas sociais e assistenciais. No capítulo 3, a importância dos hospitais ao longo da história mundial e especificamente nacional. O capítulo 4 abre uma explanação sobre o significado numérico dos hotéis e os hospitais no Brasil e no mundo. Apresenta os maiores e melhores hospitais mundiais e nacionais pela complexidade, qualidade e especialidades. O capítulo 5 aborda sobre a hospitalidade na hotelaria hospitalar e sua franca expansão como fator de satisfação para os clientes de saúde. O capítulo 6 descreve e reúne conceitos de diversos autores sobre a humanização na hotelaria hospitalar. O capítulo 7 descreve um pouco da história da hotelaria hospitalar, sua presença no Brasil e os desafios para os próximos anos. O capítulo 8 aborda especificamente o que é a hotelaria hospitalar no seu conceito acadêmico e prático, sem esgotar o assunto, mas ampliando suas melhores práticas sobre o porquê e como implantar a hotelaria hospitalar em uma instituição de saúde focando nos custos e benefícios dessa operação. O capítulo 9 abre espaço para uma leve reflexão sobre a arquitetura hospitalar e sua importância na qualidade da hotelaria hospitalar. O capítulo 10 descreve as semelhanças entre os cargos existentes na hotelaria hoteleira e hotelaria hospitalar e faz algumas comparações entre eles. O capítulo 11 aborda a departamentalização dos serviços da hotelaria hospitalar nos seus principais setores. O capítulo 12 aborda a estrutura organizacional e seus principais setores, tais como governança, serviços gerais, limpeza, rouparia, lavanderia, nutrição, controle de pragas, gestão de resíduos, segurança, portaria, reservas, recepção, gestão de leitos, hospitalidade, *facilities* e manutenção. O capítulo 13 aborda o principal capítulo do livro, os indicadores de desempenho estratégicos, táticos e operacionais. O capítulo 14 aborda uma nova revolução na gestão da lavagem do enxoval, o controle por meio de bioindicadores de qualidade higiênico-sanitária e seus pontos críticos de controle.

O capítulo 15 mostra uma abordagem sobre indicadores de hotelaria em uma visão ampliada da operação à estratégia sistêmica partindo do KPI para o BSC e a importância da gestão por indicadores na hotelaria hospitalar. No capítulo 16 a abordagem é sobre o SLA (*Service Level Agreement*) ou Acordo de Nível de Serviço. Aqui mostramos como elaborar a ficha técnica, onde aplicar, como calcular e a importância na relação entre partes. O capítulo 17 traz as principais expressões e siglas utilizadas em hotelaria e que podem ser utilizadas em hotelaria hospitalar. Aborda o alfabeto no turismo e sobre a importância da linguagem brasileira de sinais nos hospitais. O capítulo 18 faz menção aos principais hospitais acreditados e a acreditação das instituições de saúde.

2 A SAÚDE PÚBLICA NO BRASIL

O século XX foi considerado o século da ciência, do progresso, da engenharia e da medicina. Foi também o século da vergonha nacional na saúde devido a epidemias de tuberculose, cólera, malária e varíola. A população pobre não tinha direito a atendimento nos hospitais públicos e, quando atendida, era em hospitais filantrópicos, de caridade, que eram mantidos por igrejas ou com o apoio de parte da população. As Santas Casas são exemplos de caridade durante esse período.

O quadro 2.1 apresenta a cronologia da evolução da saúde no Brasil a partir de 1900.

Quadro 2.1 – Evolução na saúde do Brasil a partir de 1900.

Data	Evolução cronológica
1904	Ditadura sanitária: a população não aceitava a vacinação obrigatória
1918	Gripe espanhola mata 5.000 pessoas. Getúlio Vargas centraliza os serviços de saúde. Cria os Institutos de Aposentadoria e Pensões (IAP) financiados por trabalhadores e empresas. Sem carteira assinada não é atendido em hospitais públicos
1946 a 1964	Brasil copia modelo americano de atenção à saúde. Um grande hospital concentrava o atendimento de uma região
1964 a 1981	Ditadura: piora as condições da saúde da população (miséria e menos investimentos). O governo contrata médicos. Nascem a Associação Médica de Hospitais e a Associação Brasileira de Medicina. Inicia a Indústria Brasileira de Fabricação de Medicamentos (IBIFARMA). Em 1970, cresce o número de leitos nos hospitais. Porém esses serviços não funcionam de maneira eficiente
1974	Criado o Instituto Nacional de Assistência Médica da Previdência Social (INAMPS)
1975	Criado o Sistema de Saúde. Conferência Nacional de Saúde (CNS) – Lei nº 6.229. Primeira tentativa de organizar o Sistema de Saúde Nacional
1978	1º Encontro Nacional de Secretários Municipais de Saúde e começa a se pensar em Planos Municipais de Saúde
1980	O sistema de saúde sofreu profundas transformações, devido à evolução político-institucional do País
1986	8ª Conferência Nacional de Saúde – aprovada a "Reforma Sanitária".
1987	O Decreto 94.657/87 (Sarney) cria o Sistema Unificado e Descentralizado de Saúde (SUDS)

Data	Evolução cronológica
1988	ACF inclui pela primeira vez a sessão sobre a saúde, artigo 196: "A saúde é direito de todos e dever do Estado, garantido mediante políticas sociais e econômicas que visem à redução do risco de doença e de outros agravos e ao acesso universal e igualitárias ações e serviços para sua promoção, proteção e recuperação"
1990	Lei Orgânica da Saúde (Lei nº 8.080, de 19/09/1990) funda o SUS
1993	O INAMPS só foi extinto em 27 de julho de 1993 pela Lei nº 8.689

Fonte: Acervo do autor/pesquisa internet.

A sociedade necessitada por assistência à saúde era dividida em três categorias:

- Os que podiam pagar os serviços particulares.
- Os que tinham direito ao serviço de saúde pública por serem segurados pela previdência social.
- Os que não tinham nenhum direito à saúde.

A criação do Sistema Único da Saúde (SUS) fez com que a saúde fosse transformada em direito social. O SUS existe no País desde 1990 e foi criado para oferecer atendimento igualitário, cuidar e promover a saúde da população, melhorar a qualidade de vida dos brasileiros.

Para garantir os direitos do cidadão, o SUS criou a Carta dos Direitos dos Usuários da Saúde, que traz informações com todos os direitos do usuário para o atendimento.

Os princípios da carta definem o direito para todo cidadão brasileiro, como:

- Acesso ordenado e organizado aos sistemas de saúde.
- Tratamento adequado e efetivo.
- Atendimento humanizado, acolhedor e livre de qualquer discriminação.
- Atendimento que respeite sua pessoa, seus valores e seus direitos.
- O cidadão tem responsabilidades para que seu tratamento aconteça da forma adequada.
- Comprometimento dos gestores para cumprir os princípios anteriores.

A Constituição Federal (CF), seção **Da Saúde** (artigo 196 até o artigo 200), estabeleceu cinco princípios básicos que orientam o sistema jurídico em relação ao SUS (Quadro 2.2).

Quadro 2.2 – Princípios jurídicos básicos em relação ao SUS.

Princípios	Descrição
Universalidade	Artigo 196: "Direito de todos e dever do Estado". O direito à saúde é um direito fundamental de qualquer cidadão. É considerado cláusula pétrea (direito e garantia individual). O Estado deve garantir os meios necessários para que os cidadãos possam exercer plenamente esse direito, sob pena de estar restringindo e não cumprindo sua função

(Continua)

Quadro 2.2 – Princípios jurídicos básicos em relação ao SUS (*Continuação*).

Princípios	Descrição
Integralidade	O artigo 198 confere ao Estado o dever do "atendimento integral, com prioridade para as atividades preventivas, sem prejuízo dos serviços assistenciais". O Estado tem o dever de estabelecer ações desde a prevenção à assistência curativa em diversos níveis de complexidade para efetivar e garantir o postulado da saúde
Equidade	Tratar "desigualmente os desiguais" – mais para quem tem menos
Descentralização	Artigo 198 **Da Saúde**, "as ações e serviços públicos de saúde integram uma rede regionalizada e hierarquizada. Constituem um sistema único, organizado de acordo com as seguintes diretrizes: I – Descentralização, com direção única em cada esfera de governo [...]". O SUS está em todos os níveis federativos – União, Estados, Distrito Federal e Municípios –, o que é da abrangência nacional será de responsabilidade do Governo Federal, o do Estado do Governo Estadual, e a mesma definição com o Município. A sociedade civil local, mais perto do gestor, pode cobrá-lo sobre as políticas públicas devidas
Participação social	Artigo 198, inciso III, a "participação da comunidade" nas ações e serviços públicos de saúde (formulação, controle e execução). Regulado pela Lei nº 8.142/90. A participação dos usuários se dá nas Conferências da Saúde (ocorrem a cada 4 anos) e em todos os níveis (União, Estados, DF e Municípios). Os usuários têm metade das vagas, o governo e os trabalhadores participam com ¼ cada

A saúde mais perto do cidadão.

Diversos programas para contemplar a sociedade foram desenvolvidos e apresentados à sociedade como fontes de minimizar alguns descasos na saúde pública, tais como HUMANIZASUS, QUALISUS, UNASUS, Farmácia Popular, Combate à Dengue, Brasil Sorridente, Unidades de Pronto Atendimento e de Saúde da Família.

HUMANIZASUS – PROGRAMA DE HUMANIZAÇÃO NA SAÚDE

O programa humanização é uma intenção do Ministério da Saúde (MS) criado em 2003. Sua política é humanizar a atenção e gestão do SUS. Seu objetivo é efetivar os princípios do SUS no cotidiano das práticas de atenção e de gestão estimulando trocas solidárias entre gestores, trabalhadores e usuários para a promoção da saúde.

Segundo o MS, os princípios da Política de Humanização da Atenção e Gestão do SUS estão citados no quadro 2.3.

A implantação do HUMANIZASUS nos hospitais segue algumas diretrizes, segundo o MS, como:

- Ampliar o diálogo entre os trabalhadores, entre os trabalhadores e a população e entre os trabalhadores e a administração na promoção da gestão participativa, colegiada e compartilhada dos cuidados/atenção da saúde.

Quadro 2.3 – Política de Humanização e Gestão do SUS.

Princípios	Descrição
Inseparabilidade	Refere-se a práticas interdependentes e complementares. A humanização deve ocorrer considerando-se tal entendimento
Transversalidade	Concepções e práticas que atravessam as diferentes ações e instâncias. Aumentam a comunicação intra e intergrupos
Autonomia e protagonismo dos sujeitos	Têm relação com a corresponsabilidade entre gestores, usuários e a participação coletiva nos processos e na gestão

- Implantar, estimular e fortalecer grupos de trabalho e câmaras técnicas de humanização.
- Estimular práticas de atenção compartilhadas e resolutivas, racionalizar e adequar o uso dos recursos e insumos, em especial o uso de medicamentos, eliminando ações intervencionistas desnecessárias.
- Reforçar o conceito de clínica ampliada: compromisso com o sujeito e seu coletivo, estimular as diferentes práticas terapêuticas e corresponsabilidade de gestores, trabalhadores e usuários no processo de produção de saúde.
- Sensibilizar as equipes de saúde ao problema da violência em todos os âmbitos, como a intrafamiliar (criança, mulher, idoso), a realizada por agentes do Estado (populações pobres e marginalizadas), a urbana e a dos preconceitos (racial, religioso, sexual etc.) nos processos de recepção/acolhida e encaminhamentos.
- Adequar os serviços ao ambiente e à cultura dos usuários, respeitando a privacidade e promovendo a ambiência acolhedora e confortável.
- Viabilizar a participação ativa dos trabalhadores nas unidades de saúde por meio de colegiados gestores e processos interativos de planejamento e de tomada de decisão.
- Implementar sistemas e mecanismos de comunicação e informação que promovam o desenvolvimento, a autonomia e o protagonismo das equipes e da população, ampliando o compromisso social e a corresponsabilização de todos os envolvidos no processo de produção da saúde.
- Promover ações de incentivo e valorização da jornada de trabalho integral no SUS, do trabalho em equipe e da participação do trabalhador em processos de educação permanente em saúde que qualifiquem sua ação e sua inserção na rede SUS.
- Promover atividades de valorização e de cuidados aos trabalhadores da saúde, contemplando ações voltadas para a promoção da saúde e qualidade de vida no trabalho.

Para que o HUMANIZASUS alcance todos os seus objetivos planejados, ele oferece aos gestores vários dispositivos, identificados como tecnologias, ou uma maneira de implantar a humanização.

Para o MS os princípios são:

- Acolhimento com Classificação de Risco nas unidades de saúde – Equipe de Referência e Apoio Matricial.

- Projeto Terapêutico Singular, Projeto de Saúde Coletiva e ativação/constituição de redes de continuidade de atenção.
- Construção coletiva da ambiência.
- Gestão compartilhada: colegiados, contratos de gestão inter e intrainstitucionais.
- Sistemas de escuta qualificada para usuários e trabalhadores da saúde: gerência de porta aberta, ouvidorias, grupos focais e pesquisa de satisfação.
- Projeto de acolhimento do familiar/cuidador: agenda com a Equipe de Referência, Visita Aberta, Direito de Acompanhante e envolvimento no Projeto Terapêutico.
- Programa de Formação em Saúde e Trabalho e atividades de Qualidade de Vida e Atenção à Saúde para os trabalhadores da saúde.
- Grupo de Trabalho em Humanização (GTH).

A proposta é humanizar com qualidade de vida e saúde.

A figura 2.1 apresenta um modelo de fluxograma do acolhimento.

QUALISUS – PROGRAMA DE QUALIDADE NA SAÚDE

O QUALISUS nasceu de uma pesquisa realizada pelo MS em parceria com o Conselho Nacional de Secretarias de Saúde que revelou a insatisfação dos pacientes com as filas e a longa espera para realizar exames. A pesquisa realizada (2003) demonstrou que mais de 90% da população brasileira é usuária de alguma forma do SUS.

Esse programa visa ao conjunto de mudanças para proporcionar maior conforto para o usuário, atendimento de acordo com o grau de risco, e mais atenção por parte da equipe médica. Esse projeto contribuiu para salvar mais vidas e melhorar a satisfação do cliente pelos hospitais.

UNASUS – PROGRAMA UNIVERSIDADE ABERTA DO SUS

A Universidade Aberta do Sistema Único de Saúde é um projeto desenvolvido pela Secretaria de Gestão do Trabalho e da Educação na Saúde para criar condições para o funcionamento de uma rede de instituições acadêmicas.

O UNASUS foi criado com a finalidade de atender as necessidades de capacitação e educação dos trabalhadores do SUS, por meio de cursos à distância. Com a criação dessa Universidade, os médicos e enfermeiros têm acesso a curso de capacitação acadêmica em diversos níveis, podendo acessar os cursos em qualquer local que tenha internet.

Segundo o MS, a UNASUS tem os seguintes objetivos específicos:

- Criar acervo público de materiais educacionais para a área da saúde.

A Saúde Pública no Brasil

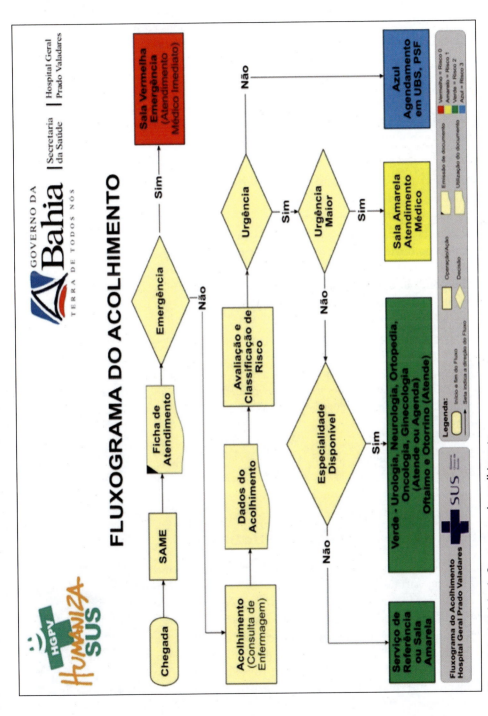

Figura 2.1 – Modelo de fluxograma de acolhimento.

- Incorporar tecnologias de informação aos processos de educação em saúde.
- Oferecer apoio presencial aos processos de aprendizagem em saúde.
- Disponibilizar aos trabalhadores da saúde cursos adequados à realidade local, utilizando-se de interações presenciais e à distância, com vistas à capacitação em áreas estratégicas para o SUS.

A UNASUS opera por meio da colaboração entre os entes da federação e cooperação internacional. Propõem-se articular ações de universidades e outras instituições acadêmicas, Escolas de Saúde Pública, Serviços de Saúde e Gestão do SUS para atender aos objetivos propostos, constituindo-se em uma rede nacional para a educação permanente em saúde.

Essa rede tem os seguintes princípios:

- O conhecimento deve circular sem restrições e ser livremente adaptado aos diferentes contextos.
- A educação permanente é entendida como a aprendizagem no trabalho ao longo de toda a vida e se incorpora ao cotidiano das organizações.
- É uma universidade aberta, os estudantes têm liberdade de escolher as oportunidades de aprendizagem, determinar o ritmo e o estilo dos estudos.
- É centrada na aprendizagem, implicando o uso de metodologias ativas e problematizadoras que incentivem a busca por soluções aos desafios apresentados pela realidade de cada estudante.
- Sua gestão é um processo de trabalho em rede, operando de forma descentralizada para a construção cooperativa de métodos, conhecimentos e ferramentas de aprendizagem em saúde.
- Busca basear-se em padrões internacionais abertos, garantindo a interoperabilidade e granularidade, permitindo, portanto, a máxima visibilidade da contribuição de cada um.
- As oportunidades de aprendizagem serão permanentemente avaliadas, visando à garantia de sua qualidade.
- A formação é baseada nas necessidades de saúde, organizando as oportunidades de aprendizagem de acordo com as orientações do SUS.

PROGRAMA FARMÁCIA POPULAR DO BRASIL

Esse programa foi criado para ampliar o acesso à população aos medicamentos. Sua estrutura é dividida em duas partes. A primeira por meio da parceria do MS com estados e municípios para a construção física do local em que será vendido os medicamentos.

E a outra linha é conhecida como Aqui Tem Farmácia Popular, que é uma parceria do MS com a rede privada de farmácias e drogarias. Nesse caso, a quantidade de medicação disponível é menor e com o foco em produtos contra diabetes, hipertensão e contraceptivos.

PROGRAMA NACIONAL DE COMBATE À DENGUE

Esse programa é realizado todo ano pelo MS por meio de campanha nacional de combate à doença. Mas, para que essa ação tenha efeito é preciso que a população siga as instruções dos profissionais para que não deixem água parada e, assim, evitar a proliferação do mosquito da dengue. A população deve ser protagonista neste programa.

PROGRAMA BRASIL SORRIDENTE

Esse programa é um dos mais importantes. O levantamento Nacional de Saúde Bucal realizado em 2003 mostrou que 13% dos adolescentes nunca haviam ido ao cirurgião-dentista, 20% da população brasileira já tinha perdido todos os dentes e 45% dos brasileiros não possuíam acesso regular à escova de dente.

Nos últimos 20 anos, poucas ações foram realizadas em relação à saúde bucal. As principais linhas de ação do Brasil Sorridente são a reorganização da atenção básica em saúde bucal, a ampliação e qualificação da atenção especializada e a viabilização da adição de flúor nas estações de tratamento de águas de abastecimento público.

UPA – UNIDADE DE PRONTO ATENDIMENTO

As unidades de pronto atendimento têm o objetivo de diminuir as filas nos prontos-socorros. As UPAs funcionam 24 horas por dia, sete dias da semana, e atendem urgências, emergências como pressão, febre, fraturas, cortes, infarto e derrame.

As UPAs inovam com sua estrutura simplificada e a disponibilização de raios X, eletrocardiógrafo, pediatria, laboratório para exames e leitos de observação. Nos casos encaminhados para as UPAs, 97% são solucionados na própria unidade.

PSF – PROGRAMA DE SAÚDE DA FAMÍLIA

Em 1994, foi implementado o Programa de Saúde da Família, visando à reorientação do modelo assistencial brasileiro. Em 2006, o governo emitiu uma portaria (nº 648/2006) onde definia que o programa de saúde da família seria prioridade para o MS, com o fundamento de possibilitar o acesso universal e contínuo aos serviços de saúde de qualidade.

Em relação a sua estrutura, os agentes de saúde são responsáveis por fazer o cadastramento das famílias. Toda consulta deve ser marcada pelos agentes, que também são responsáveis pela medicação do paciente.

Em casos de doenças como problemas motores, gestantes com risco na gravidez, ou em que o paciente está mais debilitado, ou que possa correr risco em sua locomoção, os médicos e enfermeiros fazem a visita domiciliar. Para que esse serviço surta efeito, não basta apenas cadastrar as famílias. É necessário também identificar suas características sociais e seus problemas de saúde.

A prática da visita médica familiar deu início na Grécia, por volta de 443 a.C., em que já existiam relatos de médicos que visitavam os doentes em suas casas. Em Londres, esse modelo de saúde surgiu por volta de 1854, em que as mulheres da comunidade percorriam as casas de famílias carentes para dar orientações relacionadas aos cuidados com a saúde. Mais tarde, em 1920, com a escola de enfermagem da Cruz Vermelha, surge o curso de visitadoras sanitárias.

Como em todo processo, as dificuldades aparecem. Vamos ver a seguir algumas facilidades e dificuldades das visitas sanitárias:

Entre as dificuldades, podemos destacar:

- O horário da família pode dificultar a visitação.
- O gasto de tempo na locomoção para a visita.
- Alto custo com os profissionais e com sua locomoção.

Já entre as facilidades, podemos destacar:

- A interação entre o profissional da saúde e a população.
- O contato estreito entre o profissional e a população fora da Unidade Básica da Saúde (UBS).
- A reflexão junto às famílias sobre os determinantes do processo saúde-doença.

Os programas vinculados ao MS tentam estabelecer um requinte lógico e com frequência definida para garantir a atenção básica da saúde da população dependente do SUS. É claro que o grande agravo da qualidade do atendimento passa, inicialmente, pela dimensão continental do Brasil e das dificuldades de acesso em algumas áreas, principalmente no Centro-Oeste e Norte do País.

Muito mais do que atender, quando possível, as necessidades da população necessitada, está a forma do atendimento. As insatisfações ainda são gritantes no tocante a hospitalidade e humanização.

3 HOSPITAIS E A SAÚDE

A Organização Mundial da Saúde (OMS) define a saúde[1] como:

> "Um estado de completo bem-estar físico, mental e social e não somente ausência de afecções e enfermidades".

A Organização Mundial da Saúde (OMS) define hospital[2] como:

> "Parte integrante de uma organização médica e social cuja missão consiste em proporcionar à população uma assistência médico-sanitária completa, tanto curativa como preventiva, e cujos serviços externos irradiam ao âmbito familiar; o hospital é também um centro de formação de pessoal médico-sanitário e de investigação biossocial (OMS, relatório nº 122, 1957, apud Lisboa, 2016: 96)".

A saúde é um bem real e ao mesmo tempo abstrato, que só pretende obter quando se a perde e ela se torna necessidade, materializada no seu contrário, a doença. Assim, a necessidade sentida em saúde é determinada pelo seu oposto, ou seja, por sua perda. A posse desse bem, saúde, pode involuir para esse outro estado, de necessidade, (...) por acidente ou (...) doença percebida. Nesse caso, não se sabe onde acaba o bem (saúde) e começa a doença (necessidade), onde finda o normal e inicia o patológico (Ribeiro, 1993, p. 53).

Este conceito versa à função de educação do hospital e também à amplitude que atingem os serviços hospitalares. As instituições de saúde são locais onde as doenças podem ser tratadas. Os hospitais são instituições de saúde. São organizações que não podem ser geridas como as outras – indústrias, comércio, serviços. Isso porque elas possuem certas características, muito particulares, que as tornam especiais. Os hospitais são instituições consideradas complexas de serem administradas e, a despeito de seus esforços, carecem de uma estrutura física e humana menos traumática ao seu processo produtivo.

Para Lisboa (2016), na qualidade de empresas, os hospitais podem ser agrupados em três grandes blocos, de acordo com a razão social e sua finalidade, são eles:

- Públicos (federais, estaduais e municipais).
- Privados com fins lucrativos.
- Privados sem fins lucrativos.

A cada dia ou a cada momento, o hospital deve fazer uma avaliação interna para verificar se o que está sendo proposto, a saúde, realmente está acontecendo a contento. As pessoas estão

---

[1] http://cemi.com.pt/2016/03/04/conceito-de-saude-segundo-oms-who/.
[2] ISSN 2179-5568 – Revista Especialize On-line IPOG – Goiânia – 6ª edição, nº 006, Vol.01/2013 –dezembro/2013.

cada vez mais se esforçando para mantê-la e melhorá-la. Cada vez mais se descobrem novidades na área da saúde que promovam o bem-estar dos seres humanos. A saúde é um bem indivisível.

Para Malagón-Lodoño (2000, p. 2), o hospital é administrado de forma completa, incluindo planejamento, pesquisa, avaliação e competição pela qualidade. É um centro de reparação e treinamento de profissionais de saúde e de pesquisa biossocial. Além disso, é "o centro da mais refinada gestão administrativa, onde são oferecidos serviços de hotelaria, onde é estimulado maior espírito de humanidade e compreensão e a pesquisa é desenvolvida como tarefa diária".

O hospital é um campo fértil para o desenvolvimento de novas técnicas e sistemas de gestão e assistência, além de serem aplicados padrões rigorosos na educação e treinamento de pessoas. Em um hospital se trabalha "com uma população heterogênea, não apenas de pacientes, mas também de familiares, visitantes, vendedores, além dos funcionários da instituição" (Malagón-Lodoño, 2000, p. 2)

Para Lisboa (2016), a diversificação de instituições hospitalares no Brasil vinculadas ao SUS contribuiu para criar a terminologia dos hospitais citada no quadro 3.1.

Quadro 3.1 – Terminologia dos hospitais.

Tipo	Características/objetivos
Hospital geral	Atende várias especialidades. Pode atender a um grupo etário (hospital infantil), população (hospital militar) ou um fim específico (hospital de ensino)
Hospital especializado	Atende pacientes necessitados de determinada especialidade médica
Hospital-dia	Atende pacientes, na maior parte do dia, para fins de tratamento ou reabilitação
Hospital-noite	Atende pacientes, com internação, durante o período da noite
Hospital de curta permanência	Atende pacientes cuja média de permanência (internação) não ultrapassa 30 dias
Hospital de longa permanência	Atende pacientes cuja média de permanência de internados ultrapassa 30 dias
Unidade sanitária	Presta assistência médico-sanitária a uma população, em área geográfica definida, sem internação de pacientes, tais como postos de saúde e centros de saúde
Unidade mista	Unidade sanitária, acrescida de leitos para internação de pacientes, basicamente em clínica pediátrica, obstétrica e médico-cirúrgica de emergência
Posto de assistência médica	Destinados para assistência ambulatorial sem serviços médicos especializados
Policlínica	Destinados para assistência ambulatorial com serviços médicos especializados
Hospital local	Atende à população de determinada área geográfica prestando assistência nas áreas de clínicas médica, pediátrica, cirúrgica, obstétrica e de emergência
Hospital distrital ou hospital geral	Presta assistência médico-cirúrgica de hospital local e serviços especializados a pacientes encaminhados de sua e de outras localidades. Envia pacientes necessitados de assistência mais complexa a um hospital de base

Tipo	Características/objetivos
Hospital de base	Hospital geral destinado a se constituir em centro de coordenação e integração do serviço médico-hospitalar de uma área, devendo estar capacitado a prestar assistência especializada mais diferenciada a pacientes encaminhados de hospitais distritais, além da assistência médico-cirúrgica própria de hospital local
Hospital de ensino ou universitário	Hospital geral com funções do hospital de base, utilizado por escolas de ciências da saúde como centro de formação profissional
Hospital de corpo clínico fechado	Hospital onde não se permitem, em rotina, atividades de outros profissionais que não os integrantes do próprio corpo clínico
Hospital de corpo clínico aberto	Hospital que, mesmo tendo corpo clínico estruturado, permite a qualquer profissional habilitado da comunidade internar e tratar seus pacientes
Hospital de corpo clínico misto	Hospital que, mesmo tendo corpo clínico fechado, faz concessão, por cortesia, a outros profissionais para internar e assistir seus pacientes
Hospital estatal ou paraestatal	Hospital que integra o patrimônio da União, Estado, Distrito Federal e Município (pessoas jurídicas de direito público interno), autarquias, fundações instituídas pelo Poder Público, empresas públicas e sociedades de economia mista (pessoas jurídicas de direito privado)
Hospital privado ou particular	Hospital que integra o patrimônio de uma pessoa natural ou jurídica de direito privado, não instituída pelo Poder Público
Hospital beneficente	Hospital que integra o patrimônio de pessoa jurídica de direito privado, instituído e mantido por contribuições e doações particulares, destinado à prestação de serviços a seus associados e respectivos dependentes cujos atos de constituição especifiquem sua clientela, que não remunerem os membros da diretoria, que apliquem integralmente seus recursos na manutenção e desenvolvimento dos seus objetivos sociais e cujos bens, no caso de sua extinção, revertam em proveito de outras instituições do mesmo gênero ou ao Poder Público
Hospital filantrópico	Hospital que integra o patrimônio de pessoa jurídica de direito privado, mantido parcial ou integralmente por meios de doações, cujos membros de órgão de direção e consultivos não sejam remunerados, que se proponha à prestação de serviços gratuitos à população carente em ambulatórios. Os leitos são reservados, de acordo com a legislação em vigor, ao internamento gratuito, organizado e mantido pela comunidade e cujos resultados financeiros revertam exclusivamente ao custeio de despesas de administração e manutenção
Ambulatórios	Unidade do hospital ou de outros serviços de saúde destinada à assistência a pacientes externos para diagnósticos e tratamento
Hospital de pequeno porte	Hospital que possui capacidade normal ou de operação de até 50 leitos
Hospital de médio porte	Hospital que possui capacidade normal ou de operação de 50 a 150 leitos
Hospital de grande porte	Hospital que possui capacidade normal ou de operação de 150 a 500 leitos
Hospital de capacidade extra	Hospital que possui capacidade normal ou de operação acima de 500 leitos

A classificação do Ministério da Saúde contempla também três níveis de atenção citados no quadro 3.2.

Quadro 3.2 – Classificação dos níveis de atenção.

Níveis de atenção	Descrição
Baixa complexidade	O nível primário de atenção à saúde é o atendimento inicial ou de casos mais simples, tais como marcações de consultas, procedimentos e exames básicos, curativos, radiografias e eletrocardiogramas. É o trabalho realizado pelas **Unidades Básicas de Saúde (UBS)** conhecidas como postos de saúde. Podem atuar em espaços como centros comunitários, escolas etc., além de visitas às famílias. As ações são organizadas pelo poder municipal. É a porta de entrada para o **Sistema Único de Saúde (SUS)**. Os equipamentos são voltados para diagnóstico e terapêutica (como aparelhos de raios X e de ultrassonografia). A capacitação dos profissionais de saúde é mais ampla, como médicos de saúde da família e clínicos gerais. Dessa maneira, **evita-se que grandes centros especializados tenham que lidar com alto número de casos de simples resolução** e sem características que configurem uma situação de urgência
Média complexidade	No nível secundário entram as **Unidades de Pronto Atendimento (UPA)**, bem como ambulatórios e hospitais que oferecem atendimento especializado. É aqui que aparecem os primeiros especialistas em cardiologia, oftalmologia, endocrinologia etc. O atendimento na atenção primária encaminha para um desses profissionais, da atenção secundária, por exemplo. Aqui são encontrados equipamentos para exames mais avançados como endoscopias e ecocardiogramas. Os profissionais e equipamentos do nível secundário estão preparados para realizar intervenções e o tratamento de alguns casos de doenças agudas ou crônicas, bem como prestar atendimentos de emergência
Alta complexidade	Nível mais complexo, onde entram os **grandes hospitais** e os equipamentos mais avançados, como aparelhos de ressonância magnética, além de profissionais altamente especializados, como cirurgiões, e são atendidos os pacientes com enfermidades que apresentam riscos contra suas vidas. Definida pelo custo unitário e pela tecnologia envolvida, sem considerar sua complexidade. Por exemplo: cuidados e cirurgia cardíacos, transplante de órgãos, oncologia, neurocirurgia, exames diagnósticos, como ressonância magnética e tomografia computadorizada, e medicamento de alto custo.

Fonte: http://blog.dnaplanosdesaude.com.br/entenda-os-tres-niveis-de-atencao-a-saude-no-brasil/.

A palavra hospital vem do latim (*hospitales*). Vem de *hospes* – hóspedes. O significado é tratar de doentes. O primeiro hospital no Brasil, estabelecido por Bráz Cubas em 1543, foi a Santa Casa de Misericórdia de Santos. Na época foi construído para atender os marinheiros adoecidos, pois faltavam recursos médicos para atender as pessoas.

Para a OMS, o hospital tem a função de disponibilizar assistência médica para a população. Assim, a partir do século XX, os hospitais ampliaram suas funções e passaram a oferecer funções preventivas e educativas.

Atualmente temos dois modelos de gestão hospitalar. Os de serviços públicos, que são controlados e administrados pelos órgãos do governo, e os particulares, onde o paciente tem que pagar a consulta ou ter um plano médico para poder ter acesso a esses hospitais que, na maioria dos casos, tendem a oferecer serviços de melhor qualidade.

Hoje, existem no Brasil aproximadamente 6.500 hospitais integrados ao SUS, sendo que 48% desses são particulares. Os serviços oferecidos variam desde atendimento em ambulatórios a transplantes de órgãos. Dos hospitais públicos existentes que atendem a população por meio do SUS, 69 são hospitais federais, 618 estaduais e 2.278 municipais, espalhados por todos os estados do País.

O hospital tem o papel de ofertar serviços de excelência para toda a população, para isso conta com recursos tecnológicos avançados e profissionais capacitados. A gestão hospitalar pública de qualidade é fundamental para, com os recursos financeiros existentes, garantir mão de obra qualificada, competente e comprometida com o serviço prestado.

Os hospitais são considerados uma das instituições mais complexas que tem relação direta com as pessoas, um setor que exige muito conhecimento por parte dos empregados nas mais diferentes áreas.

O hospital moderno, conforme trata Malagón-Lodoño (2000), é muito diferente do hospital antigo, que apenas se preocupava com procedimentos diretos de tratamentos e de recuperação da saúde, com ações isoladas. O hospital moderno tem a missão de tratar e curar pessoas, oferecer conforto, baseado em modelos de hotéis, aliar essa missão à tecnologia, preocupando-se como bem-estar do usuário.

O ponto de partida da evolução do cuidado ocorreu com a importante definição da OMS em 1946, que define que "a saúde é o estado de completo bem-estar físico, mental e social, e não apenas a ausência de doença e enfermidade". A visão do cuidado da saúde foi então ampliada, o que favoreceu a relação de parcerias entre a sociedade, o ambiente e as instituições de saúde.

A saúde tende a ser vista, segundo Sgreccia[1], compartilhada com as dimensões orgânicas, psicológicas, socioambientais e espirituais. A saúde deve avançar na visão holística. O holismo é uma nova forma de encontrar a saúde do homem integrando seu estado de bem-estar físico, mental, social e ao meio ambiente em que vive.

A especialização da saúde permite avanços na ciência médica, porém a saúde é tratada de forma reducionista, atendendo ao pensamento cartesiano, o que contraria a teoria dos sistemas e a relação saúde e ambiente na formatação do bem-estar do homem. A divisão cartesiana entre matéria e mente influenciou o pensamento ocidental.

Os hospitais devem ter um foco sistêmico, não cartesiano, e tornar a relação com o cliente da saúde mais aberta. Poder entender o cliente pelos olhares clínico, assistencial, multiprofissional, nutricional em ambiente cuidadosamente elaborado para que exista plena participação dos diversos setores do hospital.

Apoiada nessa estrutura, a instituição de saúde passa a conhecer as reais necessidades e expectativas do cliente da saúde direcionando suas ações para atendê-los de maneira mais eficaz. O resultado natural tende a ser o serviço adequado e satisfatório para ambos os lados e, principalmente, para humanizar seus serviços.

Um tratamento mais humanizado nos hospitais depende diretamente do comprometimento dos profissionais envolvidos em recuperar os pacientes e tranquilizar parentes e visitantes. E por profissionais envolvidos deve-se entender que são todos os funcionários e de todos os setores por onde passa o paciente, tais como médicos e enfermeiros, multiprofissionais, administrativos e os de apoio.

O desafio dos hospitais é priorizar a qualidade na prestação dos serviços.

A implantação da Hotelaria Hospitalar melhora a qualidade dos serviços de apoio prestados pela instituição.

4 TÓPICOS DE HOTELARIA

A hotelaria é feita por uma empresa hoteleira. Segundo a Resolução Normativa 387/98 (Artigo 5º) da EMBRATUR, hotelaria é a pessoa jurídica que explora ou administra um meio de hospedagem e que tenha em seus objetivos sociais o exercício de atividade hoteleira. Hotel é o meio de hospedagem do tipo convencional e mais comum, normalmente localizado em perímetro urbano, e destinado a atender turistas, tanto em viagens de lazer quanto em viagens de negócios (Petrocchi, 2002).

Para Castelli (2003), hotel é a edificação com localização preferencialmente urbana, normalmente com vários pavimentos prontos para oferecer hospedagem e alguma estrutura para lazer e negócios. Hotelaria é a arte de oferecer serviços ao cliente para a satisfação de suas necessidades.

Portanto, é consenso para muitos autores que o pacote desse serviço contenha, necessariamente, conforto, alegria, dedicação, respeito, amor e carinho, que são fatores que geram a satisfação e o encantamento da clientela, indiscriminadamente.

Hotéis e hospitais surgiram do mesmo tipo de empreendimento: albergues que abrigavam viajantes e peregrinos que viajavam de povoado a povoado e também recebiam enfermos (Boeger, 2003).

Portanto, sem se comprometer com a história dos estabelecimentos de hospedagem, nem também empreender uma análise criteriosa das muitas e diversas formas de operação da empresa hoteleira, destacaremos apenas o sincronismo entre hotéis, hóspedes e seus serviços, sem se prender a detalhar minuciosamente nenhum dos sistemas (De La Torre, 1997).

A palavra *hôtel* é de origem francesa e significava "a residência do Rei da França", depois foi utilizada para designar edifícios de caráter público ou privado que fossem suntuosos e importantes que recebem visitantes frequentes. Na língua francesa atual, a palavra *hôtel* tem a mesma acepção do termo português hotel[1].

As primeiras hospedagens com propósito comercial surgiram no final da Idade Média na Europa. Eram pousadas e tabernas. Os hóspedes cuidavam da sua própria alimentação e da iluminação dos quartos.

A partir da Revolução Industrial e entre as primeiras consequências que ela derivou, foram adotados, principalmente na Inglaterra, algumas inovações e progressos nos negócios dos albergues, os quais adquiriram grande prestígio durante a Segunda Guerra Mundial (século XVIII) que chegaram a se considerar, nessa época, os melhores do mundo. Na Eu-

---
[1] http://pt.wikipedia.org/wiki/Hotel.

ropa prevalecia o critério de proporcionar serviços de luxo e comodidade à aristocracia, enquanto nos Estados Unidos prevalecia o sentido mais prático e comercial. Esses estabelecimentos evoluíram e até se transformaram nos mais modernos e avançados meios de hospedagem existentes na época.

Assim surgiram, em Nova York e logo em outras cidades, os primeiros edifícios construídos na América destinados a cumprir os fins específicos de um hotel. Eram operados por uma administração organizada e que superava a etapa de adaptação de casas para adquirir características de unidades do tipo de estabelecimento de hospedagem.

O hotel com conceito de hotelaria tem aproximadamente 200 anos. Em 1829, foi inaugurado na cidade de Boston um hotel considerado, nessa época, o melhor tanto da América como da Europa, por ser o primeiro onde se ofereciam apartamentos privados e outras novidades. Em 1893, César Ritz contribuiu, quando inaugurou o Gran Hotel em Roma, na Europa, para o início da hotelaria moderna por realizar serviços melhorados e o que hoje se conhece como relações públicas. As inovações, tais como "suítes", "famitel", "acampamento", "albergues", estacionamento para *traillers*, clubes recreativos e outras variedades de serviços que existem, experimentam uma contínua transformação (De La Torre, 1997).

Hotéis com gerentes, recepcionistas e *staff* uniformizados só chegaram no início do século XIX; outros serviços como restaurantes, *office-boys*, transportes, agenciamento de viagens e passeios turísticos foram agregados ao longo dos tempos para proporcionar aos viajantes maiores benefícios e ganhar a admiração desses frequentadores. A lavagem de roupas é uma das muitas inovações dos serviços do hotel. A hotelaria é mais do que instalações modernas, é essencialmente serviço.

É o credo do Ritz Carlton em Nova York que foi laureado com o troféu *Malcolm Baldridge Nacional Quality Award* de qualidade em serviços, em 1992, e que em um dos seus artigos destaca: "Somos damas e cavalheiros atendendo damas e cavalheiros". Em 1991, o hotel Ritz recebeu 121 prêmios de qualidade (Petrocchi, 2002), o que comprova que a qualidade dos serviços pode transformar-se em diferencial entre os concorrentes.

A hotelaria é uma atividade glamourosa. Em algumas regiões, o hotel é o produto turístico. São os atrativos da região por serem exóticos, originais e bem diferentes. É possível dormir no alto de uma árvore na Turquia, tomar banho em uma prisão reformada na Suíça, tomar café da manhã flutuando no rio Danúbio na Sérvia ou ainda escolher cavernas, *trailers*, iglus, avião jumbo etc. (Figura 4.1).

A hotelaria também tem números significativos:

- Maior Hotel: segundo o *Guinness Book World Records* (2006), o *First World Hotel* em *Genting Higlands* – Malásia, com 6.118 quartos.
- O mais antigo: segundo *Guinness Book of World Records*, *Hoshi Ryokan* na área *Onsen Awazu de Komatsu* – Japão, inaugurado em 718.
- O mais alto: o *Burj Al Arab*, na cidade de *Dubai* – Emirados Árabes Unidos, é a mais alta estrutura exclusivamente usada como hotel. O *Rose Tower* em Dubai já superou a altura em 333 metros e será o mais alto após sua abertura.

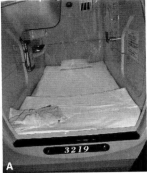

Figura 4.1 – Modelos exóticos de hotelaria. **A)** Prisão reformada na Suíça. **B)** Iglus. **C)** Avião jumbo. **D)** Café da manhã no rio Danúbio. Fonte: vida e estilo[2]/abctur[3].

HOTÉIS EM NÚMEROS NO BRASIL

A história da hotelaria no Brasil tem início no século XVIII nas cidades do Rio de Janeiro e São Paulo. Segundo Andrade (2000), "no século XVIII começaram a surgir no Rio de Janeiro estalagens, ou casas de pasto, que ofereciam alojamento aos interessados, embriões de futuros hotéis". Foi também no século XVIII que Charles Burton fez a primeira classificação das hospedarias paulistanas (Duarte, 1996, p.16):

- 1ª Categoria simples – pouso de tropeiro.
- 2ª Categoria telheiro coberto ou rancho ao lado das pastagens.
- 3ª Categoria venda e estalagem[4].
- 4ª Categoria estalagens ou hospedarias.
- 5ª Categoria hotéis.

Com a chegada da corte portuguesa ao Brasil (1808), os estrangeiros passaram a transitar pelo Rio de Janeiro, criando a necessidade de meios de hospedagem preparados e com maior capacidade. Na época, cabe destacar, o Hotel Pharoux, pela localização estratégica junto ao cais do porto, no largo do Paço, considerado um dos estabelecimentos de maior prestígio no Rio de Janeiro (Andrade, 2000).

---

[2] http://vidaeestilo.terra.com.br/turismo/internacional/veja-quais-sao-os-10-hoteis-mais-diferentes-do-mundo.
[3] http://www.abctur.com.br/lazer/os-hoteis-mais-diferentes-e-incriveis-do-mundo/.
[4] Correspondente à "pulperia" dos hispano-americanos, mistura de venda e estalagem ou hospedaria.

Em São Paulo, a partir de 1870 alguns meios de hospedagem passaram a merecer destaque como o Hotel Paulistano, Hotel do Comércio, Hotel Universal, Hotel Providência, Hotel Quatro Estações, entre outros. A hotelaria recebeu forte influência europeia, tanto nos conceitos como nas próprias construções.

Se considerarmos o século XVIII o início do setor no País, o século XIX foi de estagnação, durante todo o século XIX o País sofreu com o problema de escassez de hotéis (problema esse mais acentuado na cidade do Rio de Janeiro). No século XX foi o de grande evolução e revolução para o setor.

Em São Paulo, o grande impulso foi a construção da São Paulo Railway e o grande marco foi a construção do Hotel Terminus e do Hotel Esplanada (Andrade, 2000).

O Hotel Terminus foi inaugurado com mais de 200 quartos, na atual Avenida Prestes Maia (hoje o edifício da Receita Federal). Posteriormente, em 1923, o Hotel Esplanada foi, ao lado do Teatro Municipal, com 250 apartamentos, *hall* de mármore Carrara, três luxuosos salões-restaurantes, salas de chá, ponto de encontro da elite paulista.

O glamour da hotelaria conduziu ao divertido costume de etiquetar as bagagens com selos de hotéis, companhias de viagens etc. As etiquetas[5] faziam muito sucesso até poucas décadas atrás. Hábito que iniciou com a expansão das viagens de turismo em meados do século XIX (Figura 4.2).

Figura 4.2 – A e **B**) Selos dos hotéis. **C**) Selos etiquetados nas bagagens.

Naquele tempo, viagens turísticas – especialmente as intercontinentais – não eram para qualquer um. Os vapores eram caros, lentos e quem viajava precisava ter um bom dinheiro no bolso para custear a viagem e o custo da estada no seu destino.

No Rio de Janeiro a escassez de hotéis marcou o século XIX e estendeu-se até o início do século XX, quando o governo criou o decreto nº 1.160 de 12/1907 (...) que isentava por sete anos, de todos os emolumentos e impostos municipais, os cincos primeiros grandes hotéis que se instalassem no Rio de Janeiro.

Esses hotéis vieram, e com eles o Hotel Avenida, o maior do Brasil, inaugurado em 1808 (...) (Andrade, 2000). Duas outras construções são marcos da hotelaria, o Hotel Glória com 700 apartamentos (1922) e o Copacabana Palace (13 de agosto de 1923), cuja construção contribuiu de forma decisiva para transformar o Rio de Janeiro em polo de turismo e lazer (Duarte, 1996) (Figura 4.3).

---

[5] http://www.saopauloantiga.com.br/a-historia-das-etiquetas-de-bagagens-dos-hoteis-de-sao-paulo/

Figura 4.3 – Hotéis do Brasil.

A partir da década de 1930, grandes hotéis são implantados nas capitais, estâncias minerais e nas áreas de apelo paisagístico.

Na década de 1940, com a proibição dos jogos de azar (1946), grandes hotéis fecharam suas portas e muitos tiveram que reestruturar seus estabelecimentos. Com a proibição, a atividade hoteleira somente teve novo avanço com os incentivos fiscais da operação 63, do Banco Central. Essa medida favoreceu o crescimento da Rede Othon, que figurava entre as maiores do mundo, e de outras redes como Vila Rica e Luxor.

Em 1939, foi fundada a ABIH Nacional, e em 20/05/1949 surge a Associação Brasileira da Indústria de Hotéis de São Paulo (ABIH-SP). A ABIH é a mais antiga associação de hotéis do País, possuindo hotéis associados no Brasil inteiro. Em 1966, com a criação da EMBRATUR e a FUNGETUR, surge uma nova fase na hotelaria brasileira, principalmente nos hotéis de luxo, cinco estrelas. Sob a tutela da EMBRATUR (anos 1960 e 1970), redes internacionais chegam ao País, a maioria de categoria cinco estrelas e em quantidades limitadas, assim não acessíveis à grande parte da população.

Desde a época do Brasil Colônia até a década de 1970, a hotelaria brasileira não foi considerada negócio lucrativo, a não ser para poucos empreendedores localizados na cidade do Rio de Janeiro, então capital do País.

O governo contribuiu, com a hotelaria, com incentivos fiscais para o turismo"[6] e, a partir de 1972, muitos hotéis foram construídos no País. Em 1978, foi criada a primeira Escola Superior de Hotelaria da Universidade de Caxias do Sul (RS), iniciando a formação profissional que hoje é uma das melhores do Brasil celeiro de grandes professores e escritores dedicados à hotelaria e ao turismo. Também no Rio Grande do Sul foi fundado o Centro de Estudos Turísticos e Hoteleiros (1987), e posteriormente em 2000, a Castelli[7], Escola Superior de Hotelaria na cidade de Canela.

Novos hotéis surgiram nas cidades brasileiras que possuíam mananciais turísticos, tais como as cadeias[8] nacionais Horsa, Othon, Tropical/Varig, entre outras. A primeira cadeia internacional que investiu no Brasil foi a cadeia Hilton, e seguiram-se muitas outras como Sheraton, Intercontinental, Holiday Inn, Méridien, Accor etc.

---

[6] Decreto-Lei nº 1.191, de 27 de outubro de 1971. http://www.planalto.gov.br/ccivil_03/decreto-lei/1965-1988/Del1191.htm. Acessado em 15 de jan. de 2014.
[7] A Castelli é uma realização do Professor Geraldo Castelli.
[8] Revista Eletrônica Aboré –Publicação da Escola Superior de Artes e Turismo. Edição 03/2007 ISSN 1980-6930.

Na década de 1990, o turismo do Rio de Janeiro sofreu uma queda provocada pela imagem negativa marcada pela violência e falta de segurança. Os turistas que procuram o Brasil, nos dias atuais, buscam um turismo mais tranquilo, sem estresse, como é o caso do Ecoturismo onde a Amazônia e o Pantanal estão cada vez mais em alta.

Após os anos 1990, as grandes redes passaram a construir, no Brasil, hotéis mais econômicos e de padrão internacional em razão da procura dos consumidores por esse produto. Foi também nessa época que ocorreu a abertura do País para a globalização, abrindo também o mercado do turismo de negócios. Em 1990, o plano Collor também atingiu o ramo da hotelaria. A situação só melhorou com o plano real, em 1994. Em 1998, vários hotéis de luxo foram inaugurados e vários grupos internacionais vieram para o Brasil investir na indústria hoteleira.

Ainda no final dos anos 1990, a crise voltou a atingir o setor hoteleiro. A hotelaria cresceu muito, mas a demanda era menor do que o número de hotéis. Isso fez com que os donos de hotéis abaixassem o preço. Eventos tais como fórmula 1, *Rock in Rio*, *shows* internacionais, copa do mundo, torneios de futebol etc. são alavancadores do turismo e podem beneficiar investidores para o mercado hoteleiro no Brasil.

O setor hoteleiro estima que foram investidos cerca de 2,4 bilhões na construção de 92 empreendimentos nas cidades sede para os jogos em 2014.

Segundo a Organização Mundial de Turismo (OMT), o Brasil recebe cerca de 5 milhões de turistas por ano e, de acordo com o Instituto Brasileiro de Turismo, esse número passou para 8 milhões em 2014. A inserção do Brasil como País emergente e participante do BRICS[9], os recentes eventos, copa do mundo, olimpíadas etc. estão modificando a paisagem da hotelaria nas cidades brasileiras. A construção de *resorts* gigantescos pelo litoral Nordestino em Sauípe, na Bahia, e os de Pitangui, *Beach Park*, Porto das Dunas e Paracuru, no Ceará, eleva ainda mais essa estimativa (Martin, 2003).

De acordo com a Jones Lang LaSalle Hotels[10], consultoria imobiliária em hotéis e hospitalidade, o importante não é apenas pensar que o sistema possa sofrer saturação, é fundamental que haja agudeza e assimilação dos novos procedimentos trazidos pelas cadeias internacionais, para entendê-las e aplicá-las como fonte de rejuvenescimento dos meios de hospedagem.

A tabela 4.1 apresenta um quadro representativo dos tipos de estabelecimentos de hospedagem no Brasil.

Não foi somente o número de hotéis ou outro meio de hospedagem que cresceu, a taxa de ocupação dos hotéis urbanos em 2011 com relação a 2010 foi de 2,2%, acompanhando a taxa de crescimento do PIB do País neste ano. Com a média de ocupação perto dos 70%, os hotéis urbanos (hotéis e *flats*) puderam aprofundar o processo de recuperação das diárias acima dos níveis dos últimos anos. A diária média desses hotéis cresceu 17,2% em 2011 em relação a 2010. Como consequência, o REVPAR dos hotéis urbanos apresentou um cresci-

---

[9] BRICS: Brasil, Rússia, Índia, China e África do Sul.
[10] http://www.joneslanglasalle.com.br/PressReleaseDocs/Hotelaria_em_Numeros_2012.pdf.

Tabela 4.1 – Total de hotéis e *flats* no Brasil*.

Tipo	Hotéis	%	Quartos	%
Hotéis e *flats* de cadeias nacionais	361	3,8	52.640	11,6
Hotéis e *flats* de cadeias internacionais	392	4,1	70.229	15,5
Hotéis independentes com até 20 quartos	3.489	36,4	38.545	8,5
Hotéis independentes com mais de 20 quartos	5.350	55,8	291.433	64,4
Total	9.592	100,0	452.847	100,0

*Inclui hotéis e *flats* inaugurados até julho de 2012. Fonte: Acervo do autor.

mento recorde de 20,5%. O Lucro Operacional Bruto (GOP) dos hotéis foi de 36,5% em 2011, atingindo um patamar histórico.

O crescimento do desempenho da indústria hoteleira foi significativamente acima do apresentado pela economia brasileira como um todo. Entre as categorias de hotéis urbanos, a que apresentou maior crescimento no seu desempenho em 2011 foi a dos hotéis superiores, com incremento de 20,8% no REVPAR. Os *flats* urbanos, a maioria classificada na categoria superior, apresentaram crescimento ainda mais significativo, de 24,4% do REVPAR.

À medida que a renda *per capita* do País cresce, melhoram as condições de financiamento (juros e parcelas), o consumo de viagens de lazer aumenta beneficiando o desempenho dos *resorts*. Esse segmento apresentou excelente recuperação em 2011, atingindo 50% de ocupação. As oportunidades de recuperação e o aumento da demanda devem servir para fidelizar o cliente pela excelência dos serviços. Para atingir a excelência nos serviços, os hotéis necessitam de colaboradores habilitados e departamentos atuantes prontos a perceber as necessidades e as aspirações dos hóspedes, prestando-lhes a atenção devida.

A hotelaria hoteleira tem na sua estrutura organizacional quatro setores básicos, a saber:

- Comercial (vendas, promoção, relações públicas).
- Administrativo (RH, manutenção e segurança).
- Hospedagem (recepção, hospedagem, telefonia, governança, lazer e eventos).
- A&B (café, almoço, jantar e *room service*).

Todos estão diretamente envolvidos na busca de atender melhor o hóspede. Atrair o hóspede não é mais o suficiente, é necessário tratá-lo como cliente. Assim, como alguns hotéis são considerados pontos turísticos, o mesmo se pode afirmar para hospitais, já que é relevante, para algumas cidades, o turismo de saúde por causa da qualidade hospitalar da região.

HOSPITAIS EM NÚMEROS NO BRASIL

Segundo a Federação Brasileira de Hospitais[11] (FBH), existem 6.690 hospitais, conforme apresentado na tabela 4.2.

---

[11] http://fbh.com.br/category/institucional/publicacoes/indicadores-de-saude/.

Tabela 4.2 – Total de hospitais no Brasil.

Tipo	Hospitais	%	Quartos	%
Hospitais privados lucrativos	2.637	39,52	127.645	27,56
Hospitais privados sem fins lucrativos	1.911	28,54		
Hospitais públicos municipais	1.517	22,61	328.362	72,44
Hospitais públicos estaduais	470	7,02		
Hospitais públicos federais	57	0,85		
Hospitais universitários e de ensino	98	1,46		
Total	6.690	100,0	463.166	100,0

Fonte: CNESMS – abr/2012. Adpatado pelo autor.

Somente 5.099 hospitais estão disponíveis para o SUS.

Os serviços de saúde, envolvendo qualquer tipo de Estabelecimento de Assistência à Saúde (EAS), apresentam números que parecem satisfatórios para o atendimento à população (Tabela 4.3).

Tabela 4.3 – Total de serviço de saúde no Brasil[12].

Tipo	Quantidade	%	Quartos
Municipais	69.200	26,42	27,81%
Estaduais	3.183	1,21	
Federais	491	0,18	
Privados	189.218	72,19	72,19%
Total	262.092	100,0	100%

Fonte: CNESMS – abr/2012.

Porém, apesar dos números de EAS, a taxa de leitos por habitante continua em queda, o que pode representar maior necessidade de novos leitos em hospitais ou a melhoria da logística dos serviços de saúde com agilidade no fluxo de giro do cliente à admissão, tratamento e alta (Figura 4.4).

As falhas ou a ausência de profissionais com conhecimento da gestão desse fluxo ou gestão de leitos é um dos principais pontos críticos na taxa de ocupação e na velocidade de reocupação do leito hospitalar. Esse fluxo pode ser minimizado com gestão adequada da hotelaria hospitalar. Esse é um dos graves desafios que deve ser enfrentado pelos administradores da gestão da hotelaria, uma vez que a demanda tende a ser maior do que a oferta na procura por internação em prol do bem-estar e vida saudável.

---

[12] www.cns.org.br. Acessado em 10/01/2014.

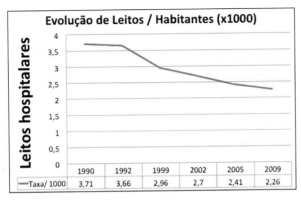

Figura 4.4 – Taxa de leitos por habitante.

A gestão de leitos não é somente um processo destinado às unidades habitacionais (apartamentos e enfermarias), a UTI, centro cirúrgico, pronto atendimento, sala de exames, imagens e consultórios podem-se utilizar da mesma ferramenta. O objetivo é reduzir filas, tempo de espera e melhorar a taxa de reocupação.

HEALING HOSPITALITY – HOSPITALIDADE DE CURA

A saúde é considerada um bem precioso. Para mantê-la em perfeito estado todo esforço é válido. Algumas pessoas investem grande quantia de dinheiro com tratamentos preventivos, ou até mesmo fazem frequentes e longas viagens em busca de especialistas que possam contribuir com a manutenção, controle e recuperação do bem-estar físico, orgânico, mental e social, além, é claro, da minimização dos riscos das doenças mais graves.

A busca pelo bem-estar ou a cura favorece o apelo para impulsionar alternativas no cuidado ao corpo e à mente. As alternativas passam pela cultura e pelos conhecimentos filosófico, científico, empírico e espiritual. Nesse quadro, uma alternativa não significa a exclusão da outra. Entre todas, crescem a busca da paz interior e o bem-estar físico e mental por meio da fé e de algumas atividades clínicas e meditações. A busca por tratamentos alternativos envolve ainda cirurgia por meio da fé, tal como a cirurgia espírita, que, embora não tenha nenhum reconhecimento legal pela medicina brasileira, é muito procurada por diversas pessoas.

Os diferentes métodos alternativos têm sido procurados por pessoas pela dificuldade ou escassez de possibilidades de encontrar a cura por meio da medicina tradicional. Essas pessoas tentam modos de vida diferenciados e pela fé religiosa sua fonte de recuperação da saúde.

De acordo com a história, essa busca de alternativas vem desde a época da monarquia, em que os reis e rainhas viajavam grandes distâncias em busca de tratamento. No Brasil há diversos relatos da importância da água para tratamentos das mais variadas doenças. Em 1868, a Princesa Isabel foi à cidade mineira de Caxambu em busca das águas curativas. As cidades de Poços de Caldas e Araxá também são conhecidas por terem águas medicinais. Após as descobertas dos benefícios que a água traz, a procura por banhos e fontes termais aumentaram consideravelmente. Além da água, banhos de areia e lama são utilizados para tratamentos de doenças como artrose, reumatismo, doenças de pele e problemas respiratórios.

Essa peregrinação pela saúde, pelo bem-estar e por momentos de conforto e paz espiritual também movimenta diversos segmentos do turismo, tais como, por exemplo, o setor de transportes, hotéis, restaurantes etc. A procura por tratamentos médicos fora de sua cidade de origem tem aumentado no mundo inteiro. No Brasil, principalmente pelo avanço da disponibilidade da população considerada de terceira idade, cujo tempo ocioso e a boa condição financeira fazem crescer esse nicho de oportunidade aos produtos turísticos.

O que diferencia o turismo de saúde com o tradicional é que, independente do clima ou estação (frio, calor, serra, mar, sertão), as pessoas vão atrás desses serviços em busca de qualidade de vida. Não existe período apropriado para o evento turístico em busca da recuperação da saúde. A saúde já representa 18% da motivação para o turismo no Estado de São Paulo (2007), conforme mostrado na figura 4.5.

O turismo da saúde também é movimentado por profissionais de saúde em eventos tais como congressos, feiras, seminários, cursos, palestras etc. O deslocamento das pessoas de uma cidade para outra em busca de tratamentos de saúde provoca fluxo turístico com impacto econômico em empresas que, normalmente, não são reconhecidas como produtos turísticos, tais como:

- Hospitais, centros de reabilitação etc.
- Centros de tratamentos intensivos, SPAs.
- Laboratórios, centros de imagens, diagnósticos, farmácias.
- Ambulâncias e transportes de pacientes.
- Clínicas e consultórios médicos.

Essas atividades são pouco mencionadas como parte da estrutura do turismo de lazer, mas são essenciais ao turismo de saúde.

Figura 4.5 – Turismo de saúde no Brasil. Fonte: Ministério do Turismo, SPTuris, Hospitais, Associação Paulista de Medicina.

De acordo com a Organização Mundial de Turismo/Nações Unidas, turismo é a atividade em que as pessoas realizam viagens a lugares distintos dos que habitam, por um período de tempo maior que 24 horas e inferior a um ano consecutivo, com fins de lazer, negócios e outros.

O turismo da saúde é impulsionado por pessoas motivadas por problemas de saúde para procurar recursos de preservação da saúde ou tratamento de doenças. Com o passar dos anos, foram surgindo locais especializados para esses tratamentos. O turismo de lazer tem características diferentes do turismo de saúde. O turismo de lazer pode (deve) incluir no pacote da região a assistência médica como apoio e principalmente como diferencial no conforto e segurança dos turistas. Essa atenção já ocorre em alguns eventos, *shows*, jogos regionais, nacionais, internacionais, porém também devem fazer parte nos destinos turísticos mais visitados. Imagine uma região rica em atrativos, com boa demanda turística, sem estrutura de atendimentos assistencial/emergencial? E se ela não for suficiente para atender pequenos casos de saúde/acidentes ocorridos?

Esse destino pode correr o risco de desaparecer, pois não garante a segurança aos visitantes para os casos de emergências à saúde. Assim como a hospitalidade da hotelaria hoteleira foi para o hospital, o cuidado hospitalar deve ir para a hotelaria hoteleira.

Além da busca por alternativas para saúde e cura, é possível encontrar também cuidados para indivíduos de alta hospitalar, tratamentos médicos e procedimentos cirúrgicos, incluindo problemas cardiovasculares, pulmonares, ortopédicos e neurológicos, bem como sepse e lesões traumáticas, entre outros fora do ambiente hospitalar.

A esse ambiente denomina-se *home care*, como continuidade dos cuidados em casa, e a *healing hospitality*[13] ou hospitalidade de cura em ambientes preparados para a atenção de acordo com as necessidades dos pacientes.

Os objetivos desses cuidados é ajudar os pacientes a voltar para casa mais rápido e reduzir a probabilidade de retornar ao hospital – tudo em um ambiente de cura com amenidades de hotel. Nesses ambientes, os pacientes participarão da terapia de reabilitação e receberão cuidados centrados na pessoa e dirigidos pelo médico (Figura 4.6).

Figura 4.6 – Ambiente para reabilitação.

---

[13] https://healinghotelsoftheworld.com/.

Nos estabelecimentos *healing hospitality*, a cura dos pacientes tem uma mentalidade de hospitalidade que inclui antecipação das necessidades dos hóspedes, suítes privadas e finamente cuidadas com TVs de tela plana, Wi-Fi complementares, banheiros e amenidades de hotel, todas voltadas para a recuperação.

Esses centros de recuperação rápida, com *design* proposto e amenidades de hospitalidade, incluem bistrô, que oferece alimentos *gourmet* de serviço rápido, aberto ao público; restaurantes de serviços completos aberto para café da manhã, almoço e jantar; pátio exterior para relaxar, socializar e jantar; salão de cabeleireiro e manicure; bar de suco terapêutico; refeições preparadas para cozinhar; noites sociais incluindo *happy hours*; cafés *gourmet* e chás; ginásios de terapia adaptados para ajudar os pacientes a melhorar sua mobilidade e independência. Uma experiência de hotel 5 estrelas. O foco no conforto do paciente irá complementar os cuidados médicos que os pacientes recebem.

Para Mark Fritz, presidente da Mainstreet Health:

> "A educação e treinamento da equipe de serviços é primordial. Atender aos mínimos detalhes, como abordar os pacientes pelo seu nome preferido ou entregar café e um jornal pela manhã, faz as maiores diferenças, especialmente se essas coisas são o que os indivíduos estão acostumados em suas vidas diárias".

Alguns tipos de terapias e tratamento realizados no *healing hospitality* podem ser vistos na figura 4.7.

Entre os serviços ofertados com o foco na saúde, podemos citar acupuntura, antiestresse, *ayurveda*, terapia de cor, dermatologia, desintoxicação, programa de diabetes, terapia energética, *FX mayr*, banho turco, envelhecimento saudável, terapias indígenas, *kneipp*, *coaching* de estilo de vida, médico, meditação, naturopata, consultoria nutricional, osteopatia, fisioterapia, pilates, sauna/banho turco, medicina do sono, terapia sonora, espiritualidade, *tai chi/qi gong*, TCM, água termal, *watsu*, perda de peso, ioga.

As principais características estão com o foco em terapias de praia, família, refeições para necessidades médicas e dietéticas, zonas livres de telemóveis/*tablets*/computadores, montanha, sem filhos, rural, sustentável, tropical, urbano, acessível a cadeiras de rodas.

Com o foco no esporte e lazer apresentam-se como atividades: tiro com arco, andar de bicicleta, observação de pássaros, canoagem/caiaque, escalada; esqui *cross country*/esqui, pescaria, golfe, caminhada, cavalgando, parapente, mergulho/*snorkel*, surf, tênis, *rafting* em águas brancas, *windsurf/kitesurf*.

As regiões que promovem esses serviços são compreendidas na África, Américas, Ásia, Austrália, Caraíbas, Europa, Oriente Médio e Oceania.

Os principais países são Argentina, Austrália, Áustria, Butão, Brasil, Canadá, China, Costa Rica, Equador, Ilhas Fiji, França, Alemanha, Grécia, Hungria, Islândia, Índia, Indonésia, Itália, Quênia, Maldivas, México, Marrocos, Nepal, Nova Zelândia, Nicarágua, Portugal, Rússia, Eslovênia, África do Sul, Espanha, Suíça, Tanzânia, Tailândia, Peru, Turquia, Cairo, EUA, Emirados Árabes Unidos.

Figura 4.7 – Tipos de terapia.

No Brasil, com o foco em cura encontramos na pesquisa o Lapinha SPA[14] localizado na fazenda Margarida, Lapa, Paraná, e o Centro Médico e SPA Kurotel Longevity[15] na cidade de Gramado, RS, www.kurotel.com.br, ambos filiados ao *healing hotels of the word*[16] (Figura 4.8).

Nesses ambientes não há como duvidar da qualidade da hospitalidade e do bem-estar proporcionado.

Figura 4.8 – Lapinha SPA. Fonte: http://yesicannes.com/healing-hotels-of-the-world-luxurious--holistic-wellbeing. Acessado em 14/9/2018.

---

[14] Localizado na Estrada da Lapa – Rio Negro, km 16 – Fazenda Margarida CEP 83.750-000, Lapa, Paraná Brasil. www.lapinha.com.br.

[15] Rua Nações Unidas, 533, Cidade de Gramado – Baviera Brasil RS. www.kurotel.com.br.

[16] https://healinghotelsoftheworld.com/.

5 HOSPITALIDADE E HOTELARIA HOSPITALAR

Para Taraboulsi (2004) e Boeger (2005), *a hotelaria é a arte de reunir os serviços de apoio ofertando satisfação, encantamento, conforto, segurança e bem-estar durante seu período de internação repletos de presteza, alegria, dedicação e respeito, fatores que geram a satisfação, o encantamento do cliente e, principalmente, a humanização do atendimento e do ambiente hospitalar*. A hotelaria deve receber e acolher muito bem, pois implica hospitalidade. Taraboulsi salienta que não se deve tentar comparar a hotelaria com hospitalidade.

A hotelaria deve estar impregnada de hospitalidade com todos os seus ritos durante todos os momentos da hospedagem. Os estudiosos da administração de serviços definem o efeito hospitaleiro igual a uma ação que agrega valor e que deve ser cultivada, a fim de se antecipar às necessidades dos clientes.

"A hospitalidade pode e reduz radicalmente o sofrimento de pacientes e clientes, minimizando a dor em momentos de fragilidade" (Godoi, 2004). Para Dio et al. (2005), é um processo que inclui a chegada, a acomodação confortável, o atendimento das necessidades e dos desejos do hóspede até o final da estada.

A hospitalidade denota o "ato ou efeito de hospedar, ou ainda bom acolhimento, liberalidade, amabilidade e afabilidade no modo de receber os outros" (Boeger, 2005, p. 54).

Para Taraboulsi (2004), a conduta na forma de agir, o caráter ao ser cortês ou generoso, em tempo integral e não ocasional, são características da hospitalidade, que não é caracterizada por nenhum sacrifício e, tampouco, por algum investimento além da vontade de querer ser hospitaleiro. Deve ser oferecida de forma espontânea, cordial e natural.

A hospitalidade é manifestada por meio da hotelaria hospitalar no aconchego do ambiente físico, na humanização dos serviços médico-hospitalares e, essencialmente, na espontaneidade dos gestos e atitudes das pessoas. É isso que caracteriza uma instituição de saúde voltada para a hospitalidade, que é a essência da hotelaria hospitalar (Taraboulsi, 2004, p. 180).

A palavra hospitalidade quer dizer: recepção de hóspedes, visitantes, viajantes, podendo ser simplificada no ato de bem receber. Para Castelli (2010), é a arte de dar e receber. Grinover (2002, p. 26) ressalta ainda que "ela implica a relação entre um ou mais hóspedes e uma organização, colocando a questão da recepção nessa organização, inserindo-a no modo de funcionamento existente".

A história da hospitalidade demonstra que os "hotéis e hospitais originam-se do mesmo tipo de empreendimento: albergues que abrigavam viajantes e peregrinos que viajavam de povoado a povoado e, também, recebiam enfermos" (Boeger, 2005, p.19).

Para Silva[1] (2009), *hospitalidade*, que provém da palavra latina *hospitalitas-atis*, quer dizer ato de acolher e hospedar. A qualidade do hospitaleiro significa boa acolhida, tratamento afável, cortês, amabilidade e gentileza. O espírito de hospitalidade teve início na Antiguidade.

Para Powers e Barrows (2004), a palavra hospitalidade, em inglês, é derivada de *hospice*, significando casa medieval destinada ao repouso de viajantes e peregrinos. *Hospice* – palavra claramente relacionada ao hospital – também se refere a uma forma antiga do que conhecemos como casa de tratamento de saúde. A hospitalidade não inclui somente hotéis e restaurantes, mas outros tipos de instituições que oferecem hospedagens, alimentos ou ambos às pessoas que estão fora de seus lares.

A hospitalidade envolve atividades que se destinam receber de forma humana os seres humanos; abrange aspectos comerciais – restauração da saúde – com sua infraestrutura e modelos culturais (Dias, 2000).

Segundo Taraboulsi (2004, p. 177), a hospitalidade está se transformando em um parâmetro para a mensuração da qualidade de produtos, serviços e processos. Esses parâmetros voltaram-se para a arte da reciprocidade e da generosidade nos campos econômicos, culturais, sociais e políticos.

A hospitalidade conceitua-se como um conjunto de serviços disponibilizados aos clientes internos (funcionários) e aos clientes externos (cliente de saúde e seus acompanhantes), buscando oferecer condições de conforto, bem-estar, assistência, segurança e qualidade no atendimento, agregando valor a todas as práticas profissionais das organizações de saúde.

Na hospitalidade, é fundamental o ato de acolher e prestar serviços a alguém que, por algum motivo, esteja fora de seu local de domicílio. É uma relação entre dois protagonistas, aquele que recebe e aquele que é recebido por alguém (Gottmann, 2001).

As pessoas, quando viajam, buscam por serviços de hospedagem de qualidade, mas procuram também por um diferencial além do conforto. Esse diferencial pode ser representado pelo atendimento que permita ao hóspede sentir-se em uma extensão de sua casa (Taraboulsi, 2004, p. 24).

A hospitalidade deve proporcionar satisfação, encantamento e fidelização do cliente. É "o ato de receber, tornar o atendimento no ambiente hoteleiro mais cortês e aconchegante" (Taraboulsi, 2004, p. 179).

Nesse contexto, o quadro de colaboradores deve vislumbrar a sociabilidade, solidariedade, cortesia, amabilidade, dedicação, bem como a eficiência em sua relação com o hóspede e nos serviços que se propõe a oferecer durante a estada desse.

A gestão deve estar voltada à qualidade da prestação dos serviços e atendimento das necessidades do cliente. Para tanto, o clima organizacional da instituição deve ser favorável à integração, assim como o comprometimento entre as pessoas e entre as pessoas e a organização (Dias e Pimenta, 2005).

---

[1] Hotelaria hospitalar. Conhecimento para a Gestão. Pedro Luiz da Silva. Brasília (DF): UnB; 2009.

A necessidade de atenção e investimento no quadro de funcionários não deve se restringir à equipe operacional, alcançando também a alta gestão. A "gestão precisa estar aberta e atenta às mudanças, procurando sempre atingir resultados com inovação e flexibilidade", conseguindo, desse modo, "estar à frente dos acontecimentos que as tendências do mundo globalizado possam apresentar repentinamente" (Taraboulsi, 2004, p. 29, 28).

Taraboulsi (2004) expõe ainda que a gestão hospitalar requer pessoas inovadoras, comprometidas com as mudanças e adaptações a seu meio ambiente, pois os clientes de saúde estão cada vez mais exigentes. A equipe gestora deve estar apta a sentir e captar as necessidades do cliente, mudando quantas e tantas vezes for necessário.

A qualidade e a melhoria do atendimento no ambiente hospitalar são obtidas por meio da implantação dos serviços de hotelaria.

Boeger (2005, p.24) caracteriza como "a reunião de todos os serviços de apoio que, associados aos serviços específicos, oferecem aos clientes internos e externos conforto, segurança e bem-estar durante seu período de internação". Franco (2004) complementa que consiste basicamente em adaptar a um hospital recursos e produtos que são oferecidos em um hotel.

Com hotelaria, os clientes se sentem mais seguros e demonstram isso para toda a equipe multidisciplinar. O encantamento mais perceptível favorece a reação do paciente na possibilidade da cura, que resulta a vida; na restauração da saúde; na minimização do sofrimento ou dor; e nos cuidados paliativos e que, com a morte, não cessa a relação de confiança entre clientes, familiares, profissionais e instituição de saúde.

A hospitalidade visa fidelizar não apenas um cliente, mas utilizar-se dessa oportunidade ao atender um cliente com necessidade de cuidados na saúde para gerar fidelização em um grupo de pessoas, tais como a família, os amigos e todos os participantes desse momento hospitalar. É impossível não relatar para terceiros um acolhimento diferenciado.

É também possível a fidelização dos clientes com base no diferencial que pode ser expresso na presteza, na alegria ou no acolhimento caloroso por parte do recepcionista, da equipe de enfermagem e da equipe médica.

Pensar a hospitalidade nos domínios da hotelaria hospitalar é reunir o conceito tecnológico com o comportamento humanizado e hospitaleiro em um mesmo espaço de tempo e campo de atuação. A hospitalidade também pode se expressar por meio de espaços físicos que se adaptem às necessidades dos clientes, sempre observando que a organização deve funcionar e ser pensada de forma holística, sistêmica e situacional, isto é, um ambiente deve satisfazer a todos, de forma direta ou indireta, porém garantindo os detalhes da individualização de cada um.

A interação, Taraboulsi (2004, p.180), entre hotelaria e hospitalidade funciona como uma questão básica de implicação, isto é, não há menor possibilidade da existência da primeira sem a coexistência da segunda, gerando assim a empatia emocional. A hospitalidade leva o indivíduo a praticar, de forma espontânea, a simpatia e cortesia para atingir a qualidade e a eficiência dos serviços que estão sendo ofertados naturalmente.

É certo que existem pessoas e momentos, pessoas não são iguais na forma de agir-pensar, sentir e demonstrar esses sentimentos, principalmente em situações de grande estresse, como acontecem no ambiente hospitalar. Mas se essas pessoas forem tratadas com respeito, dignidade, dedicação e com hospitalidade, a tendência é que se reduzam os efeitos estressantes do ambiente hospitalar, tornando o convívio mais humanizado.

A hospitalidade cria uma dimensão mínima de cortesia que pode ser percebida pela maioria dos clientes de saúde, restando muito pouco para atender a todos os clientes de forma agradável e satisfatória.

No hospital, as pessoas passam por momentos de grande instabilidade emocional, que levam a reflexões sobre a vida e a morte. A hospitalidade pode despertar, na equipe hospitalar, um sentimento fiel àquelas circunstâncias, identificando-se com elas e com isso entendendo essas pessoas e não somente atendendo-as. Apresenta-se nesse momento a empatia emocional.

Powers e Barrows (2004) definem as pessoas como provedores de hospitalidade, a qual está (...) entre uma das mais antigas da humanidade e envolve fazer com que um hóspede, cliente, membro ou residente (qualquer que seja o termo apropriado) se sintam bem-vindos e confortáveis.

Silva (2009) ressalta que a satisfação do cliente é o ponto-chave da hotelaria, ele avalia a qualidade do hospital, dos serviços, estrutura, decoração, atendimento, analisando, julgando e levando em consideração o conjunto de impressões percebidas. O cliente tem dúvidas e pode ficar frustrado quando percebe as falhas existentes na cadeia produtiva de serviços. Perceber as insatisfações por falhas no fluxo produtivo hospitalar e corrigi-las imediatamente é uma maneira de mostrar atenção e com isso fidelizar o cliente. Não é somente corrigir a falha que aconteceu, mas, principalmente, a atitude e a velocidade para sanar a falha.

Castelli (2003) sugere que, para manter padrões de qualidade definidos, a melhoria dos três elementos mais importantes pelo sucesso da organização de saúde são: a) *hardware*; b) *software*; e c) *humanware*. A melhoria do *humanware* ocorre, necessariamente, por meio da educação e do treinamento, ou seja, por meio da oferta do conhecimento, do desenvolvimento das habilidades, da formação de bons hábitos – atitudes – e da indicação das perspectivas para seu crescimento profissional, porém a qualidade necessita da junção dos três elementos: *hardware*, *software* e *humanware*.

A junção desses elementos configura a estrutura de atendimentos aos clientes, porém não é porque ocorre uma falha no sistema de computação que o cliente não possa ser atendido. O cliente de saúde não pode esperar "voltar a internet" para que sua admissão seja processada e sua saúde restaurada. Nos hospitais, não se pode permitir que essas lacunas na cadeia de serviços necessários ao atendimento existam sem que atitudes positivas sejam imediatamente prontificadas. A dor não pode esperar.

As falhas, se ocorrerem, devem ser substituídas por ações de contingência imediatas, aliadas ainda por tratamento cordial e objetivo. Isso equivale afirmar que, nas relações humanas, a amabilidade na recepção é um dos ingredientes fundamentais ao prazeroso convívio ou relacionamento (Morgan, 2013).

Para Castelli (2010), a hospitalidade parte de "olhares", domínios e conceitos, entre os quais a sublimidade do servir e a percepção do outro. Inclui, além dos conhecidos verbos receber, hospedar, alimentar e entreter, o verbo despedir-se, o qual é traduzido como "partir" nos diagramas dos domínios privado, público e comercial da hospitalidade. As dimensões da hospitalidade referem-se a convivência, celebração, respeito, cortesia, tolerância, solidariedade, harmonização do clima ou atmosfera. A hospitalidade aborda unicamente o papel desempenhado pela comunicação, seja ela verbal ou não verbal, merecendo destaque os gestos e sinais interpretados conforme a cultura de diferentes povos.

A hospitalidade deve estar presente em todo o ciclo da "estada hospitalar", incluindo a chegada, o tratamento e a partida. A partida deve ser a mais carinhosa, respeitosa e harmônica do processo. Algumas delas podem ser definitivas e, portanto, não permitirão a segunda chance para causar a primeira impressão.

6 A HUMANIZAÇÃO E A HOTELARIA HOSPITALAR

Segundo Ghellere (2001), quando se fala em humanização hospitalar, refere-se a uma visão completa do processo de funcionamento do hospital. Essa dinâmica se evidencia por meio da introdução de práticas de humanização nos centros de atendimento à saúde. Humanização é a palavra utilizada para falar da melhoria da qualidade do atendimento aos clientes. É o cuidado prestado com respeito, dignidade, ternura e empatia ao cliente e à sua família.

O avanço da tecnologia contribui para diagnóstico e tratamentos de alta precisão, porém, consequentemente, deparamos com ambientes tecnicamente perfeitos, mas sem alma e sem ternura. A pessoa que já está vulnerável pela doença deixou de ser o centro das atenções e foi instrumentalizada em função de determinado fim. Esqueceu-se que as coisas têm preço e podem ser trocadas, alteradas e comercializadas, porém, as pessoas têm dignidade e clamam respeito (Ghellere, 2001, p. 58).

A tecnologia é grande aliada da humanização, é necessário apenas harmonia.

Para Petrocchi (2002), além de avanços na área de tecnologia e também de gestão, o hospital não focaliza apenas a hospedagem de pessoas. Ele deve procurar integrar-se ao seu entorno e oferecer ambientes de múltiplas funções, em todos os aspectos, visar à satisfação das necessidades dos seus clientes.

A humanização, resultante da implantação da gestão hoteleira hospitalar, não vai curar a doença, mas torna o sofrimento mais tolerável, e o paciente mais propício ao tratamento. Transforma os familiares em importantes colaboradores na restauração da saúde. A humanização muda condutas e comportamentos, tornando o hospital um espaço digno para os momentos difíceis de nossos clientes da saúde (Ghellere, 2001).

A esse respeito, complementa Ghellere (2001), a implantação de programas de humanização hospitalar é uma tarefa infinita, uma obra inacabada, devido aos rápidos processos tecnológicos e das profundas mudanças culturais que acarreta.

O ideal da humanização é a utopia. É uma mudança de cultura na gestão e entre os colaboradores do sistema de saúde. Provocar uma cultura de acolhimento é o objetivo final. A humanização requer uma base culturalmente comprometida com as mudanças comportamentais do seu público-alvo. Não é a cultura hospitalar que impacta na sociedade. É a sociedade que impacta na cultura hospitalar. São necessários empenho, estudo e conhecimentos específicos. São fundamentais o envolvimento e o comprometimento de todos.

Dio et al. (2005) cita que humanizar o ambiente hospitalar implica, também, dar lugar à palavra do paciente e dos profissionais da área de saúde, formando uma rede de diálogo onde imperam o respeito, o reconhecimento mútuo e a solidariedade.

A humanização resultante da hotelaria hospitalar advém, então, da prática da hospitalidade presente na atividade hoteleira. É manifestada por meio da implantação desse novo conceito que resulta no aconchego físico, na atenção dos serviços médico-hospitalares e, essencialmente, na espontaneidade dos gestos e atitudes das pessoas (Taraboulsi, 2004).

Portanto, para alcançar o objetivo de conciliar a saúde e o ato de hospedar bem, tornando o ambiente mais acolhedor, os hospitais buscam adaptar conceitos e serviços oferecidos pela hotelaria clássica em suas instalações e na forma humanizada de tratar as pessoas (Franco, 2004).

Não é somente promover um ambiente ricamente decorado, isto é ambientação. Humanizar é uma essência, assim como a hospitalidade. É tratar com dedicação e respeito a quem mais necessita de dedicação e respeito. A humanização do atendimento hospitalar requer mudança de valores, de comportamento, de conceitos e práticas, exigindo do atendente um reposicionamento no que se refere ao modo, à forma do atendimento às necessidades dos clientes de saúde; é uma nova visão de atendimento aos clientes de saúde, gerando assim um produto ou serviço de melhor qualidade etc.

Para Mezzomo (2001, p. 7), a humanização "é tudo quanto seja necessário para tornar a instituição adequada à pessoa humana e a salvaguarda de seus direitos fundamentais", logo, infere-se de que essa humanização em uma organização de saúde deve ser vista como uma ação funcional, planejada, capaz de produzir e gerar saúde aos seus clientes.

Para Lottemberg[1] (2006, como citado por Boeger), "A humanização é fazer o cliente se sentir acolhido, recebido, aceito, considerado, abrigado, amparado, respeitado no hospital, evitando que sua hospitalização signifique exclusão da sua vida diária e da sociedade".

O triunfo da hotelaria hospitalar está na humanização do ambiente hospitalar e na oferta de serviços que encantam os clientes. A ambientação é parte desse encantamento, as cores suaves, plantas e jardins bem cuidados, ambientes acolhedores e de convivência e, principalmente, pessoas entusiasmadas interagindo com os clientes de saúde, com sorriso sincero e permanente. Treinar e desenvolver funcionários é o ponto-chave na gestão de empresas humanizadas, modernas, baseada em clientes e serviços.

Os clientes de saúde (enfermos, familiares, acompanhantes, visitantes) sentem-se confiantes e motivados quando a solidariedade se apresenta estampada no semblante de todos os envolvidos em seu atendimento. É a humanização, por meio da hotelaria, mudando condutas e comportamentos, tornando o hospital um espaço digno para os momentos difíceis dos clientes de saúde (Taraboulsi, 2004, p. 48).

Ao ser hospitalizado, o indivíduo afasta-se do trabalho, da família e dos amigos, além de estar "hospedado" em um ambiente considerado estranho e distante das suas rotinas. Suas carências necessitam ser supridas com as das similaridades do seu dia a dia. Não acontecendo isso, o tratamento pode ser demorado e doloroso (Morgan, 2013).

A recuperação e/ou restauração da saúde acontece, inicialmente, sob a óptica da humanização, representada pela forma de tratamento da equipe. Antes, desde que o médico fosse competente e o local aparentemente limpo, nada mais importava. Atualmente, quem pro-

---

[1] Comentário feito pelo Prof. Dr Cláudio Lottemberg em palestra realizada durante a aula magna do curso de pós-graduação em hotelaria hospitalar, no Instituto de Ensino e Pesquisa Albert Einstein, fevereiro de 2006.

cura um hospital está em busca de soluções para seus problemas e tem consciência do seu direito de ser bem atendido. Trata-se de um cliente que vai comprar um produto.

A partir desse momento, o estabelecimento percebe que precisa corresponder não só às necessidades do cliente, mas também às suas expectativas. O paciente quer continuar em contato com o mundo, não só pelo telefone, mas também pela televisão, jornais, revistas, entre outros. O hospitalizado não deseja se sentir excluído da sociedade e exige um ambiente aberto, comunicativo, aconchegante e, preferencialmente, sem estresse.

Nessa perspectiva, os hospitais reconheceram que precisam mudar o conceito de hospedagem para proporcionar, em vez de um ambiente frio e impessoal, um ambiente agradável e humanizado (Morgan, 2013).

HUMANIZAÇÃO COMO PROGRAMA DE GESTÃO EM HOTELARIA HOSPITALAR

Para garantir que a humanização seja aplicada nos hospitais públicos, o Ministério da Saúde lançou o Programa Nacional de Humanização da Assistência Hospitalar (PNHAH).

O PNHAH nasceu para buscar iniciativas para melhorar o contato entre o profissional da área de saúde e o paciente. Sua principal função é estimular a criação e a sustentação permanente de espaços de comunicação entre esses vários setores de atendimento da instituição de saúde. Já seu principal objetivo é difundir a criação de uma cultura de humanização nas redes hospitalares ligada ao SUS.

Humanizar é centrar a organização no cliente. A humanização é a valorização com os pacientes. O ser humano deve ser colocado na frente de tudo. Quando um hospital é humanizado, você percebe imediatamente a partir do primeiro atendimento.

As pessoas são mais exigentes e exigem seus direitos, caso o hospital não atenda às suas necessidades, os clientes/pacientes partem para a busca de outro que os atenda, o que pode ser pior, reclamações judiciais podem fazer parte da insatisfação com o atendimento. Assim, a preocupação por parte das instituições em se ajustarem para atender essas exigências dos pacientes deve ser constante. A humanização é a nova ferramenta de gestão do bem-servir.

A humanização é uma qualidade de atendimento. A qualidade inicia na definição do projeto e da planta para iniciar a construção. É lá que vai ser definida a disposição e a metragem dos ambientes comuns, de cada sala de cirurgia, dos leitos, cozinhas e todos os outros ambientes que fazem parte de um hospital.

Ser humanizado, por exemplo, não é somente cuidar da dieta do cliente. Humanização é manter o cuidado e a supervisão na preparação dos alimentos que serão servidos para os pacientes, garantindo sua nutrição saudável em vez do risco da contaminação alimentar. Falhas no atendimento podem mostrar que o time não está devidamente preparado para atender aos seus clientes.

Os funcionários devem ser continuamente capacitados para garantir a realização das tarefas de maneira sútil e eficiente, sem exageros e sem falhas. Não adianta ter uma excelente estrutura se na hora do atendimento (hora da verdade) os funcionários não correspondem às expectativas.

O responsável pela implementação do conceito de humanização é a administração do hospital. É ela quem vai dar todas as condições para que as melhorias sejam feitas se encaixando nas exigências do mercado.

O hospital deve lembrar que a humanização começa por seus colaboradores, pois são eles que representam o hospital e que vão lidar diretamente com o público. O investimento no treinamento e desenvolvimento dos funcionários provocam o sentimento de participação do crescimento da empresa. Gerar a cultura de humanização carece de tempo e persistência no foco e, para isso, é fundamental a participação de todos.

Castelli (2004, apud Taraboulsi, 2004, p. 42) afirma: "É importante que os gestores saibam que a humanização dos serviços hospitalares é a vantagem que poderá fazer a diferença na conquista dos clientes de saúde, e a hotelaria com seus serviços adaptados à atividade hospitalar é o caminho a ser seguido para acoplar qualidade em todas as fases do processo de atendimento". Afinal, com a competição acirrada, poucas são as oportunidades da segunda chance de causar a primeira impressão.

Taraboulsi (2004), sobre oportunidade, faz uma referência a Amir Klink quando em suas viagens e, nesta, já ancorado na Antártida afirmou:

> "Ouvi ruídos que pareciam de fritura. Pensei: será que até aqui existem chineses fritando pastéis? Eram cristais de água doce congelada que faziam aquele som quando entravam em contato com a água salgada. O efeito era belíssimo. Pensei em fotografar, mas falei para mim mesmo: Calma, você terá tempo para isso... Nos 367 dias que se seguiram, o fenômeno não se repetiu. Portanto, algumas oportunidades são únicas (Klink, 1997, apud Taraboulsi, 2004, p. 184).

Costa (2004), ao referenciar o desenvolvimento científico-tecnológico, mostra que muitas organizações têm buscado, de forma desenfreada, o lucro-econômico à custa da valorização real necessária do ser humano. Humanizar significa respeitar e valorizar o ser humano em razão da dignidade que lhe é intrínseca. São de grande importância as relações interpessoais tanto para os indivíduos quanto para as organizações. Morgan (1996) diz, em outras palavras, que a natureza verdadeiramente humana das organizações é a necessidade de construí-la em função das pessoas e não das técnicas.

Charlie Chaplin, apud Mezzomo (2001), afirmava que, mais que de máquinas, necessitamos de humanidade. Mais que de inteligência, necessitamos de afeição.

Para Ghellere (2001), a humanização da saúde pressupõe considerar a essência do ser, o respeito à individualidade e à necessidade da construção de um espaço concreto nas instituições de saúde que legitime o ser humano. O cuidar humanizado implica a compreensão do significado da vida, a capacidade de perceber e compreender a si mesmo e ao outro.

A humanização no atendimento exige empatia do cuidador. Humanizar a saúde é dar qualidade à relação cliente-colaborador, é suportar angústias do ser humano diante da fragilidade do corpo e da mente. O cuidado humanizado deve adaptar-se à estrutura hospitalar modificando não apenas os custos, mas também a tradicional e ideal relação do médico com seu cliente.

7 HOTELARIA HOSPITALAR

A visão sistêmica, pela hotelaria, de que seus clientes são o hóspede, o familiar, o amigo, o visitante e todos os que atendem a essas pessoas favorece a qualidade da hospitalidade e da humanização. Na área hospitalar não se pode mais imaginar a expressão *cliente de saúde* restrita apenas ao *paciente*.

Ao reconhecer a pertinência do uso da expressão *cliente de saúde* de forma mais abrangente torna mais fácil adotar estratégias e implementar ações de hotelaria que possam garantir a humanização, a hospitalidade e a qualidade dos serviços médico-hospitalares. Entretanto, precisamos, com simplicidade e inteligência, conhecer bem o cliente para que todas as pessoas envolvidas no atendimento possam ter a noção de sua importância para a instituição de saúde (Taraboulsi, 2004, p.24).

O autor salienta que na hotelaria essa pergunta foi contemplada com eficiência, pois se entendeu o hospital como sendo a extensão da casa do cliente, e todos os serviços que facilitam a continuação da sua rotina familiar e profissional devem ser disponibilizados, propiciando, dessa forma, uma estada feliz e tranquila, sossegada e mais amena às necessidades do cliente de saúde, amigos/visitantes e familiares. A necessidade da visão, pela hotelaria, de que os seus clientes são o hóspede, o familiar, o amigo e o visitante, conclui-se que todos eles devem ser tratados com respeito e cortesia. Na área hospitalar não pode ser diferente, pois o hospital é um prestador de serviços também, porém a abrangência da expressão *cliente de saúde* sempre esteve restrita à palavra *paciente*.

Conforme conclusão de Taraboulsi (2004), as organizações hospitalares, na tentativa de se livrarem da cara de hospital (ambiente que emite uma situação de dor, tristeza, medo, insegurança e distância/separação de familiares e entes queridos), começaram a se preocupar com o estado físico e emocional do cliente de saúde e, principalmente, com as internações prolongadas e as horas gastas por familiares e amigos em recintos que parecem mais com muros de lamentações do que salas de espera. Alguns gestores estão tentando deixar para trás a imagem clássica de hospital, levando para suas instituições mudanças de serviços que minimizam o impacto desses momentos difíceis, transformando a estada no ambiente hospitalar mais agradável, afinal, as pessoas nunca terão prazer de estar no hospital, mas o desconforto pode ser minimizado.

Essas mudanças não estão acontecendo por acaso, pois está em curso um novo perfil de clientes que as exigem. Segundo alguns gestores, psicólogos e médicos, esse novo cenário pode parecer para muita gente um luxo desnecessário e um esforço inútil, mas a receptividade dos clientes de saúde ao tratamento e a satisfação observada facilitaram muito o desenvolvimento dos serviços médicos e diminuíram, consideravelmente, os quadros depressivos.

O triunfar da hotelaria é inevitável e está na forma de como os serviços são oferecidos aos clientes por pessoas entusiasmadas, sempre interagindo e revelando que o segredo dessa nova proposta é o sorriso sincero e permanente e o amor pelo trabalho realizado.

Clientes de saúde e seus acompanhantes – familiares, acompanhantes, visitantes – com certeza sentir-se-ão seguros, confiantes e motivados quando a hotelaria hospitalar se mostrar dinâmica, interativa e disponível a satisfação dos desejos, necessidade e expectativas dessas pessoas que estão, circunstancialmente, fragilizadas, com sentimentos e emoções e com suas perspectivas confusas, necessitando de respeito, atenção e carinho (Taraboulsi, 2004, p. 21-22).

A hotelaria hospitalar é voltada para uma contínua busca da excelência, conciliando os objetivos do hospital com o ato de hospedar sem perder de vista a especificidade de sua clientela. Embora o foco principal seja o tratamento e a assistência, o hospital passa a investir nos serviços que envolvem a hospedagem, reconhecendo o paciente e seu acompanhante como clientes. A hotelaria hospitalar é um conjunto de processos, serviços e procedimentos que visam aumentar o conforto do paciente e seus familiares, desde a arquitetura, instalações, equipamentos até os recursos humanos.

Para Boeger (2009, p. 19), a melhor palavra hoje para o conceito da hotelaria hospitalar é transformação. O autor ainda relata que a hotelaria de um hospital não apenas tem a capacidade de melhorar o atendimento ao cliente, mas principalmente de comunicar de forma efetiva qual o padrão de serviços que pretende oferecer.

Segundo Godoi (2008, p. 38), a hotelaria hospitalar é a introdução de técnicas, procedimentos e serviços de hotelaria em hospitais como consequente benefício social, físico, psicológico e emocional para pacientes, familiares e funcionários de um hospital.

Ao incluir a hotelaria no modelo de gestão, o hospital pode conseguir, com esse formato, interferir nas ações de humanização e perceber o quanto esse modelo pode impactar o relacionamento entre as pessoas (Boeger, 2009).

Para Taraboulsi (2004), hotelaria "é a arte de oferecer serviços repletos de presteza, alegria, dedicação e respeito, fatores que geram a satisfação, o encantamento do cliente e, principalmente, a humanização do atendimento e do ambiente hospitalar". A hotelaria deve receber e acolher muito bem, pois implica hospitalidade. Taraboulsi salienta que não se deve tentar comparar a hotelaria à hospitalidade.

Taraboulsi (2004, p. 174) acrescenta, ainda, que "implica a criação, a inserção e a adaptação de vários departamentos de hotelaria" na organização hospitalar.

Para Boeger (2005, p. 24), "a hotelaria é a reunião de todos os serviços de apoio que, associados aos serviços específicos, oferecem aos clientes, interno e externo, conforto, segurança e bem-estar durante seu período de internação". Podem-se considerar também o treinamento e o desenvolvimento de pessoas com pretensão à qualidade dos serviços.

Boeger (2005, p. 55) diz ainda que "hotelaria não é sinônimo de luxo, mas de conforto e qualidade acima de tudo", baseando-se na máxima de bem receber.

A hotelaria tem a função de contribuir no aprimoramento da qualidade no cuidado hospitalar e gerar serviços diferenciados e personalizados aos seus clientes. Com a implantação da hotelaria e os serviços humanizados, a qualidade e a eficiência dos serviços serão a peça fundamental na produção da saúde.

O diferencial de qualidade pode ser mensurado pela taxa de homogeneidade (nível de satisfação desejável/nível atual). Quanto mais próximo a "1" (um) maior a satisfação do cliente e a qualidade dos serviços ofertados.

O nível de satisfação é proporcional à cultura hospitaleira de seus colaboradores. Investir no conforto de suas instalações, na infraestrutura, nos serviços e nos treinamentos é humanizar os serviços voltados para a cura e para a saúde.

De acordo com Taraboulsi (2004), a hotelaria hospitalar faz uma interface com praticamente todos os serviços prestados pelo hospital, desde outros serviços de apoio, até os serviços-fim, ou seja, atendimento médico e de enfermagem. A partir do conceito de melhoria de condições da infraestrutura do hospital para atender bem o cliente externo, a hotelaria hospitalar contribui para dar melhores condições ao profissional que presta serviços ao hospital.

A hotelaria vem sendo inserida cada vez mais no corpo organizacional dos hospitais e no agir dos recursos humanos que neles atuam. Muitos administradores, médicos e empregados de todos os níveis, tocados pela magia da hotelaria, estão procurando interagir com essa proposta que, apesar de recente, está ganhando força no meio hospitalar. Investir em hotelaria hospitalar é investir em qualidade: produz serviços melhores, posição financeira melhor, maior bem-estar para os clientes de saúde, menor giro do cliente interno e uma imagem melhor da instituição na sociedade (Taraboulsi, 2004, p. 184).

Muitos hospitais ainda sequer dão importância a essa revolucionária tendência, pois não sabem que o passado, mesmo de sucesso, não garante a sobrevivência de ninguém. A nova realidade que se apresenta exige dos atuais e futuros profissionais das áreas de turismo, administrações hoteleira e hospitalar, muita criatividade e flexibilidade, pois o mercado está oferecendo novas alternativas e, a qualquer momento, eles poderão ser solicitados para gerenciar o setor de hotelaria de um hospital (Taraboulsi, 2004).

Implantar a hotelaria hospitalar exige sensibilidade, criatividade e comprometimento do administrador do hospital, muito mais do que a mera disponibilização de recursos, sejam esses humanos ou financeiros. Os recursos para implantar a hotelaria hospitalar como "Estado da Arte" nasce de uma parcela da eliminação dos desperdícios provocados pelas falhas ou pela falta de gestão estratégica nos setores coordenados pela hotelaria hospitalar.

Mas o que é a hotelaria hospitalar no "Estado da Arte"? Corroborando com Boeger (2005, p. 24), a hotelaria deve reunir todos os serviços de apoio, que, associados aos serviços específicos, oferecem aos clientes, interno e externo, conforto, segurança e bem-estar durante seu período de internação, além de uma gestão baseada em desempenho focado em agregar valores à gestão por indicadores. Podem-se considerar também o treinamento e o desenvolvimento de pessoas com pretensão à qualidade dos serviços. Porém qual o escopo desses serviços de apoio?

Alguns hospitais têm predominância na inclusão dos setores de higiene, limpeza, lavanderia e nutrição como hotelaria, outros avançam um pouco mais, incluindo também a recepção, os serviços de mensageria e a gestão de leitos. A hotelaria, como Estado da Arte, deve envolver todos os serviços de apoio à assistência hospitalar. Qualquer setor que não esteja diretamente ligado ao tratamento de saúde (clínico ou cirúrgico) deve pertencer à estrutura organizacional da hotelaria hospitalar (Figura 7.1).

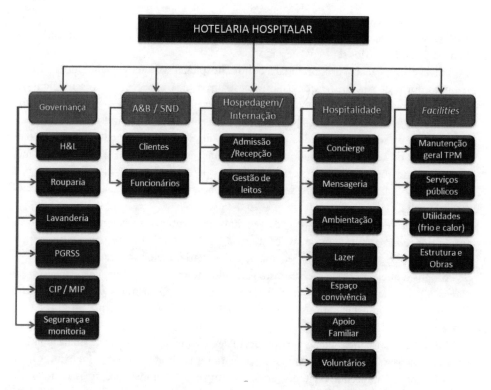

Figura 7.1 – Esquema de hotelaria hospitalar. Fonte: Elaborado pelos autores.

O Estado da Arte em hotelaria hospitalar deve incluir a gestão, operacional, tática e estratégica, de todos os setores de apoio. Gerir a hotelaria hospitalar é preparar o ambiente, capacitar e movimentar as pessoas, desenvolver práticas e procedimentos operacionais com o foco na qualidade, atenção às necessidades e produtividade dos serviços prestados aos *stakeholders* envolvidos e controlar a rentabilidade dos resultados financeiros.

Apesar do vasto organograma, um novo modelo está sendo construído na gestão da hotelaria hospitalar, a intensificação da terceirização dos serviços prestados. A partir dessa tendência, torna-se necessário pensar em um novo modelo de gestão e controle: a quarteirização.

A quarteirização é a gestão dos serviços terceirizados. Existe na formatação orgânica ou terceirizada. Tem como foco avaliação, controle e monitoramento dos serviços realizados por terceiros. É medido por indicadores tais como estratégicos (econômico e sustentáveis), táticos (produtividade e qualidade) e operacionais (tarefas e pessoas).

Os contratos devem ser monitorados com relação a desempenho produtivo, desperdícios, controle de custos e eficiência dos resultados. Ao terceirizar uma atividade espera-se encontrar um fornecedor que pense e aplique a mesma filosofia, cultura e respeito aos clientes da instituição. Busca-se terceirar para reduzir custos, desperdícios e melhorar o desempenho por entregar atividades meios a especialistas.

Não se propõe terceirizar para piorar os serviços necessários. Porém, existe a clara necessidade de gerir os contratos para que sejam ao mesmo tempo rentáveis, produtivos e sustentáveis. A quarteirização pode contribuir cada vez mais com esses resultados em hotelaria hospitalar.

A hotelaria hospitalar é baseada na hotelaria hoteleira (tradicional) aplicada em organização de saúde. A existência de atitudes hospitaleiras é pré-requisito à implementação dessa e não deve ser um ato mecânico que não permita individualizar algumas formas de atendimento.

A hotelaria, seja hoteleira, seja hospitalar, deve parametrizar seus padrões, ter seus limites definidos, porém deve ser flexível quando necessário, desde que essa flexibilização não interfira na qualidade técnica dos serviços médicos. Exemplificando, na limpeza concorrente de um apartamento, o cliente pode solicitar que seja realizada em outro momento (horário), pois agora está com alguns parentes e a conversa tem cunho particular. Não é porque está programada para as 10h:00 que deve ser realizada as 10h:00. A hotelaria hospitalar é uma prestadora de serviços, portanto têm-se os parâmetros básicos de cumprimento de tarefas, porém atende ao cliente nas suas necessidades sempre.

A hotelaria não deve insistir, deve pôr-se à disposição para que o cliente faça uma chamada extra. Essas exceções devem ser tratadas como exceções e não como a fuga da regra. Nas enfermarias esse serviço não pode ser adiado, salvo se somente um dos leitos estiver ocupado.

Em hotelaria hospitalar, o momento de atendimento, além de único, é também emergencial. Clientes de saúde urgem por necessidades fisiológicas básicas e a instantaneidade para atender vai fazer a diferença. A hotelaria deve manter os procedimentos padrões básicos, ressaltando sempre a qualidade dos serviços e dos produtos, porém, deve ter criatividade, disponibilidade e competência para agregar "valores de confeitaria[1]" para todos os clientes envolvidos.

A percepção palpável dos clientes sobre os serviços que ofereçam qualidades intrínsecas e com valores agregados é uma realidade. É inevitável que as empresas se preparem para receber e atender a necessidades, desejos e expectativas dos seus clientes, principalmente para os clientes de saúde.

O cuidado com a saúde das pessoas é o foco da atenção de toda a equipe multidisciplinar de uma instituição de saúde. Esse olhar deve ser ampliado para além dos clientes de saúde, tais como seus familiares, amigos e visitantes. Todos são potencialmente formadores de opinião e futuros clientes também. O atendimento hospitaleiro e humanizado vai fazer o diferencial na hora da escolha por uma instituição de saúde.

A hotelaria hospitalar tem papel fundamental nessa cultura de hospitalidade durante a hospedagem. O termo hospedagem, advindo do latim, significava hospitalidade e também aposento destinado a um hóspede. A palavra hospitalidade que, da mesma forma, é advinda do latim designa o ato de bem receber e hospedar. Deu origem também ao termo hospital, cujo significado remetia ao bom recebimento dos doentes para tratamentos e curas (Campos e Gonçalves, 1998).

---

[1] Todo bolo tem uma estrutura básica (trigo + ovos + fermento). Uns podem ter chocolates e caramelos, outros podem ter recheios e bordas confeitadas com os motivos e detalhes exclusivos para cada ocasião. Isto é Valores de confeitaria.

Assim como os hotéis, os hospitais também oferecem hospedagem, porém, para aqueles que necessitam de algum tipo de tratamento médico com ou sem períodos de internação. Os hospitais são procurados por pessoas pela necessidade de algum tipo de assistência médica em seu momento natural ou crítico. Os hotéis são procurados por pessoas pelo desejo da "viagem" por negócios, lazer ou pela própria condição de saúde. Esses clientes buscam a necessidade por momentos de acolhimento.

O gerenciamento das organizações voltou-se para a busca das necessidades e desejos dos clientes, traduzindo-os em bens e serviços que serão disponibilizados para aquisição nos locais onde o consumidor os possa encontrar no momento em que tal necessidade se manifestar (Dias e Pimenta, 2005).

Além de oferecer produtos e serviços que atendam a necessidades e desejos, as empresas buscam superar as expectativas dos clientes. Buscam oferecer diferentes classes de produtos e serviços que possam ser visualizados como convencionais, tendências e revolucionários. A motivação para consumir continuamente o mesmo produto/serviço é proporcional a sua necessidade e seu desejo atendido. As frequentes mudanças do posicionamento na hierarquia socioeconômica da sociedade provocam impulsos que interferem nas suas necessidades e desejos, podendo modificar alguns hábitos e costumes desse "freguês".

Quando os resultados do consumo dos produtos e serviços experimentados são positivos, menor é a propensão às mudanças. Quando os resultados são negativos, maior é a rejeição pelo mesmo produto. Inicia então a mudança dos hábitos e costumes e, com eles, a perda da fidelização dos produtos e serviços.

A fidelização pode ser decorrente da qualidade dos produtos ou serviços. Pode ocorrer, também, pela inexistência ou impossibilidade de acesso por melhores produtos ou serviços. A frequência da aquisição por ausência de produtos e serviços em melhores condições de compra não significa fidelização.

A melhoria nas condições de renda provoca mudanças na pirâmide social e, com ela, a capacidade para gerar um novo "poder de escolha e compra" de produtos e serviços. Daí a possibilidade de se livrar da escravidão do fornecedor não satisfatório. O crescimento do emprego, gerando maior quantidade de usuários dos serviços de saúde (planos de saúde empresariais) privados, é fator de conquista dos direitos não atendidos pelos serviços públicos em algumas regiões do País. Essa dimensão provoca o poder da escolha. Instituições que não estão visualizando esse cenário podem ser surpreendidas.

A globalização é um dos fenômenos responsáveis pela busca em oferecer continuamente novos acessos a produtos e serviços de qualidade.

Para Burns (2002) e Boeger (2005), a globalização contribuiu para mudanças e reorganização no comportamento e nos valores dos clientes que estão mais exigentes, mais experientes, mais independentes e mais difíceis de se contentar com qualquer produto ou serviços. Eles estão cada vez mais alinhados com a qualidade e consequentemente para uma ressignificação dos modelos de gestão, do consumo e da competitividade no mercado. A sobrevivência em um mercado competitivo tem relação direta com o alinhamento da empresa e da percepção de qualidade recebida pela sociedade.

A modernização da hotelaria ocorreu na estrutura física dos estabelecimentos e nas formas de gerenciamento impondo uma gestão de princípios, técnicas e normas administrativas baseadas em análise de funções, controle de desempenho, planejamento de infraestrutura, estratégias mercadológicas e capacitação das pessoas, entre tantos outros meios indispensáveis à produtividade e à competitividade do setor (Campos e Gonçalves, 1998).

Nesse contexto, torna-se necessário uma gestão capaz de aproximar pessoas e construir comprometimentos duradouros entre o indivíduo e a organização (Dias e Pimenta, 2005).

Essas características são essenciais à empresa hoteleira, porque todos os elementos que compõem seu produto devem contribuir para que as necessidades do hóspede sejam supridas. Uma vez que o hotel é tido como "a extensão da casa dos clientes e todos os serviços que facilitam a continuação de sua rotina familiar, profissional e social devem ser disponibilizados, propiciando, dessa forma, uma estada feliz e tranquila" (Taraboulsi, 2004, p. 24).

Boeger (2005, p. 55) diz ainda que "hotelaria não é sinônimo de luxo, mas de conforto e qualidade acima de tudo", por meio da inclusão dos serviços hoteleiros no hospital, associando serviços de apoio aos serviços específicos, respeitando regras, funções e especificidades do ambiente hospitalar. A hotelaria pode contribuir para o restabelecimento do cliente baseando-se na máxima de bem cuidar e do bem receber.

A hotelaria hospitalar, uma tendência que veio para livrar os hospitais da "cara de hospital" e que traz em sua essência uma proposta de adaptação à nova realidade do mercado, modificando e introduzindo novos processos, serviços e condutas (Taraboulsi, 2003, p. 18).

Define-se hotelaria hospitalar como a reunião de serviços de apoio, pois a principal função de um hospital é a de "restaurar o indivíduo doente e, o mais depressa possível, devolvê-lo à comunidade" (Dio et al., 2005, p. 808).

Boeger (2003) demonstra que a hotelaria não é somente um termo mercadológico, ela vai além. Objetiva demonstrar preocupação com o bem-estar dos clientes, alcançando todas as condições necessárias para oferecer assistência com segurança, conforto e qualidade, mediante reestruturação e ampliação das áreas existentes ou criação de novas.

Para Boeger(2005), duas categorias de clientes, os externos (pacientes, médicos, familiares, operadoras de serviços de saúde e a comunidade) e os internos (os departamentos e indivíduos), devem trabalhar equilibradamente (Dio et al., 2005).

A qualidade no atendimento ao cliente depende da infraestrutura física e dos colaboradores. A harmonia entre esses dois pilares forma um magnífico ambiente de trabalho.

A hotelaria hospitalar privilegia "a satisfação de todas as necessidades do paciente, bem como a integridade física, a privacidade, a individualidade, respeitando os valores éticos e culturais com o máximo de confidencialidade de toda e qualquer informação pessoal" (Watanabe, 2007).

Para Silva (2009), o conceito de hotelaria hospitalar no Brasil é novo e foi criado pela exigência do cliente de saúde, que começou a questionar e sentir a necessidade não só da cura ou do tratamento, mas também da segurança, conforto e, principalmente, seu bem-estar, de sua família e dos seus visitantes.

Para alguns gestores, psicólogos e médicos, esse novo cenário "de luxo" da hotelaria hospitalar pode parecer desnecessário e o esforço se tornar inútil, mas a receptividade dos clientes e a satisfação observada facilitaram muito o serviço médico e diminuíram, consideravelmente, os quadros depressivos dos clientes (Taraboulsi, 2004).

Pela sua preocupação com o bem-estar, a hotelaria hospitalar é voltada para contínua busca da excelência, conciliando os objetivos do hospital com o ato de hospedar, sem perder de vista a especificidade de sua clientela. Embora o foco principal seja o tratamento e a assistência, o hospital passa a investir nos serviços que envolvem a hospedagem, reconhecendo o paciente e seu acompanhante como clientes. Basicamente, a hotelaria hospitalar representa a união da administração hospitalar à administração hoteleira, ou seja, atrela a assistência tradicional da medicina aos serviços de hotelaria.

É importante salientar que não se pode usar um "molde pronto" da hotelaria dos hotéis para hospitais. São necessárias adaptações. É importante considerar as peculiaridades de cada uma dessas atividades, compreendendo que o ambiente hospitalar tem maior complexidade do que o ambiente hoteleiro. O que deve ser comum é o sentimento de hospitalidade.

Para Taraboulsi (2004), a hospitalidade é o caminho que conduz a humanização do ambiente hospitalar. A hotelaria hospitalar contribui para uma hospitalidade mais humana e atenta às necessidades dos clientes, acompanhantes e visitantes. Oferece ferramentas estratégicas que auxiliam a linha assistencial com ambientes limpos, iluminados, decorados e comprometidos como o bem-estar e conforto do cliente em um hospital.

Os hospitais mudaram o perfil de apenas atender aos enfermos. São ambientes muito mais preventivos, limpos, felizes e saudáveis. O hospital com hotelaria aparenta ser mais calmo, mais humano, mais ordenado. A razão está na definição de métodos rigorosamente selecionados, processos controlados, produtos adequados ao ambiente hospitalar e pessoas capacitadas para atender com satisfação. O hospital sem hotelaria pode parecer um ambiente tumultuado e hostil por não definir métodos, controlar processos, adequar produtos e capacitar pessoas. Esse tipo de empresa já não pode mais existir como instituição hospitalar.

Para implantar os serviços de hotelaria em um hospital, não é apenas "copiar" os serviços prestados pelos hotéis e "renomear" o setor de zeladoria do hospital como "hotelaria hospitalar". A estrutura e as pessoas, que formam o ambiente hospitalar, devem ressignificar seu perfil comportamental de simples atendimento à saúde e focar a instituição hospitalar como um ambiente de promoção do bem-estar, tanto para os clientes externos como os internos. Criar uma cultura de visão sistêmica e adotar o mantra da hospitalidade.

Na implantação da hotelaria hospitalar, alguns pontos são relevantes, tais como:
- Adequar a estrutura.
- Treinar e desenvolver pessoas.
- Reorganizar métodos, processos, produtos e equipamentos.
- Identificar quais e como os conceitos da hotelaria clássica estão sendo adaptados e implementados no ambiente hospitalar.
- Verificar os benefícios da aplicação da hotelaria hospitalar.

Para Boeger (2005), os hospitais são, então, obrigados a desenvolver um novo perfil de atendimento a fim de garantir a sobrevivência da empresa em um mercado cada vez mais competitivo. A implantação da hotelaria hospitalar é uma forma de diferenciação em seus serviços, diferenciação essa que é percebida pelos clientes e concorrentes como um processo voltado à qualidade e à melhoria contínua dos serviços (Dio et al., 2005).

Os novos usuários e pacientes tornaram-se mais exigentes com a qualidade do atendimento. Nos hospitais, os usuários e pacientes passam a ser identificados como "cliente de saúde", o que os fazem sentir-se competentes para avaliar o nível de atenção que recebem e optar pelo local onde serão mais bem tratados (Dioet al., 2005).

Esse cliente "não mais procura apenas os benefícios dos serviços de saúde, ele busca, e muito, pelas vantagens oferecidas e pelo respeito e solidariedade ao seu estado físico e emocional" (Taraboulsi, 2004, p. 22).

Taraboulsi (2004, p. 24, 25) acrescenta que esse estado físico e emocional inicia um novo período com "momentos de sensibilidade, de instabilidade emocional, dores, insegurança, dúvidas, reflexões sobre a vida e a morte, passividade, agressividade, depressão e outros sentimentos antagônicos que demonstram fragilidade nessas circunstâncias". Portanto, um atendimento de qualidade, conforto, segurança e um ambiente hospitalar mais amigo não é apenas uma exigência, mas também uma forma de amenizar os momentos emocionalmente negativos do paciente e dos seus familiares.

HOTELARIA HOSPITALAR: UM POUCO DA HISTÓRIA

A história da hotelaria hospitalar inicia pela busca da humanização. A preocupação com a saúde e com a cura de doenças é inerente à condição humana desde o tempo da medicina primitiva, como a Idade da Pedra, nos períodos divididos em Paleolítico (até 8000), Mesolítico (–8000/–6000) e o Neolítico (–6000/–3000) (Moraes, Cândido e Viera, 2004).

De acordo com Cândido, Moraes e Viera (2004:15) "medicina é a ciência que investiga a natureza e a origem das doenças do corpo humano para preveni-las, atenuá-las e/ou curá--las". Nos primórdios da história humana não existiam locais destinados e específicos para tratamento ou acolhimento. No início da era cristã, a palavra *hospitalis*, do latim (significa ser hospitaleiro) e também derivado de *hospes* (hóspedes), deu origem ao termo atual hospital como um estabelecimento para abrigar pessoas para tratamento temporário.

Ainda naquele tempo, ao se referir à hospedagem, era necessário falar em hospitalidade. Apesar de a prática hospitaleira ser antiga, tanto no ocidente como no oriente, este conceito só veio a ser parte dos serviços hospitalares do Brasil nos anos 2000 com a implantação das práticas de hotelaria hospitalar.

O conceito de hotelaria hospitalar foi criado pela necessidade de melhor atender o próprio paciente, que não estava mais satisfeito apenas com a cura ou tratamento, mas queria conforto, segurança, bem-estar do próprio paciente, dos familiares e visitantes (Boeger, 2003).

Por meio dessas considerações, verifica-se a importância da hotelaria hospitalar e sua tendência, tida como irreversível para diversos pesquisadores, por não se tratar apenas de uma opção institucional, mas de uma exigência do mercado concorrente e de seu público específico.

Godoi (2004: 52) complementa afirmando que "muitos hospitais assumiram ultimamente nova postura de valorização do paciente [...]" e que "o foco do hospital passa a ser outro, o de não apenas tratar doentes, mas de ofertar saúde".

Apesar de a hospitalidade ser uma necessidade quando vidas são acolhidas, os hospitais são procurados por seus clientes, em momentos críticos na vida, os hotéis são demandados a partir da necessidade de alojamento de pessoas em meio à realização de uma viagem, independente de sua motivação. Porém, todos, em qualquer circunstância, querem ser bem atendidos. Os hotéis e hospitais apresentam características comuns como formas de hospedagem, porém diferentes nas formas de atender. Atualmente os hospitais buscam conceitos e serviços presentes na hotelaria hoteleira, a fim de proporcionar melhor atendimento, além da maior qualidade aos serviços prestados nos hospitais.

Segundo Boeger (2003), o primeiro hospital, com atividades básicas de restaurar a saúde e prestar assistência concluindo diagnósticos e efetuando tratamentos limitados conforme os padrões e condições da época, surgiu na cidade de Roma, em 360 a.C.

Com o desenvolvimento, o hospital assumiu características específicas (Quadro 7.1).

Quadro 7.1 – Espaços assistenciais de cuidados.

Características	Descrição do atendimento
Valetudinárias	Enfermarias prestavam assistência aos gladiadores romanos e guerreiros, estes eram localizados próximos ao alojamento das tropas e arenas, o qual deu origem aos hospitais militares e Cruz Vermelha Internacional
Tabernae Medicar	Pronto atendimento sem internação, comparado a um ambulatório

A palavra hóspede originou do latim *hóspes*, que deu origem a *hospitalis* e *hospitium*, palavras essas que designavam locais para abrigar, além de enfermos, viajantes e peregrinos (Quadro 7.2).

Quadro 7.2 – Modelos de estabelecimentos assistenciais.

Características	Descrição do atendimento
Hospitium	Estabelecimento ocupado por pobres, incuráveis e insanos (atualmente hospício – termo usado pra designar hospital de psiquiatria)
Nosodochium	Local para receber doentes
Nosocomium	Local para tratar os doentes, asilo de enfermos
Pitoxotrophium	Asilo para pobres
Poedotrophium	Asilo para crianças
Xenotrophium	Asilo e refúgio para viajantes estrangeiros
Gynotrophium	Hospital para mulheres
Gerontokomim	Asilo para velhos

Fonte: Boeger, 2003.

O fenômeno da globalização (final do século XX) é um dos responsáveis pela busca por produtos e serviços de qualidade. Segundo Boeger (2005, p. 24), "com a globalização, as mudanças no comportamento e nos valores dos clientes constituíram um fator crítico para que eles se tornassem cada vez mais exigentes por possuírem mais experiência, serem mais independentes, difíceis de contentar e cada vez mais preocupados com a qualidade".

Dessa forma, a globalização contribuiu para uma reorganização dos padrões de gestão, do consumo e da competitividade (Burns, 2002). As mudanças estão presentes na forma de gerenciamento das organizações responsáveis pela produção de bens e serviços e na demanda, proporcionando nova realidade no mercado, assinalada pela alta competitividade.

Hospitais mundiais têm sido invadidos por clientes em busca da sua necessidade e contando com a experiência e especialidade do corpo clínico e do próprio modelo de atendimento hospitalar. Milhares de clientes cruzam os céus em busca de atendimento para saúde em clínicas, hospitais e centros de diagnósticos especializados.

O *site* setor saúde[2] publicou uma pesquisa analisando os hospitais mais bem-sucedidos do mundo em tamanho, qualidade, conforto, tecnologia, modernidade, excelência em tratamentos, atendimento, gestão e eficiência. A empresa de comunicação *Healthcare Global* listou as melhores instituições hospitalares, que ficam em sua maioria nos EUA e na Europa.

O quadro 7.3 apresenta a lista dos melhores hospitais no mundo.

Quadro 7.3 – Lista dos melhores hospitais do mundo.

Hospital	Local	Características
Johns Hopkins Hospital	Baltimore, EUA	Melhor hospital do mundo. O berço da engenharia genética. Por 20 anos consecutivos é o 1º no *ranking* hospitalar da *US News and World Report*. O primeiro hospital a realizar uma infinidade de procedimentos cirúrgicos. São 36 ganhadores do Prêmio Nobel que lecionaram, pesquisaram e fizeram carreiras na instituição
Asklepios Klinik Barmbek	Hamburgo, Alemanha	É o maior operador privado de hospitais em todo o continente europeu. Destaque nas cirurgias cardíacas e em oncologia
Universidade do Texas MD Anderson Cancer Center	Texas, EUA	Um dos três principais destaques de câncer dos EUA. É afiliado a escolas médicas (University of Texas Medical School e Baylor Medical College)
Brigham and Women's Hospital	Boston, EUA	É um dos maiores prestadores de serviços de saúde em Massachusetts e a segunda maior filial de ensino da Escola de Medicina de Harvard
Great Ormond Street Hospital	Reino Unido	O primeiro hospital do mundo criado exclusivamente para crianças. Associado à University College London (maior centro de pesquisa e ensino em saúde infantil na Europa). É o maior centro para cirurgias de coração ou cérebro de crianças do Reino Unido

(Continua)

---

[2] https://setorsaude.com.br/os-10-melhores-hospitais-do-mundo/Acesso em 06/01/2018.

Quadro 7.3 – Lista dos melhores hospitais do mundo (*Continuação*).

Hospital	Local	Características
Wooridul Spine Hospital	Seul, Coreia do Sul	Referência mundial em cuidados da coluna. É famoso por desenvolver tratamento cirúrgico minimamente invasivo para pacientes com problemas lombar, nas áreas cervical e torácica. Também se destaca no tratamento de articulações
Shouldice Hospital	Canadá	Mais famoso do mundo no tratamento de hérnia abdominal. Já serviu de base de estudo da Harvard Business Scholl e muitas outras faculdades no mundo
Bumrungrad International Hospital	Bangkok, Tailândia	Trata mais de 400.000 turistas de saúde por ano. É o maior hospital privado no Sudeste Asiático. Trata mais de um milhão de pacientes por ano e tem sua própria agência de viagens para cuidar de vistos e fornecer tradutores para estrangeiros. Recebeu premiações internacionais
Anadolu Medical Center	Turquia	Líder em oncologia graças ao Centro de Transplante de Medula Óssea. É afiliado ao Hospital Johns Hopkins
Gleneagles Hospital	Singapura	Principal hospital do Grupo Hospitalar Parkway, é uma instituição multidisciplinar. Especialidades em cardiologia, oncologia, obstetrícia, ginecologia e ortopedia
Chris Hani Baragwanath Hospital	Joanesburgo, África do Sul	O maior hospital do mundo. Possui 172 prédios que cobrem 0,7km^2 e hospedam 3.200 pessoas, atende a 3,5 milhões de pessoas e emprega 6.760 pessoas
Stanford Hospital and Clinicas	EUA	O maior em desenvolvimento de tecnologia. Fez o primeiro transplante de coração e pulmão e o primeiro transplante de coração das Américas
Karolinska Hospital	Estocolmo, Suécia	Hospital mais sustentável do mundo
The Priory Hospital	Inglaterra	Notório pela sua lista de pacientes famosos. Fornece cuidados psiquiátricos e psicológicos

Anteriormente à hotelaria hospitalar, o cliente, ao ser internado, passava a ser paciente e sua vontade e desejos dependiam da estrutura oferecida pelo hospital e só isso importava, sendo a missão do hospital apenas o atendimento ao paciente e, se possível, a sua cura (Cândido, Moraes e Viera, 2004).

Esse modelo também influenciou os hospitais brasileiros na busca da qualidade por competência e especializações.

HOTELARIA HOSPITALAR NO BRASIL

A sociedade, apesar da constante evolução do entorno tecnológico, socioeconômico e outros, continua buscando melhores práticas e modelos para atender, principalmente, suas necessidades básicas, tais como as fisiológicas, de acordo com a pirâmide proposta por Maslow.

Porém, há um ressignificado, por exemplo, na ingestão nutricional de alimentos. Alimentar-se já não é somente uma pretensão de ingerir alimentos para a sobrevivência. É necessário nutrir-se de forma adequada e saudável. A mudança para agregar valor está em alimentar-se com Sabor, Saúde, Satisfação e Segurança Sanitária (5 S da alimentação). Esse é o patamar desejável atualmente nas instituições de hospedagem, quer sejam hoteleiras quer sejam hospitalares.

A partir da mudança no comportamento do cliente, surgiu a necessidade de um novo modelo de atenção hospitalar. O atendimento (virtual ou pessoal) é a primeira oportunidade para fidelizar o cliente da saúde pela hospitalidade. A partir de então, todo o ciclo de "estada hospitalar" deve primar pela qualidade técnica da hotelaria hospitaleira, independente se a necessidade do contato é emergencial ou programada.

No Brasil, o investimento em hotelaria hospitalar começou em 2000, embora não se saiba exatamente qual foi o hospital pioneiro no desenvolvimento desse trabalho. Citam-se, com muita referência, as instituições, tais como o Hospital Sírio Libanês, Hospital do Coração, Hospital Albert Einstein em São Paulo, Hospital Copa D'Or no Rio de Janeiro, Hospital Moinhos do Vento no Rio Grande do Sul, Natal Hospital Center no Rio Grande do Norte, Hospital Real Português em Pernambuco.

Para Taraboulsi (2003, p. 21), a hotelaria hospitalar entendeu a necessidade emocional dos clientes da saúde:

> "Preocupados com o estado físico e emocional dos clientes de saúde e, principalmente, com as internações prolongadas e horas gastas por familiares e amigos em recintos que mais parecem muros de lamentações do que salas de espera, alguns gestores estão tentando deixar para trás a imagem clássica de hospital, levando para suas instituições mudanças e serviços que minimizam o impacto desses momentos difíceis transformando a estada em um ambiente mais agradável, afinal as pessoas nunca terão prazer de estar no hospital, mas o desconforto pode ser minimizado".

Os que procuram os hospitais com hotelaria hospitalar a fim de receber algum tipo de tratamento médico passam a ser identificados como "clientes de saúde". Esses clientes sentem-se competentes para avaliar o nível de atenção que recebem e optar pelo local onde serão mais bem tratados (Dio et al., 2005, p. 806).

O cliente "não mais procura apenas os benefícios dos serviços de saúde, ele prima também pelas vantagens que lhe são oferecidas e que são caracterizadas pelo respeito e solidariedade a seu estado físico e emocional" (Taraboulsi, 2004).

Acrescenta Taraboulsi que o fato de procurar o hospital em "momentos de instabilidade emocional, dor, insegurança, dúvidas, reflexões sobre a vida e a morte, agressividade, depressão e outros sentimentos antagônicos que demonstram fragilidade nessas circunstâncias" se confirma a necessidade de um atendimento de qualidade que lhes proporcione conforto, segurança e um ambiente hospitalar mais afável.

Para Sônia Watanabe (2007), a definição conhecida é de que este conceito chamado hotelaria hospitalar:

"nasce há 10 anos aproximadamente, sendo uma reunião de todos os serviços de apoio oferecidos aos clientes internos e externos, com objetivo de promover conforto, segurança e bem-estar durante seu período de atividade ou internação".

Ainda segundo ela:

"a hotelaria hoje é entendida como um modelo de gestão que equipara os hospitais em termos de estrutura física e de serviços. Em São Paulo é possível verificar que 48% das organizações já têm um departamento de hotelaria e um gestor contratado. Acredito que esse conceito está sendo amplamente utilizado nos hospitais de modo geral, inclusive se torna algo que os serviços públicos irão se adequar".

A hotelaria hospitalar não é usada somente pelos hospitais particulares, atualmente já existem hospitais da rede pública focados nessa implantação. Os hospitais públicos, apesar das dificuldades adicionais, têm conseguido desenvolver trabalhos tão bons quanto os privados usando criatividade e competência. O número de EAS público ou geridos por Organizações Sociais (OS), já contempladas com a Acreditação, corrobora para essa afirmativa (ver *site*: https://www.ona.org.br/OrganizacoesCertificadas).

Nos hospitais com hotelaria hospitalar, diferenças estruturais já podem ser notadas, tais como uniformes limpos e bem cuidados, portas automáticas, recepção informatizada, salas de espera aconchegantes, elevadores sofisticados e até mesmo lojas de conveniências espalhadas pelos saguões, dando ao local um "ar" de *shopping center*.

A segurança de entrada e saída já é mais evidente nos hospitais com hotelaria hospitalar. No ambiente interno e nos leitos, a decoração também é diferenciada, com todas as "mordomias" de um hotel, tais como telefone, televisão e até mesmo banheira. A limpeza também é outro fator fundamental. Ambientes limpos minimizam o risco da infecção hospitalar.

Internamente, há apartamentos decorados, com as "mordomias" de um hotel, como telefone, televisão e até mesmo banheira (parto humanizado). Alguns hospitais primam no serviço de alimentação, oferecendo refeições diferenciadas para pacientes (respeitando a dieta) e acompanhantes, maximizando o conforto e combinando uma dieta saudável ao melhor estilo gastronômico possível.

A gastronomia hospitalar tem avançado nos serviços de nutrição. O prato bem elaborado, independente do tipo de dieta, pode melhorar, pela alimentação, a recuperação do paciente. A gastronomia é, hoje, um diferencial na área hospitalar. É na hora da refeição que o paciente recebe um estímulo de hospitalidade. A alimentação passa a ser um momento de alegria e prazer.

A utilização de talheres, pratos e uniformes sofisticados também fazem parte desse conceito, destacando ainda mais os serviços hospitalares. "Hoje, é uma preocupação dos hospitais oferecerem um momento de lazer aos pacientes com alimentação adequada e gastronomicamente perfeita", diz o Dr. Daniel Magnoni, médico cardiologista e nutrólogo do Hospital do Coração, diretor do Instituto de Metabolismo e Nutrição e Presidente da Sociedade Brasileira de Nutrição Enteral e Parenteral.

Para ele, as pesquisas de opinião realizadas pelos diversos hospitais do País possibilitam conhecimento individualizado dos pacientes e podem contribuir para a decisão do embate pela ocupação de leitos. Tal procedimento vem tornando-se uma rotina e serve para direcionar os serviços hospitalares em todo o Brasil, considerando não só a enfermidade, mas também os hábitos, preferências e aversões do internado, personalizando cada vez mais o atendimento.

Os hospitais no Brasil buscam acabar com a verdade anterior (preconceito) de que estar internado em hospital é sofrer com uma comida sem gosto e com atendimento frio e insensível. É consenso que o cliente da saúde vai procurar um hospital pelos benefícios dos serviços de restauração da sua saúde, mas ele prima, e muito, pelas vantagens que lhe são oferecidas e que são adaptadas à nova realidade do mercado. É o bem-viver com qualidade. É dotar de hospitalidade os momentos críticos da saúde humana.

Assim, pacientes com restrições alimentares determinadas pela religião ou, simplesmente, pela vontade de apreciar um prato mais refinado merecem atenção especial das administrações hospitalares. É o caso do Hospital Sírio Libanês, que disponibiliza um forno de micro-ondas especialmente para esquentar a comida dos pacientes com dieta livre, que preferem encomendá-la de um restaurante ou trazê-la de casa. Além disso, a administração do Sírio Libanês não deixou de fora a preocupação com o lazer do paciente: todas as quintas-feiras acontece um recital de piano para dar aos pacientes um momento de distração.

A gerente de nutrição do Hospital Israelita Albert Einstein, de São Paulo, Elisete Lopes, afirma que sua equipe está sempre buscando o desenvolvimento na área de gastronomia hospitalar, tanto para o paciente internado quanto para seus familiares. "A gastronomia é, hoje, um diferencial na área hospitalar. É na hora da refeição que o paciente recebe um estímulo e temos procurado fazer desse momento um momento de alegria e prazer".

Esses resultados são reciprocidades da redução dos custos operacionais e desperdícios, antes não visualizados pontualmente, nos diversos setores de apoio que compõem a hotelaria. A gestão da hotelaria hospitalar contribui com maestria para minimizar custos, reduzir desperdícios e potencializar os insumos.

A hotelaria hospitalar é nova na área da saúde. Essa nova estrutura vem ganhando cada vez mais espaço. O objetivo da hotelaria hospitalar é modificar o ambiente e a estrutura hospitalar para fazer com que o paciente sinta como se estivesse na sua própria casa.

O hospital é um ambiente que mexe com os sentimentos dos pacientes e familiares. Nessas horas um ambiente diferenciado que faça com que a pessoa se sinta mais em casa pode ajudar nos momentos de nervosismo. Esse novo conceito tem o objetivo de tirar a ideia de que todos os hospitais têm "cheiro" de remédio e que toda refeição servida é ruim.

Comprovando que para implantar a hotelaria hospitalar é antes de tudo uma atitude, é importante ressaltar também que, embora os recursos sejam escassos, alguns hospitais públicos utilizam-se da criatividade e competência de seus gestores para qualificar o ambiente hospitalar. É o caso, por exemplo, dos hospitais da rede Sarah Kubitschek.

A gestão hospitalar com hotelaria hospitalar no seu Estado da Arte faz o diferencial competitivo entre organizações hospitalares. Nesse formato, custos são reduzidos e controlados, processos são integrados e produtivos, a gestão operacional será preditiva e proativa, com raras exceções corretivas, as pessoas serão capacitadas e estarão prontas para atender a diversidade do seu cotidiano e as expectativas do seu público. Porém, existem hospitais que criam um setor que mais parece "a torre de babel" e passam a chamar de hotelaria. É com certeza o caminho mais rápido para o caos.

Os melhores são melhores porque se dedicam às melhores práticas, simples assim.

O quadro 7.4 apresenta os melhores hospitais do Brasil conforme sua infraestrutura, procedimentos, especializações, corpo médico, qualidade dos colaboradores, quantidade de leitos, tecnologia e modernidade, índice de reclamação.

Quadro 7.4 – Listagem dos hospitais, sua localização no Brasil e o *link* para acesso a sua página na internet.

Hospital	Local	Características
Hospital Israelita Albert Einstein	São Paulo	https://www.einstein.br/Pages/Home.aspx
Hospital Sírio Libanês	São Paulo	https://www.hospitalsiriolibanes.org.br/Paginas/default.aspx
Hospital São Luíz	São Paulo	http://www.saoluiz.com.br/default.aspx
Hospital Samaritano	São Paulo	http://samaritano.com.br
HCOR	São Paulo	https://www.hcor.com.br/
Hospital Alemão Oswaldo Cruz	São Paulo	https://www.hospitaloswaldocruz.org.br/
Hospital 9 de Julho	São Paulo	https://www.h9j.com.br/institucional/Paginas/conheca-hospital.aspx
Hospital São Camilo	São Paulo	http://www.hospitalsaocamilosp.org.br/
Hospital Infantil Sabará	São Paulo	https://www.hospitalinfantilsabara.org.br/
Hospital Santa Isabel	São Paulo	http://www.hsi.org.br/
Hospital Santa Catarina	São Paulo	http://www.hospitalsantacatarina.org.br/Paginas/Default.aspx
Hospital Leforte	São Paulo	https://www.leforte.com.br/
Hospital Moinhos de Vento	Porto Alegre	http://www.hospitalmoinhos.org.br/
Hospital Aliança	Salvador	http://hospitalalianca.com.br/
Hospital Português	Salvador	http://www.hportugues.com.br/
Hospital Real Português	Recife	http://rhp.com.br/
Hospital Santa Joana	Recife	http://www.santajoanarecife.com.br/
Hospital Esperança	Recife	http://www.hospitalesperanca.com.br/
Hospital São Carlos	Fortaleza	http://www.hospitalsaocarlos.com.br/
Hospital Monte Klinikum	Fortaleza	http://www.monteklinikum.com.br/

https://groupsaude.com.br/os-10-melhores-hospitais-de-sao-paulo/

Além dos referenciados no quadro 7.3, a lista de hospitais de qualidade pode ser visualizada no *ranking* de hospitais acreditados.

Desafios da hotelaria hospitalar

Ao chegar a um hotel, espera-se uma recepção cortês, simpática e imediata condução ao apartamento contratado. Posteriormente, pode-se usufruir de um bom banho, uma refeição especial, piscina, praia etc. ou seguir para um evento, congresso, reunião de negócios etc.

Alguns hóspedes não têm a menor paciência para esperar na recepção até que sua reserva seja encontrada, preencher a Ficha Nacional de Registro de Hóspedes[3], aguardar, às vezes, a liberação da arrumação do apartamento etc. e ainda chegar ao apartamento e encontrar falhas como lençóis, toalhas, cortinas amarrotados, sujos, encardidos, odores desagradáveis, de mofo, sanitários sujos, pisos molhados etc.

Alguns pontos podem ser antecipados, por exemplo: a reserva pode deixar os formulários prontos quando for confirmada, evitando insatisfações aos hóspedes no seu *check in*. Quanto às não conformidades do serviço de governança não existem desculpas para tais falhas. Refeições mal elaboradas e bebidas fora da padronização (cerveja quente e café gelado, por exemplo) não devem fazer parte da lista de reclamações dos hóspedes. A insatisfação existirá, porém, logo em seguida, a solução do problema pode ser um desconto, cortesia, *upgrade*, como forma de reconquistar esse hóspede. Nesse momento, o prejuízo foi na imagem e no financeiro.

O mesmo fato não pode ocorrer, principalmente, com o cliente da saúde. A demora no atendimento pode representar uma vida e ainda uma bela ação judicial como prejuízo.

Atualmente, hotéis que fornecem serviços diferenciados e direcionados à saúde vêm crescendo continuamente, principalmente para cobrir as falhas existentes em hospitais e focar um novo mercado repleto de clientes potenciais e exigentes.

De olho nesse mercado promissor estão competindo os hospitais e alguns hotéis que estão dirigindo investimentos para um público com alto poder de consumo e que está à procura de conforto aliado ao tratamento médico-hospitalar.

Em alguns hotéis nos Estados Unidos, como o Hilton, no Havaí, são oferecidas aulas de caiaque, *surf*, entre outras atividades, enquanto o paciente realiza exames e tratamentos em meio a paisagens paradisíacas. Godoi (2003, p. 129) apresenta uma lista de hotéis que prestam serviços de hospedagem e lazer aliados a tratamentos médicos de um hospital.

- Hilton (Havaí).
- Higienópolis Medical Center (São Paulo/SP).
- Sunway Lagoon (Malásia).
- Confort Hotel Ilha do Leite (Recife/PE).
- Bumrungrad (Bangcoc/Tailândia).
- Miami Baptist Hospital (Miami/EUA).
- Mount Sinai (Nova York/EUA).

---

[3] Versão Eletrônica da FNRH (Portaria nº 177/2011 MTur).
http://www.turismo.gov.br/export/sites/default/turismo/o_ministerio/publicacoes/downloads_publicacoes/Sistema_Nacional_de_Registro_de_Hxspedes.pdf. Acessado em 17/jan/2014.

Hotéis podem ser utilizados como apoio na recuperação da saúde?
A excelência no atendimento é um passo essencial para conquistar a confiança e a fidelidade do cliente. Os hospitais também estão visualizando esse mercado da qualidade e do luxo. A qualidade todos desejam, o mercado de luxo e celebridades são algo novo, porém muito disputados. Hospitais com hotelaria implantada têm maior vantagem competitiva sobre os que ainda não optaram por esse diferencial.

A hotelaria pode definir o nível do credenciamento das operadoras de saúde. Nenhuma operadora pretende expor seus clientes a hospitais que não atendam ao perfil social dos seus clientes, tanto no tocante hotelaria como no tocante segurança.

A hotelaria hospitalar, assim como outros setores do hospital, tem seus desafios crescentes na fidelização dos seus clientes, tais como:

- Criar ambientes de alto nível de comprometimento, tecnologia e justiça social:
  - Gerenciar em tempo real os serviços de hotelaria.
  - Controlar por meio de indicadores e bioindicadores.
  - Aplicar ferramentas de qualidade e *lean manufacturing*.
  - Promover a gestão meritocrática para todos os níveis.
  - Incentivar a gestão com princípios éticos nos níveis 4 e 5[4] de amadurecimento moral.
  - Atender por níveis de complexidades:
  - Descentralizar por níveis de complexidade.
  - Ampliar redes com padrões de qualidade diferenciados.
  - Atender ampla complexidade (baixa, média e alta).
  - Gerar a proatividade na prevenção da saúde.
- Gerir produtividade na gestão de leitos:
  - Gerir centrais de reserva e controle da taxa de ocupação.
  - Implantar centrais de confirmação de exames e procedimentos virtuais.
  - Gerar velocidade de reocupação dos leitos (máximo giro de leitos).
- Gestão de *overbook* nos hospitais privados e públicos:
  - Implantar convênios diferenciados por tipo de procedimentos.
  - Gerar autonomia e realizar auditoria nas centrais de regulação.
- Qualidade de vida dos profissionais de saúde:
  - Melhorar as condições do ambiente de trabalho.
- Melhoria da satisfação dos usuários de saúde:
  - Dar resolutividade no tratamento.
- Relacionamento hospitaleiro com seu ambiente sistêmico:
  - Ampliar o relacionamento com os *players* e *stakeholders*.

A necessidade da gestão por *overbooks*, normalmente, não ocorre nos hospitais particulares, salvo em períodos epidêmicos ou catástrofes naturais. Em situações normais, esses não recebem clientes além do número de leitos existentes. Na ocorrência, trabalham com leitos estratégicos para os primeiros socorros/procedimentos e/ou se utilizam de *transfer* para outras instituições.

---
[4] Níveis 4 e 5 segundo teoria do amadurecimento de Kolberg – Amadurecimento moral.

Os hospitais públicos, principalmente os de referência, são os mais procurados pelos pacientes. Não cabe a eles o direito de rejeitar nenhum paciente. Todos os pacientes devem ser atendidos. Esse desequilíbrio entre oferta e demanda e gestão e controle de leitos gera a superlotação e, por vezes, a torna incontrolável. Em alguns casos, pode-se verificar que a desinformação pode gerar, em alguns hospitais públicos, a existência de longas filas para atendimento e tratamento. As falhas de comunicação e proatividade de alguns municípios tornam necessária e desproporcional a formação de filas. Filas não é parte integrante do plano estratégico hospitalar.

Na maioria das vezes, os problemas recorrentes não dependem somente dos recursos do hospital, mas sim da visão e da gestão de seus administradores.

Os hospitais estão buscando adaptar-se física e profissionalmente para atender as necessidades e desejos do seu público. Alguns adaptando seu sistema de gestão estratégica, incluindo a hotelaria hospitalar como uma realidade imprescindível para gerar qualidade do atendimento ao seu cliente.

A hotelaria hospitalar está em larga evolução nos hospitais, contribuindo para uma gestão participativa, onde os clientes e colaboradores interagem de forma efetiva e buscam, por meio dessa interação, a qualidade, a eficiência e a eficácia na prestação de serviços que contribuem para minimizar a tensão do ambiente e maior conforto e bem-estar aos seus clientes de saúde.

Concluiu-se, enfim, que a hospitalidade deve fazer parte da cultura institucional e estar incorporada no comportamento e nas atitudes dos colaboradores. As instituições de saúde devem avançar e abraçar essa ideia inovadora visando a recuperação, satisfação, qualidade e humanização do ambiente do seu cliente externo.

A hotelaria tem alguns desafios a enfrentar até se consolidar como um setor necessário nas EAS públicos ou privados. Entre alguns desafios podemos citar: o serviço de mensageiro e *concierge* para: a) solicitações de livros e revistas a serem entregues no apartamento; b) solicitação de compras de CD, flores, telemensagens etc.; c) informações sobre horário de diversos outros serviços; d) central de achados e perdidos; e) central de guarda de valores de clientes; f) solicitação de compras de artigos de conveniências (absorvente, pentes, fraldas etc.); g) serviço de xerox; h) chaveiro; i) reservas de passagens aéreas e rodoviárias; j) serviço de *office boy* e *motoboy*; k) lavanderia para acompanhante.

No setor de nutrição e dietética, podem ser agregados serviços de alimentação para acompanhantes, tais como café, almoço, jantar e lanches diversos. Esse tipo de serviço é usufruído tanto pelos pacientes quanto pelos seus acompanhantes, visitantes etc. (Boeger, 2003).

Algumas das solicitações mais comuns do setor de nutrição: a) solicitação para orientação da nutricionista: embora as nutricionistas já tenham suas rotinas diárias, é comum o cliente querer tirar dúvidas ou falar de preferências e restrições alimentares; b) conhecer a opção de cardápios: muitas vezes existe a solicitação de saber a composição de determinados pratos; c) cancelamento da refeição do acompanhante; d) solicitação de café, adoçante, chá, vitamina, copo, faca, suco, gelo etc.; e) esquentar itens de café da manhã; f) adiantar ou atrasar o almoço do acompanhante; g) reclamar sobre a demora para servir a dieta do paciente.

Na central de manutenção, segundo Boeger (2003), o padrão do hospital, muitas vezes, não atende determinadas necessidades dos pacientes, isso também influencia na chamada do setor de manutenção geralmente para: a) troca de cama/colchão; b) troca de berço; c) troca de poltrona; d) conserto de televisor; e) conserto de lâmpadas; f) conserto de chuveiro; g) conserto de válvula de descarga; h) conserto de aparelho telefônico; i) sintonia de canais do televisor; j) regulagem de ar condicionado; k) barulho na saída de oxigênio; l) barulho na dobradiça da porta; m) pressão no nebulizador; n) cama ou sofá extra; o) providenciar mesa de refeições; p) providenciar escadas de três degraus; q) providenciar grade no leito.

A gestão produtiva na manutenção pode minimizar o percentual de leitos bloqueados para manutenção. Essa ação é totalmente dependente de uma gestão planejada e produtiva da equipe de manutenção em harmonia com a hotelaria.

Nos serviços de governança, a central de atendimento serve como ferramenta ou "elo" entre o cliente de saúde e o setor de governança, caso o paciente ou seu acompanhante necessite de algum tipo de serviço ou material que seja de responsabilidade desse setor, tais como: a) solicitação de enxoval de cama; b) solicitação de enxoval de banho; c) recolhimento do lixo dos banheiros do apartamento; d) solicitação de mais um cesto de lixo; e) nova limpeza do quarto; f) nova limpeza do banheiro; g) recolocação de papel-toalha e papel higiênico; i) solicitação de frigobar; j) solicitação de banco de plástico para uso no banho; k) vaso para flores; l) solicitação de troca de travesseiro ou para pedir mais um, entre outros.

Nos serviços de achados e perdidos, todos os objetos encontrados pelos funcionários dentro do hospital devem ser levados diretamente ao setor de achados e perdidos. A central de atendimento é a forma mais simples e rápida para que o paciente possa se comunicar com o setor de achados e perdidos caso tenha perdido algum objeto nas dependências do hospital. Os itens perdidos ou esquecidos no hospital na sua maioria são: a) roupas em geral; b) roupas íntimas; c) chinelos; d) óculos; e) fotos; f) medicamentos; g) enfeite de porta de maternidade; h) guarda-chuva; i) celular; j) carregador de celular; k) brinquedo; l) vaso; m) relógio; n) objetos de valor (joias, carteira, aliança etc.); o) chaves; p) travesseiro; q) livros, revistas, canetas, agenda; r) objetos de uso pessoal.

Na recepção, toda e qualquer dúvida ou informação que o paciente ou seu acompanhante tiver devem ser encaminhadas à recepção, pois esse é o setor que, geralmente, possui maior contato com convênios médicos, setor de manutenção, médicos, entre outros.

A recepção facilita e agiliza esse contato do paciente com o setor, devido, muitas vezes, à impossibilidade de ele sair de seu apartamento para ir até a recepção resolver algum problema que possa surgir. Na sua maioria: a) solicitação de controle remoto para televisor; b) solicitação de mensageiro para buscar a bagagem; c) informação sobre a alta hospitalar; d) transferência de quarto; e) desbloqueio de telefone; f) informação de cobertura de convênio médico; g) solicitação de táxi; h) solicitação para liberação de horário de visita; i) informação sobre a pesquisa de opinião; j) solicitação de manicure; k) informação sobre o saldo hospitalar; l) informação sobre a tarifa de uso do telefone, entre outras.

O maior desafio é manter em pleno funcionamento todos os serviços implantados. Por essa razão sugerimos que a implementação, por maior que seja o tempo para conclusão, para ser definitiva inclua a incorporação da cultura da organização.

8 IMPLANTAÇÃO DA HOTELARIA HOSPITALAR

A gestão hospitalar tem a pretensão de considerar que toda a infraestrutura do hospital deve estar voltada para o conforto, segurança e bem-estar do cliente externo e interno. A hotelaria hospitalar é parte contribuinte e impactante para que essa pretensão seja alcançada, independente de como se apresenta em:

- Estrutura e tamanho do hospital.
- Complexidade, competências e público alvo.
- Proatividade regional respeitando costumes, cultura etc.

A implantação da hotelaria não depende somente da estrutura física das instituições de saúde. É claro que, quanto mais precária e pobre a estrutura da instituição, tais como ambientes sem ventilação, quentes, úmidos, com paredes necessitando de reparos, camas com defeitos, colchões rasgados e falta de enxoval, por exemplo, maiores serão as insatisfações e reclamações de clientes e usuários. Reclamações não são atributos da boa hotelaria. Para minimizar este efeito estrutural, a hospitalidade deve ser relevante.

A estrutura física pode melhorar e tornar o ambiente acolhedor, na percepção do cliente, mas não é o único fator de hotelaria considerado como qualidade dos serviços. A hotelaria deve assegurar a satisfação do cliente pelo visual do ambiente, pela sensação de qualidade da limpeza e, principalmente, na condução humanizada e hospitaleira com que o cliente é atendido durante toda sua estada na instituição de saúde.

As boas práticas de gestão na hotelaria hospitalar podem contribuir para reduzir desperdícios com a implantação de controles produtivos, de qualidade e financeiros e, contudo, melhorar a produtividade da organização. A produtividade gera redução de custos e, consequentemente, essa poderá ser reinvestida na melhoria da estrutura física.

A implantação da hotelaria reduz custos por desperdícios a partir do momento em que se gera a implantação de métodos, processos, produtos e pessoas capacitadas e produtivas. Existe larga distância na taxa de desperdícios em hospitais com hotelaria e sem hotelaria. Os indicadores provam isso. A hotelaria consegue, nos setores de apoio, reduzir desperdícios e gerar produtividade.

POR QUE IMPLANTAR A HOTELARIA NO HOSPITAL?

A hotelaria conduz à humanização e a humanização é hospitaleira.

A hospitalização de um cliente não pode ser considerada "sentença de morte" e sim uma real expectativa de saúde, conforto, bem-estar, felicidade e cuidados paliativos respeitosos. A condição da necessidade de hospitalização já debilita o ser humano. Essa condição debilitada exige que o ser humano seja tratado com respeito e pleno conforto.

A hotelaria para um hospital é um diferencial, é a forma de se apresentar à sociedade como uma instituição credenciada para a humanização, além de colocar-se à frente dos concorrentes e para as mudanças intangíveis do mercado.

O diferencial inicia a partir do momento em que os clientes começam a reivindicar seus direitos aos convênios de saúde e assim questioná-los pela qualidade do atendimento, não somente assistencial, mas de todos os funcionários que compõem o ambiente de saúde. A cirurgia pode ser perfeita, porém a limpeza pode contrariar a qualidade cirúrgica pela inobservância de procedimentos operacionais de qualidade e provocar o afastamento do cliente pela sua percepção da iminência de risco de infecção hospitalar.

Seguradoras e operadoras buscam clientes exigentes, os quais, porque pagam, selecionam planos que sejam atendidos em hospitais referenciados. O perfil é de mudanças. Clientes exigem operadoras que tenham em seu portfólio hospitais de primeira linha. Hospitais de primeira linha negociam melhor suas taxas com operadoras de primeira linha, pois detêm excelentes profissionais. Melhores profissionais atraem excelentes clientes. No mercado de qualidade assegurada, todos ganham.

A hotelaria, além da qualidade visual, é também um caminho para controle de desperdícios. O controle de desperdícios reduz custos operacionais. A redução dos desperdícios é significativa e pode contemplar os insumos utilizados, tais como descartáveis, lavanderia, rouparia e produtos químicos, o consumo de utilidades (água, energia, esgotos), resíduos, custos de reposição de peças e equipamentos por falhas de manutenções preventivas e corretivas inadequadas etc.

Por que implantar a hotelaria?

No foco organizacional, os hospitais estão subdivididos em serviços assistenciais, administrativos e de apoio.

No foco financeiro, os serviços assistenciais incluem todos os setores que geram receitas aos hospitais, tais como internações, consultas, cirurgias, procedimentos emergenciais, exames laboratoriais, de imagem etc. Os serviços administrativos transformam esses atendimentos em faturamento hospitalar. Não geram receitas, podem gerar prejuízos se houver negligência e falha de conduta. Os serviços de apoio propiciam um ambiente hospitalar apto, pronto para a geração de receitas, mas são, essencialmente, geradores de despesas. Podem gerar prejuízos desde que esses serviços não sejam adequadamente realizados e devidamente controlados.

No foco estrutural proporcional (m^2 de áreas úteis), os setores que geram receita têm quase a mesma área dos que geram despesas. Essa proporção é variável de acordo com o modelo hospitalar, se mais horizontal ou mais vertical, do tipo de complexidade e especialidades. Na média, estes espaços estão divididos em m^2, entre 40% são geradores de receitas e 60% geradores de despesas. A implantação da hotelaria contribui para gerenciar, controlar e reduzir as despesas inadequadas e os prejuízos das áreas de apoio, melhorando a produtividade. É difícil imaginar um negócio em que quase a metade da área é geradora de despesas, é de arrepiar. A hotelaria se consolida cada vez mais na gestão hospitalar por essa larga contribuição na geração da produtividade e da redução das despesas. Essa equação tem como resultado a melhoria da rentabilidade da instituição.

No foco da qualidade, a hotelaria também faz a diferença na percepção para o cliente.

A hotelaria ainda é um conceito muito novo em algumas instituições de saúde nacionais, seja ela pública ou privada.

O conceito de hotelaria está baseado na ideia de receber bem e de acolher, fatores esses que geram a satisfação e o encantamento do cliente. Nos hotéis, o perfil do cliente é de alegria, descontração e animação, ao contrário do perfil do paciente, que muitas vezes está com seu estado emocional abalado, sentindo-se inseguro, com medo e geralmente estressado (Boeger, 2003, p. 123).

Taraboulsi (2004) comenta que várias instituições de saúde investiram na modernização, na pesquisa científica e na diversificação de processos de trabalho e serviços, tornando-se hospitais de ponta quanto aos aspectos tecnológico e científico. O cliente das instituições de saúde não mais procura somente pelos benefícios desses serviços, ele prima pelas vantagens que lhe são oferecidas e que são caracterizadas pelo respeito e solidariedade a seu estado físico e emocional. Em decorrência disso, o desempenho com a qualidade dos serviços hospitalares é condição determinante para o sucesso da instituição de saúde, onde a concorrência se tornou mais acirrada e o cliente de saúde mais perceptível e exigente.

A recuperação e/ou restauração da saúde acontece, inicialmente, sob a óptica da humanização, representada pela forma de tratamento da equipe, comunicação, instalações físicas e, principalmente, pela hospitalidade oferecida.

A implantação da hotelaria hospitalar pode ser considerada uma forma de se colocar à frente dos concorrentes, preparar a empresa hospitalar para atender bem o cliente e os funcionários que compõem os ambientes de saúde. Essa ação vai contribuir para eliminar desperdícios e gerar rentabilidade. Isso contribui para fortalecer-se no mercado de forma competitiva. Alguns gestores perceberam na hotelaria hospitalar boa alternativa para minimizar gastos, atrair e fidelizar clientes de saúde. Assim, a importância da implementação da hotelaria hospitalar ganha fundamental importância para a "satisfação" de ambas as partes interessadas: os clientes internos e externos.

A hotelaria hospitalar é uma tendência que agrega tecnologia, ciência, conforto e segurança na hospitalidade, oferecendo qualidade, valor e satisfação para o cliente. Esse novo segmento tem a função de contribuir no aprimoramento do sistema hospitalar, que deve ser o resultado de matéria, trabalho e valores.

Segundo Figueiredo (2003), "o ambiente hospitalar não é mais o lugar limitado em que o paciente fica quando hospitalizado". As pessoas vivem em um mundo que é um grande sistema aberto, onde fazem trocas e se relacionam com os outros. Portanto, enquanto hospitalizado, o ambiente do cliente é o seu mundo e não pode ser restrito, devendo proporcionar a sensação de relacionamento com esse mundo e não de isolamento. Também podemos dizer que somente a aquisição de aparelhos médico-hospitalares de alta precisão diagnóstica e os cuidados básicos físicos diários com o cliente não são suficientes para satisfazê-lo.

Para criar e tornar esse ambiente atraente, agradável e confortável, é necessário investigar os hábitos, as necessidades e as expectativas do cliente, como, por exemplo, o tipo de música, de programa de televisão, religião, horário que costuma fazer sua higiene pessoal, horário de alimentação e o que gosta de comer, seu lazer preferido. Essa investigação permite um diagnóstico de suas necessidades e desejos. Essa ideia tem-se tornado gradativamente de grande importância.

Muitos teóricos contribuíram e contribuem para que a ideia de um cliente não deixa de ser humana por ele estar, nesse momento, debilitado em função da sua temporária ausência da saúde. Nesse sentido, podemos destacar Maslow. De acordo com esse autor, o homem tem necessidades que independem do seu estado de saúde.

Percebe-se que o paciente hoje está mais atento e conhecedor de seus direitos, assim ele questiona e exige da instituição hospitalar não só a cura ou tratamento, mas também que suas necessidades fisiológicas e de segurança, tais como alimentação, conforto e bem-estar, sejam suficientes para sua recuperação. Os clientes não aceitam ambientes que não possam garantir conforto ao paciente e que a alimentação e segurança sejam precárias.

O ambiente hospitalar já era preocupação da criadora da enfermagem científica Florence Nightingale: a circulação do ar não deveria ser apenas adequada, mas agradável; a iluminação não poderia incomodar o cliente; os ruídos precisavam ser suavizados; a limpeza deveria ser adequada; as roupas precisavam ser limpas e cheirosas.

Nessa variável competitiva, a hotelaria hospitalar se transformou em importante ferramenta da qualidade hospitalar, porque, além de permitir a criação e a adaptação de serviços para atender de forma satisfatória a expectativa e a necessidade do público-alvo, é capaz de alavancar a humanização.

O ser humano necessita de atenção, carinho e de se sentir valorizado, e esta necessidade está presente também no momento da fragilidade, da dor e da doença. De acordo com Pitta (1999, p. 51), "ao doente cabe confiar no médico e na medicina, comunicando suas experiências íntimas, pessoais e corporais". A relação médico/paciente enquadra-se nas necessidades de segurança de Maslow que envolve relação de individualidade e cumplicidade. As exigências dos pacientes mudaram e, consequentemente, o atendimento também necessita ser alterado para atender a essas novas expectativas.

Com relação às expectativas do cliente que procura um hotel e um cliente que procura um hospital, essas são bem diferentes, pois o hotel foca-se principalmente no conforto, normalmente agregando o luxo, enquanto o hospital convencional invariavelmente está focado 100% na saúde, fazendo com que suas equipes, muitas vezes, desconheçam outra forma de atendimento.

No entanto, nos hospitais que possuem o setor de hotelaria hospitalar, essa atitude deve ser diferente, pois, conforme afirma Boeger (2003, 28), "os pacientes são considerados enfermos; por isso, requerem atenção especial que concilie a saúde com o ato de hospedar-se bem e torne o ambiente mais acolhedor para a família do paciente e ele, humanizando o ambiente e seu atendimento".

Essa mudança no atendimento parte do próprio paciente, "que começou a questionar e sentir necessidade de que a empresa hospitalar lhe oferecesse não só a cura ou tratamento, como também a segurança, o conforto e, principalmente, seu bem-estar, de sua família e seus visitantes" (Boeger, 2003, p. 24).

De acordo com Dias (2003, p. 1) "até há menos de 10 anos, desde que o médico fosse competente e o hospital aparentemente limpo, nada mais importava para o paciente".

Cândido, Moraes e Viera (2004, p. 189) afirmaram que "há poucos anos, as organizações hospitalares começaram a perceber que seus clientes e pacientes tinham as mesmas necessidades que um consumidor comum, e que a organização não estava correspondendo à satisfação dessas necessidades".

Ainda conforme Cândido, Moraes e Viera (2004, 190), esses pacientes necessitam de "tecnologia, segurança, conforto, bom atendimento e um ambiente que proporcionasse a sensação de estar em casa e/ou em hotel [...]". O atendimento impecável, a boa hospitalidade, o bom acolhimento e o melhor relacionamento possível entre paciente e equipe de colaboradores são os principais fatores que não devem ser esquecidos pelos administradores hospitalares para se atingir a satisfação das expectativas, necessidades e desejos dos clientes hospitalares, proporcionando o bem-estar físico e emocional.

COMO IMPLANTAR A HOTELARIA NO HOSPITAL?

A implantação da hotelaria é uma soma de etapas que podem variar de instituição para instituição em decorrência dos *gaps* encontrados entre o que existe de organograma atual e o que consideramos organograma do "estado da arte".

A hotelaria, por ter origem nas instituições hoteleiras, tem fortes semelhanças na condução dos seus objetivos (o cliente). Todos buscam por conforto e bem-estar. Porém, também, tem uma grande diferença, o estado físico e emocional. A hotelaria deve equilibrar as diferenças e semelhanças aos clientes da saúde tratando-os de acordo com suas particularidades.

O quadro 8.1 apresenta essas diferenças e semelhanças.

Quadro 8.1 – Diferenças e semelhanças entre hotéis e hospitais.

Hotelaria	Diferenças	Semelhança	Necessidades humanas
Hotéis	Hospedam pessoas supostamente sadias	Hóspedes e familiares em busca da satisfação	Conforto e bem-estar
Hospitais	Hospedam pessoas comprovadamente doentes	Pacientes e familiares em busca da satisfação	Conforto e bem-estar

Clientes de hotéis frequentam hospitais e clientes de hospitais também frequentam hotéis. Portanto, é cada vez maior o conhecimento e acesso da sociedade e das classes sociais nas duas formas de estada.

Para a realização de um bom trabalho de hotelaria hospitalar em instituição de saúde, os gestores/administradores hospitalares podem (devem):

- Combinar especialistas e especialidades de hotéis em hospitais.
- Coordenar e harmonizar ambientes mediante o perfil dos clientes.

- Investir na cultura da hospitalidade.
- Humanizar todas as etapas do atendimento ao cliente da saúde.

De acordo com Godoi (2008, p. 4), "é possível planejar o desenvolvimento das atividades em três fases, de acordo com um cronograma que poderá ser estabelecido pela equipe de projetos responsável pelas atividades" (Quadro 8.2).

Quadro 8.2 – Fases de implantação da hotelaria.

Fase 1	Divulgação das atividades	Campanhas de esclarecimento e incentivar a participação de todos
		Estímulo ao desenvolvimento de atividades setoriais
		Avaliação das necessidades e dos espaços disponíveis
		Captação de recursos, parcerias, investimentos etc.
Fase 2	Capacitação dos recursos	Treinamento dos colaboradores envolvidos
		Aquisição de equipamentos e materiais
		Desenvolvimento de senso de equipe e participatividade
		Adequação dos espaços e atividades propostas
		Cursos *in company*, capacitação de profissionais, contratação etc.
Fase 3	Implantação/ implementação	Momento da verdade (colocando em prática)
		Adequação das necessidades que surgem
		Pesquisa de receptividade junto aos clientes
		Análise das expectativas e resultados
		Percepção dos serviços pelos funcionários (pesquisa)
		Feedback dos resultados a todos os envolvidos
		Readequação do projeto e implementação de melhorias etc.

Segundo o autor, implantar a hotelaria hospitalar não é simplesmente colocar um capitão-porteiro na porta do hospital, contratar alguns mensageiros e remodelar os apartamentos. É preciso modificar todo o ambiente e o dia a dia do hospital. A mudança estrutural do prédio e dos equipamentos é a mais fácil. Mas só essas mudanças não bastam.

Um bom projeto de hotelaria pode ser desenvolvido com sucesso se todos os detalhes forem cuidados desde o início. Além das partes de humanização, tem a parte de tecnologia, mobiliário e infraestrutura de todos os serviços. Uma das maneiras de desenvolver as atividades é dividi-las por fases, tais como:

- Definir o foco da instituição – *core business*.
- Definir a necessidade de investimentos (tecnologia, infraestrutura e pessoas).
- Estabelecer metas e parâmetros – colocar prazo para realização.
- Envolver os profissionais afins.

Para ter sucesso em todas as atividades implantadas é importante valorizar os profissionais. Para o bom funcionamento do projeto é importante que todos estejam envolvidos com o trabalho.

Medir e controlar os processos e capacitar as pessoas para atingir os objetivos e metas traçadas. A tecnologia de *software* pode contribuir para isso. Verificar o tempo médio de atendimento, internação, altas e a sua resolutividade. O mercado tem ofertado cada vez mais equipamentos modernos e funcionais que facilitam a vida dos hospitais. É só olharmos os equipamentos de 10 anos atrás para percebemos as mudanças que aconteceram durante esses anos. Há uma feira para o setor de hotelaria hospitalar realizada todos os anos para mostrar o que há de mais atual no mercado e que deve ser visitada sempre. A atualização é o passo para inovação.

A inovação vai desde móveis nas mais diferentes cores, até camas automatizadas que permitem maior conforto e autonomia para o paciente. As mudanças variam de enxovais da pediatria com decorações infantis, ambientes com *wireless* para que o paciente possa acessar a internet sem sair do quarto. Antigamente o foco da gastronomia nos hospitais era o que o paciente não podia comer, já hoje é o inverso, os *chefs* de cozinha preparam cardápios com comidas saborosas e saudáveis. Há também serviços do tipo em que o paciente faz o pedido no quarto e ele é encaminhado diretamente para a cozinha.

Um dos grandes impedimentos para essas mudanças é o fato de que o hospital é planejado para os médicos e não para os pacientes e seus familiares. Ao planejar a localidade, um detalhe que parece não ter importância mas faz toda a diferença para quem está internado é ter as janelas com vistas para jardins ou áreas verdes. Inclusive em centros cirúrgicos e UTIs.

A hotelaria hospitalar é uma "filosofia de atendimento que não se limita a mudanças físicas e estruturais. É preciso criar um ambiente hospitaleiro em todas as dimensões estruturais e humanização em todas as pessoas".

A mudança estrutural (prédio, equipamentos etc.) é a mais fácil das tarefas. Mas só essas mudanças não bastam. É necessário um processo educativo continuado sem limites de tempo. Para programas de qualidade em serviços, principalmente, a hotelaria é um desses, não existe o final esperado e definido. Qualidade dos serviços é uma medida dinâmica, cuja percepção é individual, intransferível, instantânea e mutante. As pessoas mudam e assim também mudam os parâmetros de exigências por determinados produtos e serviços.

Na hotelaria hospitalar, define-se o básico necessário, como, por exemplo, instalações limpas, enxoval sem danos ou manchas, atendimento cortês. Menor do que isso não é compreensível. As individualidades são avaliadas cotidianamente. Se essas individualidades começam a se tornar majoritárias, tais como exigir *wi-fi*, TV a cabo etc., elas passam a ser definidas no pacote básico necessário.

O quadro 8.3 apresenta um modelo com as etapas para a implantação da hotelaria hospitalar.

Ao iniciar o programa de implementação da hotelaria hospitalar, inicia-se uma mudança na estrutura física do ambiente, na sistemática dos processos, no comportamento e na técnica das pessoas.

Quadro 8.3 – Etapa na implantação da hotelaria hospitalar.

Item	Etapa	Processo
a	Realizar o diagnóstico situacional da instituição	Avaliar e comparar com a hotelaria atual
b	Verificar e definir os setores envolvidos	Verificar o organograma atual
c	Elaborar o organograma novo da hotelaria	Avaliar o organograma novo
d	Definir todos os setores (novos) envolvidos	Validar o organograma novo
e	Avaliar e definir a liderança de cada setor	Definir os líderes por setor
f	Avaliar os colaboradores e líderes	Avaliar a quantidade e a competência
g	Definir *gaps* e calendário de treinamento	Definir e treinar pessoas
h	Verificar o nível de integração entre os setores	Definir reuniões de qualidade
i	Verificar objetivos e metas comuns entre os setores	Auditar setores da hotelaria
j	Verificar e avaliar a estrutura física (*layout*)	Avaliar espaço dos pacientes
k	Elaborar o fluxograma produtivo por setor	Avaliar logística de produção
l	Definir métodos, processos e produtos	Avaliar produtividade e desperdícios
m	Definir custos e rentabilidade do setor hotelaria	Avaliar planilha de custos
n	Elaborar o fluxograma produtivo	Avaliar logística de produção
o	Avaliar e implantar a gastronomia hospitalar	Avaliar estrutura do Serviço de Nutrição e Dietética
p	Avaliar e implantar a receptividade e hospitalidade	Definir recepção de clientes
q	Implantar indicadores e frequência de auditorias	Definir indicadores institucionais
r	Implantar programas de melhoria contínua	Criar comitês de qualidade para hotelaria

Na estrutura física podem ser alterados:

- Cor e iluminação ambiental.
- Acesso e sinalização.
- Ornamentações e decorações.
- Equipamentos e utensílios.
- Entre outros.

Na sistemática dos processos:

- Definição de modelos de processos produtivos.
- Verificação de resolutividade das tarefas.
- Adequar e definir as ferramentas para tipo de processo aplicado.
- Entender e minimizar os riscos ocupacionais e ambientais.
- Tempos e movimentos operacionais para agregar valor.
- Controle de resultados dos modelos de processos adotados.

No comportamento:

- Praticar a justiça organizacional.
- Priorizar a ética e transparência com os *stakeholders*.
- Definir a hospitalidade na prática.

Como fatores técnicos:

- Montar o organograma da hotelaria.
- Criar departamentalização geral e dos setores de apoio.
- Definir o manual de integração.
- Definir cargos, salários e plano de carreira.
- Elaborar os procedimentos de trabalho.
- Elaborar as instruções de trabalho.
- Definir as metas e objetivos de trabalho.
- Definir os parâmetros e indicadores de resultados.
- Elaborar o plano e a frequência das auditorias de resultados.
- Elaborar o plano de treinamento e desenvolvimento de RH.

Essas mudanças podem provocar, inicialmente, algumas insatisfações ou refugos por parte de alguns colaboradores. As mudanças, no início, podem parecer desconfortáveis para algumas pessoas que estão em pleno estado de acomodação, porém, no final, serão benéficas à maioria e aos objetivos e metas da instituição.

A única certeza ao iniciar a implantação da hotelaria hospitalar é de que haverá mudanças.

O ambiente externo é mutável. O ser humano muda a tecnologia e a tecnologia muda o ser humano. Todas as formas de mudanças são contínuas e, normalmente, algumas pessoas não se sentem muito bem com mudanças no seu ambiente de trabalho pela possibilidade da insegurança do desempenho e do desemprego.

Para minimizar esse efeito de insegurança, os projetos que preveem mudanças incrementais ou por rupturas devem ser estratificados, exigindo metas alcançáveis e em tempos previamente definidos. Metas inalcançáveis e tempos excessivos geram desconforto e é degradante para qualquer programa ou projeto. O sentido ou a sensação do inacabado pode provocar a desmotivação da equipe e tornar inviável qualquer resultado proposto.

Cuidar bem do cliente interno é proporcionar um ambiente saudável para o cliente externo. Para isso, quando for necessário fazer mudanças em algum ambiente de trabalho, elas têm que ser bem administradas para que não ocorra nenhuma rejeição por parte dos funcionários. Fazer grandes mudanças em ambiente de trabalho não é fácil, por isso, muitas vezes, é preciso reestruturar setores para implementar mudanças com sucesso. Não se muda pelo desejo simples de mudar, muda-se por necessidade da eternização da espécie.

As espécies evoluem, portanto! Nunca pare de evoluir e inovar.

Para que a implantação consiga atingir seus objetivos, é importante que todas as etapas sejam rigorosamente cumpridas, evitando que a proposta perca sua essência. Nesse ritmo, existirão aspectos positivos e negativos, dos quais alguns estão apresentados no quadro 8.4.

Quadro 8.4 – Aspectos positivos e negativos para a implantação.

Aspectos positivos	Aspectos negativos
Oferecer o inesperado, surpreender e encantar	Implantar a hotelaria clássica no hospital
Oferecer benefícios e vantagens a todos	Surgir vícios aceitáveis na hotelaria e não tolerados na área hospitalar
Aumentar a produtividade dos serviços e redução dos desperdícios e custos	Contratar profissionais da hotelaria sem a devida adaptação de hábitos e costumes hospitalares
Organizar o atendimento inesperado com tranquilidade e confiança no enfermo e seus familiares	Conceituar o hospital de forma ilusória dada à implantação da hotelaria clássica
Garantir a satisfação dos clientes de saúde	Não valorizar as pessoas na instituição
Maior procura para credenciar o hospital	Confundir criatividade com mediocridade
Maior receptividade do enfermo ao tratamento, facilitando, dessa forma, o trabalho de médicos e psicólogos	Não dedicar tempo disponível do grupo assistencial à assistência
Entusiasmar funcionários com a nova proposta que facilita a solução de várias situações difíceis	Fragilizar o entusiasmo dos funcionários com propostas sem soluções claras
Fazer *marketing* sem custo nenhum, aquele que é praticado pelos clientes de saúde satisfeitos. A hotelaria constitui, por si, uma ferramenta de *marketing* com grande retorno	Provocar irritações desnecessárias aos clientes de saúde
Melhorar o conceito no mercado e aumentar as receitas financeiras	Não entender o conceito do novo mercado para atrair clientes e aumentar as receitas financeiras
Conscientizar os clientes internos de que escutar é uma arte que precisa ser cultivada	Não conscientizar os clientes internos de que escutar é uma arte que precisa ser cultivada

É importante que o gestor responsável pela implantação tenha ciência de todos os aspectos, procurando minimizar, ao máximo, os aspectos negativos, levando em consideração não só a política do hospital, como também o tamanho da estrutura física e a dimensão da nova proposta, atuando com criatividade e competência.

QUAL A DIMENSÃO DESSA PROPOSTA?

A hotelaria é a arte de oferecer serviços repletos de presteza, alegria, dedicação e respeito. São fatores que geram a satisfação, o encantamento e principalmente a humanização (*Fadi Antoine Taraboulsi*).

A hotelaria pode perceber a família e os amigos do cliente de saúde (ora paciente) como potenciais clientes futuros ou no momento como fortes formadores de opiniões. Eles estavam lá, na prática, visitando seus amigos e familiares e participando da experiência hospitaleira utilizando todos os sentidos organolépticos e, portanto, formaram uma opinião concreta sobre a instituição de saúde. Eles, com certeza, vão divulgá-las, principalmente se forem atendidos de maneira inadequada.

A hotelaria se apresenta com a percepção de que o paciente é um cliente em condições adversas e que necessita do restauro da sua saúde. Seus familiares, ascendentes ou descendentes, amigos e amigo dos amigos, que estão em visitas ou em condolências, **são agentes renovadores da vontade da restauração da saúde**. Todos são clientes potenciais para a instituição, principalmente se forem bem atendidos. A saúde necessita de clientes. Os clientes necessitam de saúde. Uma troca justa.

A figura 8.1 apresenta um modelo conceitual sistêmico da dimensão da hotelaria hospitalar, incluindo os macroaspectos bem-estar, segurança, conforto e humanização.

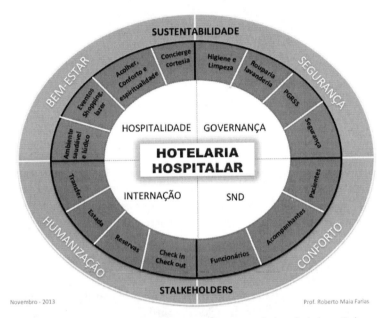

Figura 8.1 – Modelo conceitual sistêmico da dimensão da hotelaria hospitalar.

A hotelaria é a soma dos insumos estruturais, procedimentos e pessoas (RH) que desenvolvem e aplicam processos definidos cujo resultado na saída deve ser a satisfação dos clientes. No ciclo da hospitalidade, por exemplo, devem fazer parte os serviços de *concierge*, cortesia, acolhimento, conforto, espiritualidade, lazer e eventos. Todas as sensações em ambientes saudável e lúdico podem conduzir para o bem-estar de todos. Assim como no ciclo da internação (*check in, check out, transfer*, estada e reservas), podem fazer o diferencial das instituições pela velocidade no atendimento e na qualidade da humanização.

A hotelaria inicia na marcação da consulta/atendimento emergencial e de urgência. A figura 8.2 apresenta a linha do processo que pode garantir a satisfação do cliente hospitalar. A hospitalidade apresenta-se **tão importante quanto qualquer parte do processo**.

O salvar vidas é uma tarefa árdua que nem sempre é possível, mas tratar com carinho e dedicação é uma prática que permite a visibilidade e o crédito da vida salva, mesmo que em "outra" dimensão.

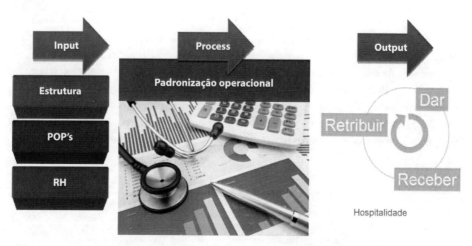

Figura 8.2 – Processo que pode garantir a satisfação do cliente hospitalar.

A satisfação do cliente de saúde, por vezes, não está relacionada à sua destinação (óbito/alta). A satisfação está na forma acolhedora do ciclo da hospitalidade de "dar", "receber" e "retribuir".

Toda a filosofia aplicada na hotelaria para promover a hospitalidade e a humanização tem um custo. Todas essas ações carecem de recursos que podem advir das falhas gerenciais e dos desperdícios por ausência de técnicas de hotelaria hospitalar no "estado da arte".

QUAIS OS CUSTOS?

A "saúde não tem preço, mas tem custo[1]". A frase foi dita pelo presidente da Fenasaúde, Luiz Carlos Trabuco Cappi, em evento promovido em abril pelo CVG[2] – SP.

Cuidar da estrutura da saúde de forma ordenada pode ser rentável para todos os envolvidos. Os custos estão relacionados à estrutura, aos procedimentos operacionais e à percolação da cultura da qualidade e do atendimento com cortesia com o cliente interno (colaboradores) da organização.

Quando a hotelaria está devidamente estruturada, com seus processos definidos e as pessoas treinadas e comprometidas, seus custos são facilmente controlados. Porém, quando não há definições nem controle, não se sabe quem, quando, onde, com e quanto estão sendo gerados de desperdícios e desvios das metas previstas. Exemplificando, é possível medir a produtividade dos colaboradores da limpeza se for conhecida quais as áreas definidas e os tempos de limpeza e higienização.

Todos os serviços inclusos na hotelaria devem ser mensurados e acompanhados por indicadores de desempenho, tais como a geração de resíduos sólidos, o volume de roupa

---

[1] http://wwwold.revistacobertura.com.br/lermais_materias.php?cd_materias=63500.Acessado em 01/10/2018.
[2] Clube Vida em Grupo São Paulo.http://www.cvg.org.br/adm/upload/arq30122016155535.pdf. Acessado em 01/10/2018.

processada, a taxa de vida útil dos equipamentos, o consumo de água, energia etc. Sabe-se que essas informações são necessárias para compor o custo dos leitos, da sala cirúrgica, da Central de Materiais e Esterilização (CME).

Quais os parâmetros definidos? Quais os indicadores? Quais os planos de ação? Quem são nossos *benchmarkings*? Quanto custa o leito hospitalar? Não é somente olhar a conta, mas principalmente detectar de onde esses recursos estão saindo para pagar tais insumos.

O custo de implantação vai depender do estágio em que se encontra a hotelaria. Existe um gestor de hotelaria? Existe um organograma definido? Os processos estão definidos? Os equipamentos e utensílios estão em conformidade com a legislação vigente?

Vamos imaginar que há uma célula de hotelaria embrionária e a vontade de estruturar o setor. Para consultores externos, com visitas programadas, pode-se supor um tempo de até 3 anos para o processo se iniciar, desenvolver, controlar e finalizar a etapa de implantação. Para consultores internos, o tempo de 1 a 2 anos pode ser considerado suficiente desde que sua experiência em hotelaria seja elevada.

Não se trata apenas de definir organogramas e procedimentos operacionais. O maior prazo é a mudança cultural na organização, não somente dos envolvidos diretamente pela hotelaria, mas de todo o corpo de colaboradores, principalmente o assistencial.

Após a implantação, duas situações são interessantes. A primeira é a contratação de um gestor para o setor e a continuidade da consultoria, agora com menor frequência para auditar e contribuir na inovação de processos, mantendo a organização em contínuo estado da arte. Porém, efetivamente, quanto custa?

Pelos resultados alcançados pela maioria dos consultores nos seus processos de implantação da hotelaria, os recursos necessários são extraídos da redução dos desperdícios encontrados. A redução dos custos de determinados setores pode ultrapassar a 20% quando existe uma hotelaria profissional. A menor taxa de redução ao implantar a hotelaria se situa em 8%.

Nas diversas consultorias realizadas foi possível estabelecer reduções consideráveis de custo com incremento da qualidade dos serviços prestados. Em exemplo recente, após 12 meses de consultoria e gestão direta, foi possível reduzir, em um hospital com 120 leitos, a importância de aproximadamente R$ 520.000,00 com o aumento de 87% para 97% de satisfação dos clientes.

As ações foram focadas na redução do retrabalho e dos insumos, gestão do enxoval e produtividade operacional.

Uma das primeiras avaliações na implantação da hotelaria hospitalar é o mapa comparativo entre os dados coletados pelo diagnóstico e os já definidos em alguns *players* do mercado nacional. O ajuste do quantitativo do número de pessoas, dos volumes de roupas na lavanderia, dos produtos químicos, do consumo de energia e água podem ter reduções significantes, favorecendo a continuidade da implantação da hotelaria.

Os setores que podem contribuir para custear o programa de implantação de hotelaria hospitalar são:

- Governança
  - Higiene e limpeza: equipamentos, utensílios e insumos.
  - Rouparia central: evasão e danos.

- Lavanderia: insumos, químicos, pessoal.
- Resíduos sólidos da saúde.
- Manutenção: insumos para preventiva e corretiva.
- Manutenção de leitos: taxa de leitos disponíveis.
- Controle de pragas e vetores.
- Telefonia.
- Água: uso geral.
- Energia: uso geral.
* Serviço de Nutrição e Dietética (SND)
  - Venda de novos produtos no frigobar.
  - Novos produtos de lanchonetes e refeitórios.
* Internação
  - Aumentar o giro de leitos.
* Hospitalidade
  - Satisfação e fidelização.

Alguns dos itens são de difícil mensuração financeira, mas são perfeitamente visíveis economicamente nos relatos da ouvidora ou diretamente pelos clientes da saúde.

QUAIS OS BENEFÍCIOS?

A credibilidade na sociedade é o maior benefício. O cliente de saúde tem como referência a própria experiência vivida. Alguém que não foi bem tratado não recomenda o serviço (hospital, médicos, procedimento etc.).

Os resultados da recuperação da saúde é muito mais importante do que somente o preço pago pela consulta, internação, procedimento etc. Nesse campo de competitividade não existem paridades de concorrência. O vencedor será aquele que apresentar as melhores condições ambientais e os resultados positivos para a saúde e o bem-estar.

Da mesma forma que "saúde não tem preço", a cura é "impagável".

A sociedade sabe que a qualidade do atendimento acalma a sensação de perder e exalta a realidade do ganhar novo tempo de vida. Mas quem é essa sociedade que pode reconhecer a competência de um estabelecimento de assistência à saúde? Onde estão?

A comunidade de saúde é quase que "ilimitada". Ações positivas e negativas "explodem" com rara velocidade. Se negativas, contrariam todas as "intenções" de estratégias de qualidade. Se positivas reforçam o diferencial na competitividade com outras instituições e profissionais da saúde. A figura 8.3 apresenta toda a dimensão da comunidade que impacta e é impactada pelos Estabelecimentos Assistenciais de Saúde (EAS).

Hoje as pessoas estão mais conscientes do que querem. Por isso, todo esse processo de qualidade tem que ser focado no paciente. A administração dos hospitais utiliza diversas ferramentas de avaliação, tais como convidar ex-funcionários e ex-pacientes para opinar como está o atendimento, ouvir os prestadores de serviço e os pacientes. Todas essas informações ajudarão na hora de analisar a qualidade dos serviços. Para melhorar a qualidade, é necessário o comprometimento dos funcionários.

Figura 8.3 – Dimensão da comunidade.

Estudo realizado nos Estados Unidos, pelo vice-presidente da South Community, sobre os motivos que levam o paciente a não retornar ao hospital apontou os seguintes valores: 68% dos pacientes não retornavam por acharem que foram mal-atendidos; 14% dos pacientes ficaram insatisfeitos com o serviço; 9% foram para a concorrência; 5% procuraram outras alternativas de tratamento; 3% mudaram de endereço; e 1% dos pacientes morreram.

9 ARQUITETURA EM HOTELARIA HOSPITALAR

Em Castelli (2001), verifica-se que a empresa hoteleira é uma organização que tem como principal objetivo a venda da hospedagem, oferecendo alojamento a uma clientela desde que haja o pagamento de diárias por esse serviço.

Já para Taraboulsi (2004), o hospital também oferece alojamento mediante pagamento, porém seu produto de venda é a saúde, visto que o cliente específico está necessitando mais do que hospedagem, ele vai em busca de cuidados. Em contradição a uma organização hoteleira, o hospital tem como foco o atendimento ao cliente em um momento de grande vulnerabilidade e carência, quando necessita de cuidados com sua saúde.

Esse cliente deixa seu ambiente habitual de trabalho e de moradia e vai hospedar-se em um local que lhe causa medo, pelo desconhecimento da evolução de sua situação de saúde, mesmo quando ele não se encontra doente, que são os casos das parturientes ou daqueles que vão em busca da melhoria de sua autoimagem.

Se no hotel todos os serviços prestados estão à disposição do cliente, no hospital essa disponibilidade é ainda mais importante, pois a vida do cliente pode depender da presteza com que for atendido, ou seja, eficiência e eficácia devem ser rotinas em um hospital. O conceito de hotelaria está baseado na ideia de receber bem, de acolher.

A organização da hotelaria hoteleira baseia-se em seis princípios: eventos e serviços diversos, alimentos e bebidas, hospedagem, finanças e contabilidade, administração e segurança e *marketing*, conforme mostrado na figura 9.1.

A estrutura orgânica é semelhante para todos os meios de hospedagem. Em algumas unidades é centralizada, terceirizada ou, nos menores hotéis, acumulada pela gerência, diretoria etc. O que se modificam são a estrutura arquitetônica e os tipos de materiais utilizados como revestimento.

A chegada do cliente ao hospital vem acompanhada de grande expectativa dele próprio e de sua família. Esse impacto, se negativo, compromete a imagem do hospital perante sua comunidade. O cliente quer ser acolhido e recepcionado com rara velocidade, ter qualidade nas informações e pronto atendimento às suas necessidades iniciais, garantindo-se assim seu conforto e bem-estar. A essência da hospitalidade contribui para minimizar a ansiedade do cliente da saúde e seus familiares nessas situações.

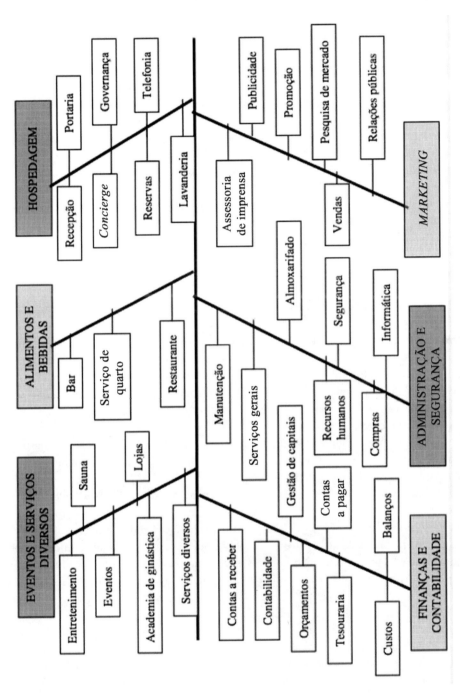

Figura 9.1 – Departamentalização da empresa hoteleira (diagrama de Ishikawa). Fonte: Petrocchi, 2007, p. 30.

A intenção da hotelaria é a de oferecer serviços capazes de minimizar dores, sofrimentos daqueles que adentram a um ambiente estranho e inseguro, no intercurso de uma internação, cirurgia, convalescência etc.

A estrutura hospitalar é complexa e essencialmente técnica. Pode, por excesso de qualificação profissional e do pragmatismo da estrutura clínica, falhar nos sentimentos de humanização e hospitalidade. Para Silva (2009), o cliente, na maioria das vezes, está fragilizado em decorrência da própria doença e a sensação de descaso pode ser ressaltada sem que haja qualquer fato de descaso.

Conforme afirmamos, a estrutura é semelhante entre hotéis e hospitais. Porém, não basta simplesmente transferir os serviços da hotelaria hoteleira para o ambiente do hospital sem que algumas adaptações sejam realizadas, principalmente as que comportem vícios e hábitos, tais como comidas, bebidas e fumo.

A hotelaria é parte de um organograma hospitalar, que é complexo. Em análise sintética, o organograma pode ser resumido em três divisões: administrativa, técnica/clínica e de apoio. A hotelaria hospitalar está envolvida com a divisão de apoio.

O apoio compreende os setores não produtivos e administrativos, porém são imprescindíveis para que a qualidade técnica, o conforto e a segurança sanitária da unidade hospitalar sejam mantidos.

Taraboulsi compara (2004), de forma homogênea, as atividades tanto da hotelaria hoteleira quanto da hotelaria hospitalar afirmando que elas possuem muito em comum, de forma que vários serviços existentes no ambiente hoteleiro podem ser perfeitamente **adaptados** à atividade hospitalar, tais como a "recepção, *conciergerie*, alimentos e bebidas, lavanderia, reservas", assim como outros podem ser **implantados** para melhorar e dinamizar o atendimento, porém com a devida adaptação à realidade hospitalar, tais como "serviço de mensageiro e capitão-porteiro, serviço de governanta (governanta e camareiras), *room service* (serviço de quarto para familiares e acompanhantes), departamento de eventos para promover seminários, congressos, cursos e reuniões, espaço para leitura, jogos e ginástica, música e pequenas apresentações nas áreas sociais, passeio pela cidade para os familiares e acompanhantes etc." (Taraboulsi, 2004, p. 52).

Atualmente, diversos hospitais já contam com chefes de cozinha, lojas, salão de beleza, recepção, áreas de lazer, música ao vivo, bancos 24 horas, máquinas de refrigerantes, floricultura, lojas de conveniências, *fitness center* e muito mais. Além dos serviços acima citados que já apresentam semelhanças entre as duas atividades, existem outros que são encontrados na hotelaria e que podem ser incorporados e adaptados ao hospital, a fim de dinamizar o atendimento e proporcionar maior conforto ao cliente. Todos esses serviços podem pertencer à estrutura hospitalar. A arquitetura hospitalar vai definir, no conceito da engenharia e arquitetura, o que pode ser belo e funcional.

A arquitetura contribui para o conforto dos clientes e melhoria de produtividade no trabalho da equipe de saúde (Boeger, 2005).

Os edifícios construídos em estilos arquitetônicos modernos nada se assemelham a hospitais, como o senso comum acostumou-se a observar pelas construções mais antigas (Figuras 9.2 e 9.3).

Figura 9.2 – Unimed Maringá – PR. Fonte: www.skyscrapercity.com

Figura 9.3 – Hospital das Américas. Rio de Janeiro – RJ.

O arquiteto hospitalar tem como objetivo criar os espaços voltados para os pacientes como rampas, iluminação e ventilação. O projeto arquitetônico contribui na prevenção de infecções hospitalares sob diferentes aspectos, tais como proteções, barreiras físicas etc., que possam ser funcionais, operacionais e que sejam esteticamente confortáveis e permitam sensação de paz e harmonia.

As figuras 9.4 a 9.8 mostram hospitais cuja arquitetura não tem aparência de hospitais.

Figura 9.4 – Hospital Albert Einstein – São Paulo – SP.

Figura 9.5 – Hospital e Maternidade Cristo Rei – Palmas – TO.

Além do ambiente externo, os internos tais como a recepção, as áreas sociais, *hall* de elevadores, passam a ter novo tratamento de luz, cores e decoração, a fim de tornar o ambiente físico agradável e aconchegante para os funcionários, acompanhantes e pacientes (Figura 9.6).

Os quartos também receberam nova estilização em cores, decoração e equipamentos, como frigobar, televisores, cofres individuais, além de outros elementos que contribuem para a comodidade e segurança do paciente (Figura 9.7).

Esses cuidados com as unidades de internação são primordiais, uma vez que, diferentemente do que ocorre dentro de um hotel, no hospital o paciente geralmente não sai do apartamento durante sua estada (Boeger, 2005).

Figura 9.6 – Ambientes internos.

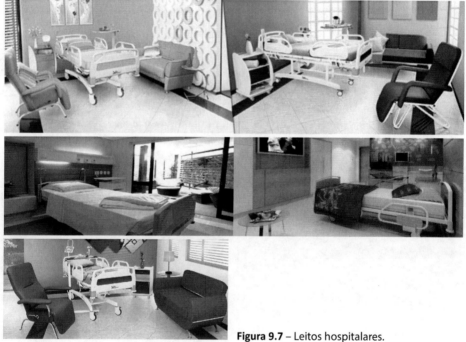

Figura 9.7 – Leitos hospitalares.

A arquitetura não é somente dar leveza e beleza ao ambiente, é torná-lo agradável, seguro e humano. A arquitetura hospitalar pode contribuir na redução da infecção hospitalar adotando soluções operacionais práticas que contribuam para manter o ambiente limpo, higiênico e saudável (Figura 9.7).

Assim, esses cuidados referentes à qualidade e humanização do atendimento caracterizam uma instituição de saúde voltada para a hospitalidade, que é a essência da hotelaria hospitalar (Taraboulsi, 2004).

"Segundo alguns gestores, psicólogos e médicos, esse novo cenário pode parecer para muita gente luxo desnecessário e esforço inútil, mas a receptividade dos clientes de saúde ao tratamento e a satisfação observada facilitaram muito o serviço médico e diminuíram consideravelmente os quadros depressivos" (Taraboulsi, 2004, p. 25).

A arquitetura hospitalar tem a pretensão de criar um ambiente seguro, funcional e que possa contribuir para minimizar operações audaciosas de higienização e manutenções. O arquiteto tem a missão de criar os espaços voltados para os pacientes, como, por exemplo, construção de rampas, iluminação e ventilação.

A pessoa que deseja trabalhar nessa área tem que fazer o curso superior de arquitetura, duração de quatro anos. O arquiteto hospitalar trabalha na prevenção de infecções hospitalares sob diferentes aspectos, como proteções, barreiras físicas, funcionais e operacionais.

A arquitetura é o encontro equilibrado e harmônico entre "o mundo racional e o mundo sensível".

10 ORGANIZAÇÃO E CARGOS EM HOTELARIA HOSPITALAR

No conceito de hotelaria hospitalar de Taraboulsi (2004), notam-se os aspectos da hospitalidade como caminho que conduz a humanização do ambiente hospitalar, que se traduz no ato de receber os clientes de saúde de forma que esses se sintam em um hospital sem "cara de hospital", minimizando os impactos causados pela necessidade de estar em uma instituição hospitalar.

A hotelaria hospitalar pode ser representada nas figuras 10.1 e 10.2.

A figura 10.1 mostra a visão estrutural e sinergética que é composta pelos setores/cargos de governança, A&B/SND/hospedagem/internação, hospitalidade e *facilities*.

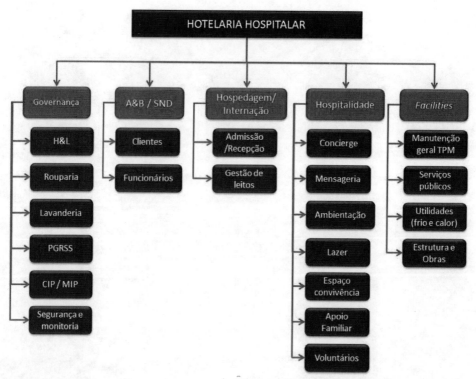

Figura 10.1 – Visão estrutural e sinérgica da hotelaria hospitalar.

Organização e Cargos em Hotelaria Hospitalar

Figura 10.2 – Círculo holístico da hotelaria hospitalar – 3H (hotelaria, humanização e hospitalidade). Fonte: Elaborada pelo autor.

A figura 10.2 mostra a visão sistêmica e avança para os conceitos de segurança, conforto, bem-estar e humanização. Também apresenta a conexão dos efeitos sinergéticos e sistêmicos dos setores e objetivos e metas da hotelaria hospitalar e sua dimensão holística.

A hotelaria hospitalar é uma ação cujo efeito é extrapolado para a sociedade cliente e não cliente da instituição. É um benefício geral. Não é apenas setorial.

Quanto maior for a semelhança entre hospitais e hospedagem, maior será a sensação de conforto e segurança para os clientes. O cliente, ao viajar e hospedar-se em um hotel, sabe que vai voltar ao convívio social em poucos dias. Essa sensação no hospital pode contribuir para sua rápida recuperação e volta à família, sociedade e atividades produtivas.

SEMELHANÇAS ORGANIZACIONAIS EM HOTELARIA HOTELEIRA E EM HOTELARIA HOSPITALAR

A hotelaria hospitalar nasce com a vasta experiência da hotelaria hoteleira pela semelhança dada no atendimento, nos serviços de higiene e limpeza, na rouparia, na governança, nos serviços de alimentação etc. Embora as semelhanças entre os departamentos e serviços possam ser muito próximas, o cliente, que é o diferencial dos negócios, faz toda a diferença. Atender um cliente com muitos motivos para sorrir é muito mais fácil do que atender clientes que podem nunca mais voltar a sorrir. São zelos e olhares diferentes.

Aplicar as semelhanças dos serviços em clientes diferentes é uma questão de empatia com eles. Portanto, a satisfação e a presteza devem estar presentes nos clientes internos antes de exigir que sejam passadas aos clientes externos. É, antes de tudo, "entender" para "atender" o cliente.

O quadro 10.1 apresenta as principais semelhanças entre os serviços praticados em hotelaria hoteleira e em hotelaria hospitalar.

Quadro 10.1 – Semelhanças em hotelaria hospitalar e hoteleira.

Tipos de serviços	Semelhanças	
Serviços	**Hotelaria hoteleira**	**Hotelaria hospitalar**
Órgão fiscalizador/regulamentador	EMBRATUR	ANVISA
Associações patronais	ABIH*	ANAHP**
Selo de qualidade	ISO – SGI	Acreditação – ONA
QVT/RH	GreatPlace to Work***	Great Place to Work
Tipologia do negócio	Superluxo/econômico/simples	Terciário/secundário/primário
Público-alvo	Lazer, executivos, eventos etc.	Hospital, clínicas de diagnóstico, centros de saúde etc.
Organograma	**Hotelaria hoteleira**	**Hotelaria hospitalar**
Cargos na administração	Gerência geral	Diretor geral
	Controller	Dir. administrativo/financeiro
	Gerência de A&B	SND – nutrição
	Gerência-hospedagem	Hotelaria/enfermagem
	Hospedagem	Internação
Cargos operacionais	Governança	Governança
	Reservas	Agendamento
	Recepção	Recepção
	Lavanderia	Lavanderia
	Stewart	Copa/lavagem
	Manutenção geral	Manutenção geral
	Engenharia	Engenharia clínica
	Engenharia de segurança	Engenharia de segurança

(Continua)

---
*Associação Brasileira da Indústria Hoteleira.
**Associação Nacional de Hospitais Privados.
***http://www.greatplacetowork.com.br/melhores-empresas.

Organização e Cargos em Hotelaria Hospitalar

Tipos de serviços	Semelhanças	
Codificação de clientes	**Hotelaria hoteleira**	**Hotelaria hospitalar**
Usuários/classificação	Hóspedes	Pacientes
	Visitantes	Familiares/amigos
	Passantes	–
	Walk in	Emergência
	Coorporate	Convênio
	VIP	Convênio/particular
	Habitué	Satisfeito/crônico
	Sr. Fulano	Paciente do leito X
Acomodação	**Hotelaria hoteleira**	**Hotelaria hospitalar**
Unidades habitacionais (a comparação é dada em relação ao estado de atenção ao cliente)	República/pensões/pousadas *Camping*/pensões/cômodos/alojamentos Apartamentos múltiplos	Postos de saúde/pronto atendimento Enfermarias comuns
	Apartamento *twin single*	Enfermarias duplas
	Apartamento luxo	Apartamento privativo/clínicas
	Suítes	Suítes
	SPA/saunas etc.	UTI-CTI/centro cirúrgico
Serviços prestados	**Hotelaria hoteleira**	**Hotelaria hospitalar**
Formas de pagamento	Cortesia	Filantropia
	À vista	Particular
	Cartão de crédito	Cartão de saúde
	Voucher	Guia de internação
Hospedagem	**Hotelaria hoteleira**	**Hotelaria hospitalar**
Conceitos e classificação por tipo de ação do hóspede	*Check in*	Chegada para internação
	Check out	Alta/saída
	Walk in	Emergência
	Walk out	Saída do paciente sem pagar a conta
	Walked guest	Transferência por falta de leito

(Continua)

Quadro 10.1 – Semelhanças na hotelaria hospitalar e hoteleira. *(Continuação).*

Tipos de serviços	Semelhanças	
Hospedagem	**Hotelaria hoteleira**	**Hotelaria hospitalar**
Conceitos e classificação por tipo de ação do hóspede *(Continuação)*	*No Show*	Desmarcou sem aviso
	Check in time	Horário da internação
	Check out time	Horário da alta
	Early check in	Entrada aberta/não aplicado
	Late chech out	Saída aberta após a alta/ não aplicado
	Estada/hospedagem	Internação/recuperação
Departamentos	**Hotelaria hoteleira**	**Hotelaria hospitalar**
Tipos de higienização, limpeza de ambientes	Limpeza diária	Limpeza concorrente
	Limpeza na saída	Limpeza terminal
	Tratamento de piso	Tratamento de piso
Tipos de lavanderia e lavagem de roupas	Roupas de hóspede	Roupas de pacientes
	Roupas de funcionários	Roupas de funcionários
	Enxoval de hotelaria	Enxoval de hotelaria
	Enxoval de A&B	Enxoval de SND
	–	Enxoval cirúrgico
Outros departamentos e setores que podem existir em comum		
Almoxarifado	Vendas/comercial	*Concierge*/capitão porteiro
Compras	Serviços de ambulância/heliponto	Mordomo
Manutenção	*Tranfers*/locadoras	Recepcionista/mensageiro
Faturamento	Assessoria de imprensa/relações públicas	Bibliotecas/sala de leitura
Secretária	Assistente social	Sala de estar/sala de reuniões
Central telefônica	Ouvidoria	Lojas de conveniência/internet
Achados e perdidos	Eventos	Academia de ginástica
Segurança patrimonial	Ala/setor *VIP*	Saunas/SPA
Contas a receber/pagar	Manobrista	Salões de beleza/massagem
Contabilidade	Frigobar	Gastronomia hospitalar

Tipos de serviços	Semelhanças	
SESMET/segurança no trabalho	Coffee-Break/room service	Espaço ecumênico/capelas
Qualidade	Café da manhã	Clínicas de apoio/psicólogos
Departamento pessoal/RH	Restaurante	*Tur* pela cidade
Tratamento de água	Parque infantil/brinquedoteca	Arte: música/teatros
Central de incêndio	Festa para hóspede/aniversários	Lavanderia para clientes

Fonte: Taraboulsi (2006), adaptado pelo autor.

A importância não está na maneira de denominar o cargo, setor, departamento, mas principalmente na maneira de tratar o cliente de saúde.

11 DEPARTAMENTOS EM HOTELARIA HOSPITALAR

É possível encontrar semelhanças nos serviços prestados pelos hotéis e hospitais.

A implantação da hotelaria hospitalar é uma adaptação de serviços prestados na hotelaria clássica para o ambiente hospitalar. Para implantar a hotelaria hospitalar, na visão de Taraboulsi (2004), a departamentalização estruturada é o mais rápido e eficiente caminho. Boeger (2005) sugere, ainda, que os serviços de hotelaria no hospital devem estar centralizados sob uma mesma diretoria ou gerência hoteleira para que o processo de tomada de decisão tenha um mesmo ponto, minimizando eventuais conflitos.

Taraboulsi (2004) nomeia esse departamento como de Coordenação e Operações da Hotelaria Hospitalar e diz que "sua atuação é voltada para a humanização do ambiente hospitalar, diferenciação pelo atendimento, qualidade dos serviços a serem oferecidos e, principalmente, a integração dos serviços de hotelaria aos serviços médico-hospitalares de forma harmoniosa e eficiente" (Taraboulsi, 2004, p. 58).

Contudo, o ato de bem receber e acolher o cliente não deve ser restrito à equipe que compõe o serviço de hotelaria no hospital, mas médicos, enfermeiros e outros prestadores de serviços existentes dentro do hospital precisam desenvolver características hospitaleiras (Dio et al., 2005).

A estrutura da hotelaria hospitalar pode ser apresentada de forma departamental (matricial), representando todos os serviços de apoio definidos pela gestão. A figura 11.1 retrata um organograma macro que denominamos de o "Estado da Arte" em hotelaria.

DEPARTAMENTALIZAÇÃO DOS SERVIÇOS EM HOTELARIA

A departamentalização busca aumentar a velocidade das ações em busca de soluções sempre voltadas no amplo sentido de exceder expectativas. A gestão moderna aproxima o processo da tomada de decisão, as equipes de trabalho tendem a ser multidisciplinares e multifuncionais, ou seja, as competências não são mais segregadas (Petrocchi, 2002, p. 49).

Os departamentos da hotelaria hospitalar (apoio) podem ser classificados em:

- Governança.
- SND.
- Internação.
- Hospitalidade.
- *Facilities.*

Departamentos em Hotelaria Hospitalar

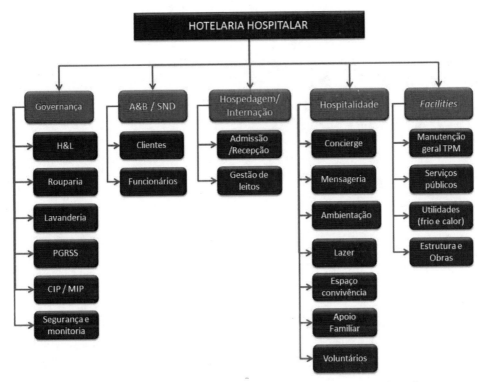

Figura 11.1 – Organograma da hotelaria hospitalar. Fonte: Acervo do autor – adaptado.

Cada um deles gera e transforma outros setores, conforme suas necessidades e diretrizes da organização para a eficiência e resolutividade dos serviços.

Segundo Boeger, Taraboulsi, Watanabe e outros, é a identificação da gerência, e a coordenação é a primeira ação na implantação da hotelaria hospitalar. O gerente é responsável por toda a estrutura do hospital. Trabalha desde o atendimento até a administração. É um dos responsáveis pelo clima de um hotel. Ele é o responsável em acompanhar e supervisionar as atividades feitas pelos colaboradores do setor, para manter a qualidade dos serviços, terceirizados ou autogestão.

A gestão deve ter seu foco nos resultados a serem alcançados.

A hotelaria deve apresentar-se organizada racionalmente por setores e departamentos, porém com sinergia departamental na complementação das tarefas, no controle de tempos e na avaliação desses resultados (Figura 11.2). A teoria científica de Taylor é fundamental na ordenação dos departamentos, criando uma sinergia estrutural.

Os pressupostos de Taylor voltam para o planejar, organizar, dirigir e controlar (PODC) e são as bases da organização em qualquer que seja a atividade. O PODC é um relacionamento departamental sinergético e inerente aos procedimentos de cada setor. É responsável, em hotelaria hospitalar, pelos resultados processuais dos departamentos de governança,

Figura 11.2 – Esquema para a organização da hotelaria.

SND, internação, hospitalidade e *facilities*. Esses setores buscam a harmonia operacional em prol da satisfação do cliente.

A verificação da satisfação dos clientes é obtida por indicadores devidamente desenhados para esse fim. Os indicadores geram dados para tomadas de decisão e, na prática, identificam a necessidade da melhoria dos pontos não satisfatórios aos clientes.

Os pressupostos planejar, desenvolver, conferir e agir (PDCA), das ferramentas de qualidade ou círculo de Deming, podem assegurar a melhoria contínua das ações da hotelaria hospitalar.

O PDCA é a dimensão sistêmica que se apresenta como os resultados das necessidades do ambiente. Em hotelaria hospitalar, pode estar focado para a segurança, conforto, humanização e bem-estar dos *stalkeholders*, sem deixar de preocupar-se com as sustentabilidades social, econômica e ambiental.

O PODC e o PDCA contribuem para formar o círculo holístico da hotelaria hospitalar (Figura 11.3).

O círculo holístico é uma relação sistêmica.

Relação sistêmica é relação dinâmica de um sistema sinergético.

Para Mário Bungue (1976, *apud* Uhlmann, 2002, p. 27), "'Sistema é uma tripla ordenada: 'a coisa' (o sistema), a 'outra coisa (ambiente) e um conjunto de relações entre a 'coisa' e a 'outra coisa'".

A gestão sistêmica ocorre quando a visão está no todo. É olhar para toda cadeia produtiva do processo, ou seja, o macroprocesso e suas nuances dos interprocessos. O que impacta em quem e quais são os resultados positivos e não positivos. Quanto mais informações relevantes, importantes, contributivas e que agregem valor, mais valorosa é a gestão. Se não contribui para obter resultados não pode ser considerada importante e deve ser descartada.

Para elaborar o organograma será necessário estabelecer um plano descritivo de cargos definindo os níveis de competências de cada setor. Empatia, humanização e sentimento hospitaleiro devem ser as prioridades comportamentais exigidas. As prioridades técnicas devem ser adquiridas ao longo dos treinamentos de capacitação continuada.

O RH é o parceiro que deve selecionar as competências comportamentais como preferencial na contratação.

Figura 11.3 – Círculo holístico da hotelaria hospitalar – 3 H. Fonte: Elaborado pelo autor.

RH na hotelaria hospitalar

O conceito de recursos humanos é o somatório de colaboradores que desempenham suas funções de modo interligado entre si, e entre os demais setores, sempre pensando no sucesso da organização. Para tanto, tem como objetivo selecionar, gerir e guiar os empregados de acordo com as metas da empresa.

O objetivo básico é alinhar as políticas de RH com a estratégia da organização. Os recursos humanos podem levar a empresa ao sucesso ou ao fracasso mediante a competência do seu gestor principal.

O papel do gestor/profissional dos RH é buscar o equilíbrio entre as metas e objetivos da organização e alinhar com as necessidades e desejos dos empregados. A organização busca a riqueza, as pessoas buscam o bem-estar. Esse somatório de estratégias e competências induz a satisfação no ambiente de trabalho e a geração de riqueza para a organização.

O RH é o responsável pelo ciclo operacional e produtivo do ser humano enquanto funcionário da organização. O ciclo[1] inicia com o planejamento estratégico (PE) da organização em conjunto com PE do gestor de RH (PE RH) e finaliza no desligamento ou retenção do

---

[1] PE RH (Planejamento Estratégico de RH/R&S (Recrutamento e Seleção/I& (Integração e Comportamento)/T&D (Treinamento e Desenvolvimento)/A&M (Avaliação e Manutenção)/HS&O (Higiene e Segurança Ocupacional)/PCC&S (Plano de Cargos Carreira e Salários) e D&R (Demissão e Retenção).

empregado. Algumas empresas mantêm o relacionamento com o profissional pós-ciclo, contribuindo na gestão de sua recontratação ou futuro profissional.

A figura 11.4 apresenta o ciclo operacional do RH.

As pessoas devem ser vistas como seres humanos e não apenas como recursos produtivos como eram vistas pela administração científica no período da revolução industrial (Figura 11.5).

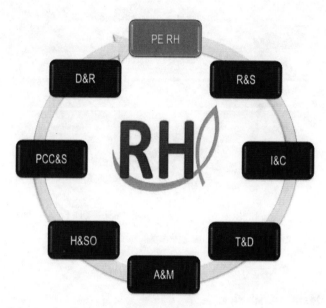

Figura 11.4 – Ciclo operacional do RH.

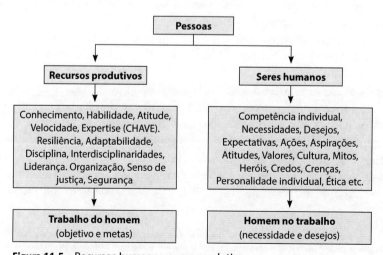

Figura 11.5 – Recursos humanos *versus* produtivos.

O ambiente de trabalho deve ser saudável, que atenda completamente aos fatores higiênicos e, no mínimo, com baixo nível de "não satisfação", tanto no trabalho quanto no ambiente. Ambiente insalubre (riscos ambientais) ou conflitante (entre empregados e empregados e superiores) é desmotivador.

Não existirão razões para tratar com acolhimento um cliente, interno ou externo, se uma organização não acolhe seu próprio funcionário (Quadro 11.1).

Quadro 11.1 – Fatores higiênicos e motivacionais.

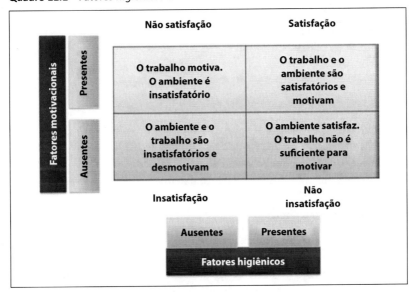

Serviços em hotelaria hospitalar

A hotelaria contemporânea modificou o conceito de hospedagem e entendeu que seus hóspedes também são consumidores de outros serviços. Esses outros serviços podem agregar valores aos hóspedes e clientes e ainda aumentar o serviço em hotéis. Os serviços de *concierge* e *home office*, por exemplo, é um desses serviços, entre outros.

A hotelaria buscou o encantamento aos hóspedes em toda sua magnitude pela profissionalização dos seus servidores. Para os clientes, as necessidades, os desejos e as expectativas dos benefícios pelos produtos dos serviços comprados devem ser atendidos, porém devem ser ordenados: primeiro as necessidades atendidas, posteriormente os desejos e a superação das expectativas (Figura 11.6).

O tratamento da saúde é uma necessidade das pessoas. A ausência de saúde e bem-estar impactam na harmonia das outras necessidades da pirâmide de Maslow (1950), tais como fisiológicas (ciclo alimentar, sexual etc.), físicas (segurança) e psicossociais (socialização, autoestima e autorrealização).

Para Maslow, as necessidades fisiológicas devem ser atendidas prioritariamente.

Figura 11.6 – Pirâmide das necessidades humanas.

A hotelaria hospitalar deve apresentar-se além das necessidades fisiológicas, para acreditar que trata seus clientes com hospitalidade.

O cliente percebe quando o tratamento hospitaleiro flui naturalmente gerando satisfação contínua.

Para Claudio Luiz Lottenberg:

> "O paciente está fragilizado pela doença e a primeira sensação que ele precisa ter é segurança e confiança no hospital. Aos poucos, com a melhora do seu quadro médico, o paciente aguça sua percepção para a qualidade da assistência, para o cuidado e a atenção prestados pelos profissionais, e para detalhes da sua estada no hospital. Nesse momento, a hospitalidade mostra sua importância no contexto do tratamento, mesclando aspectos fundamentais da eficiência com os da hospitalidade".

A hospitalidade gera satisfação e satisfação atendida gera lucro pela fidelização do cliente, seja da saúde, seja no lazer e negócios.

A hospitalidade é uma essência dos serviços prestados e alguns desses acontecem instantaneamente, e outros, na presença dos hóspedes, como recepção e A&B, outros ainda acontecem, porém não são percebidos pela maioria, como a operação de higiene e limpeza dos leitos, da lavagem de roupas, do recrutamento, seleção, controle de almoxarifado, gestão de compras etc. Os hóspedes normalmente percebem a "falta" desses serviços quando os necessitam.

Para minimizar esses efeitos e maximizar os resultados, os meios de hospedagem (hotéis ou hospitais) são ordenados em departamentos, todos para atender as necessidades dos hóspedes com presteza e velocidade.

A qualidade da hierarquia dos cargos e as funções vão depender das suas formas de comunicação e de como estão integradas. A comunicação deve fluir de forma inteligente para evitar falhas que possam sacrificar a qualidade ou interferir na satisfação do cliente. Essas falhas quando ocorrem e não são atendidas passam a imagem negativa aos seus consumidores. Diante disso, não adianta muito elaborar justificativas rebuscadas para o ocorrido. Os consumidores podem se sentir enganados e, para o mercado, **não existem consumidores (clientes) enganados, existem clientes perdidos** (grifo do autor).

Os hospitais incorporaram a hotelaria hoteleira como forma de prestar serviços ao seu cliente de saúde, esse muito mais sensível e exigente do que o cliente-turista.

Em hotelaria hospitalar encontramos diversos cargos similares em hotelaria hoteleira. Descreveremos nos capítulos seguintes os principais e suas funções básicas.

12 GESTÃO ORGANIZACIONAL EM HOTELARIA HOSPITALAR

Aqui inicia a descrição por cargos e setores do organograma da hotelaria hospitalar.

Esse cargo é ocupado pelo(a) gerente de hotelaria. Esse profissional pode ser graduado em enfermagem, administração, engenharia ou hotelaria e, preferencialmente, com pós-graduação em hotelaria hospitalar. Essa profissão, que antes era específica em hotéis, agora passa a existir nos hospitais.

O gerente de hotelaria é o responsável por toda a estrutura de hotelaria do hospital e por acompanhar e supervisionar as atividades feitas pelos colaboradores do setor para manter a qualidade dos serviços.

O gestor de hotelaria, dependendo da estrutura hospitalar, coordena diretamente as áreas de governança, SND, hospedagem, hospitalidade e *facilities*.

A hotelaria é um serviço de apoio. É um prestador de serviços. Além das tarefas cotidianas, algum fato diferente pode ocorrer. Nesse momento, surge a necessidade de os setores diversos (atendimento, recepção, enfermagem etc.) comunicarem ao setor o ocorrido. Ninguém se antecipa a um copo que derramou café, suco etc. no chão, ou em qualquer outra superfície. O importante não é o fato da ocorrência, mas o tempo de resposta na resolutividade dessa ocorrência.

GOVERNANÇA EM HOTELARIA HOSPITALAR

O departamento de governança inclui, sob sua gestão, os setores de higiene e limpeza (H&L), rouparia, lavanderia, Programa de Gestão de Resíduos Sólidos da Saúde (PGRSS), Controle Integrado de Pragas (CIP) e Monitoramento Integrado de Pragas (MIP), segurança e monitoria (Figura 12.1).

A governanta é o profissional responsável pelo setor de governança na hotelaria hoteleira ou hospitalar. A atuação desse profissional está em expansão, pois algumas clínicas e *shoppings* já incluem o setor de governança como uma unidade de gestão do espaço e das pessoas do *mall*, áreas comuns e áreas de apoio.

Segundo Davies (2001, p. 146), a governança é administrada diretamente pela governanta, ama ou gerência de habitação, tendo como função básica dirigir e coordenar as chefias e as operações, de acordo com os padrões do hotel. Esse comando inclui as organizações pessoal (chefias) e funcional (escala, folgas, treinamento etc.), a manutenção, a higiene e a limpeza das áreas (internas e externas).

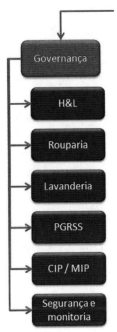

Figura 12.1 – Departamento de governança.

O departamento de governança dentro da hotelaria hospitalar envolve a supervisão e responsabilidade operacional de atividades de limpeza das unidades de internação e áreas restritivas, limpeza das áreas sociais e de serviço, destinação do lixo hospitalar, uniformes, lavanderia, costura e rouparia (Boeger, 2005).

A governança é o departamento que, segundo Castelli (2003), ocupa-se, em um hotel, da arrumação dos apartamentos, da lavanderia, da rouparia e da limpeza em geral (escritórios, áreas de lazer, áreas externas, entre outras). Oliveira (2005) acrescenta que esse setor é responsável também pelos cuidados com decoração e paisagismo das áreas do hotel. Em hotelaria hoteleira, a governanta é responsável pelos departamentos de andares, rouparia e higiene e limpeza.

O setor de andares está relacionado aos serviços de limpeza e arrumação dos apartamentos e corredores. O de limpeza trabalha nas áreas externas e internas do hotel, tanto em áreas sociais, como funcionais. O de rouparia está relacionado ao enxoval de todos os departamentos, incluindo ainda as roupas de hóspedes. Nos hotéis/motéis, a limpeza e a arrumação dos apartamentos ficam a cargo das camareiras.

A governanta pode ser considerada um profissional estratégico, apesar de todas as tarefas e serviços, especificamente, operacionais, tais como arrumação, limpeza e rouparia, em função dos impactos estratégicos obtidos pela satisfação e fidelização dos clientes que podem interferir positivamente ou não na receita da instituição. Deve estar apta para planejar e determinar ações específicas programadas e também para eventos não programáveis. Deve estar preparada para as mais diversas ocorrências negativas como *overbook*[1], equipamentos que falham, acidentes, óbitos etc. Na maioria das vezes, tudo o que foi devidamente planejado para a temporada ou para o dia pode não ser concretizado, pois a dependência externa (hóspedes) é elevada. Tudo pode ser, ao mesmo tempo, perfeito e imperfeito.

As tarefas que lhe são atribuídas podem ser numeradas como: articular o trabalho da equipe nos apartamentos (arrumados, sendo arrumados, bloqueados), manter atualizada a planilha de *status* das unidades habitacionais, organizar e controlar a rouparia dos andares, cuidar dos uniformes e aparência dos funcionários, supervisionar a arrumação dos quartos, inspecionar o estado dos apartamentos providenciando reparos quando necessários, cuidar dos objetos esquecidos pelo hóspede no hotel conforme a política da instituição, controlar e administrar o estoque e o gasto de produtos usados pelo departamento e supervisionar e controlar todo o processo de lavagem (Castelli, 2003).

O cotidiano do setor de governança é totalmente dinâmico, não existem rotinas, a cada novo hóspede, novas necessidades (carências), novos desejos e novas expectativas. A governanta faz sua gestão com base na correção e prevenção de eventos adversos. Na correção, quando geradas por informações ou reclamações dos hóspedes (luz que não acende, por exemplo), as quais são repassadas, por ordem de serviço (OS) ao departamento responsável (manutenção). Na prevenção, pelas ações antecipadas sobre as possíveis falhas. O objetivo pleno é o atendimento à solicitação do hóspede antes que ele retorne ao apartamento novamente ou deixe (*check out*)[2] o hotel ou hospital ainda com o problema não solucionado. Ninguém retorna para se hospedar em um ambiente sujo e desconfortável se tiver a opção de escolha.

Torre (2001, p. 65) declara ainda que "o pessoal da governança deve coordenar suas atividades com a recepção (*front office*) e com a manutenção (*back office*)".

A recepção (*front office*) fornece à governança a lista de UHs que se encontram vagos para que seja providenciada a vistoria, limpeza e liberação desses o mais rápido possível. Também notifica a chegada de um cliente especial.

A manutenção também pode (deve) contribuir com a governança de forma proativa (manutenção preditiva planejada) ou reativa (manutenção corretiva) e informar e ser informada, imediatamente, sobre qualquer falha que possa provocar transtorno no ciclo de hospedagem.

Em hotelaria hospitalar a manutenção avança mais um estágio do que em hotelaria hoteleira em função dos equipamentos clínicos. A engenharia clínica é o setor responsável pelos equipamentos hospitalares e, nesses casos, as falhas podem ser irreversíveis. A engenharia clínica também pode gerenciar a própria manutenção hospitalar como um todo.

Segundo Boeger (2005), a importância do trabalho desempenhado pela governança deve-se à sua representatividade na formação da imagem da empresa hospitalar, pois, aproximadamente, 80% da opinião e da imagem formada por pacientes e familiares advêm da arrumação dos quartos e do atendimento realizado.

---

[1] Expressão que indica maior número de reservas do que a disponibilidade de leitos ou apartamentos.
[2] Expressão que define a saída definitiva do hóspede do hotel. É realizada pela recepção.

Boeger (2005, p. 75) diz ainda ser "comum em muitos hospitais a busca pela terceirização dos serviços tanto para a higiene hospitalar como para a lavanderia".

A terceirização não representa um "alívio" para o gestor de governança, critérios técnicos devem ser observados, assim como a implantação dos indicadores de desempenho e qualidade. A terceirização deve ser profissional. Pequenas falhas na limpeza e higienização provocam riscos de contaminação que geram infecções hospitalares e isso deve ser monitorado continuamente.

A terceirização pode apresentar falhas operacionais em função do desconhecimento técnico-operacional dos funcionários, líderes, colaboradores e, por vezes, gerentes de área se a seleção dos terceiros não for adequada. O contrato sob desempenho com parâmetros higiênico-sanitários pode contribuir para mais valia e controlar com rigor os resultados da terceirização, principalmente na higiene e limpeza hospitalares.

A equipe terceirizada deve ser treinada e estar apta para o serviço de limpeza e higiene hospitalares. A supervisão deve ser realizada por profissionais qualificados tecnicamente para desenvolver esses objetivos e principalmente atender às metas estabelecidas pela instituição hospitalar. Porém, se a instituição hospitalar desconhece ou não exige regras, qualquer pessoa pode realizar a limpeza hospitalar. É tudo uma questão de foco e responsabilidade.

É importante que os funcionários desse setor estejam em contínuo treinamento e aprendizado, habilitados e capacitados para atender às possíveis solicitações dos clientes e, principalmente, prontos para investigar situações, ainda, não ocorridas ou sob o risco de ocorrência.

A participação efetiva de suas subordinadas promoverá maior tempo útil para o gerenciamento estratégico da governanta, inclusive criando ou desenvolvendo relatórios gerenciais, operacionais e de custo e aprimorando cada vez mais o atendimento dos clientes independentes das diversidades cultural, religiosa, hábitos e costumes. Agradá-los é uma tarefa árdua que requer grande disposição e presteza.

A diversificação de comportamentos induzida pelas necessidades (carências), pelos desejos e pelas expectativas não atendidas pode representar a insatisfação dos clientes e, consequentemente, a perda da sua preferência de retorno. É importante que a governanta compreenda esses fatores comportamentais para realizar seu trabalho com eficiência.

A governança é acionada sempre que algum problema ocorre com os hóspedes, principalmente em se tratando de hospedagem. A principal função é "servir ao hóspede provendo os suprimentos necessários durante sua permanência no hotel" (Oliveira, 2005, p. 841).

Higiene e limpeza hospitalar

A limpeza é o processo de localizar, identificar, conter, remover e desfazer-se de forma adequada de substâncias indesejáveis de uma superfície ou ambiente, segundo o comitê técnico Abralimp (1998).

A higiene é parte da medicina que trata da saúde humana, das regras e das condições de existência, necessárias para a conservação da saúde. Também é asseio, limpeza, conservação, regime alimentar e tudo que diz respeito à saúde mental e física. A higiene é fundamental na aparência pessoal e ambiental, para uma convivência social e vida saudável. Ambientes sujos provocam incômodos às pessoas e riscos constantes à saúde.

Segundo a Agência Nacional de Vigilância Sanitária (ANVISA), a limpeza hospitalar é o processo de remoção de sujidades mediante a aplicação de energias química, mecânica e térmica, em determinado período de tempo. Consideramos limpeza hospitalar aquela de superfícies fixas e equipamentos permanentes das diversas áreas hospitalares, o que inclui pisos, paredes, janelas, luminárias, mobiliários e instalações sanitárias, sistema de ar condicionado[3], exaustão etc.

Para o Cadterc[4], a limpeza hospitalar consiste na limpeza e conservação dos ambientes e desinfecção de superfícies fixas, de forma a promover a remoção de sujidades visíveis, a remoção, a redução ou destruição de microrganismos patogênicos, o controle de disseminação de contaminação biológica, química etc.

Para que seja necessária a limpeza, deve existir a sujidade. A sujidade pode ser visível ou "invisível".

A sujidade é um residual – físico, químico ou biológico – considerado estranho ao produto original, capaz de provocar "efeitos deterioráveis", detectados pelo paladar, visão, olfato, audição, tato (organolépticos), pela modificação do sabor, cor, aspecto, do odor (mau cheiro) e toque. Pode provocar lesões biológicas, químicas, físicas e reações psicológicas (sensação de desconforto e insatisfação) adversas ao homem (Farias, 2011).

A limpeza hospitalar deve ser classificada em função da área hospitalar. É classificada, com base no risco de contaminação de artigos, preconizado por Spauding, em 1968, em: áreas críticas, áreas semicríticas e áreas não críticas, conforme apresentado no quadro 12.1.

A limpeza pode ser denominada como concorrente e terminal. O quadro 12.2 apresenta suas principais características.

Quadro 12.1 – Classificação da limpeza hospitalar.

Áreas	Características
Áreas críticas	Setores com procedimentos invasivos e/ou que possuam pacientes de alto risco com o sistema imunológico deprimido, como UTI, salas de cirurgias, pronto-socorro, banco de sangue, central de materiais, lavanderias, expurgo, entre outros
Áreas semicríticas	Áreas ocupadas por pacientes com doenças infecciosas de baixa transmissibilidade e doenças não infecciosas, tais como unidade de internação, unidade de atendimento ambulatorial, sala de triagem e espera, centro de radiodiagnóstico e similares
Áreas não críticas	Áreas ocupadas ou não por pacientes e que oferecem risco mínimo de transmissão de infecção, tais como refeitório, área limpa da lavanderia e similares como áreas administrativas e de circulação
Áreas administrativas	Todas as demais áreas das unidades hospitalares destinadas às atividades administrativas

---

[3] POP deve atender à portaria 3523/GM de 28/8/98 – Ministério da Saúde.
[4] http://www.cadterc.sp.gov.br/estudos/estudo.php?c=7

Áreas	Características
Áreas externas	Todas as áreas das unidades hospitalares situadas externamente às edificações, tais como estacionamentos, pátios, passeios etc.
Vidros externos	Aqueles localizados nas fachadas das edificações

Quadro 12.2 – Principais características da limpeza hospitalar.

Tipos de limpeza	Características
Limpeza concorrente	É a limpeza diária para a manutenção do ambiente limpo e organizado
Limpeza terminal	É a limpeza feita a cada saída do paciente (alta) ou periodicamente, dependendo do tipo de unidade do hospital. Em algumas unidades, além da limpeza, é realizada a desinfecção de superfícies e pode ser feito o tratamento do piso com produtos específicos (remoção e aplicação da cera)

Os métodos também são importantes para o sucesso da limpeza hospitalar. Os mais utilizados estão apresentados no quadro 12.3.

Quadro 12.3 – Métodos da limpeza hospitalar.

Métodos	Características
Limpeza úmida	Consiste na utilização de água como elemento principal da remoção da sujidade, podendo ser por processo manual ou mecânico; é a limpeza diária para a manutenção do ambiente limpo e organizado
Limpeza com jato d'água	Trata de alternativa de inovação tecnológica por meio de limpeza realizada com equipamento com jatos de vapor d'água saturada sob pressão, sendo destinada predominantemente para a limpeza terminal. Sua utilização será precedida de avaliação, pelo contratante, das vantagens e desvantagens; é feita a cada saída do paciente (alta) ou periodicamente, dependendo do tipo de unidade do hospital
Limpeza molhada	Consiste na utilização de água abundante como elemento principal da remoção, da sujidade, podendo ser manual ou mecânica, destinada principalmente para a limpeza terminal
Limpeza seca	Consiste na retirada de sujidade, pó ou poeira sem a utilização de água

A limpeza não é somente remover a sujidade, seus principais objetivos são:

- Contribuir para a manutenção do patrimônio institucional.
- Proporcionar um ambiente limpo e esteticamente organizado, livre de mau odor, visando a conforto, segurança e bem-estar.
- Contribuir com a preservação do meio ambiente por meio de práticas como a segregação consciente e criteriosa dos resíduos do serviço de saúde.
- Redução da sujidade visível e da carga de microrganismos transmissores de doenças, como medida de controle e redução de possibilidade de transmissão de infecções.

A ação de higienização e limpeza do ambiente deve atender os pontos críticos apresentados no quadro 12.4.

Quadro 12.4 – Ação de higienização e limpeza.

Ação	Características
Ser produtiva	Maior número de unidades limpas com o menor consumo de insumos (MOB, tempo e produtos)
Ser de qualidade	Menores índices de retrabalho e reclamações dos clientes e da hotelaria
Ser sustentável	Menores impactos ambientais provocados pelo consumo excessivo e desnecessário de recursos naturais (energia, água) e geração desproporcional de resíduos provocados pela limpeza (panos, papel, produtos químicos etc.)
Ser segura	Gestão sobre riscos de acidentes ocupacionais, de desgastes aos substratos (superfícies) e ao meio ambiente

Para que esse conjunto seja atendido é necessário que 3 fatores estejam em consonância:

- Estrutura: equipamentos e utensílios destinados à operação proposta.
- Processos: métodos, procedimentos e produtos em sinergia.
- Pessoas: disciplinadas, capacitadas e habilitadas para realizar os procedimentos com segurança, produtividade, rentabilidade e qualidade.

Os procedimentos de limpeza a serem adotados devem atender a prática da boa técnica e das normas estabelecidas pela legislação vigente no que concerne ao controle de infecção hospitalar, destacando-se:

- Habilitar os profissionais de limpeza para o uso de equipamentos específicos destinados à limpeza das áreas crítica, semicrítica e não crítica.
- Identificar e sinalizar corredores e áreas de grande circulação durante o processo de limpeza, dividindo a área em local de livre trânsito e local impedido.
- Não utilizar anéis, pulseiras e demais adornos durante o desempenho das atividades de trabalho.
- Lavar as mãos antes e após cada procedimento, inclusive quando realizados com a utilização de luvas.
- Realizar a desinfecção de matéria orgânica extravasada em qualquer área do hospital antes dos procedimentos de limpeza.
- Cumprir o princípio de assepsia, iniciando a limpeza do local menos sujo/contaminado para o mais sujo/contaminado, de cima para baixo, em movimento único, do fundo para a frente e de dentro para fora.
- Realizar a coleta do lixo pelo menos 3 vezes ao dia, ou quando o conteúdo ocupar dois terços do volume total. O lixo deve ser transportado em carro próprio, fechado, com tampa, lavável, com cantos arredondados e sem emendas na sua estrutura.
- Usar luvas, panos e baldes de cores padronizadas para cada procedimento.

A desinfecção também é um tipo de limpeza. É o processo aplicado a superfícies inertes, que elimina microrganismos na forma vegetativa, não garantido a eliminação total dos esporos bacterianos. Pode ser realizada por meio de processos químicos ou físicos.

A desinfecção consiste em:

- Retirar o excesso de carga contaminante com papel absorvente, utilizando luvas apropriadas.
- Expurgar o papel em saco plástico de lixo.
- Proceder à limpeza da superfície com água e sabão. Opcionalmente, a critério da CCIH (Comissão de Controle de Infecção Hospitalar), poderá ser aplicado sobre a área afetada desinfetante adequado, retirando-o com pano molhado após o tempo recomendado.

A utilização de produtos, utensílios e equipamentos para a limpeza e desinfecção devem atender as determinações da Comissão de Controle de Infecção Hospitalar (CCIH), recomendações dos órgãos públicos de saúde e especificidades apresentadas pelos fabricantes.

No quadro 12.5 apresentamos a seleção de produtos de limpeza de superfícies que deverão ser considerados.

Quadro 12.5 – Seleção de produtos de limpeza de superfícies.

Seleção de produtos	Características
Quanto a superfícies, equipamentos e ambientes	Natureza da superfície a ser limpa ou desinfetada Tipo e grau de sujidade Tipo de contaminação Qualidade da água Método de limpeza Segurança na manipulação e uso de produtos de limpeza
Quanto ao tipo de germicida	Tipo de agente químico e concentração Tempo de contato para ação Influência da luz, temperatura e pH Interação com íons Toxicidade Inativação ou não em presença de matéria orgânica Estabilidade Prazo de validade para uso Condições para uso seguro Necessidade de retirar resíduos do desinfetante após utilização
Quanto à logística	Ser realizada, preferencialmente, antes do horário do maior fluxo de pessoas Imediatamente ao registro das ocorrências Manter-se em absoluta discrição quanto aos fatos Tornar-se invisível

A qualidade da equipe de higiene e limpeza está na sua discrição na realização das tarefas. A qualidade dos serviços está na limpeza e não no momento dessa. A equipe deve ser invisível. O que deve ser visível é a limpeza. Não há a menor necessidade de os funcionários da higiene e limpeza ficarem circulando aleatoriamente, como se estivessem procurando trabalho, nas dependências do hospital se não há demandas e ocorrências.

Os setores que necessitam da limpeza devem acionar a equipe de limpeza sempre que necessário. Após a limpeza, tornar-se desnecessário o "hospital tur[5]". Quanto menor o número de pessoas circulando pelos corredores, maior a "paz e o silêncio" para os clientes internados e o caminho livre para atendimentos emergenciais. Essas ações devem ser disciplinadas e atender ao fluxo logístico hospitalar.

A disciplina é a regra básica para implementar uma gestão com qualidade assegurada quando se busca atingir os resultados pretendidos. As regras devem ser conhecidas por todos os colaboradores. Essas regras podem ser exigidas pelos órgãos de controle do Estado e pela própria empresa. No Estado é a legislação que predomina. Nas empresas são os Manuais de Boas Práticas (MBP) e os Procedimentos Operacionais Padrões (POPs).

A não punição (multas) por falhas é o prêmio dado pelo Estado. A certificação é o prêmio que as empresas recebem pelo êxito da qualidade. A preferência e a fidelização são os prêmios dados pela sociedade pela hospitalidade, humanização e principalmente a qualidade. Para atingir esses resultados é necessário que os procedimentos estejam alinhados com o que realmente se pratica durante as operações de higiene e limpeza hospitalares.

As ferramentas de qualidade são, de fato, importantes para atingir as melhores práticas, entre elas podemos citar o *check list* ou folha de verificação, o diagrama de Ishikawa e as cartas de controle. A folha de verificação ou *check list* permite visualizar quais as tarefas e os pontos que devem ser fortalecidos em busca da melhoria. Um bom exemplo de *check list* está nas tarefas que devem ser realizadas nas unidades de internação, por exemplo, nas limpezas concorrente e terminal. Se tudo está escrito não há como esquecer de realizar nenhuma das tarefas programadas. A carta de controle determina quais os parâmetros dos limites superiores e inferiores das operações realizadas. Exemplo: reclamações de clientes por uma limpeza mais rigorosa e profissional. O diagrama de Ishikawa pode contribuir para encontrar as causas e os porquês dos defeitos apresentados. Também contribui para tornar a equipe mais dinâmica e fortalecendo a participação coletiva (pelo *brainstorming*) em busca de melhores resultados para todos.

O *check list* é uma poderosa ferramenta para produzir qualidade e reduzir os custos nos serviços de higiene e limpeza. Exemplificando, tem-se como roteiro todas as etapas que devem ser verificadas durante a limpeza terminal ou concorrente. Além de servir de guia, evita que retrabalhos sejam realizados, tais como limpar o que já foi limpo ou estar limpo, principalmente quando dois ou mais funcionários são escalados para uma mesma atividade em um mesmo espaço físico. Essa ferramenta reduz o retrabalho. O quadro 12.6 apresenta um modelo simplificado do *check list* de limpeza concorrente em um leito.

Quadro 12.6 – Modelo simplificado do *check list* de limpeza concorrente em um leito.

Itens	Operações a serem realizadas	Check list
1	Remover os resíduos soltos no piso e nas superfícies das bancadas e mesas	✔
2	Retirar o lixo do leito, limpar a lixeira e repor o saco	✔
3	Verificar danos e vazamentos no banheiro, pias e chuveiro	✔

---

[5] Ficar circulando nas dependências do hospital como se fosse turista.

O *check list* também pode ser utilizado como padrão de frequência dos serviços de higienização e limpeza. O quadro 12.7 apresenta um modelo simplificado.

Quadro 12.7 – Padrão do *check list* para a frequência dos serviços de higienização e limpeza.

Áreas		Frequência	
		Limpeza concorrente	**Limpeza terminal**
Armários	Face externa	1 vez ao dia Sempre que necessário	–
	Faces interna e externa	–	Mensal
Balcão e bancadas		2 vezes ao dia Sempre que necessário	Quinzenal Sempre que necessário
Janelas	Face externa	–	Quinzenal Sempre que necessário
	Face externa	–	Mensal
Luminárias e similares		–	Quinzenal Sempre que necessário
Paredes/divisórias, teto e portas/visores		–	Quinzenal Sempre que necessário
Pisos em geral		2 vezes ao dia Sempre que necessário	Semanal
Consultórios e triagem		2 vezes ao dia Sempre que necessário	Semanal
Salas de curativos		Sempre que necessário	Semanal
Salas de medicação e inalação		2 vezes ao dia Sempre que necessário	Semanal
Salas de vacinação		2 vezes ao dia Sempre que necessário	Semanal
Salas de procedimentos especiais (endoscopias, colonoscopias e similares)		2 vezes ao dia Sempre que necessário	Semanal
Salas de pequenas cirurgias		Após cada procedimento	Após o final do expediente
Lavatório		3 vezes ao dia Sempre que necessário	Semanal
Saboneteiras e dispensadores	Face externa	3 vezes ao dia Sempre que necessário	–
	Face interna	–	Sempre que acabar o sabão
Toalheiro	Face externa	3 vezes ao dia Sempre que necessário	–
	Face interna	–	Sempre que acabar o papel

Outro ponto crítico está na ausência das informações sobre previsões de altas de alguns clientes hospitalares. Exemplificando, no início do dia, a governanta verifica a folha de ocupação dos leitos. Planeja os ajustes das ações programadas (fluxo de limpeza[6]) para o dia. Repassa essas informações (via física ou virtual) para seus supervisores que direcionam o comando das equipes. Essas iniciam conforme programado.

Porém, se nessa informação (via física ou virtual) não estiver marcada nenhuma previsão de alta, a equipe já sabe que terá que realizar a limpeza concorrente em 100% das unidades de internação. Mas, se nessa informação estiver programada as previsões de altas para até meio-dia (12h:00m) por exemplo, a equipe de limpeza pode somente recolher o lixo (se for necessário) e deixar essas unidades de internação para realizar somente a limpeza terminal, evitando a realização da limpeza concorrente.

Essa informação contribui para reduzir/eliminar os custos com os insumos utilizados para limpeza, reduzir o tempo desperdiçado pelos colaboradores para realizar a limpeza concorrente do leito e logo a seguir realizar a limpeza terminal (a limpeza concorrente às 9h:00, e a terminal, às 10h:00 da mesma unidade de internação ou apartamento). A informação elimina as tarefas sobrepostas e desnecessárias, além de agilizar a relocação do leito aumentando a taxa de giro e o faturamento.

No quadro 12.8 mostramos um exemplo de retrabalho nas limpezas concorrente e terminal quando não se tem a informação sobre as previsões de alta.

Quadro 12.8 – Exemplo de retrabalho nas limpezas concorrente e terminal.

Leitos	Informações técnicas - Previsões de alta até as 12h:00m	Tarefa programada pela hotelaria hospitalar - Limpeza a ser executada - Concorrente	Tarefa programada pela hotelaria hospitalar - Limpeza a ser executada - Terminal	Discrepâncias - Altas realizadas até 12h:00	Retrabalho
100	Não	8h:00m	–	Não	Não
110	Não	8h:20m	–	9h:00m	Sim
120	Não	8h:40m	–	Não	Não
130	Não	9h:00m	–	Não	Não
140	Não	9h:20m	–	10h:20	Sim
140	Não	9h:40m	–	10h:40	Sim

Essa discrepância é comum quando a amplitude organizacional da hotelaria hospitalar é baixa e não há comunicações interdepartamentais entre hotelaria, internações/altas, Tecnologia de informação (TI) e enfermagem. É mais agravante quando se exclui a hotelaria da logística da gestão de leitos.

Os processos devem definir quais são as tarefas, quem e como as realiza, qual seu foco, quais os objetivos e metas traçadas. Após a definição dos processos, dos objetivos e das metas, capacitar continuamente a mão de obra da empresa.

---

[6] O programa do fluxo da limpeza pode iniciar dos leitos de enfermarias para os leitos particulares ou dos particulares para as enfermarias. Tudo é uma questão de logística e taxa de ocupação.

O setor de higienização e limpeza atende a instituição hospitalar interna e externamente. A mão de obra pode ser terceirizada ou orgânica. Independente, deverá ser continuamente capacitada para atender o processo descrito. Se não atende, dois pontos devem ser avaliados: a) se o processo atende a instituição; e b) se a mão de obra está capacitada para exercer essas tarefas.

Se as tarefas não estão sendo realizadas, primeiramente verificar se os processos estão definidos. Se estão definidos, avaliar se as pessoas foram treinadas para a realização das tarefas. Processos podem ser ajustados e redefinidos, pessoas devem ser capacitadas. Os processos devem ser controlados, as pessoas devem ser lideradas.

Para atender aos pontos descritos, a governanta deve elaborar o fluxo de todas as tarefas, seus recursos, insumos e definir seus resultados. Quando as práticas operacionais e os processos estão definidos e a mão de obra capacitada, pode-se afirmar que a higienização será mais segura, mais eficiente, mais produtiva e plenamente rentável.

Para termos a certeza do desempenho por cada tipo de serviço é necessário mapear as áreas (críticas, semicríticas e não críticas), definir os métodos, os processos e os produtos que serão utilizados nas tarefas. A implantação do Manual de Boas Práticas (MBP) e dos Procedimentos Operacionais Padrões (POP) são os principais controladores do processo de higiene e limpeza hospitalares. O mapa de produção e da frequência da limpeza são os orientadores do planejamento e serve como indicador de produtividade.

A hotelaria hospitalar é um caso específico de limpeza por frequência em função do estado de saúde de alguns pacientes. Não se pode determinar o número máximo de limpeza que será necessário para um tipo de ambiente. De forma básica, uma boa limpeza deve ser realizada no período da manhã, e vistorias, com ou sem retirada do lixo, nos períodos da tarde e da noite. Essa informação não invalida a quantidade de limpezas que deve ser realizada todas as vezes que for demanda. O que não se pode fazer é realizar a limpeza de um ambiente incontáveis vezes, principalmente se não existir demanda para tal. É como limpar o que já está limpo.

A higienização e a limpeza dependem de variáveis tais como número de atendimentos, intercorrências com pacientes (excrementos e secreções), condições externas (poeiras, chuvas, ventos etc.), estrutura externa (vazamentos, mofo etc.) e do fluxo de visitantes e atendimentos (urgência ou emergência), da sazonalidade epidêmica, acidentes etc.

O que se pode tomar como base é criar ou definir equipes específicas para cada tipo de limpeza hospitalar mediante sua localização espacial. Essas equipes devem ser estruturadas e treinadas, especificamente, para realizar a limpeza no tempo definido pela gestão. A responsabilidade dos resultados deve ser direcionada a cada líder e aos integrantes da equipe. O líder pode supervisionar, por amostragem, esses resultados. A supervisão faz uma checagem, por métodos de auditoria, da supervisão e dos resultados da limpeza parametrizando pelo tempo, pelo uso da luz ultravioleta e pelo resultado microbiológico.

A equipe de limpeza, que age com consciência e responsabilidade pelo seu resultado, pode exercer sua própria fiscalização. Essa ação reduz o tempo de espera (interprocessos) na liberação do leito devido ao tempo gasto no deslocamento da supervisão até o leito que a aguarda para ser liberado. Esse deslocamento não agrega valor ao produto e pode contribuir para aumentar a irritabilidade do paciente que espera pelo leito na recepção do hospital.

A Comissão de Controle de Infecção Hospitalar (CCIH) deve prestar apoio e contribuir na capacitação técnica da equipe, via governança, quanto aos protocolos de limpeza e desinfecção padronizados na instituição. O apoio deve ser efetuado nos métodos, processos e produtos utilizados na higienização e limpeza.

Algumas instituições já se utilizam de parâmetros produtivos baseados em mão de obra por m², o que indica com muita propriedade se uma equipe está mal dimensionada (para maior e para menor) ou se as condições estruturais (equipamentos e insumos) e de capacitação (treinamento operacional) estão inadequadas.

O quadro 12.9 apresenta alguns parâmetros de produtividade, em m², mediante a criticidade da limpeza, as horas trabalhadas, o tipo de revestimento e o espaço a ser limpo.

Quadro 12.9 – Parâmetros de produtividade das áreas administrativas.

Serviços	Produtividade em m²
Áreas administrativas – 44 horas semanais	
Pisos frios	750
Pisos acarpetados	750
Áreas internas com espaços livres – saguão, *hall* e salão	1.000
Almoxarifados	1.688
Oficinas	1.500
Áreas administrativas – 2ª a domingo	
Pisos frios	750
Pisos acarpetados	750
Áreas internas com espaços livres – saguão, *hall* e salão	1.000
Áreas externas – 44 horas	
Varrição de passeios e arruamentos	7.500
Pisos pavimentados adjacentes/contíguos às edificações	1.500
Coleta de detritos em pátios e áreas verdes	125.000
Áreas externas – 2ª a domingo	
Varrição de passeios e arruamentos	7.500
Pisos pavimentados adjacentes/contíguos às edificações	1.500
Coleta de detritos em pátios e áreas verdes	125.000
Limpeza hospitalar – vidros externos	
Face externa – frequência trimestral (com exposição à situação de risco)	138
Face externa – frequência trimestral (sem exposição à situação de risco)	275
Face externa – frequência mensal (com exposição à situação de risco)	138
Face externa – frequência mensal (sem exposição à situação de risco)	275
Limpeza hospitalar – sanitários de uso público ou coletivo de grande circulação	
Sanitários de uso público ou coletivo de grande circulação	750

As boas práticas de otimização de recursos, redução de desperdícios e menor poluição se pautam por alguns pressupostos tais como:

- Racionalização do uso de substâncias potencialmente tóxicas e poluentes.
- Utilização de pilhas recarregáveis.
- Substituição de substâncias tóxicas por outras atóxicas ou de menor toxicidade.
- Racionalização e economia no consumo de energia (especialmente elétrica) e água.
- Treinamento e capacitação periódicos dos empregados sobre boas práticas de redução de desperdícios e poluição.
- Reciclagem e destinação adequada dos resíduos gerados nas atividades de limpeza, asseio e conservação.

O quadro 12.10 apresenta alguns parâmetros de produtividade, em m², mediante a criticidade da limpeza, as horas trabalhadas e o espaço a ser limpo.

Quadro 12.10 – Parâmetros de produtividade das áreas hospitalares.

Áreas hospitalares		Horário	Produtividade em m²		
			Crítica	Semicrítica	Não crítica
44 horas semanais	Operacionais	Diurno	350	450	550
	Circulação	Diurno	500	650	800
Segunda à sexta-feira	Operacionais	12 horas/dia	350	450	550
	Circulação	12 horas/dia	500	650	800
	Operacionais	16 horas/dia	350	450	550
Segunda-feira a domingo	Operacionais	08 horas/dia	350	450	550
	Circulação	08 horas/dia	500	650	800
	Operacionais	12 horas/dia	350	450	550
	Circulação	12 horas/dia	500	650	800
	Operacionais	24 horas/dia	700	900	–
	Circulação	24 horas/dia	1.000	1.300	–

Segundo Boeger (2003), a limpeza concorrente – unidades de internação ocupadas – deve levar um tempo médio de 15 a 20 minutos. Já a limpeza terminal – unidades de internação após a alta do paciente – deve levar um tempo médio de 40 a 45 minutos, haja vista a necessidade de faxina e higienização para a entrada de outro cliente de saúde.

Durante a limpeza é verificado se existe a necessidade de manutenção na acomodação e, caso haja, deverá ser feita uma comunicação interna (CI) por escrito ou ainda por meio de um ramal para o setor responsável no caso de manutenção.

A limpeza concorrente envolve: a) retirada dos lixos do quarto e banheiro; b) limpeza do chão do banheiro, boxe e vaso sanitário; c) passar pano no chão do quarto; d) limpar a mesa.

A limpeza terminal é mais completa: a) chamar a camareira para retirar roupa de cama; b) limpar e tirar todo o pó dos móveis da acomodação; c) colocar os móveis já limpos no corredor; d) retirar lixo do quarto e banheiro; e) limpar a cama com água, sabão e depois passar álcool a 70%; f) limpar paredes com água e sabão; g) limpar pias do banheiro, boxe e vaso sanitário; h) lavar o chão do banheiro; i) lavar o chão da acomodação com máquina; j) recolocar todos os móveis em seu devido lugar; k) chamar a camareira para forrar a cama e trazer roupas de banho limpas; l) fechar a acomodação; n) entregar a chave para a recepção.

Serviços gerais

A equipe de higienização é formada por auxiliares de serviços gerais que desempenham atividades tais como limpeza das áreas sociais, administrativas, externas e consultórios, bem como de áreas restritas, blocos cirúrgicos, UTIs e prontos-socorros.

Para a realização desses serviços, os membros da equipe são devidamente treinados, afinal, há critérios rígidos de limpeza a serem seguidos para que haja limpeza eficaz que elimine a possibilidade de danos à saúde da equipe hospitalar e também dos pacientes.

Avaliação na qualidade dos serviços de higiene e limpeza hospitalar

Esse procedimento pode ser aplicado para os funcionários da instituição e deve estar vinculado aos contratos de prestação dos serviços de limpeza hospitalar integrando as especificações técnicas como obrigação e responsabilidade do contratante.

Deve ser auditado periodicamente pelo gestor da hotelaria hospitalar, gerando relatórios que servirão de fator avaliador de qualidade, e pode servir como fator redutor para os cálculos dos valores a serem lançados nas faturas mensais de prestação dos serviços executados, com base nas pontuações constantes dos relatórios.

Tem como objetivos definir e padronizar a avaliação de desempenho e qualidade dos serviços da equipe ou da empresa contratada na execução dos contratos de prestação de serviços de limpeza hospitalar.

A avaliação se faz por meio de análise dos seguintes módulos:

- Equipamentos, produtos e técnica de limpeza.
- Pessoal: produtividade e frequência.
- Inspeção dos serviços nas áreas.

Na avaliação são definidos alguns critérios de avaliação de qualidade dos serviços em percentuais dos itens atendidos pontuando cada um com os conceitos demonstrados na tabela 12.1 e quadros 12.11 a 12.13.

Tabela 12.1 – Critérios de avaliação de qualidade.

Ótimo	Muito bom	Regular	Fraco	Muito fraco
100%	80%	60%	40%	20%

Serão consideradas aprovadas[7] as avaliações maiores que 80%. Produtos, equipamentos, técnicas e outros que não se apresentem em condições iguais ou superiores ao valor de 80% serão considerados reprovados. Devem ser revisados, corrigidos e avaliados sob os aspectos da qualidade operacional.

Quadro 12.11 – Itens avaliados.

	Módulos	Itens avaliados
A	Equipamentos, produtos e técnicas de limpeza	Carros de limpeza Produtos de Limpeza Técnicas de limpeza
B	Qualidade dos profissionais	Uniformes da equipe Apresentação da equipe EPI
C	Frequência	Cumprimento do cronograma e das atividades Ausência parcial e faltas
D	Inspeção dos serviços	Avaliação direta nas áreas

Quadro 12.12 – Descrição e pontos avaliados.

Módulo A		Descrição dos critérios	Pontos
A1	Carro de limpeza	O carro está limpo?	10
		O carro está organizado?	5
		O carro está sem danos aparentes?	0
		O carro tem itens em falta?	0
		O carro está sem condições de circulação?	0
A2	Produtos de limpeza	Os produtos são aprovados pela ANVISA?	10
		Os produtos são aprovados pela CCIH?	10
		Os produtos estão identificados?	10
		A diluição dos produtos está correta?	10
		Os produtos estão sendo utilizados nos locais adequados?	0
		Os produtos estão em recipientes inadequados?	0
A3	Técnicas de limpeza	A técnica de limpeza está correta, segundo as recomendações estabelecidas?	10
		Os equipamentos e materiais estão corretos, mas há erro na ordem da realização da técnica?	5
Total previsto			130
Total encontrado			70

---

[7] Esse critério é estabelecido pelos autores como o menor valor percentual apresentado após um *check list*.

Quadro 12.13 – Pontuação e *status* dos critérios.

Módulo A		Pontuação	Status
A1	Carro de limpeza	Total previsto	130
		Resultado desta avaliação	70
		Avaliação percentual	53,85%
		Percentual mínimo de qualidade	80%
		Resultado da avaliação	Reprovado

Nessa avaliação, o carro de limpeza foi considerado abaixo do critério "muito bom – 80%", apresentando resultados abaixo de regular, o que não deve ocorrer em uma instituição de saúde.

Na figura 12.2 apresentamos momentos da higiene e limpeza, e na figura 12.3, equipamentos na higiene e limpeza.

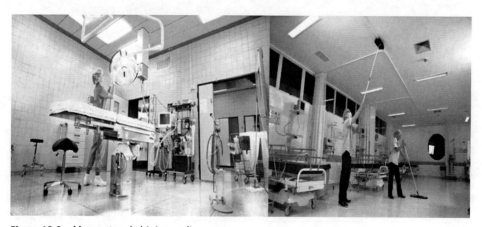

Figura 12.2 – Momentos da higiene e limpeza.

O departamento de higienização presente no serviço de hotelaria é responsável pelas atividades de limpeza de todas as áreas da instituição, blocos cirúrgicos, UTIs, prontos-socorros, consultórios, apartamentos, áreas sociais e administrativas. Para a coordenação desse departamento há uma supervisora responsável pelo controle de todas as atividades envolvidas com as áreas de higienização e que para isso conta com o auxílio de encarregadas para cada setor. Essas, por sua vez, são aquelas que possuem contato direto com camareiras e auxiliares de serviços gerais responsáveis pela operacionalização dos serviços. A rouparia e a lavanderia também pertencem à gestão da governanta.

Rouparia e lavanderia

A rouparia é a base de todo controle da roupa hospitalar (Carrapateira, 2008).

Gestão Organizacional em Hotelaria Hospitalar

Figura 12.3 – Equipamentos na higiene e limpeza.

Para Torre (2001), é responsável pelo controle das peças entregues e recebidas pelas camareiras, lavanderia e outras áreas. Na rouparia central se executam reparos necessários às peças com defeitos e marcam o enxoval com o logotipo do hotel (Figura 12.4).

As atividades de costura, sejam no reparo, sejam na confecção de peças, como uniformes, do setor de rouparia também se encontram relacionadas à governança na hotelaria hospitalar, a qual, por fim, também é responsável pelo gerenciamento dos resíduos hospitalares (Boeger, 2005).

A encarregada de rouparia controla o envio e recebimento das roupas para o serviço de lavanderia e a distribuição do enxoval dentro do hospital para as rouparias satélites (dos andares, blocos cirúrgicos, UTIs, consultórios etc.). Coordena e controla o recebimento das roupas utilizadas por essas áreas. A encarregada verifica o volume (quantidade/peso das peças) quando são enviadas para a lavanderia, realizando a verificação quando as peças retornam limpas.

Um dos graves problemas da rouparia, tanto hoteleira, quanto hospitalar, é a gestão do enxoval. Nesse contexto, incluem-se a qualidade da aquisição, o uso, o custo, a taxa de reposição por desgastes naturais, danos, evasão e os descartes.

Figura 12.4 – Rouparia.

O descarte ocorre após a identificação das peças danificadas, manchadas ou que já se apresentam sem condições de conforto ao cliente e, portanto, em situação inadequada de uso. Esse processo também deve ser controlado, evitando que roupas hospitalares possam ser descartadas em locais inapropriados e que podem ser reutilizadas em condições de risco para a comunidade. Sugere-se que elas sejam incineradas.

Quanto à gestão com relação à aquisição e ao uso, é importante que a necessidade de mudas (peças circulantes no hospital) seja suficiente para atender as necessidades operacionais do hospital e o ciclo de lavagem.

O processamento do enxoval inclui diversas etapas que determinam o ciclo de lavagem e a limpeza do enxoval hospitalar, tais como recepção (pesagem e classificação), lavagem, acabamento, guarda temporária (conferência e estocagem) e expedição.

Na recepção, a roupa suja é recebida, pesada/lida (chipe ou *bar code*), classificada por tipo de sujidade, cor e modelo e separada por lote produtivo. Na lavagem são adicionados os produtos químicos ou biológicos mediante sua classificação. No acabamento, a roupa plana é passada (passadoria) e dobrada (felpas e campos cirúrgicos). Na guarda temporária, é conferida, estocada e enviada para expedição. Na expedição é entregue ao cliente.

O processamento de lavagem tem um ciclo operacional que se inicia após o uso pelo cliente e a equipe hospitalar. Essa roupa é enviada para a rouparia suja. A roupa é coletada na rouparia suja, transportada (lavanderia terceirizada), processada e novamente entregue ao hospital, agora na rouparia limpa, conforme se apresenta na figura 12.5.

A qualidade da lavagem atende ao gráfico de Farias, conforme mostra a figura 12.6.

Fatores como tipo de produtos, temperatura, tempo e ação mecânica são fundamentais na vida útil do enxoval. Porém, para decidir sobre os fatores de lavagem, outros pontos devem ser considerados, como tipo de sujidades, fibras, cores, segurança, capacitação dos funcionários, logística e fundamentalmente a ética nas relações entre as partes. Para que esse ciclo se complete sem intercorrências por falta de enxoval para cirurgias e troca de leitos, é necessário que o hospital e a lavanderia estabeleçam fina sintonia quanto à necessidade de mudas do enxoval e aos horários de entrega e coleta da roupa.

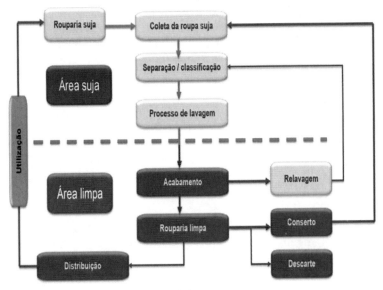

Figura 12.5 – Ciclo do processamento de lavagem.

Figura 12.6 – Gráfico de Farias.

Não é a lavanderia que impacta no ambiente, mas o ambiente que impacta na lavanderia. Para que essa operação funcione sem traumas, o hospital deve apresentar um número de mudas adequado as suas atividades e sazonalidades. Com relação ao número de mudas, o manual ANVISA (1986/2007) apresenta no quadro 12.14 carga de roupa por tipo de hospital.

Quadro 12.14 – Carga de roupa por tipo de hospital.

Tipo de hospital	Carga de roupa
Hospital de longa permanência, para pacientes crônicos	2kg/leito/dia
Hospital geral, estimando-se uma troca diária de lençol	4kg/leito/dia
Hospital geral de maior rotatividade, com unidades de pronto-socorro, obstetrícia, pediatria e outras	6kg/leito/dia
Hospital especializado, de alto padrão	9kg/leito/dia
Hospital escola	8 a 15kg/leito/dia

Fonte: Manual de Lavanderia de 1986.

A lavanderia é um paradoxo, vive sob as asas da tecnologia e a maioria tem baixa qualificação operacional. Alguns hotéis e hospitais visam à terceirização como sinônimo de solução dos problemas, porém a complexidade do setor exige profissionalismo e gestão por indicadores. Dois fatores são relevantes na relação hotelaria e lavanderia: a) o volume de roupa entregue; e b) o horário da entrega e coleta.

O setor de lavanderia apresenta alguns aspectos que o diferem do mesmo setor em hotelaria clássica. O primeiro é a lavanderia hospitalar, que não gera receitas à instituição. Segundo, pela existência de roupa infectante em um hospital é necessário que o *layout* da lavanderia seja estabelecido de forma tal que a roupa infectante não se misture com outros tipos de roupa (Boeger, 2005).

Dessa forma, é primordial uma equipe especializada na operação de máquinas e no cuidado com as peças contaminadas. No processamento da roupa hospitalar, o ciclo do enxoval sujo e limpo deve ocorrer separadamente. Para tanto devem existir nas lavanderias barreiras físicas entre a área de recepção da roupa suja/processamento de lavagem e a área de roupa limpa, o acabamento e a preparação final, conforme apresentado na figura 12.7.

Dois fatores são fundamentais para a qualidade do enxoval hoteleiro ou hospitalar: o ciclo do enxoval e o processo de lavagem.

O ciclo do enxoval inicia na aquisição quando seguidas as normas técnicas (ABNT) vigentes e sua adequação ao uso. A adequação refere-se a cor, tipo, composição têxtil, resistência etc. A qualidade da lavagem inicia na aquisição e finaliza no descarte. O registro inicial (datas, código de barras ou chipe) permite um inventário correto e de rápida execução (Quadro 12.15).

É fundamental o controle, desde que seja eficiente. Se uma das etapas não puder ser controlada e não existir a possibilidade do controle, não é conveniente perder tempo para controlar o que não se pode controlar (Figura 12.8).

A lavagem de roupa hospitalar é um procedimento de elevada importância, pois poderá contribuir na redução/eliminação da infecção hospitalar em variados momentos. A busca pela especialização da lavanderia mostra o quanto é comum a terceirização do serviço de rouparia em muitos hospitais, assim como declarou Boeger (2005).

Gestão Organizacional em Hotelaria Hospitalar

Figura 12.7 – Barreiras físicas em lavanderia.

Quadro 12.15 – Ficha técnica do enxoval.

Características	Norma	Especificação	Tolerância
Comprimento	ABNT NBR 10589:2006		
Largura			
Confecção/detalhes	Conforme modelo e desenho técnico	ABNT NBR 15800:2008 ABNT NBR 16053:2012 ABNT NBR 16060:2012	
Cor padrão			
Etiqueta	ABNT NBR NM ISO 3758:2013	▽ △ ◯ ◁ Ⓐ Ⓦ	
Composição	AATCC 20 AATCC 20 A	Algodão	90%
		Poliéster	10%
Gramatura	ABNT NBR 10591:2008	520g/m²	± 5%
Peso da peça acabada	–	480g	± 5%
Resistência à tração	ABNT NBR 11912 ISO 13934.1:1999	Urdume	35kg/ (340 N)

ABNT NBR 13216:1994 e ABNT NBR 13214:1994 – Titulagem em fios.
ABNT NBR 15800:2009; ABNT NBR 16053:2012; ABNT NBR 16060:2012 – Medidas para confeccionados.
ABNT NBR 13841:2009; ABNT NBR 14767:2009 – Presença de alvejantes óticos em têxteis.
Entre outras normas existentes.

Figura 12.8 – Ciclo do enxoval.

A higienização de ambientes e da roupa deve ser monitorada por indicadores de qualidade e desempenho. A avaliação por bioindicadores na lavanderia pode ser uma decisão de qualidade e segurança sanitária.

A lavanderia pode operar nas instalações do hospital ou fora dela pelo processo de terceirização ou gestão própria. Pode ainda operar com locação ou sem locação de enxoval.

Ampliando a gestão do enxoval

O gerenciamento de enxovais pela lavanderia terceirizada pode ser considerado *invenção*[8] de valores?

A lavanderia terceirizada pode horizontalizar os serviços prestados ao hospital incorporando os seguintes espaços e serviços:

- Lavagem do enxoval.
- Locação do enxoval.
- Preparação dos *laps* cirúrgicos.
- Esterilização do enxoval cirúrgico.
- Gestão da rouparia limpa e rouparia suja.
- Serviços internos de distribuição do enxoval com rastreamento.
- Serviços de camareiras hospitalares.

Como poderá ser identificado esse novo tipo de ampliação dos serviços?

Pela amplitude sugerida, lavanderia passa a ser apenas um dos departamentos desse complexo de negócios, já que tem sob sua gestão a lavagem, a locação e a esterilização do enxoval cirúrgico. Abre-se a oportunidade para gerir uma empresa especializada em locação de enxoval higienizado e esterilizado.

Quais as vantagens para o hospital e para a lavanderia? Para o hospital, a melhoria da qualidade dos serviços de gestão do enxoval. O hospital se permite gerir as demandas geradoras de receitas e controlar a qualidade da terceirizadora. Para a lavanderia, a ampliação dos serviços agrega valores financeiros e aumenta a fidelização do cliente.

A partir desse momento, toda a logística do enxoval será realizada pela empresa prestadora dos serviços de lavagem. A empresa terceirizada assume total controle sobre todos os ciclos do enxoval, o ciclo sujo e o ciclo limpo, conforme mostramos na figura 12.9.

Conforme afirma Petrocchi (2002, p. 38), o foco do negócio não pode ser muito amplo ou muito estreito. Quando amplo, corre-se o risco de descuidar-se do negócio essencial da hospedagem, por estar envolvido com outras atividades. Quando muito estreito, pode-se deixar de aproveitar outras oportunidades de negócios derivados da hotelaria.

Segundo Petrocchi (2002, p. 49): "a gestão moderna aproxima o processo de tomada de decisões das atividades operacionais".

A lavanderia, que agora não poderá mais ser considerada somente lavanderia, mas uma empresa de logística do enxoval, tem maior probabilidade de manter uma boa equipe de

---

[8] Trocadilho referente à expressão "inversão de valores".

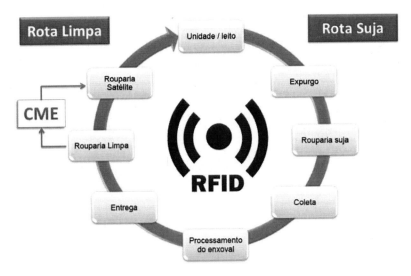

Figura 12.9 – Ciclo operacional do enxoval.

profissionais qualificados para comandar com maior senso de responsabilidade e compromisso o fluxo de roupas do hospital.

A operação de gerenciamento do enxoval de ponta a ponta permite saber, por relatórios tempestivos, a entrada e a saída de roupa, o índice de mancha, a quantidade de roupa lavada, o retorno etc. Permite ainda identificar com total precisão quais andares e departamentos, ou turnos, têm maiores ou menores índices de problemas, para que possam ser adotadas melhores soluções e medidas proporcionais ao resultado. Essa sistemática permite o equilíbrio entre a energia despendida e a requerida, evitando esforços (humanos, de tempo, financeiros etc.) desnecessários.

A nova empresa de logística do enxoval pode rastrear o enxoval em todo o hospital, controlando não apenas sua entrada e saída como roupa suja e limpa de rouparia a rouparia. O rastreamento permite controlar a roupa que sai da rouparia limpa central para os setores de hotelaria, UTI, centro cirúrgico etc. Também pode rastrear sua entrada na rouparia suja, confrontando o volume quantitativo das peças que retornaram e as que não retornaram. Nesse momento, pode realizar microauditorias nos setores para investigar as possíveis discrepâncias.

Esse rastreamento permite a identificação de quais setores, turnos e horários que demandam maior taxa de evasão do enxoval.

Camareiras

Na hotelaria hoteleira, a arrumação direta dos apartamentos fica a cargo das camareiras que, além da limpeza do apartamento, repõem artigos como sabonetes, xampu, guardanapos e outros, e fazem a troca da roupa de cama (Castelli, 2003).

Segundo Castelli (2003), são responsáveis também por informar aos seus superiores sobre reparos a serem realizados nos apartamentos, verificar na saída do hóspede se foi causado algum dano aos equipamentos, utensílios, se foi levado algum pertence do hotel ou se o cliente esqueceu algum pertence no apartamento.

Pelo fato de estarem em contato com os hóspedes e seus pertences, as camareiras devem apresentar características como discrição, idoneidade, boa aparência, bom senso e discernimento em virtude das situações que possam vivenciar no atendimento aos mais diferentes tipos de hóspedes (Oliveira, 2005).

Além da limpeza e arrumação dos quartos, a camareira também é responsável pela limpeza dos corredores e locais de serviços ligados ao setor de governança. Os banheiros do pessoal de serviço são tarefas a serem desempenhadas pelos grupos de serviços gerais (Figura 12.10).

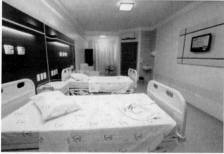

Figura 12.10 – Leitos hospitalares arrumados.

Em alguns hotéis, é atribuída também a elas a função de abastecer e controlar o consumo de produtos do minibar, extraindo uma comanda de consumo a ser entregue à recepção (Castelli, 2003).

A limpeza das áreas sociais, saguão, sala de estar, salas de reuniões, locais para eventos, corredores e escadas sociais, saunas, piscinas e outros pode estar subordinada ao setor de governança, como expõe Castelli (2003), sendo as tarefas divididas por setores com a finalidade de facilitar sua execução.

As camareiras são responsáveis por arrumar, fiscalizar o estado dessas peças que são utilizadas na arrumação das unidades habitacionais (UHs), removendo as peças com defeitos, para que sejam efetuados os devidos reparos, quando necessário. Esses reparos são realizados pelas costureiras existentes na empresa ou terceirizadas.

Boeger (2005) indica que uma das oportunidades de criar um ambiente mais hoteleiro é transformar parte da equipe de higienização que cuida da limpeza de quartos, centros cirúrgicos etc. em camareiras, separando suas tarefas, deixando-as mais focadas na reposição de roupas, em fazer a cama do paciente e do acompanhante e retirar o lixo do quarto. Além de cuidar para que a unidade de internação esteja em perfeito estado de conservação, higiene e limpeza, como Taraboulsi (2004) complementa.

Entretanto, o maior desafio está em adaptar o departamento de governança à hotelaria hospitalar e em encontrar profissionais que sejam capazes de gerir esse serviço de forma eficiente e com qualidade, priorizando a humanização e a qualidade dos serviços médico-hospitalares. Uma das principais diferenças apresentadas por esse departamento em uma instituição hospitalar, em comparação a um empreendimento hoteleiro, está nas "normas e critérios técnicos de limpeza rígidos que precisam ser observados pela governança para que os serviços de limpeza e higiene possam ser prestados corretamente" (Taraboulsi, 2004, p. 131).

Assim, as tarefas de limpeza mais pesada das áreas sociais e de áreas mais restritivas ficam a cargo da equipe de higienização (Boeger, 2005), considerando todos os critérios, técnicas e produtos necessários à limpeza de cada local, independente se com a equipe terceirizada ou não.

Nos hospitais esse setor está em fase de crescimento. Algumas unidades já contam com esse serviço independente do setor de limpeza. Os serviços de camareiras têm todo um trabalho diferenciado na arrumação dos leitos hospitalares. O maior desafio da governança é contratar profissionais que cumpram o serviço de maneira eficiente, com qualidade, e sempre priorizando a humanização.

Todavia, o trabalho da camareira em hospital difere do desempenhado em hotel, tanto pelo maior rigor quanto à limpeza, mas, sobretudo, pelo fato de que "em um hotel a limpeza dos apartamentos é sempre feita longe dos olhos do cliente, enquanto em um hospital, pela própria condição do paciente, invariavelmente a limpeza é feita na presença dele e muitas vezes de seu acompanhante também" (Boeger, 2005, p. 72) (Figura 12.11).

A limpeza da unidade de internação é realizada pela camareira e/ou equipe de higienização após a alta do paciente e identificada como limpeza terminal.

Na limpeza concorrente, a troca da roupa de cama do paciente fica a cargo exclusivamente da equipe de enfermagem, a qual retira a roupa utilizada pelo paciente, embalando-a e identificando-a e classificando-a pelo tipo de sujidade. Esta é então direcionada ao setor de rouparia e depois encaminhada para a lavanderia interna ou para a empresa terceirizada.

E, no intuito de prestar um serviço humanizado, a camareira deve ser rápida, cordial, tomar cuidado com os pertences dos clientes, ser bem treinada e preparada para lidar com pacientes que se encontram em estado emocional bastante instável, principalmente ao realizar a limpeza na presença desses e de seus acompanhantes (Dio et al., 2005).

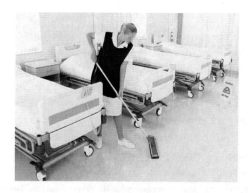

Figura 12.11 – Limpeza hospitalar.

Ao efetuar a arrumação do quarto, "a camareira não deve tocar no paciente nem trocar sua roupa de cama, essa tarefa é atribuída às auxiliares de enfermagem" (Dio et al., 2005, p. 812) quando da realização da limpeza concorrente.

Taraboulsi (2004) aponta que a equipe de enfermagem também está incumbida de verificar o funcionamento dos equipamentos médico-hospitalares que são utilizados pelo paciente no período da internação. A camareira não pode realizar nenhuma ação nos equipamentos hospitalares e somente está autorizada a equipamentos como minibar, televisão e lâmpadas, por exemplo, e então solicitar sua manutenção à equipe responsável.

Boeger (2005) declara que, ao centralizar as operações de limpeza da unidade de internação sob a responsabilidade da governança, a equipe de enfermagem tem seu tempo otimizado para priorizar a área assistencial.

Como compete à governança a liberação do quarto limpo para nova internação, precisa haver uma relação harmoniosa entre esse e os departamentos de recepção e manutenção para que haja agilidade e eficiência no atendimento ao cliente.

Assim, o papel das camareiras refere-se à arrumação dos quartos no que tange a sua montagem na liberação dos leitos, colocando nos apartamentos *kits* com a roupa de cama, toalha e produtos de higiene pessoal para pacientes e acompanhantes, além de conferir todos os equipamentos existentes, solicitando reparos, quando necessário, ao setor de manutenção. São as camareiras as responsáveis por instruir o cliente sobre o funcionamento desses equipamentos presentes dentro da unidade de internação.

Em hotelaria hoteleira (clássica), teoricamente, essa função de verificar e instruir o cliente sobre o funcionamento dos equipamentos presentes no apartamento é de responsabilidade do mensageiro.

As atribuições das camareiras, assim como é sugerido por Boeger (2005) e Taraboulsi (2003), são bastante específicas, diferenciando o trabalho dessas e da equipe de higienização. O que diferencia o trabalho da camareira de um hotel para um hospital é o fato de que em hotel ela é responsável pela limpeza, arrumação da unidade habitacional e também pela reposição de alguns artigos disponibilizados nos quartos.

Em hospital, as camareiras realizam apenas a arrumação dos quartos, fornecendo os *kits* de higiene, enquanto a limpeza do quarto fica a cargo da equipe de higienização. Após a arrumação dos leitos, a camareira verifica se tudo está em perfeita ordem e fecha o apartamento com chave. Fechar com chave significa evitar que "estranhos" ao próximo cliente (paciente) possa fazer uso da unidade indevidamente. Existe em algumas instituições esse risco de utilização indevida dos leitos após a arrumação, especialmente durante a madrugada.

A abertura do leito ocorre pela camareira após a comunicação do setor de admissão (novas internações) ou da enfermagem (retorno do cliente) para o leito. É importante, ainda, uma relação harmoniosa entre a equipe de camareiras e de enfermagem, afinal juntas são responsáveis pelo atendimento ao paciente na unidade de internação.

A liberação do apartamento ocorre imediatamente após o trabalho realizado pela camareira. Nas limpezas terminais, algumas supervisoras ainda realizam o *check list* para a liberação dos apartamentos. O tempo de deslocamento de a supervisora realizar o *check list* pode interferir, negativamente, no giro do leito. Se o tempo for exagerado, o leito ficará ocioso e o paciente insatisfeito aguardando sua liberação.

Na arrumação, o lixo removido é encaminhado, em *container*, para o setor específico expurgo ou setor de GRSSS para o fim a que se destina e a roupa removida é ensacada e enviada também para o setor de expurgo ou diretamente à lavanderia, de acordo com o procedimento adotado.

PGRSS – Programa de Gestão de Resíduos dos Serviços de Saúde

Segundo a RDC ANVISA nº 306/04, o gerenciamento dos RSS consiste em um conjunto de procedimentos planejados e implementados, a partir de bases científicas e técnicas, normativas e legais. Tem o objetivo de minimizar a geração de resíduos e proporcionar-lhes um manejo seguro, de forma eficiente, visando a proteção dos trabalhadores, preservação da saúde, dos recursos naturais e do meio ambiente.

É de responsabilidade dos dirigentes dos EAS a elaboração do Plano de Gerenciamento Integrado de Resíduos Sólidos dos Serviços de Saúde (PGIRSS), contemplando os critérios técnicos de acondicionamento, identificação, coleta interna, tratamento preliminar, armazenamento temporário e externo, coleta e transporte externo, tratamento e disposição final, a ser realizado por empresa devidamente qualificada.

O gerenciamento considera tanto o controle do volume de lixo gerado como sua separação, seguindo uma classificação normatizada pela vigilância sanitária e que determina seu destino. A governança deve conhecer a legislação vigente e promover treinamentos que qualifiquem os operadores sobre os meios de contaminação do ambiente, do pessoal, da roupa limpa, assim como a possibilidade de transmissão de doenças infecciosas e parasitárias, e as medidas de proteção individual e da equipe (Guimarães, 2002).

No Brasil, a Constituição estabelece responsabilidades às três esferas de governo: municipal, estadual e federal. Um dos órgãos nacionais com competência para regular o assunto é o Conselho Nacional de Meio Ambiente (CONAMA) que em 1993, através da Resolução 05/93, atualizada pela Resolução 283/01, definiu procedimentos mínimos para o GRSSS, dividindo-os em quatro grandes grupos citados no quadro 12.16.

Quadro 12.16 – Procedimentos mínimos para o GRSSS.

Grupo A	Resíduos biológicos
Grupo B	Resíduos com risco potencial à saúde pública e ao meio ambiente devido às suas características químicas, aí se incluindo as drogas quimioterápicas e os produtos por elas contaminados; os resíduos farmacêuticos (medicamentos vencidos, contaminados, interditados ou não utilizados); e demais produtos considerados perigosos de acordo com a NBR 10.004
Grupo C	Rejeitos radiativos
Grupo D	Resíduos comuns (cozinhas, alimentar, reciclável, entulhos de obras)

A NBR 10.004 classifica como perigosos os resíduos químicos que, pelas suas características de inflamabilidade, reatividade, corrosividade ou toxicidade, podem apresentar risco à saúde pública, provocando ou contribuindo para o aumento de mortalidade ou incidência de doenças e/ou efeitos adversos ao meio ambiente, quando manuseados ou dispostos de forma perigosa.

Um sistema de gerenciamento de resíduos deve abordar, no mínimo, os seguintes itens:

- Identificar os resíduos produzidos e seus efeitos na saúde e no ambiente.
- Avaliar o sistema e a disposição final para os resíduos.
- Estabelecer a classificação segundo tipologia clara e conhecida por todos.
- Estabelecer normas e responsabilidades na gestão e eliminação dos resíduos.
- Avaliar formas de redução dos resíduos produzidos.
- Utilizar, de forma efetiva, dos meios de tratamento disponíveis.

O Manual de Higienização de Estabelecimentos e Saúde e Gestão de seus Resíduos[9] pode contribuir para a implantação e controle dessa gestão. A resolução CONAMA 005/93, artigo 4º, declara que "caberá aos estabelecimentos... o gerenciamento de seus resíduos, desde a geração até a disposição final, de forma a atender aos requisitos ambientais e de saúde pública".

A Agência Nacional de Vigilância Sanitária (ANVISA) estabeleceu através da RDC 33/03 o regulamento técnico para o *Gerenciamento de Resíduos de Serviços de Saúde*. Pela proposta da ANVISA, os resíduos químicos são classificados em 8 subgrupos, como descritos no quadro 12.17.

A implantação das boas práticas de gestão dos resíduos deve ser realizada com base na legislação ambiental e sanitária vigente, sabendo-se que é imprescindível que essa gestão deve prever o fluxo 3Rs (Reduzir – Reutilizar – Reciclar) (Figura 12.12).

Quando se fala de resíduos sólidos, ou seja, de lixo, existem as dicas dos Rs. Alguns materiais falam em 3Rs, outros em 4 e outros em 5Rs, afinal qual utilizar?

3Rs: Reduzir, Reutilizar e Reciclar.

4Rs: Reduzir, Reutilizar, Reciclar e Reintegrar.

5Rs: Reduzir, Reutilizar, Reciclar, Repensar e Recusar.

---

[9] http://bvsms.saude.gov.br/bvs/publicacoes/manual_higienizacao_estab_saude.pdf.

Quadro 12.17 – Classificação dos resíduos químicos.

B1	Resíduos de medicamentos e insumos farmacêuticos quando vencidos, contaminados, apreendidos para descarte, parcialmente utilizados e demais medicamentos impróprios para consumo que oferecem risco
B2	Mesma referência anterior, mas para medicamentos ou insumos farmacêuticos que, em função de seu princípio ativo e forma farmacêutica, não oferecem risco
B3	Resíduos ou insumos farmacêuticos dos medicamentos controlados pela Portaria MS 344/98 e suas atualizações
B4	Saneantes e desinfetantes
B5	Substâncias para revelação de filmes usados em raios X
B6	Resíduos contendo metais pesados
B7	Reagentes para laboratório
B8	Outros resíduos contaminados com substâncias químicas perigosas

Figura 12.12 – Fluxo 3Rs. Fonte: http://recicladordeideias.files.wordpress.com/2009/12/3rs.gif.

O conceito de 4Rs está ligado à gestão dos resíduos, conforme figura 12.13 e o de 5Rs no quadro 12.18.

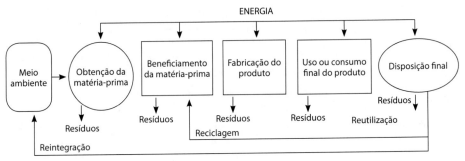

Figura 12.13 – Conceito dos 3Rs. Fonte: http://www.licenciamentoambiental.eng.br/wp-content/uploads/2008/08/4-rs.jpg

Quadro 12.18 – Conceito dos 5Rs.

Reduzir	Diminuir o consumo de produtos que podem gerar resíduos como comprar produtos mais concentrados e em embalagens retornáveis
Reciclar	Mandar o produto de volta para o processamento após sua utilização, exemplo: latinha de alumínio volta para a indústria de latinhas
Reutilizar	Após o uso, reutilizar o produto para outro fim, exemplo: pegar um pote de vidro vazio e usar para guardar moedas
Reintegrar	Reintegrar o produto à natureza, ou seja, transformá-lo novamente em um recurso natural, exemplo: compostagem de resíduos orgânicos para fazer húmus e adubo
Recusar	Não aceitar produtos de organizações que não atendam a legislação ambiental e que não comprovem ações de respeito ao meio ambiente

Fonte: http://www.licenciamentoambiental.eng.br/wp-content/uploads/2008/08/4-rs.jpg

Lixo hospitalar

Em relação ao lixo hospitalar, seu gerenciamento é realizado pelo departamento de higienização, o qual efetua a coleta interna e sua separação seguindo a normatização, conforme a legislação vigente.

Controle e monitoramento de pragas e vetores

Segundo a ANVISA (RDC[10] Nº 63 – 25/11/2011 – seção IX – Do Controle Integrado de Vetores e Pragas Urbanas).

> Artigo 63 – O serviço de saúde deve garantir ações eficazes e contínuas de controle de vetores e pragas urbanas, com o objetivo de impedir a atração, o abrigo, o acesso e/ou proliferação dos mesmos.
>
> Parágrafo único – O controle químico, quando for necessário, deve ser realizado por empresa habilitada e possuidora de licença sanitária e ambiental e com produtos desinfetantes regularizados pela ANVISA.
>
> Artigo 64 – Não é permitido comer ou guardar alimentos nos postos de trabalho destinados à execução de procedimentos de saúde.

O conhecimento popular dita que é inerente a determinadas espécies biológicas serem pragas, contudo, esse juízo não é válido. O conceito de praga dita que "é qualquer organismo vivo que cause algum prejuízo ao homem quando ambos compartilham o mesmo ambiente".

O controle de pragas em ambiente hospitalar não é tarefa fácil, é um ambiente complexo, em constante atividade, diversos recursos que não podem ser contaminados ou danificados

---

[10] Dispõe sobre os Requisitos de Boas Práticas de Funcionamento para os Serviços de Saúde.
http://www.anvisa.gov.br/hotsite/segurancadopaciente/documentos/rdcs/RDC%20N%C2%BA%2063-2011.pdf.

no processo de eliminação das infestações, além da presença dos pacientes fragilizados e, portanto, mais propensos a contrair algum tipo de infecção.

É importante, antes de se começar a discutir as infestações, fazer uma diferenciação entre ocorrência episódica e infestação de pragas propriamente dita. Na ocorrência, a praga encontra facilidade de acesso e entra no ambiente, mas não encontra condições propícias para seu desenvolvimento e acaba morrendo ou simplesmente abandonando o ambiente. Na infestação, a praga tem acesso às áreas e ali encontram condições adequadas para se desenvolver. As condições necessárias à sobrevivência de todo e qualquer organismo vivo são: alimento, água e abrigo.

Com base nisso, vale também ressaltar que qualquer relação feita entre a espécie da praga e o ambiente específico que infesta é falsa. É errado dizer, por exemplo, que ambientes onde há o acúmulo de lixo e outros tipos de descartes são infestados somente por baratas. Qualquer praga tem possibilidade de infestar qualquer ambiente que lhe forneça as condições ótimas para sua sobrevivência. É correto dizer, portanto, que as pragas são oportunistas e sua instalação em um ambiente, qualquer que seja, está ligada somente à necessidade biológica de sobrevivência e perpetuação de sua espécie.

Definidos esses pontos vamos, daqui em diante, tratar somente das infestações de pragas, aquelas que necessitam ser diagnosticadas e propriamente contidas.

As pragas que infestam hospitais são as mesmas que ocorrem em outros edifícios. São elas: baratas, ratos, formigas, moscas, pulgas e afins, sendo que o principal problema da presença desses insetos e animais em um espaço clínico reside no fato de que são agentes disseminadores mecânicos e/ou biológicos de doenças infectocontagiosas causadas por protozoários, vírus, bactérias e outros microrganismos, além de prejudicarem as condições de esterilização de equipamentos e ambientes.

É possível, por exemplo, como citado pelo presidente da Associação Paulista dos Controladores de Vetores e Pragas (APRAG), Antonio Marco França de Oliveira, que uma formiga passe por um local onde existem materiais utilizados em curativos e, em seguida, adentre uma sala esterilizada, podendo colocar o procedimento em risco. A presença desses animais em ambiente hospitalar pode vir a comprometer a imagem da instituição, uma vez que é de domínio público o conceito de que um local designado para o tratamento de enfermos deve ser devidamente higienizado.

Ainda que o maior problema com as pragas seja a questão da contaminação e tudo o que isso acarreta, vale destacar que há possibilidade de os insetos se infiltrarem nas instalações elétricas e causar danos aos equipamentos, ou até mesmo curto-circuito. É necessário atenção, uma vez que a maioria dos equipamentos de hospitais e clínicas é alimentada por fontes de energia elétrica.

A incidência de pragas depende não somente da higiene e limpeza do local, mas também da sua localização e manutenção. Um hospital localizado, por exemplo, às margens de um rio no qual é frequentemente despejado esgoto, ou ainda próximo a instalações industriais, pode ter higienização adequada em suas instalações, entretanto, se seus vizinhos não necessariamente seguirem os mesmos princípios, acabam por ocasionar a migração de ratos, baratas e semelhantes de uma instalação para a outra, ou seja, os bons cuidados dentro do hospital não impedem que as pragas de outros ambientes venham habitar o local.

Quando o entorno da instituição pode ser um dos provocadores da infestação, é importante que se promova monitoramento e controle implementando barreiras químicas nesse entorno, criando um "cordão" de isolamento no hospital. O monitoramento externo é um dos principais pontos críticos. As pragas devem ser controladas antes de entrarem nos hospitais. Se permitir o acesso, as reclamações serão intensas.

Seja a infestação de origem interna ou externa ao ambiente hospitalar, todo o estabelecimento deve ser monitorado periodicamente, sendo que as estratégias de controle devem ser aplicadas de acordo com o local e com o tipo de infestação observada. No entanto, ainda que a origem da infestação seja principalmente externa, as medidas de higiene dentro das instalações clínicas ajudam a minimizar o problema.

É válido ressaltar que os trabalhadores do estabelecimento são treinados para que possam reconhecer uma infestação (ou o início de uma), visto que a melhor maneira de se perceber a aglomeração de insetos e afins ainda é de forma visual.

É importante, portanto, que grandes hospitais possuam uma equipe diferenciada designada para essa função. Diariamente, é importante que haja no hospital um controlador de pragas treinado e orientado para exercer as ações preventivas.

Atualmente, a abordagem mais moderna para o controle de pragas em instituições de saúde é o Controle Integrado de Pragas. Trata-se de uma abordagem fundamentada na gestão das ocorrências com pragas e seu uso como indicadores ambientais. Pode-se avaliar a qualidade das instalações com base nas infestações presentes (ou ausentes).

A cada ocorrência deve-se buscar entender as relações ecológicas entre as características biológicas da praga e os fatores ambientais oferecidos no local da infestação.

Segundo Camilo Chaves, gerente de saúde ambiental da empresa Bernardo Química, o controle integrado de pragas:

> "um processo de tomada de decisões que envolvem encontrar e monitorar as pragas, estabelecer limites para a ação e seleção dos métodos de manejo. Para isso, os hábitos e os ciclos de vida de muitas pragas devem ser compreendidos e as medidas apropriadas para a resolução destes problemas devem ser implementadas. Quando uma população de pragas já está estabelecida, o objetivo mais comum dos programas de controle adotados é a eliminação desta população. Porém, esta atividade só terá sucesso se as condições iniciais que permitiram a ocorrência da infestação sejam eliminadas ou o acesso destas seja completamente bloqueado".

Pode-se entender esse processo como o diagnóstico do problema. A partir desse diagnóstico, as medidas preventivas e/ou corretivas são corretamente tomadas.

Os hospitais devem estabelecer medidas de controle em pontos críticos, mais propensos à permissão da entrada de pragas, tais como:

- Entrada e armazenamento dos materiais (alimentícios ou não).
- Geração de resíduos mal acondicionados e em vários locais do hospital.
- Destinação, transporte e acondicionamento inadequados de resíduos.
- Entrada de rouparia e outros materiais ou equipamentos.
- Armazenamento e coleta adequados de resíduos.
- Manutenção do local: vedação dos forros, frestas, interruptores etc.
- Janelas e portas sem a devida proteção ou permanentemente abertas.
- Goteiras, infiltrações, águas empoçadas, tubulação de águas pluviais e bueiros mal conservados.
- Má conservação ou manutenção de ralos permanentemente abertos.

O controle integrado visa, fundamentalmente, minimizar a utilização de agentes químicos durante as medidas corretivas. A prevenção permite a redução, uma média, de até 85% nos volumes de inseticidas aplicados e mais de 95% no volume de raticidas.

Essa redução é importante em instituição de saúde por ser um local de alta concentração de pessoas com a saúde debilitada, idosos ou crianças (público dessas instituições), que, cientificamente conhecidos, são mais sensíveis aos efeitos de diversos produtos químicos.

Quando for necessária a utilização de produtos químicos, a seleção daqueles que serão utilizados deve ser muito criteriosa. Entre os produtos utilizados no combate a infestações (entre 30 e 40 compostos ativos), existem os que são reconhecidos como tóxicos e suspeitos de serem cancerígenos, podendo afetar negativamente a reprodução e o desenvolvimento do feto, e de interferirem no funcionamento do sistema endócrino, que faz o controle hormonal do corpo.

O uso de produtos químicos deve ser evitado, além do cuidado com os pacientes no hospital, ou mesmo, não intencionalmente, os pesticidas acabam por erradicar somente os indivíduos menos resistentes, e isso acaba por realizar uma "seleção".

A seleção dos indivíduos mais fortes e mais resistentes presentes na infestação não será atingida, mas podem vir a se reinfestar com aumento desordenado da população de pragas com indivíduos resistentes aos pesticidas.

Pode-se afirmar que o início do tratamento com pesticidas, raticidas e afins pode ser adiado e evitado para que não se acabe criando um círculo vicioso absolutamente incorreto e arriscado para saúde no ambiente clínico, pois a seleção de indivíduos mais resistentes ao primeiro pesticida iria demandar a aplicação de um produto mais forte para a realização do controle e, na utilização desse, nova seleção de pragas seria realizada e assim sucessivamente.

Quando se faz inevitável a utilização de recursos químicos, o controle de pragas e microrganismos em hospitais é feito por empresas terceirizadas e especializadas e deve seguir as normas estabelecidas pela Agência Nacional de Vigilância Sanitária (ANVISA).

De acordo com a ANVISA, é de responsabilidade da empresa contratada garantir o mínimo impacto ambiental, a preservação da boa saúde do cliente e do encarregado da aplicação dos produtos. Os produtos utilizados devem ser todos cadastrados na ANVISA e sua manipulação e descarte também são de responsabilidade da empresa contratada.

Apesar da preferência por tratamentos não químicos, é por vezes recomendado que haja desinsetização de rotina. Quanto à periodicidade das desinsetizações rotineiras, o ideal é que exista um histórico de informações sobre o local e as ocorrências de pragas. Cabe ao profissional técnico responsável estabelecer o número de visitas e aplicações de acordo com o que for considerado melhor para o estabelecimento e o cliente.

É importante, contudo, lembrar que essas são sugestões (Quadro 12.19).

Quadro 12.19 – Frequência da dedetização.

Período/frequência	Áreas
Mensal	Áreas críticas como cozinhas, copas, despensas e redes de esgotos devem ser desinsetizadas
Bimensal	Áreas de cuidados com os pacientes como enfermarias, apartamentos, centros cirúrgicos, CTIs, UTIs, pronto-socorro e consultórios médicos
Trimestral	Setores administrativos
Anual	Consultórios médicos

Geralmente, a periodicidade de visitas está diretamente relacionada ao porte do estabelecimento (número de leitos) e à localização do hospital. As visitas podem ser semanais, quinzenais ou mensais. Tendo em vista que determinadas áreas são mais propensas a desenvolverem infestação em relação a outras, há periodicidade recomendada para melhor eficiência na identificação e controle dos insetos.

O controle citado acima é, na maioria das vezes, realizado com os materiais menos agressivos possíveis, como géis baraticidas e formicidas, ratoeiras, entre outros. Se por alguma eventualidade for necessário controle químico mais eficiente no ambiente hospitalar, certas medidas devem ser tomadas, visando garantir a segurança de todas as pessoas envolvidas ativa ou passivamente no processo, tais como:

- Devem ser programadas por setores, horários e locais que serão desinsetizados ou desratizados.
- Devem estar respaldadas em normas e rotinas técnicas, inclusive consultando a Gerência de Controle de Zoonose em caso de dúvidas.
- É indispensável a prescrição do produto em formulário próprio, com o devido detalhamento do processo de aplicação pelo referido responsável técnico.

De acordo com uma entrevista realizada com Ronaldo Facury Brasil, diretor técnico operacional da PPV Controle de Pragas, com relação ao controle de pragas:

> "uma pesquisa com 61 hospitais na Grande São Paulo e 35% deles responderam que o departamento de Hotelaria Hospitalar está à frente dos trabalhos de controle de pragas. Foram também citados setores como: segurança do trabalho, SND, higienização/governança, manutenção e CCIH".

A hotelaria hospitalar deve incluir o controle de pragas como um dos pontos críticos da segurança hospitalar no conceito físico e biológico. É possível[11] então concluir dizendo que a presença de "pragas", embora possa ser controlável, em dado ambiente é determinado, principalmente, por juízo de valor por parte do homem. Existem pragas/vetores que são "aceitos" sem nenhum motivo para constrangimento/repulsa.

Segurança patrimonial e monitoria

Por lei, os hotéis são obrigados a tomar todas as precauções para garantir a segurança dos hóspedes e colaboradores, tornando-se de vital importância para um empreendimento hoteleiro. Assim, "a essência de qualquer programa de segurança consiste na prevenção de furtos e danos de qualquer espécie a pessoas e suas propriedades" (Walker, 2002, p. 155).

A equipe de segurança de um hotel, por causa de situações que possam vivenciar, necessita de temperamento equilibrado, alto nível de ética profissional e de ser devidamente treinada para realizar procedimentos padrões a cada tipo de situação (Torre, 2001; Walker, 2002).

Outras características essenciais aos profissionais dessa equipe são a cortesia e a educação para lidar com diversos tipos de pessoas nas mais diferentes situações.

Para Torre (2001), Wlaker (2002) e Boeger (2005), o departamento de segurança envolve a responsabilidade de manter o ambiente em prefeito estado de conforto. Para tanto deve estar habilitado para o controle e a gestão dos setores externos e internos:

Setores externos:
- Controlar o acesso de fornecedores de serviços e produtos.
- Controlar o acesso a veículos no estacionamento.
- Manter a segurança do estacionamento.
- Controlar o acesso da lavanderia externa.
- Fazer rondas periódicas periféricas.
- Manter a vigilância da área externa.

Setores internos:
- Atender ao público em geral.
- Controlar o acesso às áreas internas.
- Organizar o acesso de impressa/reportagens.
- Manter em harmonia o fluxo de entrada e saída de colaboradores.
- Controlar o fluxo de hóspedes, pacientes e acompanhantes, visitantes.
- Detectar hóspedes não registrados e suspeitos.
- Manter a ordem em situações inconvenientes causadas por hóspedes.
- Evitar que hóspedes saiam sem pagar.
- Orientar os clientes quanto à localização e às necessidades.
- Controlar as chaves e crachás.

---

[11] http://www.dedetizacao-consulte.com.br/controle-de-pragas-em-hospitais.asp

- Realizar procedimentos de emergência, se necessário.
- Cuidar pela prevenção de incêndios.
- Controlar o acesso a áreas restritas.
- Controlar o sistema de alarme.
- Fazer a segurança em eventos do hotel, entre outras.

Walker (2002) relata que é comum a existência de cofres particulares nas unidades habitacionais e um cofre central para reduzir roubos e furtos nas dependências do hotel.

Em hotelaria, a segurança pode ser realizada sem interferir no estado emocional dos clientes, enquanto nos hospitais a segurança deve ser realizada com muito mais cuidado com os pacientes, pois a prioridade é a segurança emocional dos pacientes. As ações corretivas devem ser discretas, evitando que a imagem da instituição seja abalada.

A área da segurança patrimonial tem sua atuação por todas as dependências da instituição e merece atenção, pois o fluxo de pessoas em um hospital é bastante intenso e, portanto, torna-se fundamental controle rígido do acesso ao prédio (Boeger, 2005).

Além disso, "o atendimento dado pelos vigias, vigilantes, porteiros é tão importante quanto o atendimento dado por recepcionistas, mensageiros e capitão-porteiro" (Boeger, 2005, p. 86).

Desse modo, é importante primar pela qualificação e treinamento desses funcionários para oferecer o mesmo grau de atenção, cortesia e o mesmo tipo de resposta para todos os funcionários do hospital ao abordarem os clientes que entram no hospital e ao serem indagados por esses (Boeger, 2005).

Atualmente, o setor de segurança utiliza diversos recursos tecnológicos, como a instalação de circuito interno de televisão, que é monitorado em salas técnicas para garantir maior segurança à instituição (Guimarães, 2002).

Em alguns hospitais, esse serviço é prestado por empresa contratada para tal, contudo é preciso atentar para que, mesmo sendo um serviço terceirizado, seja prestado com qualidade e de acordo com as diretrizes da instituição. "Afinal, para o cliente, um mau atendimento do vigilante, mesmo que terceirizado, é um mau atendimento do hospital" (Boeger, 2005, p. 87).

Aos profissionais desse setor, no momento de contratação, é exigida experiência na área, preferencialmente de segurança hospitalar. A experiência anterior não elimina a necessidade de treinamentos após a contratação, principalmente os que enfoquem além da segurança. Outras formas de atendimento podem ser incluídas como primeiros socorros, postura e a importância do atendimento cortês e de qualidade, com conhecimento de toda a infraestrutura e dos serviços oferecidos pelo hospital.

Portanto, é essencial que a equipe de segurança tenha consciência da importância em prestar um atendimento de qualidade, o qual influenciará na primeira impressão que o cliente formará da instituição, tanto como um local seguro como um hospital que prima pela oferta de atendimento eficiente e mais humano.

Segurança patrimonial

O atendimento dado pelos vigias, vigilantes, porteiros é tão importante quanto o atendimento dado por recepcionistas, mensageiros e capitão-porteiro.

No quesito segurança, o hospital pode ser dividido em 3 áreas:
- Portaria de funcionários: a segurança orgânica é responsável pela portaria de funcionários, entrada de fornecedores, visita de propagandistas, vendedores, todas as atividades ligadas ao aspecto interno; aqui a segurança é mais efetiva. Poucas são as ocorrências graves que passam por esse setor.
- Portaria social: o hospital normalmente é de fácil acesso ao público, tais como visitantes, acompanhantes, pacientes e aproveitadores de modo geral, principalmente quando o acesso não é controlado de forma eletrônica.
- Vigilância patrimonial: esses profissionais deverão estar em lugares estratégicos para atendimento de frente com o cliente, controle de acesso ao prédio, ronda interna, ronda motorizada; também deverá ser composta por profissionais capacitados e treinados de acordo com o treinamento de atendimento do hospital para seus recepcionistas, mesmo sendo uma equipe terceirizada, pois alguns gestores acham que o profissional já deve estar treinado pela empresa, pois eles são treinados para segurança e não para recepção e hotelaria.

Se a empresa contratante quiser que esse profissional tenha o mesmo nível de qualidade dos outros colaboradores, terá que se responsabilizar por esse treinamento, pois para o cliente o mau atendimento do segurança reflete no atendimento do hospital.

O número de acesso ao hospital e principalmente aos setores considerados estratégicos deve ser restrito o máximo possível, colaborando para um controle maior da movimentação de pessoas, evitando tráfego de estranhos em áreas restritas, cruzamento desnecessário, além dos problemas decorrentes de desvio de materiais.

Os tipos de acesso referem-se às áreas de entrada e saída dos clientes (visitantes, pacientes e acompanhantes), óbitos, funcionários, alunos, vendedores, fornecedores, prestadores de serviço e materiais e resíduos (Boeger, 2003).

Existem diversos relatos de acessos indevidos aos hospitais. Podem ser ocasionados por cuidadoras que querem se oferecer para familiares de pacientes, alguns descuidistas que buscam os clientes mais distraídos, alguns entram em apartamentos desocupados (quando estão abertos) e alguns objetos são furtados como televisores e outros. Alguns conseguem entrar nos setores administrativos e furtam documentos, dinheiro de funcionários e da própria empresa. Existe também o risco de acesso à diretoria para, em momentos de angústias, provocar agressões morais e físicas. Enfim, temos vários relatos. O importante é desenvolver modelos de monitoria para evitar que essas ocorrências desagradáveis aconteçam.

As atividades desenvolvidas pela equipe de segurança são diversificadas. Entre tantas, alguns exemplos: a) controle de acesso de fornecedores, colaboradores, visitantes, empresas externas, veículos de frota, acesso de pacientes, acesso de acompanhantes, acesso aos vestiários etc.; b) transporte de materiais de centro cirúrgico; c) rondas internas; d) rondas ambulatoriais; e) serviço de orientação ao cliente; f) inibir atos de vandalismo; g) controle de crachá; h) controle de notas fiscais de materiais recebidos; i) controle de retirada de óbitos; j) brigada de incêndio; k) controle de segurança do estacionamento; l) isolamento de áreas; m) rondas e inspeções em vestiários de colaboradores; n) hasteamento de bandeiras;

o) escolta de valores; p) suporte na elaboração de boletins de ocorrência em distrito policial; q) recebimento de correspondências; r) monitoramento de alarmes de incêndios; s) escolta de valores; t) inibição de comércio paralelo nas dependências da empresa.

SND EM HOTELARIA HOSPITALAR

Alimentação equilibrada é de extrema importância para a manutenção e recuperação da saúde.

O SND pode atender os 5Ss da alimentação como requisito da qualidade (Figura 12.14):

- Saúde: necessidade nutricional.
- Sabor: gosto do cliente.
- Satisfação: resultado da refeição.
- Segurança sanitária: garantia na qualidade e atendimento à legislação.

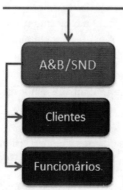

Figura 12.14 – SND hierarquia.

Para Taraboulsi (2004), o departamento ligado ao serviço de alimentação em hotelaria hospitalar tem a mesma nomenclatura da hotelaria clássica, ou seja, alimentos e bebidas. Para Boeger (2005) e Dio et al. (2005), denomina-se Departamento ou Serviço de Nutrição e Dietética (SND).

A área de nutrição e dietética tem por finalidade principal atender com critérios técnicos peculiares, ditados por nutricionistas, as pessoas enfermas que necessitam de dieta especial e oferecer também ao público em geral o serviço de alimentação (Boeger, 2005).

O departamento de alimentos e bebidas refere-se ao atendimento do público em geral, familiares, acompanhantes, visitantes, pacientes que não possuem restrição alimentar e a todos os que frequentam o hospital (Taraboulsi, 2004).

O setor de nutrição e dietética focou sua atenção na recuperação do paciente e esqueceu do *glamour* da gastronomia, por isso a comida hospitalar ganhou fama de comida sem tempero, sem cor e criatividade, sendo conhecida como comida ruim e sem graça; três motivos colaboram para essa imagem:

- Devido ao consumo de remédios e drogas o paciente acaba perdendo e alternando seu apetite, olfato e paladar.
- O estresse da internação também influencia no seu humor e apetite.
- Existe ainda a questão de dietas especiais, tornando o alimento muitas vezes sem tempero ou dietas restritas a líquidos ou alimentos de forma pastosa.

Porém há pacientes que podem alimentar-se de qualquer refeição.

A gastronomia hospitalar surge para confrontar a adequação da dieta à patologia do paciente, levando em conta hábitos regionais e com ingredientes técnicos dietéticos eficazes.

A hotelaria hospitalar pode ainda possibilitar a união do prazer gastronômico às necessidades por meio da utilização de ervas e condimentos sem prejuízo ao quadro nutricional, modificação de receitas tradicionais com a utilização de alimentos saudáveis, modificação de procedimentos e ordens de preparação e ainda decoração do prato ou dos próprios ingredientes por meio de cortes ou técnicas culinárias.

Podem-se utilizar vários recursos para isso, conforme a nutricionista Audrey de Castro, *apud* Boeger (2003) são cinco:

- Recurso tecnológico: trata-se de pratos, talheres, panelas e utensílios diversos.
- Recurso humano: profissionais ligados a essa área como o próprio nutricionista, chefe de cozinha, cozinheiros, auxiliares de cozinha etc.
- Recurso ambiental: áreas físicas como a própria cozinha, as câmaras frias, o pré-preparo etc.
- Recurso material: matéria-prima quantitativa e qualitativa.
- Recurso financeiro: são investimentos nessa área em equipamentos, fornecedores, parcerias e financiamentos para novos projetos.

É muito importante a parceria entre o chefe de cozinha e as nutricionistas para que possam juntar a técnica à prática. A alimentação é dividida em vários tipos de dieta, como geral, líquida, pastosa, branda e outros. A dieta, quando o paciente está impossibilitado de receber a alimentação normalmente, pode ser enteral e parenteral.

O setor de nutrição e dietética também é responsável pela alimentação dos funcionários no refeitório ou "conforto médico" (profissionais impossibilitados de utilizar refeitório devido ao volume de cirurgias) e, ainda, pelo setor de lactário, onde prepara as fórmulas lácteas para recém-nascidos e para o setor pediátrico.

O SND também é responsável pela organização dos alimentos e bebidas nas reuniões, conferências, entre outros, podendo variar entre café da manhã, *coffee-break* ou coquetéis.

O interessante ainda é agregar a esse setor a cozinha experimental, onde prepara testes para novos pratos geralmente ligados à cozinha dietética, e a cozinha metabólica, onde se faz o controle exato das quantidades de cada ingrediente em função da necessidade nutricional.

Pode haver, ainda, na área pediátrica, um cardápio voltado aos desejos das crianças, ainda que balanceada e nutritiva; o uso de cores nos alimentos e utensílios pode ajudar no seu encantamento. É importante que a visita da nutricionista seja feita nos primeiros dias de internação do paciente, facilitando e ajudando a profissional a conhecer preferências alimentares e restrições até mesmo religiosas.

Também é interessante a orientação pós-alta, em que a nutricionista elabora uma dieta após a saída do hospital; esse tipo de serviço proporciona atendimento personalizado que certamente encantará o cliente (Boeger, 2003).

Alimentos e bebidas em hotelaria hospitalar

A dimensão do departamento de alimentos e bebidas (A&B) em hotelaria clássica varia conforme o tamanho e o público-alvo do hotel. Enquanto alguns hotéis servem apenas o chamado café da manhã continental (café, pão, manteiga e geleia), há outros que possuem pequenos restaurantes ou até mesmo vários restaurantes, cafés e bares, como os hotéis de luxo (Torre, 2001).

Segundo Torre (2001, p. 97), o A&B contribui para o aumento da receita, uma vez que "esses serviços não se limitam aos hóspedes, mas são extensivos a outro tipo de clientes como o cliente passante[12], ou serem utilizados como espaços para reuniões, banquetes, casamentos, bailes e outros eventos".

Castelli (2001) relata que muitos hotéis optam pela terceirização dessa área, onde os restaurantes e outros serviços existentes no departamento de alimentos e bebidas atuam por concessão.

A área de alimentos e bebidas agrupa fundamentalmente os seguintes setores: cozinha, restaurante, copa e serviço de quarto (frigobar) (Torres, 2001; Castelli, 2003).

A cozinha é um espaço destinado à preparação e à elaboração das refeições e, como a cozinha de um hotel, requer estudo detalhado dos materiais, instalações, métodos de trabalho, disposição dos equipamentos, móveis e locais das tarefas, a fim de facilitar o trabalho nela desempenhado (Taraboulsi, 2004).

No departamento da cozinha, o principal fator de observação é a boa higiene. O trabalho com produtos perecíveis necessita de maior concentração e organização operacional.

Em cozinha de grande porte, a brigada da cozinha é formada pelo chefe de cozinha, *entremetier, saucier, rôtisseur, garde-manger, pâtissier, aboyeur*, entre outros (Figura 12.15).

A presença de *chefs* e nutricionistas nas cozinhas hospitalares provocou uma revolução na elaboração do cardápio, permitindo alternativas nutritivas e saborosas para todos os clientes do hospital. O paciente também foi beneficiado, restringindo apenas o que for de orientação médica.

O principal objetivo dos *chefs* de cozinha é tirar aquela impressão de que a comida de um hospital é ruim e sem gosto. É o chefe de cozinha que planeja e supervisiona o preparo dos alimentos diariamente, além de efetuar compras e coordenar todo o funcionamento da cozinha. Para tanto, conta com ajudantes especializados em pratos específicos. Esses ajudan-

---

[12] Em hotelaria refere-se aos clientes que somente se utilizam dos serviços de alimentação do hotel (café, almoço e jantar) e *happy hour*.

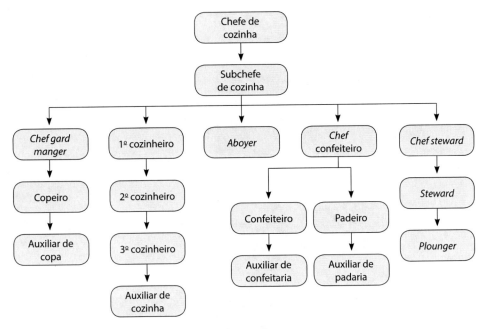

Figura 12.15 – Formação de cozinha de grande porte.

tes coordenam os cozinheiros no preparo dos alimentos e sua apresentação nos pratos. Há ainda cargos como o de ajudante de cozinha, que lava, descasca e corta legumes e verduras e também aqueles responsáveis pela limpeza dos utensílios utilizados pela cozinha (Torre, 2001).

Segundo Castelli (2003), a copa é um setor menos complexo do que a cozinha, mas que geralmente funciona 24 horas e possui como funções:

- Atender a pedidos de café da manhã no salão ou nos apartamentos.
- Preparar sucos, frutas, frios e outros itens do café da manhã.
- Atender a pedidos de lanches rápidos.
- Atender a serviços de alimentação de eventos (café, *coffee-break*, bebidas).

Nos grandes hotéis existem copas por andar que servem, principalmente, para atender os pedido de café da manhã nas unidades habitacionais, contribuindo para tornar o serviço mais ágil.

A copa é um setor menos complexo do que a cozinha, mas preenche funções importantes, pois presta serviços durante 24 horas. Suas obrigações destacam-se em: atender os pedidos de café da manhã, lanches rápidos, sucos e vitaminas, *coffee-break*, lanchonete, restaurante, serviço de quarto e de apoio para eventos. Da mesma forma que ocorre em alguns hotéis, dependendo do tamanho do hospital, é possível haver várias copas distribuídas nos andares (Figura 12.16).

Figura 12.16 – Modelo de copa.

O restaurante é um estabelecimento que fornece ao público alimentação mediante pagamento. Existe uma grande variedade de tipologias que se referem ao serviço de restauração, das quais citam-se: restaurante internacional, churrascaria, restaurante típico, cafeteria, lanchonete, bar americano, entre outros (Castelli, 2003).

Cada tipologia de restaurante possui características específicas quanto a tipo de cardápio, decoração, modalidade de serviços, localização, preços etc., de acordo com Castelli (2003).

Em hotel pode haver mais de uma tipologia de serviço de restauração, de acordo com as características do empreendimento, sendo as mais comuns: restaurante internacional ou típico, cafeteria e bar.

Outro setor importante no hotel é o *room service* ou serviço de quarto. O hóspede é atendido 24 horas nos apartamentos pela copa central ou a dos andares e consiste basicamente de lanches rápidos e serviço de café da manhã. Os pedidos para entrega de alimentos no quarto podem ser feitos via telefone ou por meio do preenchimento de um formulário solicitando tal serviço e que é deixado na porta da unidade habitacional.

Para o serviço de lanches rápidos, costuma-se colocar menus nos quartos, e os hotéis, geralmente, dispõem de funcionários com a função específica de atender aos pedidos e levá--los aos apartamentos (Torre, 2001).

Independente do tipo de nomenclatura que receba, é importante frisar que nutricionistas e demais profissionais ligados ao serviço de alimentação e bebidas de um hospital, ao estarem entrosados, podem "trazer grandes benefícios acoplando qualidade e inovação aos serviços de alimentos colocados à disposição do cliente de saúde, médico, público externo e interno" (Taraboulsi, 2004, p. 11).

A área de alimentos e bebidas em hospital é um campo bastante propício para se adaptar os serviços da hotelaria clássica, investindo na apresentação e sabor dos alimentos e também no atendimento, visto que tradicionalmente o serviço de alimentos em um hospital entendido como "uma área assistencial focou tanto seus esforços na recuperação de seus pacientes que se esqueceu do *glamour* da gastronomia e, por conta desse entendimento, a comida hospitalar ganhou fama de comida sem tempero, sem criatividade e sem cor" (Boeger, 2005, p. 79).

Aos pacientes com restrição alimentar, segundo Boeger (2005), a gastronomia surge para confrontar a adequação da dieta à doença do paciente, valorizando a preparação dos alimentos com ingredientes (ervas, condimentos sem prejuízo nutricional, decoração dos pratos) e técnicas dietéticas eficazes para melhorar o sabor das refeições.

Aos acompanhantes e pacientes sem restrição alimentar desenvolve-se, assim como em hotel, um cardápio de serviço de quarto. Tal serviço consiste em servir nos apartamentos pratos diversos, lanches rápidos e café da manhã (Taraboulsi, 2004) (Figura 12.17).

Figura 12.17 – Cardápio de serviço de quarto.

Tanto o serviço de quarto quanto o de alimentação dos pacientes, por se realizarem na unidade de internação, aumentam a importância de uma logística que permita a entrega correta dos pedidos e refeições em tempo hábil e adequado (Dio et al., 2005).

Para acompanhantes, visitantes, médicos e outros, é comum haver espaços gastronômicos nas dependências do hospital que atendem com lanches e refeições e que sirvam pratos diversos de acordo com sua tipologia (Taraboulsi, 2004). Além do restaurante, outro serviço de restauração essencial em hospital é o da lanchonete, pela praticidade que representa, como expõe Guimarães (2002), mas que dentro de uma instituição hospitalar é interessante oferecer produtos que amenizem o estresse e ajudem na recuperação física como sucos naturais, frutas, crepes, entre outros.

Outras facilidades que podem ser oferecidas pelo departamento de alimentos e bebidas são "um carrinho que circula pelos corredores dos apartamentos oferecendo sanduíches naturais, bombons e doces, muitas vezes agregando a venda de jornais e revistas" (Boeger, 2005, p. 81).

Além dos serviços externos, o A&B pode incluir o serviço de frigobar. Esse consta de um pequeno refrigerador que fica dentro do quarto e fornece alguns tipos de alimentos e que, apesar de se tratar de produtos de nutrição, é controlado pelo setor de governança (Guimarães, 2002).

Alguns hospitais, que têm frigobar, ofertam 1 ou 2 garrafas de água mineral como cortesia para os clientes internados. Porém é possível ofertar também outros tipos de bebidas, tais como sucos, água de coco etc., tudo vai depender da responsabilidade do paciente e dos acompanhantes e claro da liberação da dieta.

Outra atribuição do departamento de alimentos e bebidas, em alguns casos, é a alimentação dos funcionários em local específico, geralmente um refeitório, e em áreas como centros cirúrgico e obstétrico, onde é comum encontrar um espaço destinado à realização de refeições (Boeger, 2005).

Encontra-se, também, subordinado ao departamento de alimentos e bebidas da hotelaria hospitalar um setor de eventos que atua na captação de eventos cuja "natureza tem aspectos afins com a atividade hospitalar" (Taraboulsi, 2004, p. 121).

Alguns exemplos de eventos que podem ser realizados em hospital são: congressos, seminários, palestras focando algumas especialidades médicas, conferências, reuniões, cursos e outros.

O serviço de alimentos e bebidas tanto em hotelaria clássica como hospitalar é bastante complexo, mas que ao ser prestado de maneira eficiente e com qualidade influencia positivamente na opinião que os clientes formam da instituição. Outros serviços podem ser ofertados em hotelaria hospitalar, sem, portanto, parecer um desvio de foco na atividade, como *american bar*, *bistrô* etc.

O serviço de *american bar* é mais oferecido em maternidades e hospitais de luxo. São servidas bebidas de baixo teor alcoólico. O *bistrô* ou restaurante pode servir desde a comida mais simples até pratos da culinária internacional. Assim, as pessoas deixam de sair do hospital para procurar refeições e passam a comer lá dentro. Para esse fim, a estrutura deve estar adequada para atender aos clientes.

Boeger (2005) diz ainda que o departamento de alimentos e bebidas é o responsável pelos serviços de alimentos e bebidas em eventos que ocorrem dentro do hospital, reuniões e simpósios, por exemplo, podendo variar entre serviços de café da manhã, *coffee-break*, entre outros.

Serviços de nutrição e dietética em hotelaria hospitalar

O serviço de nutrição atua na produção diária das refeições, estabelece orientações gerais para a aplicação de manipuladores de alimentos, bem como critérios que definem o padrão e a qualidade das refeições oferecidas. Visa às boas práticas adotando procedimentos que irão garantir a qualidade higiênico-sanitária e a conformidade dos alimentos de acordo com a legislação sanitária (Figura 12.18).

Figura 12.18 – Alimentação dos pacientes.

Os funcionários do SND devem ser capacitados e conscientizados a praticar as medidas de higiene, a fim de proteger os alimentos das contaminações química, física e microbiológica aos comensais (pacientes, acompanhantes, colaboradores, estagiários, residentes, médicos etc.), como também assistência alimentar adequada e orientação nutricional.

O SND tem como objetivo:
- Produzir as refeições e atendimento clínico-dietoterápico.
- Distribuir a pacientes, acompanhantes, funcionários, médicos e estagiários.
- Atender as prescrições dietoterápicas dos pacientes internados.
- Adequar a oferta nutricional dos colaboradores da instituição no trabalho.
- Prestar assistência nutricional especializada a pacientes internados.
- Promover os seus RH com treinamentos e educação continuada.

SND divide-se em:
- **Produção**: planeja, recebe, armazena, produz e distribui as refeições, dietas especializadas e de acordo com a prescrição dietoterápica.
- **Atendimento clínico**: produtos nutricionais e suplementos adequados para melhorar o estado nutricional do paciente visando à qualidade de vida. Formula a nutrição en-

teral (composições qualitativa e quantitativa) com seu fracionamento conforme horários e formas de apresentação. Orienta o paciente, família ou o responsável legal quanto à preparação e à utilização da nutrição enteral domiciliar.
- **Atendimento ambulatorial e nutricional**: além de avaliar o estado nutricional e acompanhar a adequacidade, orienta o paciente, os familiares e/ou membros que for necessário para intensificar os cuidados com o paciente durante o tratamento. A nutricionista mantém contato direto com a equipe médica onde são realizadas reuniões clínica, científicas e pesquisas para melhorar o estado nutricional do paciente e controlar os possíveis efeitos colaterais causados pelo tratamento.
- **Suporte nutricional (EMTN – Equipe Multidisciplinar de Terapia Nutricional conforme RDC 63 de 6/7/2000)**: avaliação do estado nutricional do paciente utilizando indicadores nutricionais subjetivos e objetivos, com base em protocolo preestabelecido, de forma a identificar o risco ou a deficiência nutricional. Formula a nutrição enteral (composição qualitativa e quantitativa) com seu fracionamento conforme horários e formas de apresentação. Orienta o paciente, a família ou o responsável legal quanto à preparação e à utilização da nutrição enteral prescrita para o período após a alta hospitalar. Utiliza técnicas preestabelecidas de preparação da nutrição enteral que assegurem a manutenção das características organolépticas e a garantia microbiológica e bromatológica dentro de padrões recomendados em Boas Práticas de Preparação da Nutrição Enteral (BPPNE).

A produção das refeições deve ser segura sob o ponto de vista higiênico-sanitário por meio de rotinas de trabalho dentro da produção através de:
- Controle da higiene pessoal dos funcionários.
- Qualidade do produto e do fornecedor.
- Supervisão das dietas produzidas.
- Controle da higiene de utensílios, equipamentos e local de trabalho.
- Controle contínuo do combate às pragas.
- Controle de visitantes e pessoal externo à área de produção de alimentos.

A portaria CVS – 6/99 deve servir como base para todos os controles e procedimentos adotados na área de produção de alimentos.

O departamento de Nutrição e Dietética é, normalmente, formado por nutricionistas e técnicos em nutrição, chefe de cozinha, cozinheiros, ajudantes e o pessoal que trabalha na preparação das refeições, limpeza do ambiente e controle de materiais e limpeza na dispensa do setor.

Em hotelaria clássica é o chefe de cozinha o responsável pelo setor, mas nesse caso essa tarefa é desempenhada por nutricionista. Os ajudantes de cozinha e de serviços gerais auxiliam na preparação dos alimentos e na limpeza dos utensílios. Além desses, há ainda atendentes para o restaurante e a lanchonete, bem como copeiras responsáveis por atender aos pedidos dos pacientes e distribuir suas refeições nas unidades de internação nos horários determinados.

Todos os profissionais devem ser treinados conforme as especificações das funções que exercem, mas, sobretudo, em função de oferecer qualidade no atendimento. Às copeiras, por exemplo, são ensinadas maneiras corretas de bater à porta, de como colocar a bandeja para o paciente, bem como a importância da educação e da atenção em ouvir e atender aos pedidos dos clientes de forma correta e ágil.

Busca-se também sensibilizar os funcionários quanto ao valor que um bom desempenho e que maneiras educadas no tratamento representam para os clientes. Afinal, eles se encontram em momentos difíceis, de instabilidade, muitas vezes impacientes e bastante exigentes. Alguns pacientes, diferente de um hóspede, quando internados, precisam realizar suas refeições dentro do próprio quarto.

O controle de sobras da alimentação dos pacientes deve ser acompanhado por planilhas, identificando os itens que foram ingeridos e os que foram rejeitados. Conforme esses resultados, em relação à dieta que necessitam seguir, os nutricionistas iniciam um acompanhamento junto a esses na tentativa de adaptar a dieta aos gostos alimentares dos pacientes.

Além disso, algumas experimentações, com novas receitas, técnicas e ingredientes, são feitas com a finalidade de diversificar e melhorar o cardápio para os pacientes. Tais experimentos, depois de testados pelos nutricionistas, são oferecidos aos pacientes, sendo realizadas, posteriormente, pelos próprios nutricionistas pesquisas de satisfação para averiguar a aceitação das novas receitas.

Como informado pela supervisão do departamento de nutrição e dietética, uma facilidade oferecida por esse departamento é o serviço de quarto, no qual, por meio de um cardápio disponibilizado em cada quarto, os clientes podem solicitar bebidas, pratos prontos, massas, sanduíches ou porções. Esse serviço é efetuado pelo restaurante, mas não há um funcionário específico, como ocorre na hotelaria clássica, para atender a esses pedidos. O atendimento é realizado pelo atendente que estiver disponível, sendo levado ao apartamento após o preparo.

Esse serviço apresenta-se como um diferencial na medida em que os pacientes, ao contrário dos hóspedes na hotelaria, estão impossibilitados de sair da unidade de internação. Portanto, percebe-se a importância de um serviço de alimentação de qualidade, tanto no que se refere ao alimento em si como ao atendimento oferecido, por auxiliar na recuperação do paciente e, consequentemente, na sua satisfação.

O cardápio eletrônico (*tablet*) pode ser uma opção de pré-pedido do paciente ou de acompanhantes, agilizando assim o serviço do departamento de A&B para alimentação, lanches, bebidas etc.

Segurança no SND

Até há pouco tempo, as causas dos acidentes do trabalho normalmente eram atribuídas aos fatores humanos, os chamados "atos inseguros" ou simplesmente imprudência daqueles que se acidentavam. Os estudos mais criteriosos e responsáveis demonstraram que os fatores ou agentes causadores dos acidentes tinham como base principal uma "condição insegura", com origens muito diversas, tais como: equipamentos inseguros, ambiente em condições precárias, falta de informações sobre os riscos, ausência de proteção coletiva e/ou individual, organização do trabalho e forma de administração.

Igualmente, as análises dos fatores humanos permitiram a obtenção de conclusões que, na maioria das vezes, isentam a vítima da culpa pelo acidente que sofreu, isso porque geralmente ela não tinha as orientações necessárias para o desempenho seguro de suas funções, ou seu treinamento, quando ocorria, além de insuficiente, não o conscientizava sobre a importância de um trabalho seguro.

A responsabilidade do SND não se limita ao preparo de alimentação adequada aos pacientes do hospital, obedecendo às exigências nutricionais específicas e de higiene. Os funcionários, sobretudo aqueles que têm maior contato com os alimentos, não devem ser os agentes transmissores de doenças, o que se traduz na observância correta do Programa de Controle Médico de Saúde Ocupacional (PCMSO) que se refere ao monitoramento constante de sua saúde por meio dos exames médicos indicados. O controle da segurança, tanto ocupacional como alimentar, pode surgir em toda a cadeia alimentar, da preparação da terra até a destinação final do alimento.

Com relação à segurança alimentar, o controle tem como base a Análise de Perigos e Pontos Críticos de Controle (APPCC).

O APPCC tem como pré-requisitos as Boas Práticas de Fabricação e a Resolução RDC 275 de 21 de outubro de 2002 sobre Procedimentos Padrões de Higiene Operacional (PPHO). Esses pré-requisitos identificam os perigos potenciais à segurança do alimento desde a obtenção das matérias-primas até o consumo, estabelecendo, em determinadas etapas (pontos críticos de controle), medidas de controle e monitorização que garantam, ao final do processo, a obtenção de um alimento seguro e com qualidade.

O sistema APPCC contribui para a maior satisfação do consumidor, torna as empresas mais competitivas, amplia as possibilidades de conquista de novos mercados, nacionais e internacionais, além de propiciar a redução de perdas de matérias-primas, embalagens e produto.

O Sistema é recomendado por organismos internacionais como a Organização Mundial do Comércio (OMC), Organização das Nações Unidas para Alimentação e Agricultura (FAO), Organização Mundial da Saúde (OMS) e pelo MERCOSUL e é exigido pela comunidade europeia e pelos Estados Unidos. No Brasil, o Ministério da Saúde e o Ministério da Agricultura e Abastecimento já têm ações para a adoção do Sistema APPCC pelas indústrias alimentícias.

Na segurança ocupacional estão presentes os riscos ambientais. Nesse caso, o Programa de Prevenção de Riscos Ambientais (PPRA) tem fundamental importância na avaliação e controle dos riscos para os funcionários.

Alguns pontos relevantes da segurança no SND:

- Estocagem de alimentos.
- Empilhamento de embalagens.
- Posturas corretas para o levantamento de volumes pesados.
- Procedimentos e manuseio de extintores de incêndio e rotas de fuga.
- Riscos de choques térmicos nas câmaras.
- Uso de equipamentos de proteção individual (EPI).

- Luvas com malha de aço para a devida proteção contra ferimentos.
- Alimentos congelados: usar luvas térmicas.
- Atenção e cuidado com a água quente, evitando queimaduras.
- Descascadores e trituradores (instalados nas pias), observar os procedimentos de uso, nunca introduzindo as mãos nas áreas de operação.
- Cuidados especiais do uso do amaciador, o moedor e a serra de fita.
- Nunca introduzir as mãos nas aberturas de entrada da carne.
- Operar as máquinas para as quais foi devidamente designado e treinado.
- Não alterar regulagens fora dos procedimentos normais de operação.
- Siga rigorosamente as instruções de segurança indicadas.
- Atenção para funcionamento irregular, ruídos estranhos, aquecimentos, fumaça ou qualquer outro sinal dos equipamentos. Avisar a chefia.
- Não se apoiar nas máquinas ou tocá-las sem necessidade.
- Não colocar nenhum objeto sobre as máquinas ou apoiá-los em suas laterais.
- No transporte interno e externo verificar as condições do carro (não usar com rodas com defeito ou quebradas e outros problemas).
- Cuidado ao acondicionar as bandejas no carro, sem deixar partes para fora.
- No caminho, verificar as condições do piso, degraus, buracos, obstáculos, cilindros de gás, equipamentos, mobiliário e chão escorregadio.
- Cuidado ao usar os elevadores destinados para esse tipo de transporte, observando todas as regras de segurança (por exemplo: a cabine do elevador no andar, ao abrir porta).
- Sempre conduzir o carro de forma cuidadosa, andando normalmente e evitando choques com objetos, instalações, mobiliário e pessoas.
- Atenção a fios desencapados, ligações com isolação elétrica precária ou sem isolação, e máquinas ou equipamentos que dão choque ao serem tocados.
- Nunca fazer ligações elétricas provisórias e não deixar fios soltos pelo chão.
- Lavar as mãos e partes expostas como rosto e antebraço.
- Cuidado com a higiene corporal, não fumar.
- Não fazer refeições no local de trabalho. Usar o local destinado para esse fim.
- Manter o ambiente de trabalho sempre limpo e em ordem.

Alimento seguro é aquele que tem efeitos nutritivos a todos os envolvidos na cadeia produtiva. Da plantação à alimentação.

INTERNAÇÃO EM HOTELARIA HOSPITALAR

A internação no hospital é um momento de reflexão (Figura 12.19). Atende a um objetivo: cuidar da saúde de forma preventiva ou corretiva. Em passado não muito distante, a expectativa da internação não era tão positiva. Alguns fatores podiam provocar reações adversas para o paciente e para os familiares: o ambiente hospitalar, o tempo da internação e a baixa tecnologia no diagnóstico preventivo e nos procedimentos.

Figura 12.19 – Setor de internação em hotelaria hospitalar.

O tempo da internação e o ambiente hospitalar favoreciam (favorecem) a temida infecção hospitalar. A baixa tecnologia resultava em procedimentos mais invasivos e, com eles, o risco de morte era mais evidente.

O avanço da tecnologia favoreceu a melhoria desse ambiente. Os hospitais tornaram-se referência na qualidade do ambiente e do atendimento, principalmente com o avanço da atividade hospitalar como negócio privado. No campo privado deve: não gerar prejuízos e gerar lucros. No campo público atender a população no menor custo/despesa possível.

O setor hospitalar buscou na hotelaria o diferencial para melhorar a competitividade no mercado e, inicialmente, adotou a técnica e o *glamour* da hospitalidade hoteleira para garantir a fidelização dos seus clientes de saúde.

A qualidade da hotelaria inicia na recepção do paciente.

Convênios *lounge*/autorização

Setor/sala de convênios: espaço dentro do hospital para os planos de saúde. A presença do plano de saúde dentro do hospital pode facilitar caso surja qualquer necessidade.

Setor de guias/autorização de convênios: fica responsável pelas autorizações de convênios para clientes hospitalizados; exames e procedimentos extraordinários. Acompanha e contabiliza as coberturas enviando-as para o setor de faturamento.

Reservas

O departamento de reservas é responsável pelas autorizações dos clientes ainda não hospitalizados, reserva de salas cirúrgicas e de exames, assim como mantém uma relação estreita com as equipes médicas. O departamento de reservas procura evitar dificuldades providenciando todas as autorizações previamente para o cliente, comunicando-o também à equipe médica. Evita desgaste e perda de tempo com autorizações de última hora ou que não foram solicitadas pelo cliente.

Essas solicitações são concretizadas após a observação detalhada da cobertura pelos convênios, planos de saúde, cliente particular e de quais são os procedimentos que podem ser realizados mediante a oferta de especialistas, da capacidade da estrutura física como unidade de terapia intensiva, centro cirúrgico etc. Cabe a esse setor a responsabilidade de fornecer as informações e os esclarecimentos sobre esses itens a todos os clientes de saúde que porventura venham a procurar a empresa hospitalar, seja *in loco*, seja por meio de telefonemas.

Essas informações devem ser fiéis e rápidas, evitando desgaste de tempo de espera pelo cliente e todos os profissionais envolvidos. A saúde necessita de informações precisas e rápidas.

Taraboulsi (2007) sugere a existência da gerência para esse setor. Sugere também conhecimentos necessários aos seus auxiliares quanto aos procedimentos a serem realizados, rotinas dos planos de saúde, tabelas da Associação Médica Brasileira (AMB) e Classificação Internacional de Doenças (CID), contratos celebrados pelo hospital, tipos de cirurgias, tempo de permanência previsto para cada internação, coberturas, internação de véspera etc.

A central de reservas deve efetuar o acompanhamento da programação cirúrgica e o controle das internações eletivas. Deve conhecer a capacidade instalada e disponibilizada em unidades de internação simples, apartamentos, enfermarias, unidade de terapia intensiva e semi-intensiva. Deve monitorar as transferências internas, ter informação das altas previstas, realizadas e canceladas do dia ou do período avaliado. Deve elaborar os mapas de previsão de ocupação e acompanhar as internações de urgência. Assim como em hotelaria, é recomendável que a central de reservas e a recepção – setor de internações e altas – estejam próximos devido ao elo que as une (Taraboulsi, 2007).

Esse departamento trabalha atendendo e monitorando as solicitações que ocorrem pelas suas diversas vias (verbal, telefone, *fax*, *e-mail*, visitas, consulta direta pelo cliente, clínicas, consultórios etc.). É considerado importante, pois contribui para a satisfação inicial dos prováveis hóspedes/clientes. O setor pode ser centralizado, se o hotel/hospital for em cadeia, ou na própria unidade se não for de rede. O setor raramente é terceirizado.

A central de reservas é um setor de apoio importantíssimo para a satisfação das necessidades e desejos mediante dinamização do setor de internações e altas, acoplando qualidade aos serviços prestados aos clientes de saúde.

Para Taraboulsi (2004), as vantagens de uma central de reservas são:

- Atendimento rápido e eficiente.
- Comprometimento da qualidade dos serviços prestados.
- Comunicação/eficiência.

As informações recebidas pelos clientes de saúde sobre coberturas de procedimentos, materiais e medicamentos devem ser, literalmente, entendidas de forma que, durante a internação, não ocorra nenhum tipo de desgaste e constrangimento na realização de novos procedimentos que demandem próteses, órteses etc.

A redução do tempo de internação denota que, até certo ponto, há eficiência e qualidade nos serviços prestados pela organização de saúde; o tempo mínimo de uma alta deve ser observado e cronometrado para evitar incidentes e isso prescinde de certa interação entre equipe médica, setor de altas etc., eliminando qualquer informação divergente.

A central de reserva pode realizar o cadastro do cliente de saúde com antecedência. Deve ser completo e correto, de forma a se evitar duplicidades no sistema. O controle da programação de internações deve evitar situações de *overbooking*, de forma que a instituição de saúde possa atender às internações de urgência.

Para Taraboulsi (2004), as dúvidas e situações difíceis devem ser tratadas pela chefia direta, pois isso denota certa satisfação de cuidado por parte do cliente de saúde; todos os procedimentos devem ser realizados sem atrasos, com sintonia.

É aconselhável que os setores de reservas e recepção nos hospitais estejam em plena comunicação sobre a disponibilidade de leito e a possibilidade de vacância de leito. É sugerido por Castelli (2003, p. 153) que as reservas podem ser feitas utilizando-se as centrais de reservas, devidamente informatizadas, e que essas podem disponibilizar para os setores estratégicos do hospital todas as informações quando da solicitação de vagas (Figura 12.20).

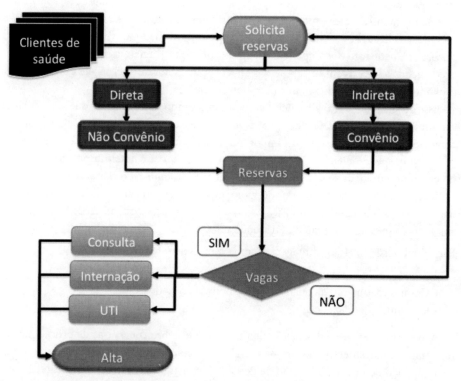

Figura 12.20 – Ciclo de reservas. Castelli, 2003, adaptado do autor.

Recepção

Recepção é a porta de entrada do hospital e também seu cartão de visita (Figura 12.21).

Figura 12.21 – Modelo de recepção.

É geralmente o primeiro local onde o cliente recebe atenção pormenorizada e atendimento pessoal individualizado no que tange à cobertura da hospitalização, funcionamento dos processos internos, de autorização de procedimentos clínicos e cirúrgicos, entre outros. É responsável pela liberação do paciente e acerto de contas. Deve ser de fácil acesso e localização, é o setor responsável pelo *check in/check out*, mantendo contato constante com o cliente e seus familiares para tratar de liberações referentes a convênios médicos, caucionamentos, autorizações e outras solicitações rotineiras. A agilidade do atendimento, a clareza das informações e a transparência dos procedimentos administrativos refletem positivamente no hospital. Os funcionários que trabalham diretamente com o público necessitam ter treinamento especial para atender as motivações, desejos e necessidades de quem procura um hospital.

Recepcionistas multilíngues – ter funcionários que falem outros idiomas é fundamental para um hospital. Nunca se sabe quando pode chegar um estrangeiro precisando de atendimento ou também no caso de visitas para algum paciente que está internado.

Comunicação na recepção

A comunicação é fundamental para o bem-receber e dar velocidade ao atendimento em hotelaria hospitalar. A recepção deve ter funcionários que possam oferecer alternativas para comunicar-se e entender os clientes. Ter funcionários que falem outros idiomas ou que possam entender libras[13], por exemplo, é fundamental para um bom atendimento, principalmente se houver necessidade de urgência. Nunca se sabe quando pode chegar paciente estrangeiro ou pessoa com deficiência auditiva precisando de atendimento ou também no caso de visitantes para pacientes internados.

Recepção em hotelaria clássica

Em hotelaria clássica, o serviço de recepção envolve a recepção, a portaria social ou *concierge*. Trata-se de um setor extremamente importante, pois une os hóspedes ao hotel durante sua estada e também o último ponto de contato em sua saída (Torre, 2001).

---

[13] A Língua Brasileira de Sinais (LIBRAS).

Para Torre (2001, p. 41), recepção é o termo "designado ao espaço onde se registram os hóspedes, retiram-se as chaves, correspondências ou recados, obtêm-se informações, depositam-se valores e pagam-se as contas".

A recepção é o primeiro espaço em que o cliente estabelece contato no hotel, portanto, o ambiente deve ser agradável quanto a dimensão, decoração, equipamentos e apresentação dos funcionários (Castelli, 2003).

Castelli (2003) completa que o pessoal da recepção precisa apresentar características como cortesia, cooperação, discrição, honestidade, lealdade e responsabilidade, a fim de que o hóspede receba o melhor tratamento possível, com qualidade e eficiência no serviço (Figura 12.22).

Figura 12.22 – Forma de atendimento em hotel.

Em hotelaria clássica, o hóspede que se direciona à recepção, geralmente, é alguém chegando de uma viagem. Assim, o trabalho desenvolvido pela equipe de recepção deve primar pela agilidade e eficiência nos procedimentos, permitindo que a pessoa possa se instalar em seu apartamento no menor tempo possível.

Ao apresentar-se na recepção, o cliente pode ser classificado em duas categorias, aquele que possui reserva solicitada e aquele que não solicitou reserva. Na reserva não solicitada é verificada a disponibilidade dos quartos. Ao chegar ao hotel o cliente é registrado e preenche a ficha nacional de registro de hóspede (FNRH), recebendo a chave do apartamento, para o qual segue na companhia de um mensageiro (Castelli, 2003).

Na entrada do hóspede no hotel, outro serviço que lhe é oferecido é o do setor da portaria social, que juntamente com a recepção se localizam no *hall* de entrada do hotel e muitas vezes se confundem fisicamente por formarem uma única sessão (Castelli, 2003).

As atribuições do setor de portaria social são bastante específicas e complementam o serviço da recepção no hotel. As atribuições constam de:

- Guardar as chaves dos hóspedes na sua ausência temporária do hotel.
- Acolher o hóspede na porta do hotel, tarefa realizada pelo capitão-porteiro, auxiliando--o com a bagagem, seja na entrada, seja na saída.

- Conduzir o hóspede (e bagagem) até o balcão de recepção e, posteriormente, ao apartamento.
- Verificar os equipamentos presentes na acomodação e instruir os hóspedes como utilizá-los (tarefa do mensageiro).

É de responsabilidade da portaria social manter a entrada e o *hall* do hotel em boas condições de ordem e limpeza, bem como o controle de entrada e saída de hóspedes e outros (Castelli, 2003).

Além disso, a portaria social, segundo Dio et al. (2005, p. 810), é responsável por "disponibilizar um serviço ao hóspede que atenda suas necessidades, além do que o hotel oferece informações sobre eventos na cidade, como restaurantes, peças, museus e outros, providenciando ingressos, passagens aéreas e tudo que for necessário para o hóspede". Há também, na área da recepção, o caixa (abertura de conta, operação de caixa, lançamento de diárias, despesas extras e fechamento de conta), a telefonia e o setor de reservas.

A telefonia constitui o primeiro contato estabelecido entre o cliente, ou seus intermediários, com o hotel, antes da hospedagem ou de se relacionar com o setor de reservas. A telefonista recebe ligações, direcionando-as para os setores solicitados, anota os recados, localiza hóspedes e funcionários do hotel, desperta hóspedes e efetua ligações, quando solicitado (Castelli, 2003).

O setor de reservas é o responsável por efetuar as reservas das unidades habitacionais junto ao próprio cliente ou algum intermediário, verificando a disponibilidade dos quartos. As reservas são realizadas via telefone, *fax* ou *internet* via hotel, agência e *site* específicos.

Recepção em hotelaria hospitalar

É geralmente o primeiro local onde o cliente recebe atenção pormenorizada e atendimento pessoal individualizado no que tange à cobertura da hospitalização, funcionamento dos processos internos, de autorização de procedimentos clínicos e cirúrgicos, entre outros (Figura 12.23).

Figura 12.23 – Hospitalidade ao receber.

Em hotelaria hospitalar, "quando o objetivo é humanizar o atendimento, a recepção assume papel importante. Representa o primeiro contato do cliente na instituição e, por isso, tem grande peso na avaliação que ele fará em suas expectativas em relação a outros serviços" (Guimarães, 2002).

A recepção inclui o capitão-porteiro, manobrista, seguranças, mensageiros, *concierge*, recepcionistas etc. Todos são responsáveis pelo atendimento, assim como a integração nas informações essenciais à segurança do entorno, na manutenção da higiene e limpeza e no rápido atendimento do hospital.

Esse departamento ganha maior importância nos hospitais/maternidades, que precisam estar atentos para o fluxo de entrada e saída de recém-nascidos, tanto dos andares, quanto na saída da recepção. Estar atento principalmente no tocante à segurança da saída dos recém-nascidos.

A recepção é também o local que direciona o fluxo de visitantes para os locais corretos (ambulatórios, clínicas, consultórios etc.). Nem todos os hospitais necessitam de todos os funcionários, porém, todos irão necessitar desses serviços (Figura 12.24).

Figura 12.24 – Recepção.

Alguns hospitais utilizam os serviços do capitão-porteiro apenas para recepcionar os clientes. Porém, ele é responsável também pela atenção da segurança, higiene e limpeza da frente do hospital, pela equipe de mensageiros, e tem que ficar atento à movimentação do hospital. E, em caso de problemas, ele deve avisar a segurança.

A recepção deve oferecer ao cliente "uma atmosfera agradável em suas dimensões, decoração adequada e profissionais treinados em acolhimento e humanização" (Boeger, 2005, p. 55).

Para Boeger (2005), existem balcões para diferentes tipos de informações, como o da recepção central, internação/alta e do caixa. A recepção central é onde se realiza a triagem do público, dividindo-o em paciente, acompanhante, visitante, médico, fornecedor e prestador de serviço, permitindo o acesso a outros locais do hospital de acordo com o objetivo e necessidade de cada um.

O balcão de internação/alta é o responsável pelas internações e altas, informar sobre os serviços oferecidos pelo hospital, formas de pagamento, orientar e esclarecer dúvidas, verificar guias e autorizações, providenciar prorrogações, buscar junto a convênios, familiares e responsáveis pela internação as garantias para procedimentos de emergência e não cobertos, enfim, acompanhar passo a passo a evolução do cliente de saúde dentro do hospital (Taraboulsi, 2004, p. 93).

Os procedimentos de saída do cliente (contabilizar as diárias e extras a descoberto no período de internação) são realizados no balcão denominado caixa (Boeger, 2005).

Outra recepção presente no hospital é a do pronto atendimento, onde os casos de emergência são separados dos outros procedimentos previamente agendados, separando os públicos para melhor atendê-los. Há ainda hospitais com recepções específicas para as áreas de exames, consultórios médicos e maternidade (Boeger, 2005).

Boeger (2005, p. 56) acrescenta que, independente do tipo de recepção na qual trabalhe, o recepcionista deve apresentar um "comportamento hoteleiro" bastante desenvolvido, pois o trabalho desse profissional, ao ser desempenhado com cordialidade e educação, pode determinar a percepção do cliente referente à imagem da instituição quando tratado com presteza.

A portaria social encontra-se na forma de um balcão central, fornecendo "informações sobre pacientes, número de quartos, caixas eletrônicos, serviços fornecidos próximos ao hospital e outras informações para atender acompanhantes e visitantes" (Dio et al., 2005, p. 810).

Como um dos desafios apresentados em hotelaria hospitalar é prestar um serviço personalizado e não apenas diferenciado (Boeger, 2005), a presença dos serviços oferecidos por um capitão-porteiro e por um mensageiro "traz ao cliente a sensação de conforto e profissionalização, pois em um hospital encontrar alguém à porta que pegue as malas e o encaminhe até a recepção, ter no quarto alguém que busque o jornal ou resolva problemas é algo inusitado, apesar de muito comum em hotelaria" (Guimarães, 2002, p. 21).

O capitão-porteiro tem como atribuições recepcionar os clientes de saúde na entrada do hospital, auxiliando-o com a bagagem, acionar e controlar o trabalho dos mensageiros, providenciar cadeiras de rodas quando necessário, zelar pela boa aparência da entrada do hospital, providenciar serviço de táxi e outros (Taraboulsi, 2004).

O mensageiro é aquele responsável por acompanhar o cliente de saúde, transportando sua bagagem desde a entrada até a unidade de internação e vice-versa (Taraboulsi, 2004).

Para Dio et al. (2005), os mensageiros entregam encomendas e mensagens aos pacientes, verificam e instruem sobre o funcionamento de alguns equipamentos da unidade de internação e fornecem informações diversas sobre o hospital. Esses profissionais devem apresentar educação, cortesia, respeito, agilidade etc., de forma que contribua para diminuir a ansiedade, o medo e a vulnerabilidade dos clientes.

Além dos serviços já mencionados, encontram-se agregados à recepção os serviços de telefonia e de reservas. "A telefonia deve estar provida de informações e serviços oferecidos pelo hospital, filtrando as ligações e as distribuindo conforme a necessidade para os departamentos específicos" (Dio et al., 2005, p. 810), bem como prestar serviços de despertar pacientes e anotar recados (Guimarães, 2002).

O setor de reservas é o responsável pelas solicitações de internações "provenientes das secretarias das equipes médicas, secretárias dos médicos, dos próprios médicos, ou da alta administração, concretizando-as em reservas programadas" (Taraboulsi, 2004, p. 82), controlando a ocupação das unidades de internação.

Para Taraboulsi (2004), são imprescindíveis para a efetivação das reservas: informações exatas sobre convênios, especialidades, serviços credenciados, coberturas, contratos e procedimentos. Assim, é recomendável haver interação com planos de saúde para agendamento de cirurgias e verificação de coberturas (Dio et al., 2005).

A recepção deve ser de fácil acesso e localização. É o setor responsável pelo *check in* e *check out*, mantendo contato constante com o cliente e seus familiares para tratar de liberações referentes a convênios médicos, caucionamentos, autorizações e outras solicitações rotineiras.

A recepção trabalha para facilitar as operações (maximizar) de entrada, informações e saídas dos hóspedes, procurando evitar tempos de "filas" com esperas indesejáveis. O sistema de informática dá velocidade a esse processo, pois informa com rapidez a unidade destinada aos pacientes e se estão chegando ou saindo. As funções existentes na recepção incluem a própria gerência de recepção, os atendentes, o caixa e os mensageiros que fazem parte do apoio à recepção.

A recepção deve ser ágil e cortês no atendimento, registro e liberação dos clientes.

Portaria/identificação

É o setor responsável pela recepção e identificação de clientes e visitantes. Costuma também ser o local onde há o direcionamento do fluxo de visitantes para os locais corretos. É interessante o trabalho estreito com o capitão-porteiro, se houver na coleta de informações essenciais à segurança do entorno e na manutenção da higiene e limpeza da frente do hospital. Esse departamento ganha maior importância nos hospitais/maternidades, uma vez que precisam estar atentos para o fluxo de entrada e saída de recém-nascidos, tanto dos andares, quanto na saída da recepção.

Serviço de maleiro

É muito utilizado em casos que o paciente chega muito antes do horário de entrada do hospital ou precisa permanecer no hospital mesmo após o *check out*.

Call center – comunicação e atendimento telefônico

No quadro 12.20 estão apresentadas as características do *call center*.

Quadro 12.20 – Características esperadas de serviço de *call center*.

Características dos serviços	O que o cliente espera do *call center*	Implicações negativas do *call center*	Estratégias para maximizar a imagem positiva do *call center*
Intangibilidade	Confiabilidade com informações rápidas. Atendimento com cordialidade, empatia e uniformidade	Atendimento à distância, não há como observar as pessoas, o local, as instalações etc.	Acesso multimídia (voz, *e-mail*, *chat* e *fax*), URA com reconhecimento de voz, tom de voz agradável. Música de espera agradável. Fluência e dicção adequadas. Segurança na exposição. Nível de serviço (%) de atendimento em x tempo. Tempo médio de atendimento adequado (TMAA)
Inseparabilidade		O serviço prestado pela unidade de resposta audível (URA). Operador inexperiente mal treinado. URA mal estruturada é má impressão	URAs bem estruturadas. Operadores bem treinados em técnicas de atendimento e nos produtos e serviços oferecidos no *call center*
Variabilidade		Serviços prestados de pessoas para pessoas diferentes	Técnicas de atendimento nos produtos e serviços oferecidos. Sistemas amigáveis, abrangentes, padronizados e velozes
Perecibilidade		Os atendimentos não podem ser estocados na baixa demanda ou horários de pico. Momentos de ociosidade devem suprir bons níveis de serviços de maior demanda	Dimensionamento das PAs (posições de atendimento). Escalas de trabalho bem montadas. Treinamento para minimizar o TMAA
Confiabilidade	Operadores treinados. Sistema amigável, abrangente, padronizado e veloz	Treinamento continuado. Monitorização e *feedback* diários. Melhoria contínua dos sistemas de informação	Gestão do *call center*. Área de tecnologia da informação
Rapidez	PAs adequados, operador treinado	Sistema DAC que permite analisar o tráfego de chamadas (cálculo de PAs). Operadores treinados sem perder a empatia e a qualidade	

(Continua)

Quadro 12.20 – Características esperadas de serviço de *call center*. *(Continuação).*

Características dos serviços	O que o cliente espera do *call center*	Implicações negativas do *call center*	Estratégias para maximizar a imagem positiva do *call center*
Cordialidade	Operadores bem treinados	Operadores treinados na utilização do tom de voz adequado e no uso da empatia	Supervisão do *call center*
Uniformidade	Operadores treinados, informação amigável, abragente, padronizada e veloz	Treinamento continuado. Melhoria contínua dos sistemas de informação	Supervisão do *call center* Gestão do *call center* Área de tecnologia da informação

Fonte: Padilha (2007 p. 45-46 in Guimarães).

Gestão de leitos

A organização hospitalar é complexa. São inúmeros processos assistenciais e administrativos trabalhando de forma simultânea. Um dos processos críticos nos hospitais é o gerenciamento de leitos. Vários hospitais têm enfrentado dificuldades para gerir esse processo. A falta de leitos e a fragilidade no gerenciamento são a realidade, trazendo assim insatisfação dos clientes e perda financeira quando um leito fica parado. Com a intenção de não trabalhar com tantos imprevistos, os hospitais têm investido em uma gestão para planejar e acompanhar os processos relacionados à liberação dos leitos.

A implantação do setor de gerenciamento de leitos[14] traz diversos benefícios para a instituição de saúde, tais como:

- Aumento da taxa de ocupação.
- Melhor utilização da capacidade instalada.
- Contribui para a satisfação do cliente médico e cliente paciente.

É essencial identificar claramente os processos que interagem na ocupação dos leitos, definir metas para acompanhar os resultados alcançados, mensurá-los, checá-los, agir sobre os resultados e propor melhorias.

O gerenciamento de leitos requer o uso de ferramentas de qualidade e da logística para contribuir com eficiência para minimizar os graves problemas ocasionados pelo excesso ou escassez de leitos nos hospitais privados ou públicos. Nos hospitais privados, o problema é bem menor do que nos hospitais públicos.

A implantação da gestão de leitos nas instituições de saúde requer, sempre, a avaliação do perfil da instituição e suas condições estruturais como:

Definir sistemática para a implantação da gestão de leitos – criar critérios para a liberação dos leitos das internações eletivas (definir a equipe responsável e quantidade de cirurgia

---

[14] http://www.hmdoctors.com/index.php/2013/07/implantacao-do-gerenciamento-de-leitos-hospitalares/.Ut3iZ2RpTLY.

liberada pelo agendamento) e leitos não programados (pronto atendimento, transferências etc.), definindo as prioridades a serem atendidas.

Interfaces e integração com as áreas – gerenciar o setor de internação e admissão. Integrar as áreas de enfermagem, manutenção, higienização, rouparia, tesouraria e corpo clínico que são peças fundamentais de integração para o sucesso da implantação da gestão de leitos. Todos devem saber quanto custa um leito parado, seja por uma lâmpada estragada, seja por falta de enxoval para compor, ou até mesmo como uma interdição de pequenas reformas.

Gerenciar os tempos – aplicar o sistema de produção enxuta. Avaliar e definir os tempos para meta. Medir o tempo médio de internação, de alta, de liberação do leito para higienização, higienização e composição do leito.

Sistema/*softwares* – implantar sistema para auxiliar a gestão de leitos para a redução do tempo. A gestão reduz/elimina o cancelamento de cirurgias por falta de leitos, possibilita a programação de manutenções preventivas e corretivas em apartamentos e a melhoria da qualidade de atendimento na central de reservas. Melhoria na integração das equipes de hotelaria, enfermagem, nutrição e manutenção e na qualidade do atendimento aos pacientes.

Indicadores – definir indicadores para acompanhamento das rotinas e processos a fim de tomada de decisão. Indicadores devem ser mensurados para verificar os resultados e avaliar futuras ações.

Alguns exemplos de indicadores utilizados:

- Tempo médio de higienização.
- Tempo médio para internação.
- Tempo médio de alta até a liberação do leito.
- Taxa de altas prescritas até 10 horas.
- Tempo médio de solução de solicitação de apartamentos.

Esses são alguns exemplos de como iniciar ou aprimorar o gerenciamento de leitos, favorecendo não somente a rotina da instituição de saúde, mas também o cliente. Gerenciamento significa buscar a utilização dos leitos disponíveis em sua capacidade máxima, com segurança dentro dos critérios estabelecidos (técnicos, administrativos), para otimizar o tempo de espera para internação e satisfação dos clientes internos e externos.

HOSPITALIDADE EM HOTELARIA HOSPITALAR

Para Taraboulsi (2004), hotelaria "é a arte de oferecer serviços repletos de presteza, alegria, dedicação e respeito, fatores que geram a satisfação, o encantamento do cliente e, principalmente, a humanização do atendimento e do ambiente hospitalar".

Para Boeger (2005, p. 24), a hospitalidade "é a reunião de todos os serviços de apoio, que, associados aos serviços específicos, oferecem aos clientes, interno e externo, conforto, segurança e bem-estar durante seu período de internação".

A hospitalidade denota o "ato ou efeito de hospedar, ou ainda bom acolhimento, liberalidade, amabilidade e afabilidade no modo de receber os outros" (Boeger, 2005, p. 54) (Figura 12.25).

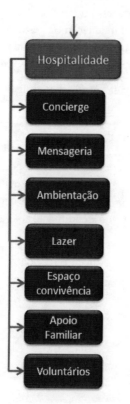

Figura 12.25 – Hospitalidade em hotelaria hospitalar.

Para Castelli (2005), a prática da hospitalidade envolve quatro princípios básicos: segurança, cortesia, contato e coerência; além de três momentos distintos chamados de cadeia da acolhida (boas-vindas, atenção dada entre a estada e a despedida).

A definição é uma prática que vem do interior das pessoas, qualquer que seja sua origem, formação ou cultura. Não existe o mais ou menos hospitaleiro. A hospitalidade é uma ação única. É a "arte de bem-receber o próximo".

Capitão-porteiro

Alguns hospitais utilizam os serviços do capitão-porteiro apenas para recepcionar os clientes. Porém, ele é responsável também pela atenção da segurança, higiene e limpeza da frente do hospital. É responsável também pela equipe de mensageiros e tem que ficar atento à movimentação do hospital. Em caso de problemas, ele deve avisar a segurança.

Mensageiro/*courier*

Além de acompanhar o cliente desde a sua chegada, presta serviço interno para diversos setores. É uma das profissões mais marcante da hotelaria nos hospitais.

Outro serviço que pode ser utilizado pelos clientes é o serviço de maleiro. Esse serviço é muito utilizado em casos que o paciente chega muito antes do horário de *check in* do hospital ou precisa permanecer no hospital mesmo após o *check out*. Esse setor guarda a bagagem dos clientes (Figura 12.26).

Figura 12.26 – Serviço de maleiro.

Concierge

O *concierge* tem o papel de dispor de algumas informações específicas ou buscá-la para auxiliar pacientes e familiares. Pode ajudar caso a família precise fazer reserva em hotéis próximos ao hospital ou esteja à procura de serviços, como lojas, livrarias, restaurantes, entre outros (Figura 12.27).

Figura 12.27 – Serviço de *concierge*.

Pode ser instalado em um quiosque ou balcão. São úteis para localizar médicos, profissionais diversos da instituição, indicação ou orientação de quem contratar na solução de problemas, entre outras facilidades. Pode também apresentar indicações de serviços (beleza, alimentação, utilidades), hotelaria, atividades de lazer/culturais e outras.

Balcão de atendimento/informação ao cliente

Pode ser um quiosque ou um balcão, são úteis para localizar médicos, profissionais diversos da instituição, indicação ou orientação de quem contratar na solução de problemas, entre outras facilidades. Pode também acomodar um *concierge* com indicações de serviços (beleza, alimentação, utilidades), hotelaria, atividades de lazer/culturais e outras.

O serviço de atendimento ao cliente é o modo de comunicação entre a instituição de saúde e o cliente, quer seja paciente, familiares, corpo médico etc. (Figura 12.28).

Figura 12.28 – Serviço de atendimento ao cliente.

Diferente da hotelaria que apresenta somente um espaço destinado à recepção dos hóspedes, nos hospitais, em geral, há a presença de vários tipos de recepções destinadas a serviços diferentes.

Além disso, outras formas de comunicação podem existir em hotelaria hospitalar, como o serviço de atendimento ao cliente (SAC) e a ouvidoria.

O SAC é o setor responsável por receber queixas e elogios feitos pelos pacientes, analisá-los e tomar providências para que seja resolvido o problema. O SAC tem como obrigação primar pelo bom atendimento para todos os que buscam esse serviço em toda e qualquer área de interesse do cliente, seja da área da saúde, seja administrativa. Deve ter como meta o primor do bom atendimento, qualidade, presteza, educação, respeito, dedicação, trabalhando juntamente com as outras áreas, a fim de alcançar a satisfação do cliente. O SAC contribui para fidelizar os clientes e aumentar as vendas dos serviços hospitalares.

O outro setor de comunicação é a ouvidoria ou *ombudsmam*[15], que é um profissional contratado com a função de receber críticas, sugestões e reclamações de usuários e consumidores, devendo agir de forma imparcial para mediar conflitos entre as partes envolvidas (clientes e fornecedores).

---

[15] A palavra passou através do sueco (1809) *ombudsman*, que significa "representante do povo". Atualmente, o termo é usado no âmbito privado e público para designar um elo imparcial entre uma instituição e sua comunidade de usuários.

A ouvidoria hospitalar tem a função de receber as críticas e encaminhar para o setor responsável para que sejam tomadas as devidas providências para a resolução do problema e retornar com soluções o mais breve possível.

Ambientação

A ambientação no hospital contribui para a autoestima dos clientes, funcionários, corpo médico e todos os que circulam nas instalações hospitalares. Nenhum fornecedor se sentirá seguro para realizar bons negócios ao perceber descaso estrutural, de higiene e limpeza, comportamental do seu cliente e dos funcionários (Figura 12.29).

Dois fatores são representativos para o cliente de saúde: o conforto e a segurança sanitária. Uma ambientação que se mostre confortável traz a sensação de segurança e com ela o relaxamento do paciente. O relaxamento pode ser minimizado com a qualidade da iluminação, a cor dos ambientes, além do som, ruídos, calor, frio etc.

A música tambémcontribui para a melhoria do estado psicológico e fisiológico dos pacientes.

A avaliação do Programa de Prevenção dos Riscos Ambientais PPRA (NR 9) ou NR 32 (Segurança nos Serviços de Saúde) pode ser aplicável ao ambiente hospitalar como redução dos riscos e estresse dos clientes.

Figura 12.29 – Ambientação no hospital.

Iluminação nos hospitais

A iluminação nos hospitais é fundamental, o ideal seria sempre poder contar com iluminação natural e artificial. Ambas bem projetadas atingem resultados excelentes nos ambientes, visando à qualidade dos usuários. A iluminação é vital na vida das pessoas. Uma boa iluminação pode gerar estímulos tranquilizadores e acolhedores (Figura 12.30).

Figura 12.30 – Iluminação em hospitais.

Para Grandjean (1998), "os sistemas de iluminação bem projetados, utilizando mais luzes indiretas, tornam o ambiente mais seguro e menos estressante, para que os indivíduos se sintam mais confortáveis" (apud Ribeiro, 2005).

No Brasil, a elaboração de projetos de iluminação em hospitais deve atender às recomendações da ABNT (Associação Brasileira de Normas Técnicas), através da NBR 5413 – Iluminância de interiores, no item 5.3.28 – Hospitais.

Um espaço bem projetado, nesse caso tratando-se da iluminação e cor nos hospitais, pode ajudar na recuperação dos pacientes, trazendo vitalidade para eles.

Para entender-se a importância da iluminação e da cor como conjunto, lê-se a citação de Stephanie D'Ornelas (2011):

> "A cor não existe objetivamente, pelo menos não em qualquer sentido literal. O que existe é a luz – que é detectada até mesmo pelas medusas, que não têm cérebro, o que mostra a simplicidade da sensação. Obviamente você pode qualificar e identificar as cores, mas elas são inteiramente fabricadas em nossos cérebros. E a luz, por incrível que pareça, pode ser transformada em qualquer cor em nossa mente – como é possível perceber em ilusões de óptica".

A iluminação e a cor estão constantemente presentes nos ambientes. Nos hospitais, o uso correto da iluminação e da cor faz com que os pacientes e funcionários sintam-se melhor. Tanto a iluminação natural como a artificial devem estar ligadas com as cores dos espaços.

Se cada ala fosse analisada de forma individual, conforme sua função, ter-se-iam ambientes mais agradáveis, proporcionando aos usuários mais conforto e bem-estar, auxiliando na sua recuperação.

A iluminação, as cores e a humanização no ambiente hospitalar são determinantes para o sucesso e o bom funcionamento dos estabelecimentos de saúde, haja vista contribuírem para a melhora do paciente.

Segundo o fisioterapeuta Paulo Edson Reis Jacob Neto (s.d.): "As cores possuem certas vibrações energéticas que produzem mudanças químicas no organismo, interferindo na parte física e mental".

O ideal sempre é pensar na iluminação antes da seleção das cores e dos materiais. Sempre que possível, deve-se integrar essas duas condicionantes nos projetos, para que se possa obter ótimo resultado para os ambientes, consequentemente favorecendo os usuários. Não se pode deixar de aduzir acerca da importância da iluminação natural nesses ambientes. O ideal seria somente o uso da iluminação artificial à noite e em dias nublados.

Segundo Corbella (2003): "a iluminação natural traz benefícios para a saúde, porque dá a sensação psicológica do tempo, tanto cronológico quanto climático, no qual se vive" (apud Martins, 2004).

Cores nos hospitais

As cores ajudam no processo terapêutico, colaborando com o equilíbrio do corpo e da mente. Seu uso adequado promove o bem-estar dos pacientes e até mesmo dos funcionários. A cromoterapia, segundo Amber (2000, p. 13), é "a ciência que emprega as diferentes cores para alterar ou manter as vibrações do corpo naquela frequência que resulta em saúde, bem-estar e harmonia" (Amber, 2003 apud Gusmão, 2010).

Para Boccanera et al. (2007), "a cor é um fator importante no conforto do paciente e deve ser corretamente aplicada nas paredes, no piso, no teto, na mobília e demais acessórios, para tornar o ambiente hospitalar mais aconchegante para pacientes e funcionários" (apud Gusmão, 2010).

A cor é a parte emotiva do processo visual. Carrega significados e cria sensações nos espaços onde é aplicada. O espaço deve ser bem tratado, as cores devem fazer com que os pacientes se mantenham despertos e os funcionários com boa produção. Assim, o local fica com aspecto animado e vivo e consegue-se perceber isso a olhos claros (Figura 12.31).

Conforme cita Fábio Bitencourt (s.d.): "A cor pode ser entendida como um poderoso idioma que pode afetar não apenas nossas sensações psicológicas, mas também a percepção de tempo, volume, forma, espaço e perspectiva".

Segundo Harlley Alves (s.d.): "A cor é instrumento que auxilia na recuperação dos pacientes, favorece o trabalho dos profissionais e influi na imagem interna do hospital".

Para Ribeiro (2005): "A cor fornece imperiosa impressão do ambiente, sendo necessário saber como aplicá-la de forma apropriada, na quantidade e intensidade de seu uso e, ainda, a combinação para a dos ambientes".

Para o uso das cores deve levar-se em conta cada espaço e sua função.

Figura 12.31 – Espaço clínica infantil.

A cor verde está ligada à esperança e que teria um aspecto antibactericida e antigermicida, por isso é tão vista nos hospitais. Nas salas de espera o ideal seria o uso de cores mais frias, pois ajudam a diminuir a ansiedade e o nervosismo. Já na circulação o adequado seria o amarelo, para um ar menos depressivo. Deve-se tomar cuidado com o azul, pois é uma cor que instiga a retração.

De acordo com Boccanera (2004), "Seria interessante que o hospital fosse um local que se assemelhasse à casa dos pacientes e profissionais e a cor pode auxiliar nessa sensação de familiaridade" (apud Gusmão, 2010).

Os estudos de cromoterapia revelam a influência da cor na vida das pessoas, servindo para estabelecer equilíbrio e harmonia do corpo, da mente e das emoções. Intensifica com a luz, que amplia o sentimento de alegria e bem-estar e pode agir terapeuticamente na cura de pacientes se usada de forma correta.

Defende-se que a cromoterapia é uma técnica que consiste na atribuição de significados às cores que podem reverter problemas de saúde, promovendo o alívio sintomático por meio da cor absorvida pelo corpo, por isso, a importância do seu uso adequado nos ambientes hospitalares.

Para Ondina Baleano (s.d.): "A cromoterapia traz benefícios aos portadores de qualquer disfunção, começando por aliviar as dores e finalmente pela recuperação dos pacientes, na maioria das doenças".

Aos dizeres de Gusmão e Brotherhood (2010):

> "A cromoterapia é uma terapia natural, recomendada como complemento da medicina tradicional, que leva em conta todos os níveis do ser humano (físico, mental, emocional, energético e espiritual), e não apenas os sintomas físicos, já que corpo e mente se encontram intimamente interligados".

As principais propriedades usadas em cromoterapia estão relacionadas a seguir.

Vermelho – é a cor mais poderosa e deve ser usada com prudência. Estimula o sangue e libera a adrenalina. Combate resfriados sem febre e ameniza dores reumáticas. Intensifica as funções do corpo ao estimular o sistema nervoso e fortalece a atividade do fígado. É eficaz em distúrbios relacionados à pele e ao sangue. Retrata a saúde e a ação construtiva, mas também a raiva, o mau humor, o perigo e a destruição (Gusmão e Brotherhood, 2010).

Bomtempo (1998) recomenda utilizar essa cor para ativar o sistema digestivo e combater a depressão, hipocondria, neurastelia e paralisia parcial ou total (*apud* Gusmão, 2010).

Laranja – tonifica, combate a fadiga, estimula o sistema respiratório e fixa o cálcio no organismo. É antidepressivo, aumenta o otimismo, estimula o apetite, promove a boa digestão, beneficia a maior parte do sistema metabólico, rejuvenesce e vitaliza e pode elevar a pressão sanguínea. Associa-se às glândulas suprarrenais e aos órgãos sexuais. Essa cor é a combinação dos raios vermelhos e amarelos e seu poder de equilíbrio é maior que o das duas cores isoladas. É estimulante e expansivo. Combina a energia física com as qualidades mentais, libera a energia, aviva as emoções e origina bem-estar e satisfação (Gusmão e Brotherhood, 2010).

Amarelo – é estimulante, energizante, purificador e eliminador. Estimula a percepção, o intelecto e o sistema nervoso central. Desperta esperança em doentes que desistiram da cura, fortalece os olhos e os ouvidos, ajuda na cura da artrite e na regeneração de problemas ósseos, combate à prisão de ventre, potencializa o fósforo e o sódio. Indicado para obter concentração mental e fixar informações. Deve ser usado com outras cores, pois o excesso pode gerar tensão. Isolado, pode causar a perda de estabilidade, proteção, meta ou foco, o que estimula o nervosismo e a incerteza (Gusmão e Brotherhood, 2010).

A cor amarela também, segundo Borrowski (2005), "auxilia nas situações de desespero e melancolia" (apud Gusmão, 2010).

Verde – é uma cor analgésica. Ajuda no equilíbrio hormonal, estimula órgãos digestivos, é refrescante e anti-infecciosa. Em excesso pode ser fatigante e estimular a depressão. Pode ser aplicada para desequilibrar as vibrações causadas por uma doença. Útil em problemas de coração, úlceras, dores de cabeça, casos de câncer etc. Alivia a insônia. É associada afetivamente à paz, à natureza, à saúde, à abundância, à tranquilidade, ao equilíbrio, à esperança e à juventude. Harmoniza flutuações do estado de espírito e casos de insatisfação e impaciência (Borrowski, 2005, *apud* Gusmão, 2010).

Papali (2009) afirma que "o verde é a cor que ajuda a equilibrar a imunidade, por isso é muito usado em hospitais e clínicas" (*apud* Gusmão, 2010).

Azul – é a cor do equilíbrio, da harmonia e da expansão espiritual. Tem efeito relaxante, calmante e analgésico. Atua no sistema nervoso, nos vasos sanguíneos e em todo o sistema muscular. Ameniza as inflamações, auxilia na cura do eczema (glândula tireoide), em casos de dores de cabeça, enxaquecas e asma. Serve como fortificante da pele. Aumenta o metabolismo e promove o crescimento (Gusmão e Brotherhood, 2010).

Borrowski (2005) complementa que pelo fato de o azul "ser a cor mais curativa, é indicada nas infecções com febre" (*apud* Gusmão, 2010).

Segundo Gusmão e Brotherhood (2010), a cor índigo "atua na corrente sanguínea e é coagulante. É uma cor elétrica, fria e adstringente. Funciona como anestésico e chega a causar total insensibilidade".

Violeta – essa cor "tem ação calmante e é purificadora do sangue. Previne processos infecciosos, elimina toxinas e estimula a produção de leucócitos. Recomendada nos casos de pneumonia, tosse seca, asma, irritação da pele e dor ciática".

Branco – para Farina (1990), a cor branca é sempre positiva e afirmativa. É a soma de todas as cores e o símbolo do absoluto. Apresenta maior sensibilidade na presença da luz. Está associada a ordem, estabilidade, paz e harmonia. Permite boa iluminação, pois absorve pouca luz e transmite pouco calor ao ambiente interno, permitindo, dessa forma, maior conforto (*apud* Gusmão, 2010).

Magenta – "é a cor que fortifica a aura e as radioemanações do corpo químico. Leva à consciência espiritual, auxilia como equilibradora emocional e é estimulante suprarrenal" (Borrowski, 2005 *apud* Gusmão, 2010).

Preto – para Lacy (2000), "a cor preta é considerada impotente, quando usada com outra cor, do contrário pode provocar inacessibilidade, prepotência e indiferença" (*apud* Gusmão, 2010).

Marrom – para Farina (1990), "a cor marrom está relacionada ao pesar, à melancolia e ao desconforto" (*apud* Gusmão, 2010).

Borrowski (2005) "acredita ser a cor da integração e do oferecimento. Associa o marrom a outono, doenças, terra, melancolia e orações" (*apud* Gusmão, 2010).

Como se percebe, todas as cores têm sua função e se bem aplicadas auxiliam no tratamento dos pacientes. Por isso, a necessidade de projetar cada espaço de forma única.

Um hospital bem projetado sempre poderá ajudar na reabilitação dos pacientes, tornando o espaço agradável e confortável, e certamente a recuperação será significativa.

Business center

Às vezes a pessoa tem que ficar muito tempo nos hospitais e não pode deixar seu serviço de lado. Por isso eles oferecem serviço de *fax*, telefone, correio, *internet*, entre outros.

Voluntários e a atividade lúdica

Diferentes disciplinas científicas já abordaram o tema do lúdico desde uma perspectiva biológica até social, produzindo inúmeros trabalhos sobre sua relevância do ponto de vista individual e coletivo, tanto para animais quanto para humanos. De fato, ao longo dos últimos séculos, as Ciências Biológicas, as Ciências Sociais e as Ciências Humanas elaboraram um conjunto significativo de conhecimentos sobre o brincar, o brinquedo e o jogo, destacando a importância da atividade lúdica para o desenvolvimento (Figura 12.32). Especificamente no campo da Psicologia, incontáveis estudos foram realizados, em diferentes subáreas, abrangendo preocupações de natureza clínica, desenvolvimentista, educacional e social (Brougère, 2002; Bruner, 1983; Caillois, 1958; Claparède, 1916; Cordazzo e Vieira, 2007; Freud, 1920; Huizinga, 1938; Millar, 1979; Piaget, 1945; Rosamilha, 1979; Vigotski, 1933; Winnicott, 1971).

Figura 12.32 – Voluntários e a atividade lúdica.

No que tange à esfera da Psicologia da Saúde – e particularmente em Psicologia Hospitalar –, tal interesse se impôs desde suas origens, abrangendo os clássicos trabalhos psicanalíticos, passando pelas intervenções pioneiras junto às instituições de saúde (Araujo e Arraes, 2000; Araujo e Tubino, 1996).

Assim, progressivamente, a partir de Sigmund Freud (1920), reconheceu-se que o jogo é a linguagem própria da criança que lhe permite lidar com sentimentos e experiências. Mais tarde, com as pesquisas de Spitz (1945) e de Bowlby (1951), constatou-se a urgência em disponibilizar contextos adaptados às necessidades de crianças institucionalizadas para minimizar os prejuízos físicos e psicológicos decorrentes, por exemplo, de hospitalizações precoces e prolongadas (Newcomb, 1999).

Em 1958, tal adversidade ambiental também foi criticada por Gellert (*apud* Quiles e Carrillo, 2000), ao alertar que, para a criança, o hospital é um país estrangeiro com idioma e costumes aos quais ela deve se adaptar e, para tanto, precisa dispor de instrumentos de seu domínio e conhecimento.

Mais recentemente, a Psicoimunoneurologia reforça as conclusões desses trabalhos originais (Straub, 2005). Assim, Spitzer (2002) enfatiza que a risada, frequentemente desencadeada nas brincadeiras, diminui o estresse e induz a liberação de endorfina, fortalecendo as respostas imunológicas e reduzindo as consequências nefastas da exposição a estímulos desagradáveis e dolorosos associados às intervenções médicas.

Diante da imposição de muitas vivências estressantes, é essencial fornecer estratégias que facilitem seu enfrentamento e promovam a qualidade de vida durante a hospitalização e no período de sobrevida em que os efeitos tardios do tratamento ainda poderão se repercutir ao longo das etapas subsequentes do desenvolvimento (Andréa, 2008; Araujo, 2006; Araujo e Arrais, 1998; Delella e Araujo, 2002; Perina, Masterallo e Nucci, 2008; Valle e Ramalho, 2008).

Em síntese, muitos teóricos e profissionais insistem que a atividade lúdica se constitui como espaço terapêutico para a elaboração das vivências de doença, restrição e sofrimento. Mais do que isso, segundo diversos autores, o brincar proporciona benefícios não só à criança, mas também aos acompanhantes e à equipe de saúde, pois transforma suas percepções do ambiente hospitalar, que é (re)significado como um contexto de desenvolvimento para os agentes sociais implicados nas diferentes esferas de ação.

O trabalho voluntário pode ser realizado por diversas oficinas como teatros, ciência, jogos, arte santos, arte (música, pintura, poesia etc.) e o palhaço-doutor ou doutores da alegria.

Segundo Spitzer (2002), palhaços têm trabalhado em hospitais desde o tempo de Hipócrates. Contudo, somente em 1908 encontrou-se registro desse modo de atuação em uma edição do *Le Petit Journal*. Outro marco histórico que merece destaque é a trajetória bastante conhecida do Dr. Patch Adams que, há mais de três décadas, passou a adotar a arte do palhaço nos contatos com seus pacientes. Cabe ainda ressaltar a apresentação do Big Apple Circus em um hospital na cidade de Nova Iorque, em 1986, pois após o evento, decidiu-se criar o The Big Apple Circus Clown Care (BACCC), o qual originou diversas iniciativas semelhantes (Massetti, 2003).

Desde então, o movimento vem se expandindo pelo mundo.

No Brasil, em 1991, teve início um programa similar com Wellington Nogueira, fundador e coordenador geral dos Doutores da Alegria, que se define como uma "organização dedicada a levar alegria a crianças hospitalizadas, seus pais e profissionais de saúde, por meio da arte do palhaço, nutrindo essa forma de expressão como meio de enriquecimento da experiência humana" (Doutores da Alegria, 2003).

De acordo com o levantamento realizado em 2001 pelo Centro de Estudos Doutores da Alegria, existem 180 grupos de voluntários que operam dessa maneira em instituições hospitalares brasileiras (Doutores da Alegria, 2003).

O termo "palhaço-doutor" identifica o trabalho terapêutico realizado por performáticos profissionais, que recebem treinamento em habilidades interpessoais e de comunicação, juntamente com técnicas de improviso, para a promoção do bem-estar físico e mental, qualidade de vida, diminuição de ansiedade e estresse entre pacientes, familiares e membros da equipe de saúde (Warren e Chodzinski, 2005).

Sucintamente, é possível afirmar que as práticas dramáticas empregadas buscam desmistificar, simplificar e, principalmente, parodiar procedimentos de saúde, o que pode resultar em alívio, conforto e bem-estar físico, psicológico e social do paciente internado e de seus acompanhantes.

Diante das repercussões internacionais e nacionais desse movimento, alguns estudos vêm sendo propostos para melhor compreender a problemática envolvida. Assim, Vagnoli, Caprilli, Robiglio e Messeri (2005) investigaram os efeitos da presença de palhaços sobre a ansiedade de crianças submetidas à indução anestésica, examinando os escores obtidos com a aplicação da *Modified Yale Preoperative Anxiety Scale*. Os resultados apontaram menos ansiedade entre as crianças que contaram com essa modalidade de intervenção quando comparadas ao grupo controle que recebeu apenas apoio de seus acompanhantes.

Benefícios adicionais às intervenções de "palhaços-doutores" também foram observados por Bennetts (2004). O autor concluiu que a experiência de riscos suscitada modifica a percepção de tédio e quietude fortemente vinculados à rotina hospitalar, além de redimensionar a sensação de "estar doente".

Na Suíça, tomando como base as experiências de dois grupos de intervenção, Crettaz (2006) analisou o ofício do palhaço de hospital, propondo como eixos de discussão o modo de interação particular, o paradoxo inerente à profissão exercida em um meio "hiperfuncional" e a subjetividade acionada como ferramenta de trabalho social.

No Brasil, os trabalhos publicados por Massetti (1998, 2003) ressaltaram aspectos bastante positivos, inclusive para os acompanhantes: moderação da ansiedade, participação mais ativa no tratamento da criança, além do aumento de confiança na equipe.

Em estudo sobre a percepção da equipe médica e de acompanhantes a respeito do "palhaço-doutor", Carvalho e Rodrigues (2007) reuniram relatos igualmente favoráveis, inclusive com o reconhecimento por parte dos profissionais de saúde de que o trabalho desenvolvido pelo movimento é exemplo de humanização na saúde.

Os "palhaços-doutores" consideram que seu trabalho propõe uma "desconstrução" do ambiente hospitalar, cujo foco não se restringe aos pacientes. "É uma intervenção que tenta quebrar esse ambiente impessoal de diversas formas".

Semelhantemente a Crettaz (2006), que salienta as peculiaridades da profissionalização do palhaço de hospital, os entrevistados estimam que possível mudança vinculada a essa atuação é a diminuição da importância dada ao julgamento externo, pois um olhar questionador é reintroduzido pelo palhaço-doutor:

"Por que não? Por que não pode ser assim?".

A metapercepção dos "palhaços-doutores" é de que sua atuação é positivamente avaliada pelos acompanhantes e pacientes:

"Geralmente, a resposta é muito positiva". "O geral aprova, é muito raro encontrar alguém que se incomoda. Que discorda, até agora não encontrei".

Mas, ponderam que, em razão das representações sociais vinculadas à figura do palhaço através dos tempos, as pessoas acreditam que o palhaço "faça as pessoas rirem", quando não é esta a meta da intervenção e tampouco o que efetivamente se propõe:

No que tange ao apoio da instituição hospitalar à execução de suas intervenções, os voluntários reconhecem que: "Não se fecham as portas". Mas, pensam que: "Qualquer outro apoio, financeiro, psicológico, seria lucro".

Sobre suas relações com os profissionais de saúde, comentam:

"Geralmente, eles ficam meio alheios à intervenção. *Claro que têm pessoas superespeciais e você acaba fazendo uma intervenção com o médico. O médico também quer rir: É um semelhante a mim*".

Solarium/sala de meditação

Embora sejam menos utilizadas no Brasil, essas salas têm o objetivo de recuperar as energias do paciente e do acompanhante que muitas vezes estão tensos na sala de espera. Esse serviço tem o acompanhamento de psicólogas.

Capela ecumênica

Com a diversidade de religiões que temos espalhadas pelo Brasil, a presença da capela ecumênica é muito importante para que, independente da religião, seja possível a pessoa rezar, fazer seus pedidos e agradecimentos.

Lazer

A existência do departamento de lazer em hotelaria clássica é mais comum e essencial nos hotéis que se voltam para o turismo de lazer. Para tanto, possuem profissionais e áreas destinadas e várias opções de atividades de lazer e recreação (Crisóstomo, 2005).

Conforme Crisóstomo (2005), as atribuições desse departamento envolvem a organização e a realização de festas, jogos, festivais de dança, competições esportivas, gincanas, passeios, caminhadas, bailes, sessões de ginástica, recreação infantil e muitas outras atividades que variam de acordo com o tipo de hotel e as opções que esse oferece para determinado público-alvo.

Pelo tipo de atividade que realizam, os profissionais dessa área precisam possuir características como dinamismo, criatividade, espontaneidade e facilidade de comunicação para lidar com pessoas de todas as idades e grupos sociais distintos em diferentes situações.

Lazer e bem-estar em hotelaria hospitalar

Em hotelaria hospitalar, o departamento de bem-estar é responsável por oferecer opções de lazer ao cliente de saúde, acompanhantes e familiares, visando à redução de quadros depressivos, tornando a estada dos clientes de saúde mais agradável (Taraboulsi, 2004).

Para Taraboulsi (2004), podem promover ginástica, aulas de arte, música, educação física, jogos e brincadeiras, salas de leitura, biblioteca, passeio pela cidade para os familiares e acompanhantes, bem como outras atividades de recreação.

Assim, as atividades lúdicas são apresentadas aos pacientes como forma de proporcionar maior bem-estar a esses, influenciando no tratamento e recuperação (Boeger, 2005; Taraboulsi, 2004).

Para haver influência positiva dessa área no tratamento do paciente, é necessário que se trabalhe juntamente com psicólogos e assistentes sociais e, também, com voluntários que oferecem sua alegria (como os Doutores da Alegria) e disposição a pacientes em diversos hospitais (Taraboulsi, 2004).

Para Boeger (2005, p. 41), uma das atividades oferecidas pelo departamento de lazer e bem-estar na área hospitalar que são bem aceitas é a brinquedoteca, que, "através de suas atividades lúdicas e culturais, oferece à criança internada e seus acompanhantes um espaço que contribui para amenizar o sofrimento diante da situação de hospitalização e doença".

"É interessante ressaltar que esse setor não tem como objetivo principal a lucratividade direta, uma vez que ele deve ser oferecido como diferencial, voltado para o bem-estar dos clientes, para a humanização e para a motivação" (Dio et al., 2005, p. 814).

A brinquedoteca, assim como outras áreas de lazer e bem-estar podem contribuir para a recuperação da saúde, mas devem ser tratadas com muito critério no tocante a higienização, limpeza, lavagem dos utensílios e bonecos, assim como cuidado no tipo de brinquedo disponibilizado (riscos de acidentes).

Assim, ao proporcionar maior satisfação e bem-estar aos clientes de saúde, contribuem para a formação de uma imagem favorável do hospital, obtendo, então, maior destaque em um mercado globalizado, bastante competitivo e com demanda mais informada e exigente.

Eventos

Setor de eventos – o local é utilizado para a realização de congresso, seminários, reuniões e, se necessário, coletivas de imprensa. O profissional de eventos é responsável por organizar esses eventos e para auxiliá-lo é necessária uma equipe para organização. Além disso, esses profissionais trabalham na divulgação interna e externa do hospital.

Profissionais de eventos – trabalham nos eventos que ocorrem nos hospitais, atuam na divulgação interna e externa. Estão ligados a qualquer ação que envolva a imagem do hospital na mídia. Esses profissionais são responsáveis por organizar, promover palestras, exposições, convenções e qualquer outro evento que o hospital esteja planejando.

Sala de jogos e passatempo

Centro de convivência – é o lugar de distração dos adultos. Lá os pacientes têm à sua disposição jogos para a distração.

Galeria de arte/museu

Permitem que o paciente saia do quarto e se distraia vendo obras de arte e um pouco de cultura.

Salas de vídeo e cinema

Sala de vídeo – espaço onde crianças e adultos podem assistir filmes, peças teatrais, *shows*, música e dança.

Biblioteca

Permite que o paciente ou acompanhante se distraia e passe o tempo com leitura de livros.

Jardins

Áreas abertas com espaço amplo para que o paciente possa sair um pouco do ambiente fechado que é um prédio hospitalar.

A seguir falaremos de alguns profissionais que possuem a função de entreter o paciente para trazer alegria e ajudar na sua recuperação. Vale ressaltar que grande parte desses profissionais não é contratada dos hospitais, ou seja, muitos deles prestam serviços voluntários.

Músicos

Apresentações musicais podem fazer parte das tardes dos hospitais. São apresentações de pianistas, orquestras, violinistas, cantores de MPB, que trazem alegria para as pessoas. Em alguns casos os hospitais têm seus próprios músicos e fazem apresentações regularmente.

Teatros/atores

As peças teatrais são apresentadas para o público infantil e adulto, com os mais diversos temas. Alguns artistas fazem parte do quadro de funcionários dos hospitais e outros costumam vir voluntariamente, especialmente para fazer apresentações para os pacientes.

Recreacionistas/*clowns*

Atividades lúdicas podem ser realizadas por um recreacionista. Alguns grupos vêm de fora para visitar os pacientes e outros são do próprio hospital, ajudando a distrair e interagir as crianças em diversas atividades. Há resultados satisfatórios, muitas crianças passam a conviver melhor com a equipe e passam a aceitar o tratamento.

Contadores de história

São voluntários que dedicam seu tempo na visitação de crianças nos hospitais, para estimular a leitura de livros.

Centros de convivência com lojas de conveniência

O centro de convivência é o lugar de distração das pessoas que encontram "coisas" para fazer enquanto esperam por "outras coisas". É um lugar destinado ao ócio e diversão. Nos hospitais, os clientes podem usufruir desse espaço para jogos, leitura, assistir filmes, participar de debates, ouvir música, conversar com outros pacientes etc. É um local de contemplação, distração, retração, expansão, meditação e outros momentos particulares ou público (Figura 12.33).

Figura 12.33 – Modelo de centro de convivência.

O espaço do centro de convivência pode incluir sala de espera, teleconferência, biblioteca, sala de vídeo, *business center*, *solarium*/sala de meditação, jardins, capela ecumênica, lojas de presentes *mini-shopping*, drogarias, floricultura, galeria de arte/museu, brinquedoteca, músicos, artistas/teatro, recreacionistas/*clowns*, contadores de história, entre outros (Quadro 12.21).

Quadro 12.21 – Espaço e descrição do centro de convivência.

Espaço	Descrição
Sala de espera	Deve ser uma sala com poltronas e sofás confortáveis, com cores claras, para que a pessoa se sinta à vontade
Teleconferência	Com o avanço da tecnologia é possível transmitir as cirurgias, reuniões e congressos através da teleconferência
Biblioteca	Permite que o paciente ou acompanhante se distraia e passe o tempo com leitura de livros
Sala de vídeo	Espaço onde crianças e adultos podem assistir filmes, peças teatrais, *shows*, música e dança
Business center	Local que se pode oferecer serviços de *fax*, telefone, correio, *internet*, entre outros
Solarium/sala de meditação	Para recuperar a energia do paciente e do acompanhante. Esse serviço tem o acompanhamento de psicólogas
Jardins	Áreas abertas com jardins e pássaros
Capela ecumênica	É muito importante, independente da religião, desde seja possível a pessoa rezar, fazer seus pedidos e agradecimentos
Mini-shopping	Local de compras de presentes
Drogarias	Comprar artigos e remédios
Floricultura	Facilita a vida de quem for visitar um amigo ou familiar
Galeria de arte/museu	Permite que o paciente saia do quarto e se distraia vendo obras de arte e um pouco de cultura
Brinquedoteca	É o momento de a criança se distrair e ajuda também na recuperação dos pacientes
Músicos	Apresentações de pianistas, orquestras, violinistas, cantores de MPB, que trazem alegria para as pessoas
Artistas/teatro	As peças teatrais são apresentadas para o público infantil e adulto, com os mais diversos temas
Recreacionistas/*clowns*	Atividades lúdicas podem ser realizadas por um recreacionista
Contadores de história	Voluntários dedicam seu tempo na visitação de crianças nos hospitais, para estimular a leitura de livros
Profissionais de eventos	Organiza, promove palestras, exposições, convenções e qualquer outro evento que o hospital esteja planejando
Setor de eventos	O local é utilizado para a realização de congresso, seminários, reuniões e se necessário coletivas de imprensa

Setor de achados e perdidos

O setor de achados e perdidos é fundamental em hotelaria hospitalar.

Como em todo local grande e com grande circulação de pessoas, é normal a perda de objetos, principalmente em razão do foco da preocupação dos familiares e amigos.

Achados e perdidos é o setor onde fica armazenado tudo o que é achado no hospital, ou que alguém encontrou e deixou lá. É importante o hospital deixar claro que depois de um tempo os objetos que não tiveram procura são descartados.

Brinquedoteca

É um recurso cada vez mais utilizado nos hospitais para entreter as crianças que, em muitos casos, estão passando por tratamentos muito difíceis. É o momento de a criança se distrair e ajuda também na recuperação dos pacientes.

Sala de espera

Local no qual os acompanhantes muitas vezes ficam horas aguardando o término de uma cirurgia. Então o ideal é que seja uma sala com poltronas e sofás confortáveis, com cores claras, para que a pessoa se sinta à vontade.

Mini-shopping/lojas de presentes

Podem ajudar os pacientes quando eles percebem que se esqueceram de algo ou também para visitantes que desejam comprar algum presente para a pessoa que ele for visitar.

Salas de teleconferência

Com o avanço da tecnologia é possível transmitir as cirurgias, reuniões e congressos através da teleconferência.

Drogarias

O serviço de drogaria facilita na hora de comprar alguns objetos durante a estadia do paciente, ou também remédios, ou qualquer tipo de produto que a visita esteja precisando no momento.

Floricultura

Um dos presentes mais recebido por pacientes são flores. A presença de uma floricultura dentro do hospital facilita a vida de quem for visitar proporcionando mais praticidade.

Apoio familiar

O apoio familiar fica à disposição dos pacientes e clientes para qualquer informação que for necessária. Ajuda desde como fazer a reserva nos hotéis, até o auxílio da família de pessoas que morreram no hospital.

Assistência social familiar

A assistente social tem como função fazer a integração social, em especial para as famílias de menor renda familiar. O profissional dessa área garante que sejam realizados os direitos sociais das pessoas, como serviços de saúde, educação, habitação e auxílio familiar. Em casos de pais que maltratam os filhos ou qualquer outra situação não digna desumana que as crianças estão passando, a assistente social deve acompanhar o caso, e se a situação não melhorar ela é obrigada a encaminhar as crianças menores de idade para abrigos públicos.

A assistente social também elabora e executa projetos sociais nas áreas públicas e privadas. O profissional dessa área pode atuar em diversos campos, como hospitais, varas da infância e juventude, sindicatos, abrigos, creches, empresas, entidades filantrópicas, entre outros.

A pessoa que desejar se especializar nessa área é obrigada a fazer o curso superior de assistência social que tem a duração de 3 anos e meio.

Em hotelaria hospitalar, a assistente social busca dar apoio às famílias que perderam entes queridos e que estão muito abaladas com o fato.

Orientador social

O orientador social fica à disposição dos pacientes e clientes para qualquer informação que for necessária. Ajuda desde como fazer a reserva nos hotéis e meios de hospedagem até o auxílio da família de pessoas que morreram no hospital.

Informações e prontuário de pacientes

Responsável por organizar e guardar as informações das internações. Esse setor utiliza muito a tecnologia para agilizar os processos.

Assessoria para VIPs e autoridades

A assessoria para clientes considerados VIPs (*very import personal*) e para autoridades é um dos serviços prestados pela hotelaria. Esses clientes podem ser artistas, cantores, músicos, políticos, atletas, empresários renomados etc., que solicitam tratamentos personalizados ou não querem ser importunados pela impressa e pelos fãs enquanto estiverem internados ou em períodos de exames nos hospitais.

Alguns, pelos hábitos, fazem exigências diferenciadas do ambiente hospitalar. Nesse momento, a hospitalidade e a hotelaria buscam aproximar-se dessas exigências e atendendo-as no que for mais próximo sem ferir ou agredir a segurança de todos.

Exigências comuns são liberação de horários de atendimento, número de visitantes, tipo de enxoval, alimentação etc. Alguns ficam em absoluto silêncio quanto à divulgação, outros são amplamente divulgados e a mídia e a população passam a fazer parte do cenário do cotidiano dessas instituições.

É preciso muita delicadeza para fidelizar esses clientes, principalmente os que têm hábitos e costumes diferenciados do ambiente hospitalar.

Ouvidoria

Ouvidoria/SAC – é o setor responsável por receber queixas e elogios feitos pelos pacientes, analisá-las e tomar providências para que seja resolvido o problema.

Ouvidor – o profissional dessa área é responsável pelo setor de reclamações e elogios recebidos nos hospitais pelos clientes. A ouvidoria hospitalar tem a função de receber as críticas e encaminhar para o setor responsável para que sejam tomadas as devidas providências para a resolução do problema e retornar com soluções o mais breve possível.

FACILITIES EM HOTELARIA HOSPITALAR

Facilities[16], de acordo com a definição do *International Facility Management Association* (IFMA), é a área que engloba inúmeras atividades multidisciplinares para assegurar a funcionalidade do ambiente construído, por meio da integração das pessoas, propriedades, processos e tecnologias, garantindo a produtividade e a qualidade de vida de seus usuários.

Para realizar suas atividades, as empresas se utilizam de um espaço físico, infraestrutura, recursos humanos, tecnologia e procedimentos gerando a necessidade de coordenação e harmonização dessas partes. É a partir dessa necessidade que surge a gestão de *facilities* (Figura 12.34).

Figura 12.34 – *Facilities* em hotelaria hospitalar.

---

[16] https://facilitiesservices.com.br/41-artigos-unicos/158-voce-sabe-o-que-e-facilities.

O que é a gestão de *facilities*?

De modo geral, a gestão de *facilities* envolve práticas interdisciplinares para garantir a funcionalidade de uma empresa. Tem como objetivo fornecer, ao menor custo possível, conforto, higiene, segurança, manutenção e infraestrutura para que as pessoas possam desempenhar suas funções de forma produtiva na empresa ou espaço de trabalho.

Essas rotinas não fazem parte da atividade-fim da empresa, normalmente incluem um conjunto de atividades que, juntas, levam à melhoria dos processos, ao propiciarem facilidades que tornam mais produtiva uma organização. A gestão de *facilities* pode ter sua administração concentrada de modo a atuar coordenadamente. A esse tipo de atuação dá-se o nome de gestão de *facilities*, cujo objetivo é garantir que todas as necessidades da organização sejam supridas por serviços de apoio.

Qual a sua importância?

A importância da gestão de *facilities* está diretamente ligada ao tamanho da empresa, considerando tanto os aspectos físicos quanto seus recursos humanos. Quando falamos de empresas de grande porte com mais de 1.000 funcionários, a complexidade de gerenciar a estrutura do local e as demandas das pessoas é muito elevada, existindo a necessidade de um departamento específico que fique responsável pelo gerenciamento de *facilities*.

Ter uma boa gestão de *facilities* pode gerar economias significativas no custo fixo, aumentar o nível de satisfação dos funcionários e, consequentemente, a produtividade da empresa. Estamos falando de atividades que vão desde controlar a temperatura do ambiente de trabalho, até o fornecimento de refeições para os funcionários.

Algumas empresas ainda não possuem um departamento de *facilities* estruturado, agrupando suas diferentes funções pelos departamentos de recursos humanos, produção, suprimentos, entre outros, o que pode ocasionar em perdas importantes de sinergias e coordenação. Os serviços de *facilities* podem ser contratados de maneira terceirizada, tendo em vista que as maiores especializações de empresas nesse setor geralmente agregam maior qualidade aos serviços e muitas vezes podem gerar redução de custos nos processos.

Contratar empresas terceirizadas de *facilities* costuma ser bastante benéfico por ajudar a reduzir gastos associados a esses serviços e também por garantir a otimização e a eficiência nos processos em geral. Muitas empresas negligenciam esses serviços e muitas podem ter impactos significativos nos custos e na motivação dos funcionários. É um conceito já muito bem explorado nas empresas multinacionais e que vem ganhando espaço nas empresas nacionais e condomínios em geral.

Qual o papel do gestor de *facilities*?

Quando um empreendimento contrata esse tipo de serviço, também é comum que seja enviado um gerente de *facilities*, ou seja, um profissional gabaritado vai supervisionar todas as atividades executadas. Esse executivo é vital para manter o controle daquilo que está sendo realizado. Trata-se de uma figura cada vez mais desejada pelas companhias que atuam com esse segmento. Tal profissional é o responsável por coordenar todas as operações de determinada área. Ele atua junto ao negócio, em parceria para atender melhor cada empresa dentro de suas necessidades específicas.

Com uma visão global dos serviços realizados, ele é o ponto focal de todas as equipes. É quem direciona os trabalhos, elenca as prioridades e define as melhores soluções para cada problema eventual. Além disso, o gestor enviado fica responsável pela gestão dos contratos de *facilities*, evitando que qualquer serviço seja suspenso inesperadamente. Sua atuação principal é garantir que tudo esteja sempre funcionando, com todos os colaboradores trabalhando de forma coordenada e eficiente.

Quais são os serviços mais procurados?

Ao se falar em *facilities*, existem alguns serviços que se destacam por estarem presentes em quase todas as empresas e tem papel importante para melhorar o cotidiano de quem está diariamente à frente dos processos principais da empresa, tais como segurança, gestão dos serviços públicos (água, energia, meio ambiente, serviços e licenças públicas), utilidades, jardinagem, estacionamento, estrutura e obras.

Principais focos na gestão de *facilities*

Tanto em empresas quanto em edifícios, é muito comum que surjam problemas associados a máquinas e equipamentos em geral. Uma pane elétrica ou um equipamento que para de funcionar, por exemplo, podem causar muito desconforto e até mesmo prejuízos. Por isso, um importante serviço de *facilities* é o de manutenção, por meio do qual uma equipe está sempre pronta para atender às necessidades de manutenção corretiva, preventiva e preditiva, garantindo que toda a infraestrutura da organização esteja sempre disponível para utilização.

Manutenção

Manutenção é isto:

- Quando tudo vai bem → ninguém *lembra* que existe.
- Quando algo vai mal → todos *lembram* que não existe.
- Quando é para gastar → alguns *acham* que não é necessário existir.
- Porém, quando *realmente* não existe, todos concordam que deveria existir.

A manutenção[17] é um conjunto de ações necessárias para manter ou restaurar um bem, uma peça, equipamento, máquina ou sistema, de forma a estabelecer uma condição operável para atender sua capabilidade e vida útil.

A manutenção é:

- Uma atividade operacional com *status* estratégico.
- Uma medida da eficácia da gestão no todo organizacional.
- Uma atividade com foco nos recursos da organização.

---

[17] http://www.citisystems.com.br/manutencao-industria-como-funciona.

A manutenção deve ter domínio e gestão para decidir suspender, interditar, revisar e alterar o que não for suficientemente seguro e responsabilizar-se sobre a decisão como:

- Acesso à organização.
- Operação sobre equipamentos e bens da organização.
- Planos e ações de melhoria em segurança, produtividade e qualidade.
- Projetos e seleção de instalações e equipamentos.
- Condições de higiene e segurança no trabalho.
- Controle ambiental na redução da poluição e desperdícios de produtos.
- Controle sobre bens patrimoniais.

A manutenção gera lucro, pela redução de despesas, desperdícios e falhas produtivas. O cliente é quem dita o preço dos produtos gerando competitividade na concorrência. Qualquer que seja o desperdício/despesa impacta no preço do produto e na competitividade. Portanto, para se reduzir os custos, devem-se reduzir ou eliminar as perdas com o custo operacional e estrutura da organização. A manutenção pode contribuir com ampla margem contributiva na redução de desperdícios e aumento da produtividade.

A manutenção deve:

Checar:
- Fiabilidade: probabilidade de um bom funcionamento.
- Manutenibilidade[18]: probabilidade de duração de uma reparação.
- Capabilidade: produção com o mínimo de variação (desvio-padrão).

Manter:
- Instalações e equipamentos operando com eficiência.
- Instalações e equipamentos com disponibilidade de uso.
- Segurança ocupacional com risco zero.
- Os custos por desperdícios reduzidos.
- Pronto para atender as áreas produtivas do hotel/hospital.
- Continuidade dos serviços reduzindo o tempo e paradas não programadas.
- A velocidade no atendimento dos serviços e da necessidade do cliente.

Focar 3 fatores:

A manutenção deve atender sempre aos fatores:
- O humano: garantir a segurança ocupacional.
- O técnico: garantir a operação e a capabilidade dos equipamentos.
- O econômico: garantir a vida útil e o custo de desempenho.

Com o objetivo de:
- Evitar acidentes ocupacionais aos homens no trabalho.

---

[18] Manutenibilidade: característica inerente a um projeto, sistema ou produto, e refere-se a facilidade, precisão, segurança e economia na execução de ações de manutenção nesse sistema ou produto (Blanchard B. Logistics engineering and management. 4th ed. Englewwod Cliffs: Prentice Hall, 1992. p. 15).

- Evitar riscos aos usuários dos sistemas e equipamentos.
- Manter a funcionalidade dos equipamentos necessários à operação.
- Garantir desempenho e padrão dos produtos e serviços produzidos.
- Manter o custo do uso de acordo com o plano orçamentário.
- Manter e garantir a taxa de vida útil conforme depreciação programada.
- Evitar danos e acidentes por falhas operacionais.
- Evitar desperdícios de recursos por falhas na manutenção.
- Evitar pequenas paradas e defeitos de qualidade.
- Evitar perdas financeiras e despesas não orçadas.
- Garantir o desempenho no ambiente com segurança e conforto.

A manutenção não é uma ação isolada, deve ser planejada. O conceito de *total productive maintenance* (TPM) ou manutenção produtiva total teve origem na metodologia do "Sistema de Produção" (EUA) em empresas de grande porte com produção seriada (autopeças e montadoras).

Para Suzuki (1994, *apud* Sena, 2002) [...] "O TPM surgiu na indústria de automóvel e rapidamente passou a formar parte da cultura corporativa de Empresas tais como Toyota, Nissan, e Mazda, seus fornecedores e filiais, e posteriormente em indústrias de eletrodomésticos, microeletrônicas, máquinas, ferramentas, plásticos, fotografia etc.". Apesar de desenvolvida nos EUA, os japoneses aplicaram melhor e desenvolveram bases teóricas que resultaram na gestão TPM que se tem hoje.

Classificação e tipos de manutenção

A manutenção é classificada como manutenção corretiva, preventiva, preditiva e detectiva. Tem como objetivos garantir a produtividade da produção dos produtos ou serviços mediante a funcionalidade dos equipamentos. Os tipos de manutenção que podem reduzir quebras e, portanto, prejuízos são a detectiva e a preditiva. Após a análise das duas, realiza-se com maior firmeza a preventiva, evitando que se aproxime da corretiva imprevista (Quadro 12.22).

O *check list* dos parâmetros dos equipamentos é a maneira mais adequada para evitar os imprevistos produtivos.

Quadro 12.22 – Classificação da manutenção.

Classificação	Descrição	Subclassificação	Descrição
Corretiva	Realizada mediante falha inesperada e aleatória com interrupção da função produtiva. Pode provocar pequenas, longas e paradas temporárias ou definitivas, com ou sem acidentes	Planejada/ programada	Realizada a partir do diagnóstico da falha, antes da quebra e sem interrupção do processo produtivo
		Não planejada/ imprevista	Falha inesperada e aleatória com interrupção da função produtiva

Classificação	Descrição	Subclassificação	Descrição
Preventiva	Realizada para reduzir a probabilidade de falhas de um bem ou de um serviço prestado (AFNT – Associação Francesa de Normas Técnicas)	Condicional	Inspeção realizada sem interferir no estado operacional do equipamento. Visa coletar dados sobre o estado do equipamento
		Sistemática	Ocorre com cronograma de frequência, sendo efetuada conforme programa estabelecido em tempo ou unidade de uso
Preditiva	"Significa sentir, avaliar ou controlar as mudanças físicas das instalações, prevendo e antecipando falhas e tomando as medidas reparadoras apropriadas" (TAKAHASHI, 1993, p.198). É programada para evitar a falha (*poka yoke*) ou por cronograma de prevenção. Utiliza instrumentos de medição/detecção de anormalidade operacionais (ruídos, faíscas etc.). É realizada com o equipamento em operação	Controlada	Instrumentos de medição no equipamento
		Programada	Instrumentos de medição móveis/portáteis com medições programadas
Detectiva	É a atuação efetuada em sistemas de proteção buscando detectar falhas ocultas ou não perceptíveis ao pessoal de operação e manutenção		

Esse grupo de classificação compõem a *total productive maintenance* ou TPM.

Total productive maintenance/manutenção produtiva total

O que é TPM?

Conjunto de atividades de manutenção que visa melhorar a *performance* e a produtividade dos equipamentos. O TPM é a melhoria da estrutura empresarial mediante o melhoramento da qualidade do pessoal e do equipamento.

Seus objetivos são:
- Melhorar a qualidade do pessoal para realizar a manutenção autônoma.
- Promover a melhoria do equipamento atingindo a eficácia global.
- Constituir uma estrutura empresarial eficaz.
- Inexistência de retrabalho.
- Eliminar as perdas visando:
  - "zero acidente ocupacional".
  - "zero defeito no produto e serviço".

- "zero quebra/falha no equipamento".
- Alcançar o ciclo total de vida útil do sistema de produção.
- Minimizar as perdas diretas e indiretas da produção.
- Criar documentos e procedimentos de registros de manutenções.
- Reduzir as responsabilidades do setor de manutenção.
- Ambiente de trabalho com segurança e conforto.
- Ambiente de negócios seguro e confortável.
- Ciclo de vida útil controlado de equipamentos e materiais.

As perdas são os fatores da improdutividade na gestão da manufatura (JIPM www.jipm.org).
As grandes perdas são classificadas como:

- Perdas por paradas.
- Perdas por ajustes e preparações.
- Perdas por defeitos.
- Perdas por acidentes.
- Perdas por paradas curtas.
- Perda por queda de velocidade de trabalho (Nakajima[19]).

Ao zerar as perdas, o rendimento operacional é atingido (Nakajima, 1986).
A meta global da empresa é a produtividade.
O TPM é uma metodologia participativa. Mirshawka (1993, *apud* Nascimento, 2002), afirma que o TPM busca a eficácia da própria estrutura organizacional da empresa, pela capacitação das pessoas e das melhorias incorporadas a máquinas, equipamentos e dispositivos.
Também pode ser visto como uma forma de reduzir os custos globais da manutenção mostrando que muitas das tarefas de manutenção podem ser realizadas pelos operadores de máquinas como:

- Limpeza das máquinas.
- Medidas de prevenção contra os focos de sujeiras.
- Lubrificações.

A diminuição na manutenção ocorre pelo aumento do conhecimento do operador em relação à máquina.
Nakagima (1986, *apud* Nascimento, 2002) considera a existência de apenas cinco grupos de atividades na implementação do TPM, conhecidos como pilares. Hoje já se fala em 8 pilares que auxiliam na objetividade das ações propostas pelo JIPM (*Japan Institute of Plant Maintenance*), segundo Suzuki (1992, *apud* Wyrebski, 1997). O TPM apoia-se em 8 pilares, segundo Tavares[20] (sd), conforme descritos no quadro 12.23.

---

[19] Introdução ao TPM, Seiichi Nakajima, 1986.
[20] Tavares, Lourival, Administração Moderna da Produção, Novo Polo. Os Oito Pilares do TPM.

Quadro 12.23 – Pilares da manutenção.

Pilar	Tipo de manutenção	Objetivo	Departamento	Nível executante
1	Autônoma	Eliminar perdas, elevar a eficácia, capacitar operadores, promover a cultura do chão de fábrica	Produção	Operadores
2	Melhorias específicas e individuais	Eliminar perdas, elevar a eficácia dos equipamentos	Produção	Todos
3	Planejada	Maximizar a disponibilidade dos equipamentos, zerar a manutenção não programada, minimizar a programada	Manutenção	Chefias e manutentores
4	Educação e treinamento	Treinar operadores na tarefa	Treinamento TPM	Chefias
5	Fase incial de controle	Monitorar o ciclo do custo de vida (CCV)	Engenharia	Todos
6	De qualidade	Assegurar 100% de qualidade e zero defeito	Produção	Operadores e chefias
7	Eficiência administrativa e indireta	Eliminar perdas administrativas, com decisões claras	Todos	Todos
8	Segurança, higiene e meio ambiente	Eliminar perdas (meio ambiente, higiene e segurança). Contribuir com zero acidentes, zero doenças profissionais e zero poluição	Produção, manutenção e engenharia	Todos

Fonte: Apostila do Curso TPM, São Paulo: Haast Ltda., Set/1997.

A manutenção tem um cliente, utiliza matérias-primas, processa, gera produto final e subprodutos (peças substituídas). É um ciclo de *input, process* e *output*. O *output* ambiental (descarte dos subprodutos) é parte integrante do ciclo de manutenção sustentável (Quadro 12.24).

A verificação da frequência das paradas por quebra e por falha operacional é necessária para criar o conceito de criticidade. A avaliação da criticidade é uma forma de planejar a manutenção (Quadro 12.25).

A avaliação da criticidade é feita por tipo e classe do equipamento.

A manutenção tem custos visíveis e invisíveis:

- Visíveis (diretos):
  - Mão de obra.
  - Peças e materiais.
  - Serviços de terceiros.

Quadro 12.24 – Ciclo da manutenção sustentável.

Input	Processo	Output	Objetivo	Sustentabilidade	Segurança
Prestadores de serviços	Manutenção	Reúso	Hóspedes, clientes, funcionários e passantes	Social	Ocupacional
Construtores, fabricantes e fornecedores		Subprodutos da manutenção	Equipamentos em perfeita operação	Econômico	Financeira
Recursos (humanos, financeiros e tecnológicos)		Reciclo	Custos, vida útil, capabilidade	Ambiental	Ambiental
		Descarte			

Quadro 12.25 – Avaliação da criticidade.

Problema	Criticidade na empresa		
	A	B	C
Segurança e poluição	Afetam com riscos graves	Afetam parcialmente	Não existem problemas de segurança e poluição
Abrangência do defeito	Paralisação total de equipamentos	Paralisação total mais importante	Não existe risco de paralisação. Equipamento em *stand by*
Regime de trabalho	De 16 a 24 horas por dia	De 8 a 16 horas por dia	Funciona ocasionalmente
Qualidade e produção	A qualidade é interrompida e não recuperável	A qualidade varia e a produção é reduzida	Não afetam a qualidade nem a produção
Frequência das falhas	Paralisações frequentes (menores de 60 dias)	Paralisações de frequência média (120 a 180 dias)	Paralisações de frequência baixa (181 a 360 dias)
Dificuldade de reparos e custo	Maior tempo (6 horas). Custo alto e impacto na receita	Tempo médio (4 horas). Custo médio e impacto na receita	Tempo baixo (1 hora). Custo e impacto baixos na receita
Estratégias de manutenção	Monitoração rigorosa das condições operacionais e das variáveis de desempenho	Preventiva sistemática. Implementação de melhorias da falha e eliminação dos pontos vulneráveis	Preventiva baseada na condição sensitiva ou corretiva programada. Analisar o modo mais econômico de reparação do equipamento

- Invisíveis (indiretos):
  - Custo de manutenção/custo total.
  - Custo de manutenção/faturamento.
  - Custo operacional e de energia.
  - Custo de parada.
  - Custo com multas.
  - Depreciação e degradação.
  - Acidentes e sinistros.
  - Má qualidade do serviço.
  - Perda da imagem.

É comum aceitar determinadas perdas como inerentes ao próprio sistema, o que deve ser combatido. Algumas perdas do tipo "pequenas paradas" (*chokotei*) se enquadram nesta categoria, assim como as perdas por retrabalho, perdas por velocidade, perdas por entrada em regime etc. **Perder não é parte do processo produtivo.**

Após este entendimento sobre quebra já se pode inserir o conceito da quebra zero.

A quebra zero não é a parada por quebra de uma máquina. A máquina não pode parar ou quebrar durante o período programado para operar.

No TPM, o tempo de "inoperação" (e não ocioso) é o que se destina às manutenções, às observações e às melhorias. Para obter a quebra zero é imprescindível programar o tempo de operação, o tempo necessário e suficiente para a manutenção.

Nos estudos realizados para obtenção da quebra zero ficou claro que as quebras são resultantes do manuseio errado imposto pelo próprio homem e por sua incompetência em detectar previamente os defeitos ou causas que influem na degeneração.

A Norma regulamentadora 12 (NR 12 – Segurança no Trabalho em Máquinas e Equipamentos) define um ciclo de garantia de segurança para equipamentos. A manutenção é um dos pilares da segurança operacional dos equipamentos (Figura 12.35).

Serviços públicos

Os serviços públicos, que antes eram gerados pelo fornecimento de água, energia etc. e atualmente estão sendo fornecidos por empresas privadas, continuam sendo essenciais para as instituições hospitalares. O que pode ser definido com serviços públicos estão no seara da regulamentação e fiscalização exercido pelos diversos órgãos controladores do Estado, tais como o controle das etapas de implantação e renovação das licenças ambientais e operacionais, como também as legislações sanitárias e trabalhistas.

Bombeiros e combate ao incêndio

A segurança é essencial. Com este assunto, não podemos correr nenhum risco, dependendo do tamanho da empresa, da quantidade de pessoas e das dimensões das instalações. É necessário contar com uma equipe de bombeiros. Com a gestão profissional de *facilities*, a companhia conta com profissionais treinados para garantir a segurança de todos em casos

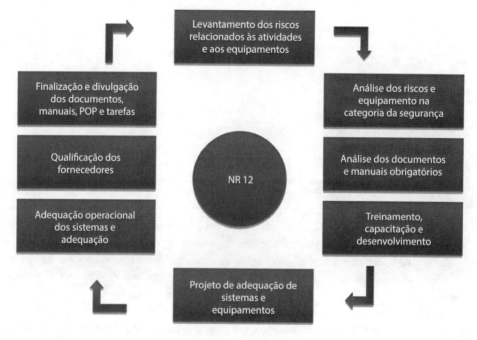

Figura 12.35 – Fluxo da NR 12.

de emergência. Estão inclusos neste grupo as atividades e equipes de combate ao incêndio (brigada de incêndio), o controle de validade de recarga e dos extintores, a fiscalização e operações com os hidrantes e a capacitação continuada desses profissionais da empresa.

Além disso, uma equipe de bombeiros pode dar treinamentos periódicos, fazer campanhas de conscientização (ou contra riscos) e observar constantemente os equipamentos e as condições ideais para a prevenção de incêndios e acidentes.

Utilidades

O termo utilidades na indústria refere-se aos serviços de tratamento de água por meio físico, desde a clarificação e filtração, abrandamento, desmineralização até químico para afluentes, efluentes, reúso, água de refrigeração, geração de vapor para caldeiras e aquecedores, redes de líquidos (água de esgoto, reúso, afluentes e efluentes), gases industriais, medicinais e outros uso, assim como economia e conservação de energia.

Sistema de refrigeração e ar condicionado

São sistemas centrais ou individuais que geram conforto para os clientes, o ambiente e qualidade para os equipamentos utilizados na instituição hospitalar. Para grandes centrais de refrigeração, os serviços terceirizados de manutenção e operação podem ser mais vantajosos pela existência de empresas especializadas nesses equipamentos. Para equipamentos individuais, a manutenção também pode ser terceirizada, embora para consertos rápidos é interessante que existam técnicos na equipe orgânica da manutenção.

Gerador de vapor e aquecimento de ambiente e fluidos
São sistemas centrais ou individuais que geram conforto para o ambiente e qualidade para os equipamentos utilizados na instituição hospitalar. Para esses equipamentos o melhor é a adoção de terceiros como operadores e de manutenção.

Gases industriais e medicinais
São sistemas centrais ou individuais que armazenam e distribuem gases para serem utilizados em equipamentos e clientes mediante a necessidade de cada um deles. Normalmente os serviços de manutenção são realizados por contratos com terceiros. A equipe interna da manutenção pode realizar pequenos reparos ou substituições de algumas peças nos dosadores dos leitos.

Geradores de energia
São sistemas centrais com atendimento parcial ou total das instalações hospitalares. Normalmente atendem aos equipamentos e setores prioritários tais como bloco cirúrgico e UTI. As empresas fornecedoras desses equipamentos, normalmente, fazem contratos de longo prazo para manutenção e operação. Os serviços são, preferencialmente, prestados por empresas fabricantes ou autorizadas pelos fabricantes dos geradores.

Elevadores, escadas e esteiras rolantes
São sistemas de movimentação e locomoção mecânica de pessoas e equipamentos (elevadores e monta carga de serviços). As empresas fornecedoras desses equipamentos, normalmente, fazem contratos de longo prazo para manutenção e operação. Os serviços são, preferencialmente, prestados por empresas fabricantes ou autorizadas pelos fabricantes.

Estrutura e obras de conservação
Uma ótima sugestão é consultar a Associação Brasileira das Empresas de Engenharia de Manutenção Predial (ABRAPI), que tem uma relação das instituições do segmento. Após contratada a empresa, seu trabalho ainda não acabou! É importante manter um controle das atividades realizadas, a fim de saber se está sendo cumprido aquilo que consta em seu contrato.

Assim, a elaboração desse documento é fundamental para alinhar as expectativas do contratante à capacidade da companhia contratada. Especifique o máximo possível as atividades realizadas e deixe bem claro qual é seu escopo de trabalho.

Manutenção civil, reformas e obras
Para pequenos e médios reparos ou reformas, algumas instituições têm equipes prontas para realizarem esses serviços. Para grandes obras ou serviços de infraestrutura é mais útil a contratação de empresas especializadas.

Carpintaria

Os serviços de reparos de portas, reforma ou recuperação de móveis, cadeiras e estofados são uma constante nas instituições com intenso acesso e uso por pessoas. A contratação de um profissional pode representar menor custo se a quantidade de móveis e utensílios justificar. Caso contrário, para serviços esporádicos, pode ser mais barato contratos de terceiros mediante a demanda do serviço.

Jardinagem

A apresentação de um local de trabalho (e mesmo de onde se costuma receber clientes) é importantíssima para gerar bem-estar e novos negócios. Sabemos que a aparência conta muito! Por isso, a jardinagem é muito procurada como uma *facilities*.

Com profissionais altamente capacitados e o fornecimento de ferramentas adequadas, esse serviço garante a manutenção do paisagismo. Podas, cultivo de flores, plantas, gramados, cercas vivas: tudo isso está incluído no pacote. Até mesmo a questão da segurança está envolvida, especialmente quando há árvores no local que requerem cuidados especiais para evitar a queda de galhos.

Estacionamento e pátio de manobras

O pátio de estacionamento é um novo tipo de serviço que agrega valor à instituição, pois o cliente também decide sua escolha por essa facilidade de chegar e estacionar o carro. A maioria dos serviços de controle e de gestão é terceirizada, inclusive com os serviços de *vallet*.

Os serviços de *facilities* é essencial para toda empresa que deseja se manter organizada e aumentar o nível de sua produtividade e do atendimento ao cliente.

A gestão das facilidades deve contemplar todos os serviços que facilitam o desenvolvimento das operações associadas diretamente à atividade principal do negócio. Dessa forma, os funcionários e os líderes terão condições de trabalhar melhor e com mais satisfação, o que só resulta em benefícios para a organização.

13 INDICADORES DE DESEMPENHO

Indicador, para Zanovello e Guimarães (2007, p. 5), é uma unidade de medida direta da qualidade com a qual se relaciona um quantitativo que pode ser usado para monitorar e avaliar entradas, processos e saídas. Correspondem aos padrões de conformidade planejados para atender aos clientes em toda cadeia produtiva, seja de produtos, seja de serviços. É considerado, também, um identificador, com vistas a uma revisão que direciona a atenção a assuntos de resultados específicos. Pode ser apresentado como uma taxa, um coeficiente, um índice etc. (Figura 13.1).

Figura 13.1 – Apresentação de indicador.

A avaliação por desempenho pode ser definida como uma técnica de transformação, uma vez que comunica e transforma a informação em juízo valorativo fundamentado.

Alguns autores definem a importância dos indicadores em forma de conceitos, tais como E. Deming é "Em Deus todos nós confiamos, os demais têm que nos provar com dados". Para Prahalad e Hamel (2005, p. 55), Drucker (2002, p. 212), uma empresa precisa chegar a uma decisão examinando seu próprio negócio, seu mercado, sua concorrência e definindo se poderão surgir novos concorrentes. Portanto, Planejar, Organizar, Dirigir e Controlar (PODC) são ferramentas que permitem conhecer o próprio negócio.

Para Deming (1990), Juran (1992), Farias, 2014:

- Não existe a gestão sem controle.
- Não existe o controle sem medida.
- Não existe a medida sem indicador.

- Não existe o indicador sem parâmetro.
- Não existe o parâmetro sem pesquisa.
- Não existe a pesquisa sem método.
- Não há método sem conhecimento.
- Sem conhecimento não há competência.
- Sem competência não há sucesso.
- Não existe o sucesso no que não se tem gestão.

Para Graeml (2000), os indicadores são informações que registram e retratam o comportamento de uma atividade, de uma função ou de uma empresa. Normalmente, **são representados por valores e grandezas mensuráveis, absolutas ou relacionadas, que variam no tempo e/ou espaço**. Kaplan e Norton (1997) ampliaram a importância dos indicadores afirmando que eles servem também para comunicar a estratégia e alinhar os pensamentos e ações dos profissionais das empresas.

Os indicadores têm sido utilizados para mensurar o desempenho de inúmeras atividades produtivas. A gestão por indicadores sugere manter o foco no desempenho, na rentabilidade, na produtividade e na qualidade, atributos acompanhados por crescente necessidade de coletar, tabular e analisar os dados da empresa, a fim de identificar desvios e racionalizar os processos mantendo a competitividade no mercado.

A mensuração de desempenho pode ser realizada mediante a tradução dos dados financeiros e operacionais das empresas em coeficientes ou índices. Desse modo, tem-se uma medida padronizada de análise, que possibilita a comparabilidade entre o desempenho de diferentes empresas em períodos de tempo distintos. O objetivo do indicador é a redução da distância entre os dados abstratos (intuição) e objetivos (racional), favorecendo a tomada de decisão pelos gestores.

Donabebian (1988) afirma que a qualidade e o desempenho dependem da visão de quem avalia: o cliente. Esse nomeia e dá legitimidade a uma escala de importância e relevância sobre serviços e produtos. Essa percepção constitui-se como um *check-lists* de qualidade para o cliente. Os pontos mais avaliados são efetividade, eficiência, otimização, aceitabilidade, eficácia, legitimidade e equidade.

No escopo da sustentabilidade, de acordo com a Agenda 21 (ONU, 1996), os indicadores devem apresentar resultados sociais, econômicos, ambientais e institucionais. Os sociais abragem o ser humano; os econômicos, os resultados financeiros; os ambientais, a ética e a decisão ecológica; e os institucionais, a missão da empresa na sociedade.

A classificação da Organização para a Cooperação e o Desenvolvimento Econômico (OCDE, 1993) apresenta-se sistematizada pelo modelo **Pressão-Estado-Resposta (PER)** em três grupos-chave de indicadores:

- **Indicador de pressão** – os sistemas ambientais (emissão de contaminantes, eficiência tecnológica, intervenção no território e de impacto ambiental).
- **Indicador de Estado** – a qualidade do ambiente em dado horizonte espaço/tempo (sensibilidade, risco e qualidade ambiental).

- **Indicador de resposta** – avalia a resposta da sociedade às alterações e programas em prol do ambiente. Incluem-se nesse grupo os indicadores de adesão social, de sensibilização e de atividades de grupos sociais importantes.

Bossell afirma (1999), parafraseado de Einstein, que os indicadores devem ser simples, pois expressam um compromisso, porém não mais do que simples.

Os indicadores são pilares de perenização da gestão estratégica (valores, missão, visão de futuro, fatores críticos para êxito e metas estratégicas), da gestão operacional (processos) e das partes interessadas (clientes, servidores, sociedade, fornecedores etc.). A leitura dos indicadores mantém a empresa alinhada com suas decisões e integrações estratégicas.

Os gestores quando se guiam por indicadores têm maior probabilidade para mapear os processos e tomar decisões racionais. Ao construir um indicador estamos construindo "lentes" cuja finalidade é a de melhorar a visão na tomada de decisões. Os indicadores são sinalizadores das lacunas entre os parâmetros definidos pelo plano estratégico e o plano produtivo do negócio. É mister a real necessidade de se manter o alinhamento e a integração entre os planos estratégico e produtivo.

A figura 13.2 apresenta o modelo de integração entre os planos estratégico, tático e produtivo.

Figura 13.2 – Modelo de integração entre os planos estratégico, tático e produtivo.

Para Zilber e Fischmann (2002), os indicadores auxiliam na definição do planejamento estratégico e permitem verificar a adequação das decisões tomadas, bem como corrigir e readequar os rumos do processo de gestão.

Os principais indicadores, segundo Takashina (2004), estão citados no quadro 13.1.

Os indicadores são balizadores das tomadas de decisões das principais atividades econômicas, sejam elas primárias, secundárias, terciárias e quaternárias. O setor hospitalar não foge à regra em medir o desempenho da gestão por meio de indicadores.

Quadro 13.1 – Principais indicadores segundo Takashina (2004).

Indicadores	Descrição
Estratégicos (institucionais)	Informam o "quanto" a empresa se encontra na direção da sua visão. Refletem o desempenho em relação aos fatores críticos para o êxito
Eficiência (produtividade)	A economia de meios diz respeito à melhoria de instrumentos, processo e procedimentos. Medem a proporção de recursos consumidos com relação às saídas do processo
Eficácia (qualidade)	O cumprimento das metas estabelecidas. Focam as medidas de satisfação dos clientes e as características do produto/serviço
Efetividade (impacto)	A repercussão do serviço prestado no meio ambiente, comunidade ou sociedade. Focam as consequências nos produtos/serviços. Fazer a coisa certa da maneira certa
Capacidade	Medem a capacidade de resposta de um processo por meio da relação entre as saídas produzidas por unidade de tempo

Lima[1] (2007) afirma que o conceito de saúde como negócio é bem recente. Acreditava-se que, como a saúde está voltada para o bem-estar de pessoas e por lidar com vidas, não poderia ser um negócio lucrativo. O setor hospitalar trabalha em busca das melhores práticas de atendimento, administração dos recursos e padrões de qualidade. A razão: o cenário mudou, o mercado se torna cada dia mais exigente e os desperdícios podem negativar a rentabilidade.

O setor hospitalar caracteriza-se como um dos mais complexos e de difícil gerenciamento. Drucker (2004) afirma que poucos processos industriais são tão complicados quanto o hospital que, além de complexo, comporta alto risco inerente à atividade que é a vida da vida. Esse conjunto de fatores impõe aos gestores medições constantes e variadas, o que leva à necessidade dos indicadores para as diversas áreas do complexo hospitalar (Bittar, 2004).

Para Schumann (2008), os indicadores podem ser utilizados para examinar tendências para hospitais por vários anos e ainda auxiliam na identificação de quais áreas o desempenho é satisfatório e em quais é necessário buscar melhorias.

A qualidade hospitalar pode significar a excelência da vida da vida, a otimização dos recursos reduzindo as falhas de processos, geração de desperdícios que são provocados pela ineficiência de processos ou pela inexperiência de gestão.

Segundo Shoemaker (2009), nos estabelecimentos assistenciais de saúde, uma das melhores maneiras de se reduzir os custos e aumentar a eficiência seria por meio da comparação de desempenho entre pares, em hospitais com características semelhantes, tais como número de leitos, serviços prestados, localização, entre outros aspectos.

Em um hospital, a grande variedade de itens utilizados, aliada ao risco por desabastecimento, pode provocar estoques em excesso, o que significa recursos financeiros imobilizados, espaços mal utilizados, consumo excessivo de energia e risco de descarte dos materiais de alto custo (Paulus Jr, 2005).

---

[1] Jose Antonio Lima – Diretor do Hospital Samaritano de São Paulo.

A gestão racional dos estoques é necessária para a competitividade de qualquer empresa, porém no hospital se torna imprescindível em função do alto custo gerado pela complexidade da atividade e pela pressão sofrida por parte das seguradoras de saúde que as remuneram (Porter, 2004).

A administração da logística hospitalar atende simultaneamente a requisitos financeiros e operacionais exigindo uma abordagem estratégica que possa abranger toda a cadeia de suprimentos, levando a resultados globais e não setoriais (Barbieri, 2006).

A logística[2] vem crescendo em importância ao longo do tempo. Restrita inicialmente ao âmbito militar, adquiriu importância estratégica em tempos de globalização ao administrar a movimentação de produtos entre as áreas de suprimento, produção e distribuição, estabelecendo a ligação entre a empresa, os fornecedores e os clientes (Ferreira, 2005).

Em alguns livros, da literatura internacional, sobre gestão de hospitais, como os de Gapenski (2006), McLean (1997), Nowicki (2004) e Zelman et al. (2003), são descritos os principais índices utilizados para a análise financeira na área de saúde. Além disso, há vários artigos sobre o tema, como os de Younis, Younies e Okojie (2006), Coyne e Singh (2008), Kaisse, Begun e Hamilton (2008), Schuhmann (2008), entre outros, os quais utilizam indicadores econômico-financeiros e operacionais para a realização da análise de desempenho de empresas hospitalares.

Em alguns países, é comum a realização de relatórios como o *Hospital Report* produzido pelo *Hospital Report Research Collaborative* (HRRC) no Canadá e pelo *Flex Monitoring Team* para *Critical Access Hospitals* (CAHs) nos Estados Unidos. Os CAHs são hospitais rurais, de cuidados emergenciais. Esses relatórios são utilizados para avaliação do desempenho dessas empresas, comparando os hospitais em vários aspectos utilizando indicadores (Pink et al., 2007).

Younis, Younies e Okojie (2006) realizaram uma pesquisa em hospitais dos Estados Unidos, a fim de verificar quais são os fatores que influenciam sua rentabilidade. A partir de um estudo *cross-sectional*, utilizando dados referentes a 1998, os autores constataram que vários fatores como localização geográfica, porte do hospital e taxa de ocupação geram impacto na rentabilidade dos hospitais estudados, mensurada pelo índice de retorno sobre o ativo (ROA).

Schuhmann (2008) analisou os indicadores de desempenho dos *Short-term Acute Care Hospitals* (STACHs), que são hospitais que fornecem tratamentos intensos, emergenciais de curto prazo. A análise foi realizada em um período de cinco anos, sendo utilizados onze indicadores. O autor constatou que os indicadores Taxa de Ocupação e Tempo Médio de Permanência demonstraram estabilidade. No entanto, o indicador Margem Operacional permaneceu, em média, negativo durante todos os anos, o que pode, segundo o autor, ameaçar a estabilidade do setor caso a tendência continue. Além disso, verificou-se que as melhorias nos indicadores não foram uniformes entre os diferentes tipos de hospitais. Schuhmann concluiu que os hospitais tendem a apresentar melhores margens operacionais se possuírem maiores receitas ambulatoriais em relação às receitas totais.

---

[2] IV Congresso Nacional de Excelência em Gestão. Responsabilidade Socioambiental das Organizações Brasileiras. Niterói, RJ, Brasil, 31 de julho, 01 e 02 de agosto de 2008, IV CNEG 4.

Por sua vez, McCue e Nayar (2009) compararam medidas operacionais e financeiras de desempenho de *Rural Referral Centers* (RCC), designação dada a hospitais que proveem grande diversidade e quantidade de serviços e prestam atendimento em uma área geográfica grande e rural. A amostra foi composta por 155 hospitais, sendo 28 com fins lucrativos e 127 sem fins lucrativos. Os autores constataram que, apesar de tratar um menor número de pacientes e casos complexos, os hospitais com fins lucrativos estão gerando maiores retornos de fluxo de caixa e, ao contrário do esperado, não recebem mais pelos seus serviços que aqueles sem fins lucrativos. Segundo os autores, tal constatação pode ser justificada pelo fato de haver um controle dos custos operacionais nessas organizações.

Para gerenciar um hospital necessitamos de indicadores e parâmetros das mais variadas áreas, setores (internos) e do meio ambiente (externo). Os indicadores e parâmetros devem ser balizadores do processo decisório. Decisões quanto a contratação, demissão, treinamento e avaliação de pessoas devem ser fundamentadas em indicadores. No entanto, nossa cultura organizacional, de certa forma, ainda não valoriza a utilização dos indicadores quando das decisões sobre as pessoas.

Os indicadores também são utilizados na auditoria preventiva de pessoas, como orientadores do processo de gestão de recursos humanos. Exemplo: taxa de absenteísmo, taxa de atrasos, registros de *turnover*, produtividade *per capita*, acidentes de trabalho, entre outros. Esses indicadores são impulsionados e reagem a falhas nos processos de recrutamento, seleção, avaliação e manutenção, treinamento e desenvolvimento, segurança ocupacional e ainda vão representar o nível de comprometimento e no tempo de ciclo das pessoas na organização. Com a utilização dos indicadores, a linguagem fica mais objetiva, o que permite a redução do empirismo nas admissões e desligamentos.

O ciclo de vida do empregado é mais produtivo e salubre quando as organizações definem, controlam e medem processos e treinam e lideram pessoas.

Os indicadores de gestão de pessoas são importantes na discussão técnica sobre a necessidade do dimensionamento de profissionais, na avaliação de desempenho, no estabelecimento de remuneração, no treinamento e desenvolvimento de pessoas. Na gestão de pessoas, os principais indicadores estão nas informações sobre o clima organizacional, acidentes e comprometimento com a empresa. Alguns conceitos de Justiça social podem favorecer o entendimento sobre os indicadores de comprometimento.

Os resultados apresentados pelos indicadores devem ser apreciados no contexto cenário e cultura de cada empresa, respeitando as individualidades da empresa no mercado. Eles complementam a avaliação qualitativa, mas não a substitui. Os indicadores são a expressão de uma gestão moderna voltada para a excelência do presente e a perenização do futuro, no mais, mera casualidade e benefícios da sorte.

CONCEITO DE DADOS, COEFICIENTES, INFORMAÇÕES, INDICADORES, ÍNDICES, TAXAS E PARÂMETROS

Ainda existe alguma confusão sobre o que significam indicadores e índices, os quais, por vezes, são, de maneira errada, utilizados como sinônimos. Poucas referências utilizam adequadamente os termos indicadores e índices. Considerando que indicadores são utilizados como pré-tratamento aos dados originais e índices, correspondem a um nível superior de agregação e (Gomes et al., 2000) não é muito adequado, por exemplo, chamar a pegada ecológica de indicador. A pegada ecológica, segundo a definição correta, é um índice.

Para elaborar indicadores é necessário ter dados. Para comparar indicadores é necessário ter parâmetros de avaliação. Para monitorar os indicadores é necessário criar índices. Contribuindo para ampliar o conhecimento para os significados anteriores, a seguir, descrevemos alguns conceitos sobre dados, informações, indicadores, índices e parâmetros.

Dados

O dado é a base de todo sistema de informação. Por ser a base, apresenta descrição limitada da realidade, desvinculada de um referencial explicativo e difícil de ser utilizada como informação por ser só uma interpretação. Entretanto, frequentemente, dado e informação são utilizados como sinônimos. Uma possível razão para esse uso é que quando um sistema de informação é construído, por mais simples que seja, necessita de uma definição prévia da sua estrutura de dados, antes que qualquer dado venha a ser guardado nele.

É um conjunto de valores em estado bruto que geram informações simples. Os dados podem ser estruturados e não estruturados. Os estruturados são organizados em tabelas – linhas e colunas – e facilmente processados. Os não estruturados não possuem formatação específica e são mais difíceis de serem processados. O dado é um número obtido. É o elemento ou quantidade conhecida que serve de base para a resolução de um problema. É um princípio em que se assenta uma discussão, elemento ou base para a formação de um juízo. São fatos obtidos por meio de pesquisa empírica ou observação.

É importante fazer a distinção entre um dado e um indicador, pois são leituras diferentes. Um dado é uma informação isolada, enquanto um indicador é uma medida de um evento. Exemplo: valor financeiro da conta de energia elétrica ao mês é um dado simples. Os valores financeiros em determinado período de tempo é uma série histórica de dados. O consumo em quilowats por hora (kW/h) também é um dado simples, os valores em kW/h em determinado período é uma série histórica. Para que surja um indicador é necessário que os dois dados estejam relacionados, gerando nova informação, como, por exemplo, o valor do kW/h.

Coeficientes

É a razão entre o número de ocorrências e o número total de casos (ocorrências + não ocorrências). Observe-se que o consequente da razão (denominador) inclui o antecedente (numerador). Como, por exemplo, coeficiente de pessoas portadoras de deficiência (número de pessoas portadoras de deficiência/número de pessoas sem deficiências na empresa). São razões entre valores de variáveis da mesma espécie em uma relação de parte para o todo.

Informações

A informação é o resultado do processamento, manipulação e organização de dados, automatizados ou não, que constituem uma mensagem sobre determinado fenômeno ou evento.

Por meio dela é possível resolver problemas e tomar decisões, considerando que a forma racional do seu uso é à base do conhecimento. É um dado com conhecimento.

São importantes instrumentos de gestão, servindo de apoio ao planejamento e à tomada de decisões. É o ato ou efeito de informar, comunicar e indagar. É o dado atribuído de relevância e objetivo. É a resultante do processamento, manipulação e organização na forma quantitativa ou qualitativa. Representa dados ou conhecimentos avaliados para usos específicos. Pode ser originado pelos conhecimentos popular, filosófico, religioso e científico.

Indicadores

É a representação quantitativa, ou não, do resultado, ocorrência ou evento de um sistema que permite quantificar os resultados das ações relacionadas a estrutura, processo e resultado em determinada realidade de tempo e espaço.

São variáveis associadas a uma atividade que indicam alguma relação. Serve para destacar[3] algo. São informações quantitativas do cruzamento de pelo menos duas variáveis primárias representadas de forma estatística numérica ou simbólica. São ferramentas utilizadas para o gerenciamento de "itens de controle" associados a esforço gerencial.

Os indicadores são alimentados por dados absolutos e transformados em dados relativos, tais como coeficientes, taxas e índices. É a unidade de medida de uma atividade com a qual está relacionada. Eles permitem fazer algumas comparações e análises em outros contextos, levando-se em conta as diferenças e semelhanças. Normalmente, um indicador é utilizado como pré-tratamento aos dados originais.

Os indicadores de desempenho são ferramentas utilizadas para descrever a situação de determinado fenômeno ou problema, fazer comparações, verificar mudanças ou tendências e avaliar se os resultados das ações planejadas pela organização estão sendo alcançados.

Segundo Mitchell (1996), o indicador permite a obtenção de informações sobre dada realidade. Para Mueller et al. (1997), um indicador pode ser um dado individual ou um agregado de informações.

O indicador é a relação entre dois ou mais dados, tais como o valor financeiro da tarifa por kW/h em um período de tempo definido. Exemplo: têm-se os seguintes dados:

- Quantidade de consumo em kW/h igual a 200.
- Valor da conta em R$ 2.000,00.
- O indicador será R$ 10,00 por kW/h, que é um novo dado.

O valor de R$ 10,00 também pode ser utilizado como parâmetro se esse é o valor decidido como suportável na relação custo *versus* benefício.

O indicador necessita de um "ponto crítico", ou seja, de outro dado que permita que ele se torne uma "relação matemática"[4] e que exista uma crítica para que possa ser avaliado sob

---

[3] https://www.slideshare.net/virnoka/10-ndices-e-indicadores-ambientais.
[4] Tachizawa (2007, p. 208).

o ponto de vista da contribuição como indicador. A partir dessa relação matemática é possível verificar se um futuro aumento de valor da conta de energia foi devido ao consumo em kW/h ou ao aumento do preço do serviço.

Conforme exemplo, se houver cruzamento dos dados do valor financeiro do consumo de energia com o consumo em kW/h, existirá um indicador denominado "custo ($) por kW/h em determinado período". O custo é um indicador financeiro.

Índices

São razões entre duas grandezas, tais que uma não inclui a outra.

A razão de um número "Y", em relação a outro número "X", define-se como "Y" dividido por "X". Exemplo: horas de capacitação por empregado = "Y" (total de horas de treinamento)/"X" total de empregados.

É a comparação entre duas grandezas. São razões entre valores de variáveis de espécies ou características diferentes, portanto não existe relação de parte para o todo. Relaciona um valor observado a um padrão estabelecido para aquele componente (UNESCO, 1984). É um instrumento para reduzir grande quantidade de dados a uma forma mais simples, retendo seu significado essencial.

Para Shields et al. (2002), um índice revela o estado de um sistema ou fenômeno. Prabhu et al. (1996) argumentaram que um índice pode ser construído para analisar dados por meio da junção de um jogo de elementos com relacionamentos estabelecidos. Deve[5] ter simplicidade, acessibilidade social, objetividade, flexibilidade, relevância, base técnico-científica, condições analíticas, mensurabilidade, custos aceitáveis, qualidade dos dados e comparabilidade com outros indicadores e especialmente útil na busca de referência para a determinação de metas. Índice é o quociente de variável enfocada entre datas distintas, sejam elas temporais ou espaciais.

O índice só tem significado se as datas a que se refere forem claramente especificadas, caracterizando a época, o período e o local a que dizem respeito. Nesse quociente, o numerador é chamado valor considerado ou corrente, e o denominador, valor base ou de referência.

Índice pode ser concebido como uma medida estatística destinada a comparar, por meio de uma expressão quantitativa global, grupos de variáveis relacionadas e com diferentes graus de importância.

É importante salientar que um índice pode transformar-se em componente de outro índice. Entende-se o termo índice como um valor numérico que representa a interpretação correta da realidade de um sistema simples ou complexo[6] (natural, econômico ou social), utilizando, em seu cálculo, bases científicas e métodos adequados. O índice pode servir como um instrumento de tomada de decisão e previsão e é considerado um nível superior da junção de um jogo de indicadores ou variáveis.

---

[5] https://www.slideshare.net/virnoka/10-ndices-e-indicadores-ambientais.
[6] Siche et al. Ambiente & Sociedade ▪ Campinas v. X, n. 2 ▪ p. 137-148 ▪ jul.-dez. 2007.

Para nós e outros pesquisadores, a diferença está em que um índice é o valor agregado final de todo procedimento de cálculo onde se utilizam, inclusive, indicadores como variáveis que o compõem. Pode-se dizer também que um índice é simplesmente um indicador de alta categoria (Khanna, 2000).

Índices[7] ou indicadores funcionam como sinal de alarme para manifestar a situação do sistema avaliado, pois são valores estáticos, isto é, dão uma fotografia do momento atual. Sabendo que a natureza e a economia são sistemas dinâmicos, os índices não captam certos fenômenos que ocorrem no sistema, como a mudança tecnológica ou a adaptabilidade dos sistemas sociais.

Um índice é consequência da junção de outros indicadores ou dados trabalhados.

Por meio das informações levantadas, podemos concluir que índice é um dado mais apurado que provém da agregação de um jogo de indicadores ou variáveis e que pode interpretar a realidade de um sistema.

Em análise superficial, índice e indicador possuem o mesmo significado.

Taxas

São coeficientes multiplicados por uma potência de 10^n (10^2; 10^3; 10^n...) para facilitar a interpretação dos resultados. Alguns coeficientes quando multiplicados por 1.000 se transformam em taxas (taxa de natalidade, por exemplo).

Parâmetros

É um dado[8] de limite que define padrões e referências quantitativas desejáveis e necessárias para avaliar uma relação desejável entre variáveis. Devem ser construídos por peritos e que permitam comparações com os efeitos reais entre a empresa e os setores individuais de cada empresa. São valores estabelecidos a partir da população (universo considerado) e relações numéricas encontradas na quantificação de pessoas por setores em face da produção.

A parametrização é a estandardização da informação inserida em um sistema, tornando possível realizar diversos tipos de consulta e obter resultados fiáveis. É uma variável ou constante à qual, em uma relação determinada ou em uma questão, atribui-se um papel particular e distinto ao das outras variáveis e constantes.

O quadro 13.2 apresenta resumos das definições sobre o que são dados, informações, mensagem, indicadores, índices e parâmetros.

---

[7] Siche R, Agostinho F, Ortega E, Romeiro A. Índices versus indicadores: precisões conceituais na discussão da sustentabilidade de países. Ambiente Soc [online]. 2007;10(2):137-48.
[8] https://conceito.de/parametro.

Quadro 13.2 – Definições de dados, informações, mensagem, indicadores, índices e parâmetros.

Termo	Descritivo
Dados	É um conjunto de valores em estado bruto que geram informações simples. Os dados podem ser estruturados e não estruturados
Coeficientes	São a razão entre o número de ocorrências e o número total de casos (ocorrências + não ocorrências). Observe-se que o consequente da razão (denominador) inclui o antecedente (numerador). Como por exemplo: coeficiente de pessoas portadoras de deficiência (número de pessoas portadoras de deficiência/número de pessoas sem deficiências na empresa). São razões entre valores de variáveis da mesma espécie em uma relação de parte para o todo
Informações	É um dado com conhecimento. São instrumentos de apoio à tomada de decisões
Mensagem	Mensagem é a informação materializada passada de um emissor para um receptor
Indicadores	São informações quantitativas do cruzamento de pelo menos duas variáveis primárias. É a representação de uma dada realidade de forma estatística numérica ou simbólica
Índices	São razões entre duas grandezas tais que uma não inclui a outra. É a comparação entre duas grandezas. A razão de um número "Y" em relação a outro número "X" define-se como "Y" dividido por "X". Exemplo: horas de capacitação por empregado = "Y" (total de horas de treinamento)/"X" total de empregados
Taxas	São coeficientes multiplicados por uma potência de 10^n (10^2; 10^3; 10^n...) para facilitar a interpretação dos resultados. Alguns coeficientes quando multiplicados por 1.000 se transformam em taxas (taxa de natalidade, por exemplo)
Parâmetros	A parametrização é a estandardização da informação inserida em um sistema tornando possível realizar diversos tipos de consulta e obter resultados fiáveis

Fonte: Acervo dos autores.

Pirâmide das informações

Hammond et al. (1995) apresentaram uma hierarquia dos indicadores em que é possível observar que o topo da pirâmide corresponde ao grau máximo de agregação de dados, enquanto a base representa os dados primários desagregados. Cada ferramenta de avaliação possui suas particularidades (Figura 13.3).

A lógica estrutural dos indicadores inicia com a observação do fenômeno ou evento, do entendimento dos dados, da transformação estatística, da geração do indicador e da definição dos índices. A observação deve ser contínua, pois podem ocorrer mudanças no evento e nos fenômenos anteriormente observados (Figura 13.4).

TIPOS E CARACTERÍSTICAS DOS INDICADORES

Para expressar um indicador, deve-se saber: fato, número absoluto, proporção, coeficiente e índice. A medição é um processo que deseja medir a presença ou ausência, o grau ou a magnitude de alguma característica, ou contá-la; busca ser a mais acurada possível; deve considerar quais os tipos de dados são necessários; mostra qual o momento e o local que se dará a mensuração das metas.

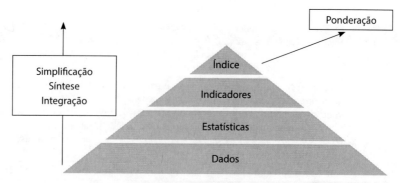

Figura 13.3 – Pirâmide de informações. Fonte: adaptado de Hammond et al., 1995.

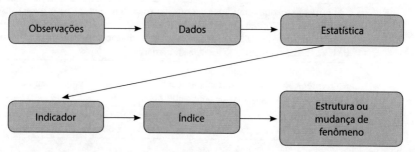

Figura 13.4 – Lógica estrutural da pirâmide de informações. Fonte: adaptado de Hammond et al., 1995.

Segundo Bellen (2005, p. 43), o termo indicador é uma medida que resume informações relevantes sobre um fenômeno particular. Os indicadores devem seguir alguns requisitos universais e servir de modelos de realidade, para tanto devem ser:

- Mensuráveis.
- Disponibilidade de dados.
- Acessíveis (recursos financeiros, humanos e técnicos).
- Aceitação política e pública – credibilidade de dados.
- Padronização e transparência na coleta de dados.

Ainda devem:

- Ser compreensíveis.
- Ter aplicação fácil e abrangente.
- Ser interpretáveis na forma uniforme.
- Não permitir diferentes interpretações.
- Ser compatíveis com o processo de coleta de dados existentes.
- Ser precisos quanto à interpretação dos resultados.

- Ser economicamente viável sua aferição.
- Oferecer subsídios para o processo decisório.
- Ter confiabilidade.
- Ter credibilidade.
- Ter relevância.

Para Stroecher e Freitas (2008), devem ser:

- Relevantes (como apoio na tomada de decisão).
- Comparáveis (com o passado, concorrência).
- Compreensíveis.

Para Tachizawa (2004), podem ser classificados como:

- Econômicos:
  - Estratégicos (visão de mercado, governança, reatividade, percepção do cliente, credibilidade geral).
  - Táticos (desempenho, competência e gestão).
  - Institucionais: estoque e rejeição de clientes.
- Qualidade (produtos, serviços, custo, inovação, processos e tarefas).
- Socioambientais (*stakeholders*, responsabilidade social do entorno, desenvolvimento de recursos humanos e preservação do meio ambiente).

Os componentes dos indicadores são:

- Numérico do indicador (relação matemática).
- Referencial comparativo.
- Metas.

As metas são pontos ou posições a serem atingidos no futuro. Elas se constituem em propulsoras do processo de gestão empresarial. Uma meta, segundo Couto e Pedrosa (2003), possui três componentes: objetivo, valor e prazo. Exemplo: reduzir o número de ocorrências em 50% até o final do ano. A fórmula de obtenção do indicador indica como o valor numérico (índice) é obtido (Couto e Pedrosa, 2003).

Indicadores buscam atender parâmetros. Parâmetros são metas traçadas previamente pela gestão.

As metas são estabelecidas pelos gestores, a partir de planos de negócios da empresa. Para defini-las, algumas utilizam o critério SMART (Quadro 13.3).

Para Couto e Pedrosa (2003, p. 47), os indicadores originam-se das fórmulas básicas da estatística tais como:

Média – é a soma das observações de uma variável dividida pelo número de observações avaliadas.

Taxa – é a relação entre a capacidade operacional instalada e a produção efetiva, expressa em percentual.

Desvio-padrão – é uma medida do grau de dispersão dos resultados em torno da média, isto é, um número que mede o quanto os graus estão mais ou menos dispersos em relação à média.

Quadro 13.3 – Critério SMART.

Item	Tradução	Objetivo
Specific	Específico	As metas devem ser claras, objetivas e detalhadas, evitando má interpretação
Mensurable	Mensurável	As metas devem possibilitar uma forma de medição
Achievable	Realizável	As metas devem ser razoáveis e viáveis
Relevant	Relevante	A meta deve ser relevante para o trabalho, devendo contribuir para a meta ou para a missão da unidade de trabalho
Time-based	Oportuna	A meta deve incluir cronogramas específicos e prazos finais

Fonte: Acervo dos autores.

Couto e Pedrosa (2003) explicam que os indicadores são valores que se originam da visão de um numerador (número de eventos ocorridos) por um denominador (população exposta ao evento). O número obtido nessa divisão é chamado de taxa e os resultados podem ser expressos em porcentagem ou por 1.000, de acordo com cada situação.

Segundo Vaz (2004), os indicadores podem ser simples ou compostos[9]. Os simples, normalmente, são autoexplicativos, pois descrevem uma realidade (número de leitos hospitalares implantados, por exemplo) ou apresentam uma relação entre situações, tais como a relação entre o número de internações hospitalares de adultos e o total de internações no período. Afirma ainda que são excelentes para realizar avaliações setoriais e para analisar o cumprimento de determinados pontos do programa de saúde, permitindo conclusões rápidas e objetivas, tais como, por exemplo, se o objetivo é ampliar o número de leitos atendidos pela ouvidoria e este se reduz. A avaliação da eficácia das ações nesse setor é facilmente notada gerando informação para a tomada de decisões.

Os indicadores compostos, segundo Vaz (2004), representam, de forma sintética, um conjunto de aspectos da realidade (por exemplo, o índice de inflação é um indicador que sintetiza o aumento de preços de vários produtos). Esses indicadores agrupam, em um único número, vários indicadores simples, estabelecendo algum tipo de média entre eles. Para isso, é preciso definir uma forma de ponderação, ou seja, definir a importância da diferenciação do "peso" para a determinação do resultado final.

De acordo com Tachizawa (2007, p. 208), o indicador é uma relação matemática que resulta em medida quantitativa, identifica-se um estado do processo ou resultado desse e associa-se a metas numéricas preestabelecidas.

Alguns indicadores são universais, tais como Índice de Desenvolvimento Humano (IDH), Produto Interno Bruto (PIB), renda *per-capita*, Taxa de Natalidade etc., e calculados utilizando-se os mesmos dados em localidades diferentes. Outros são particulares, as próprias instituições que os definem.

---

[9] Vieira DK, Detoni JD, dos Santos Braum LM. Indicadores de Qualidade em uma Unidade Hospitalar. Disponível em http://www.aldb.br/seget/artigos06/680. Acessado em 05/05/2012.

Taraboulsi (2004) afirma que os indicadores podem contribuir na qualidade dos principais pontos de gestão hospitalar, tais como a qualidade assistencial, a qualidade estrutural e a qualidade do atendimento durante o ciclo de estada do cliente.

Afirma também que os pontos importantes na seleção e implantação dos indicadores são definidos pela:

- Proposta da leitura.
- Comparação dos resultados com o *benchmarking* do mercado.
- Velocidade de formatação e resposta.
- Comunicação e aderência ao fenômeno a ser observado.
- Claridade no apoio à tomada de decisões.
- Leitura dos resultados entre o desempenho real e o ideal.

Apesar da diversificação dos tipos de indicadores, cada empresa deve decidir quantos e quais indicadores devem ser utilizados, de acordo com seu nível de competitividade e suas estratégias. Uma empresa é o resultado de métodos, processos, produto/serviços e pessoas. O ambiente (resultado) de trabalho é constituído e fortalecido pela soma da estrutura, dos processos e da competência das pessoas.

Os indicadores podem transmitir dados relevantes, quantitativos ou qualitativos, sobre o ambiente da empresa na proporção em que esses contribuem de forma satisfatória ao alcance da satisfação de necessidades dos clientes internos e externos.

Os indicadores servem de guia e para tanto devem estar vinculados à qualidade e à estratégia da gestão. Algumas empresas estão focando a avaliação utilizando os Indicadores do tipo *balanced score card* (BSC) que provocam respostas amplas no todo da empresa.

INDICADORES *BALANCED SCORE CARD* – BSC

A crença de que os métodos existentes de avaliação do desempenho empresarial, baseados nos indicadores contábeis, produtivos e financeiros, estavam prejudicando a capacidade das empresas de criar um valor econômico fez com que o Instituto Nolan Norton patrocinasse, no início dos anos de 1990, um estudo em diversas empresas, tendo como objetivo resolver os problemas de mensuração de resultados (Kaplan e Norton, 2000).

O BSC é o conjunto de indicadores que a cúpula da empresa deve acompanhar para prevenir qualquer deterioração do desempenho e observar sinais de melhoria. Tem sido comparado ao painel de controle de um veículo (*tableau de bord*, diz-se na França, ou *cockpit*, nos EUA). É a telemetria da gestão estratégica.

Os indicadores financeiros se mostravam incapazes de refletir as atividades criadoras de valores relacionados com os ativos intangíveis da organização, tais como: as habilidades, as competências e a motivação dos empregados; os bancos de dados e as tecnologias da informação; os processos operacionais eficientes e sensíveis; a inovação nos produtos e serviços; os relacionamentos e a fidelidade de clientes; e a imagem da organização nas esferas políticas, regulatórias e sociais (Kaplan e Norton, 2000, p. 7).

Para Kaplan e Norton (1997), existe um grupo de medidas de desempenho essenciais de resultados comuns a todos os tipos de empresas que são distribuídas em quatro perspectivas, são elas: financeiras, de clientes, de processos internos do negócio e de aprendizado e conhecimento.

O quadro 13.4 expõe os indicadores genéricos do BSC.

Quadro 13.4 – Indicadores genéricos do *balanced score card*.

Perspectivas	Indicador	Objetivo
Financeira	Retorno sobre o capital investido (ROCE); margem líquida; fluxo de caixa; taxa de crescimento da receita de vendas; valor econômico agregado	Aumentar a receita e a lucratividade
Clientes	Participação no mercado; taxa de retenção; captação, satisfação e lucratividade de clientes	Aumentar a participação no mercado. Aumentar o índice de satisfação do cliente
Processos internos de negócios	Retorno sobre o investimento (ROI); taxa de aceitação de novos produtos; níveis de estoque; índice de falta de produtos, pedidos perfeitos; paradas não planejadas; qualidade do produto, tempo de resposta; processos de inovação; processos de operações e serviços pós-vendas	Reduzir o índice de defeitos (devoluções)
Aprendizagem e crescimento	Satisfação, retenção e produtividade dos funcionários, disponibilidade dos sistemas de informações	Capacitar a força de trabalho

Fonte: Adaptado de Kaplan e Norton (1997).

Os autores afirmam que o BSC é um modelo geral para representar a estratégia por meio de objetivos específicos que podem ser interligados por meio de relações de causa e efeito, ao longo das suas 4 perspectivas. O modelo alinha processos, pessoas e tecnologias com a proposta de valor para os clientes e com os objetivos dos clientes e acionistas (Kaplan e Norton, 2000).

A figura 13.5 apresenta a estrutura gráfica do BSC.

A figura 13.6 demonstra a relação de causa e efeito proposta pelo BSC.

Kaplan e Norton (2000, p. 50) alertam que "a construção do BSC não deve ser nem a busca dos melhores indicadores, nem um exercício de *benchmarking* para descobrir o que outras empresas estão medindo em seus *scorecards*". O processo de desenvolvimento do *scorecard* deve ter os seguintes passos: avaliar o ambiente competitivo; conhecer as preferências e os segmentos dos clientes; criar uma estratégia capaz de gerar desempenho financeiro extraordinário; articular o equilíbrio entre crescimento e produtividade; selecionar os segmentos de clientes-alvo; identificar os processos críticos do negócio para o cumprimento da proposição de valor e para a realização dos objetivos financeiros de custo e produtividade; desenvolver habilidades, competências, estímulos, banco de dados e tecnologia imprescindíveis à excelência nos processos internos ao fornecimento de valor para os clientes.

Indicadores de Desempenho

Figura 13.5 – Estrutura gráfica do *balanced score card*. Fonte: Kaplan e Norton, 2000.

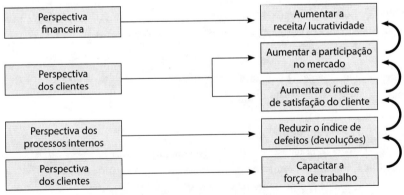

Figura 13.6 – Mapa estratégico de Kaplan e Norton. Fonte: Kaplan e Norton (2000).

As empresas que se preocupam com seus clientes e, por conseguinte, pela satisfação das suas necessidades e desejos chegam à fidelização. Fidelizar não é proibir que o consumidor faça uma comparação entre produtos e serviços, mas manter-se na sua lembrança espontânea como empresa fornecedora preferencial.

QUALIDADE DOS INDICADORES

"Um produto ou serviço de qualidade é aquele que atende perfeitamente, de forma confiável, de forma segura e no tempo certo, às necessidades do cliente" (Campos, 1999, p.1).

A definição dada pela Norma ISO 8402 (*International Organization for Standartization*) para o termo qualidade é: "a totalidade das características de uma entidade que lhe confere a capacidade de satisfazer necessidades explícitas e implícitas dos clientes".

O conceito de controle de qualidade, segundo Couto e Pedrosa (2003, p. 145), nasceu na década de 1930, com a aplicação da carta de controle de qualidade em processos industriais. Afirma ainda que no Japão, após a guerra, essa técnica, criada e desenvolvida pelos americanos, encontrou vasto uso. Os americanos impuseram aos fabricantes japoneses a introdução do controle estatístico de qualidade ou CEP.

O controle da qualidade total, segundo Campos (1999), é um conjunto de técnicas gerenciais que tem por objetivo otimizar o fazer humano, para alcançar referência máxima do que se está produzindo e que tem a estatística como importante ferramenta de medição e avaliação. O controle por meio estatístico consiste em mensurar sobre as dimensões do processo, localizar as falhas, padronizar e estabelecer procedimentos de tal forma que o problema não volte mais a ocorrer.

Quando se abordam a garantia dos processos e a minimização das ocorrências, não se podem excluir as sete ferramentas de qualidade de Kaoru Ishikawa (Quadro 13.5). Segundo seu criador, cerca de 95% dos problemas são resolvidos utilizando essas ferramentas.

É importante ressaltar que cada uma das sete ferramentas de qualidade tem sua forma própria de ser aplicada e a maneira de fazer isso dependerá muito do problema a ser resolvido, das informações passíveis de serem coletadas, dos dados históricos e do conhecimento que se tem do processo.

A utilização adequada gera os seguintes benefícios:
- Elevação dos níveis de qualidade.
- Diminuição dos custos.
- Execução de melhores projetos.
- Melhoria na cooperação em todos os níveis da organização.
- Identificação dos problemas no processo, fornecedores e produtos.
- Identificação das causas raízes nos processos.

Para Crosby, a gestão da qualidade ficou conhecida como os **4 absolutos**, conforme citados a seguir:
- A qualidade significa conformidade com as exigências dos clientes.
- O desempenho padrão é igual a zero defeito.
- Os resultados da qualidade vêm da prevenção.
- A qualidade é medida pelo custo da não qualidade.

Quadro 13.5 – As sete ferramentas criadas por Kaoru Ishikawa.

Ferramentas	O que é	Para que utilizar
Diagramas de Pareto	Diagrama de barra que ordena as ocorrências de problemas de maior frequência para os problemas de menor frequência	Priorizar os poucos problemas que possuem o maior impacto no resultado
Diagrama de causa e efeito ou "espinha de peixe"	Expressa de modo simples e fácil a série de possíveis causas para um problema	Ampliar a quantidade de causas potenciais a serem analisadas
Diagrama de dispersão	Gráfico que representa a relação entre duas variáveis	Verificar a correlação entre duas variáveis
Histograma	Diagrama de barras que representa a frequência dos dados	Fornece um caminho fácil para avaliar a distribuição dos dados
Fluxograma	Representação gráfica dos passos de um processo	Permite uma visão global do fluxo por onde passa o produto e permite analisar limites e fronteiras dos processos
Carta de controle	Gráfico construído a partir de variáveis medidas de um produto ou serviço	Utilizada para determinar se um processo produzirá produtos ou serviços com propriedades mensuráveis e consistentes
Folha de verificação	Tabelas ou planilhas utilizadas para coleta e análise de dados	Facilita a coleta de dados referente a um problema

Fonte: https://www.citisystems.com.br/7-ferramentas-da-qualidade/. Acessado em 09/07/2018.

Nas décadas de 1940 e 1950, outros autores também desenvolveram programas de qualidade, tais como JM Juran, que se tornou referência afirmando que existem 10 passos para a melhoria da qualidade (Quadro 13.6). Seus ensinamentos são eternizados pela clareza e objetividade.

Quadro 13.6 – Dez passos para a melhoria da qualidade.

Ferramentas	O que é
Criar a consciência da necessidade e da oportunidade de melhorar	Ter o foco na cultura do ambiente de trabalho, considerando que o fator de transformação está ligado diretamente ao elemento humano, com esse valor agregado o processo de melhoria deve ser mais rápido e mais bem gerenciado, devido ao envolvimento
Estabelecer metas para a melhoria	Onde está o foco de sua empresa? Quais são os resultados positivos? Compreender essa necessidade de gerenciamento é necessário. Estabelecer metas que resultem em melhoria. A meta é aquela mensurada e gerenciada
Organizar para estabelecer metas	Quem são os responsáveis pelo processo de melhoria? Existe o conhecimento de todos sobre a identificação do problema? Existe uma equipe responsável? Defina os profissionais, chamados de facilitadores, para apoiar o processo de organização e gerenciamento
Treinamento	Não existe melhoria sem a capacidade de realizar algo. O treinamento é indispensável e deve ser realizado de forma teórica e prática, considerando os resultados obtidos durante o processo de conscientização

(Continua)

Quadro 13.6 – Dez passos para a melhoria da qualidade. *(Continuação).*

Ferramentas	O que é
Desenvolver projetos para solucionar problemas	Trabalhar efetivamente na solução eficaz do problema, eliminando-o e não apenas o escondendo por baixo do tapete. Desenvolver ferramentas que possibilitem a solução e não simplesmente debater o problema
Relatar o progresso	Mensurar os resultados e demais valores que sejam úteis para ações positivas, portanto obter a coleta de dados e gerar indicadores para contribuir nas ações preventivas ou corretivas
Reconhecimento	A equipe envolvida deve ser reconhecida. O reconhecimento age como incentivo
Divulgar os resultados	Promover os resultados para os demais colaboradores. Utilizar murais de comunicação para divulgar indicadores e/ou demais materiais que evidenciam os resultados
Manter os resultados	O resultado obtido de melhoria deve ser gerenciado e não apenas identificado. A manutenção dos resultados assegura que o engajamento seja eficaz
Manter o *momentum*	O processo de melhoria deve estar enraízado na cultura da empresa, e parte dos processos da empresa, por isso Juran mencionou que o trabalho terá efeito para solução

Fonte: Juran – Qualidade Brasil.

A visão de Juran transformou, de fato, os resultados e deixou clara a necessidade de garantir que o processo seja capaz de produzir o produto corretamente por meio da otimização de processos.

Outro guru da qualidade é o americano EW Deming, que estabeleceu princípios que são conhecidos com os "14 princípios" da qualidade. Os ensinamentos foram ministrados aos altos executivos no Japão, em 1950 e nos anos subsequentes.

Esses princípios constituem a essência de sua filosofia e aplicam-se tanto a organizações pequenas como grandes, tanto na indústria de transformação como na de serviços. Do mesmo modo, aplicam-se a qualquer unidade ou divisão de uma empresa (Quadro 13.7).

Quadro 13.7 – Os 14 princípios de Deming.

Ferramentas	O que é
1º princípio	Estabelecer constância de propósitos para a melhoria do que faz para se tornar competitivo e se manter em atividade, bem como criar emprego
2º princípio	Adotar a nova filosofia. A administração ocidental deve acordar para o desafio, conscientizar-se de suas responsabilidades e assumir a liderança no processo de transformação
3º princípio	Não depender da inspeção para atingir a qualidade. Eliminar a necessidade de inspeção em massa. Introduzir a qualidade desde seu primeiro estágio
4º princípio	Cessar a prática de aprovar orçamentos com base no preço. Minimizar o custo total. Desenvolver um único fornecedor para cada item, em um relacionamento de longo prazo fundamentado na lealdade e na confiança

Ferramentas	O que é
5º princípio	Melhorar constantemente o sistema de produção e de prestação de serviços, de modo a melhorar a qualidade e a produtividade e, consequentemente, reduzir de forma sistemática os custos
6º princípio	Instituir treinamento no local de trabalho
7º princípio	Instituir liderança. O objetivo da chefia deve ser o de ajudar as pessoas, as máquinas e os dispositivos a executarem um trabalho melhor. A chefia administrativa está necessitando de uma revisão geral, tanto quanto a chefia dos trabalhadores de produção
8º princípio	Eliminar o medo para que todos trabalhem de modo eficaz para a empresa
9º princípio	Eliminar as barreiras entre os departamentos. As pessoas engajadas em pesquisas, projetos, vendas e produção devem trabalhar em equipe, de modo a preverem problemas de produção e utilização do produto ou serviço
10º princípio	Eliminar lemas, exortações e metas para a mão de obra que exijam nível zero de falhas. Estabelecer níveis de produtividade. Tais exortações geram inimizades. O grosso das causas da baixa qualidade e da baixa produtividade encontra-se no sistema, estando, portanto, fora do alcance dos trabalhadores
11º princípio	Eliminar padrões de trabalho (quotas) na linha de produção. Substituí-los pela liderança; eliminar o processo de administração por objetivos. Eliminar o processo de administração por cifras, por objetivos numéricos. Substituí-los pela administração por processos através do exemplo de líderes
12º princípio	Remover as barreiras que privam o operário do seu direito de orgulhar-se de seu desempenho. A responsabilidade dos chefes deve ser mudada de números absolutos para a qualidade; remover as barreiras que privam as pessoas da administração e da engenharia de seu direito de orgulharem-se de seu desempenho. Isso significa a abolição da avaliação anual de desempenho ou de mérito, bem como da administração por objetivos
13º princípio	Instituir forte programa de educação e autoaprimoramento
14º princípio	Engajar todos da empresa no processo de realizar a transformação. A transformação é da competência de todo mundo

Fonte: Deming WE. Qualidade: A Revolução da Administração. Rio de Janeiro: Marques Saraiva; 1990. Acessado em 09/07/2018 – doutorcep@datalyzer.com.br

Outra referência de Deming é o ciclo de Shewhart, PDCA ou ciclo de Deming, que foi introduzido no Japão após a guerra. Embora tenha sido idealizado por Shewhart, na década de 1920, foi divulgado e aplicado por Deming em 1950. O ciclo de Deming tem por princípio tornar mais claros e ágeis os processos envolvidos na execução da gestão, como, por exemplo, na gestão da qualidade, dividindo-a em quatro principais passos (Quadro 13.8).

O ciclo PDCA é uma abreviatura de planejamento (*plan*), execução (*do*), verificação (*check*) e ação (*action*), sendo aplicado principalmente nas normas de sistemas de gestão e utilizado (pelo menos na teoria) em qualquer empresa de forma a garantir o sucesso nos negócios, independentemente da área ou departamento (vendas, compras, engenharia etc.).

Quadro 13.8 – Passos para a aplicação do PDCA.

Etapas	Ações
Plan	Estabelecer missão, visão, objetivos (metas), procedimentos e processos (metodologias) necessários para atingir os resultados
Do	Realizar e executar as atividades
Check	Monitorar e avaliar os processos e resultados, confrontando-os com o planejado, objetivos, especificações e estado desejado, consolidando as informações, eventualmente confeccionando relatórios
Action	Agir de acordo com o avaliado e com os relatórios, eventualmente determinar e confeccionar novos planos de ação, de forma a melhorar a qualidade, eficiência e eficácia, aprimorando a execução e corrigindo eventuais falhas

Para fazer girar o PDCA é necessário estabelecer algumas etapas (Quadro 13.9).

Quadro 13.9 – Etapas para estabelecer o PDCA.

PDCA	Metas e objetivos	Observações
Planejar (*plan*)	a) Estabelecer os objetivos sobre os itens de controle b) Estabelecer o caminho para atingi-los c) Decidir quais os métodos a serem usados para consegui-los • Metas para manter (padrão) Atender ao telefone antes do 3º sinal O plano para se atingir a meta-padrão é o procedimento operacional padrão (POP). O PDCA para manter os resultados desejados pode ser chamado de SDCA (S de *standard*) • Metas para melhorar Reduzir o desperdício de 100 para 90 unidades em um mês ou aumentar a produtividade em 15% até dezembro	Esse passo é estabelecido com base nas diretrizes da empresa. Quando traçamos um plano, temos três pontos importantes para considerar
Executar (*do*)	a) Treinar no trabalho o método a ser empregado b) Executar o método c) Coletar os dados para verificação do processo Nesse passo, devem ser executadas as tarefas exatamente como estão previstas nos planos	Nesse passo, podem-se abordar 3 pontos importantes
Verificar (*check*)	a) Verificar se o trabalho é realizado de acordo com o padrão b) Verificar se os valores medidos variaram e comparar os resultados com o padrão c) Verificar se os itens de controle correspondem com os valores dos objetivos	Nesse passo, verificar o processo e avaliar os resultados obtidos
Ações corretivas (*action*)	a) Se o trabalho desviar do padrão, tomar ações para corrigi-lo b) Se um resultado estiver fora do padrão, investigar as causas e tomar ações para prevenir e corrigi-lo c) Melhorar o sistema de trabalho e o método	Tomar ações baseadas nos resultados apresentados no passo 3

É necessário lembrar que:

- A melhoria contínua ocorre quanto mais vezes for executado o ciclo PDCA.

- O PDCA otimiza a execução dos processos, possibilita a redução de custos e o aumento da produtividade.
- A aplicação do PDCA a todas as fases do projeto leva ao aperfeiçoamento e ao ajustamento do caminho que o empreendimento deve seguir.
- As melhorias podem ser aplicadas aos processos considerados satisfatórios.
- As melhorias gradativas e contínuas agregam valor ao projeto e asseguram a satisfação dos clientes.

A qualidade total é uma filosofia de gestão baseada na satisfação dos clientes internos e externos. É um meio para atingir os objetivos e resultados desejados e, como tal, faz uso de um conjunto de técnicas e ferramentas integradas ao modelo de gestão.

A qualidade é um conceito complexo, cujos componentes, quando aplicados na saúde, podem ser agrupados em sete atributos ou pilares fundamentais, conforme demonstrado no quadro 13.10.

Quadro 13.10 – Componentes do conceito de qualidade.

Atributos	Descrição
Eficácia	Habilidade em ofertar melhorias na saúde e no bem-estar dos indivíduos
Efetividade	Relação entre o benefício real oferecido e o resultado potencial
Eficiência	Relação entre o benefício oferecido e seu custo econômico
Otimização	Ponto de equilíbrio relativo em que o benefício é elevado ao máximo em relação ao custo econômico. É o ponto de estabilização da curva de benefícios
Aceitabilidade	Adaptação dos cuidados à saúde às expectativas, desejos e valores dos pacientes e suas famílias. É composto por 5 conceitos: acessibilidade, relação médico-paciente, amenidades, preferências do paciente quanto aos efeitos da assistência, preferências do paciente quanto aos custos da assistência
Conformidade	Determinada por valores e expectativas individuais
Legitimidade	Possibilidade de adaptação de um serviço à sociedade como um todo. Implica conformidade individual, satisfação e bem-estar da coletividade
Equidade	Determinação da justa distribuição dos serviços para todos os membros da comunidade, população ou sociedade. É dar mais para quem tem menos

Fonte: Adaptado de Gastal (1995), Donabedian (1990) e Kluck (2004).

A qualidade não é avaliada exclusivamente em termos técnicos ou da prática específica, mas por um conjunto de fatores que envolvem elementos individuais e coletivos no estabelecimento desse juízo de valor. As empresas procuram aplicar recursos para melhorar e dinamizar o processo de produção e crescimento para manter sempre os clientes em constante ar de felicidade.

Com base em uma visão horizontal da hotelaria hospitalar e nos indicadores de serviços, com certeza, podemos pensar na resolutividade e na qualidade de atendimento que é prestado ao cliente de saúde, atendendo às exigências dessa nova cultura de gestão e de um novo mercado consumidor.

A hotelaria não se prende apenas ao atender o cliente com a melhor ambientação. Todos os serviços necessários, utilizados ou não, devem estar imersos na cultura da humanização e da hospitalidade. Como exemplo, podemos citar alguns serviços tais como os departamentos de Nutrição e Dietética/Gastronomia Hospitalar, Farmácia, Laboratório, Arquivo Médico, Banco de Sangue, Assistência Domiciliar, Marketing, Ouvidoria, Autorização, Admissão, Atendimento, Maqueiros etc. que podem contribuir para melhorar a aceitação ou reclamação do cliente.

A gestão por indicadores é fundamental para o controle da estratégia hospitaleira da empresa. Porém, o mais importante é a qualidade da elaboração, da construção e, por conseguinte, do seu monitoramento. Quando os indicadores estão desestruturados só atrapalham as decisões do gestor, este é o ponto crítico, os bem elaborados guiam a gestão, os maus a desgovernam.

No controle de qualidade é necessário ter em vista uma matriz representativa dos indicadores utilizados. Nesse sentido, Takashina (2004) apresenta as principais características de bons indicadores, conforme segue:

- Exatidão: possibilidades mínimas de erro.
- Confiabilidade: mesmas medidas para diferentes pesquisadores, diante de um mesmo evento.
- Pertinência: estar correlacionado ao fenômeno do que está sendo examinado.
- Simplicidade: fácil de entender – a facilidade para tirar conclusões a partir de um indicador é fundamental para sua utilidade.
- Validade: medir efetivamente o fenômeno ou critério.
- Sensibilidade: detectar variações no comportamento/fenômeno que examina.
- Econômico: indicadores difíceis para serem calculados não devem ser implantados.
- Disponibilidade/tempestividade: dados atrasados não representam mais a situação atual. Devem estar disponíveis antes que a situação mude.
- Estabilidade: não devem apresentar variações nas mesmas medidas.
- Rastreabilidade: fácil de localizar o evento ou fenômeno a ser medido.
- Representatividade: devem representar o que vai ser medido.
- Compatibilidade: ser compatível com os métodos de coleta disponíveis.

Os atributos necessários para descrever um indicador são: nome, descrição do indicador, escalas, *benchmark* (referencial de excelência) e frequência ou periodicidade de mensuração. Esses dados devem fazer parte de uma ficha de indicador de forma a manter um padrão constante de medição ao longo do tempo e facilitar o *benchmarking* entre as organizações (Inde, 2006).

COMO ELABORAR E CONSTRUIR INDICADORES – FICHA TÉCNICA

Para elaborar indicadores é necessário levar em conta o que vai ser medido, quando, para quê, por que, quanto custa a coleta, o processo e a apresentação dos resultados. A coleta de indicadores deve facilitar o processo de gestão, e essa deve ser tempestiva, pois as decisões devem ser rápidas em virtude das repentinas mudanças do cenário socioeconômico e político ambiental. O custo da coleta dos indicadores não deve inviabilizar a própria coleta ou leitura. Não deve ser maior do que os valores empregados para solucionar ou conhecer o problema específico.

Para elaborar indicadores, é importante seguir o método da "ficha técnica". A aplicação e a padronização dos métodos são fundamentais para marcar a credibilidade da informação. Prováveis mudanças de métodos e formas de cálculo para mensurar os indicadores no decorrer de determinado período podem distorcer as informações e gerar decisões confusas e prejudicar a foco estratégico da gestão. Mudanças nos métodos devem ocorrer se os utilizados até o momento foram inadequados ao objetivo e meta da mensuração planejada. Nesses casos, a mudança deve ser imediata.

Os indicadores não devem surgir de uma imaginação abstrata ou conceito utópico. Também não devem servir para sacrificar a gestão e sim para dar velocidade na tomada de decisões e realinhar a gestão para o foco estratégico definido.

Os indicadores devem ser simples e de fácil elaboração nas suas 3 fases:

- Na coleta de dados.
- Na elaboração das informações.
- Na validação dos resultados.

Os indicadores são formados a partir de estudos específicos e/ou intencionais. O desejável é que cumpram com o favorecimento da leitura do momento e das tendências estratégica, tática e operacional da empresa.

Para construir um indicador é necessário questionar alguns pontos, tais como:

- O que vai ser medido?
- É possível de ser medido?
- Como deve ser medido?
- Como e de onde são coletados os dados?
- Qual a fórmula de cálculo utilizada?
- Qual a frequência de coleta?
- Qual o nível de acessibilidade?
- Qual o grau de confiabilidade?
- Qual o custo para a obtenção desses dados e informações?

Criar um indicador tem custos, tais como envolvimento de pessoas, dados da coleta e decisões. Tem expectativas tais como avaliar as decisões ou medidas tomadas. Tem resultados tais como verificar se estão sendo eficientes para o desenvolvimento e crescimento da empresa. Ter um indicador com dados imprecisos é pior do que dirigir um veículo às cegas, tem que contar muito com a sorte. Sorte, segundo os chineses, "é o encontro do conhecimento com a oportunidade", e neste caso não há o conhecimento. Sem conhecimento a oportunidade se transforma em ameaça.

A não existência de indicadores para a tomada de decisões vai tornar o gestor dependente da intuição. A intuição é proporcional à vivência e ao cognitivo das pessoas.

Decidir com dados imprecisos pode gerar decisões inadequadas no momento certo, ou decisões certas no momento inadequado. Decisões tomadas em cima de dados empíricos, falhos ou incompletos podem causar transtornos irreparáveis na empresa e para o futuro das pessoas envolvidas.

No quadro 13.11 é possível verificar alguns tópicos e questionamentos necessários para a elaboração de uma ficha de indicadores.

Quadro 13.11 – Elaboração de ficha de indicadores.

Etapas do indicador	Questionamento	Descritivo do indicador
Eixo estratégico	Planejamento	Define o eixo da gestão: 1. desempenho; 2. qualidade; 3. econômico; 4. produtivo; 5. social; 6. sustentabilidade
Hierarquia do eixo	Ordenação	Hierarquia de cada categoria: 1. x desempenho y; 2. x qualidade z; 3. x econômico yz etc.
Nome ou título	O quê?	Título definido para o indicador no eixo estratégico
Unidade de medição	Quanto?	Medida definida para avaliar o dado do indicador (k, m^2, l, *per capita*, kw/h)
Leitura da unidade de medida	Qual?	Métrica do indicador (taxa, coeficiente, índice, nº absoluto, nº relativo etc.)
Frequência	Quando?	Número de vezes por período em que o indicador será coletado e apresentado
Fórmula de cálculo e consistência	Como?	Expressão matemática utilizada para calcular o indicador, tais como numerador, denominador etc.
Fonte de dados	Onde?	Meios de verificação para a coleta dos dados para o cálculo do indicador
Responsável (fornecedor dos dados)	Quem?	Responsável ou unidade responsável pela elaboração e atualização do indicador. Unidade/gestor responsável pelo agrupamento das informações do indicador
População ou amostra	Com que ou quem?	O todo ou a proporção pesquisada conforme pertinência para cada caso
Oportunidade/ objetivos	Por isso	Reagir às variáveis discrepantes em tempo hábil para tomar as devidas medidas de correção. Justificativa para sua criação, motivo principal, mola propulsora
Custo (valor para coleta de dados)	Quanto custa?	Valor para levantar e apresentar o indicador

Além dos relacionados no quadro 13.11, outras informações contribuem para enriquecer a criação de um indicador confiável e que atenda as necessidades das empresas. Essas informações podem compor a ficha de indicadores (Quadro 13.13).

As fichas contêm o detalhamento do indicador, ajudando na compreensão e visualização das informações.

Quadro 13.12 – Ficha de indicadores.

Etapas do indicador	Descritivo do indicador
Setor responsável	Área responsável para gerir o indicador e tomar as decisões cabíveis
Objetivo	Define a forma de mensuração e a finalidade da criação do indicador
Meta	Define o valor pretendido a ser atingido no tempo e no espaço
Aplicação	Definição do escopo e do eixo em que deve ser aplicado o resultado
Eixo estratégico	Define o eixo da gestão: 1. desempenho; 2. qualidade; 3. econômico; 4. produtivo; 5. social; 6. sustentabilidade
Hierarquia do eixo	Hierarquia de cada categoria: 1. x desempenho y; 2. x qualidade z; 3. x econômico yz etc.
Tipo do indicador	Demográfico, financeiro, de gestão, sustentabilidade etc.
Nome ou título	Título definido para o indicador no eixo estratégico
Descrição do indicador	São informações agregadas para a compreensão da fórmula e dos termos que a compõem. É a contextualização simples e concisa para facilitar a compreensão
Indicadores relacionados	Outros indicadores que se relacionem e/ou apoiem sua análise
Unidade de medição	Medida definida para avaliar o dado do indicador (k, m^2, l, *per capita*, kw/h)
Leitura da unidade de medida	Métrica do indicador (taxa, coeficiente, índice, nº absoluto, nº relativo etc.).
Precisão	Define com clareza o que deve ser medido
Frequência	Número de vezes por período em que o indicador será coletado e apresentado
Análises	Tipo de análises: qualitativa ou quantitativa
Fórmula de cálculo e consistência	Expressão matemática utilizada para calcular o indicador tais como numerador, denominador etc.
Numerador	Forma ou expressão utilizada para compor os dados do dividendo da fração
Denominador	Forma ou expressão utilizada para compor os dados do divisor da fração
Fontes de dados	Meios de verificação para a coleta dos dados para o cálculo do indicador
Coleta de dados	Metodologia utilizada para a coleta de dados: auditoria, entrevistas, dados, setores, datas, frequência etc.
Parâmetros	Padrão que serve de comparativos qualitativos e quantitativos dos indicadores
Facilidade	Coleta e cálculo de fácil execução
Responsável (fornecedor dos dados)	Responsável ou unidade responsável pela elaboração e atualização do indicador Unidade/gestor responsável pelo agrupamento das informações do indicador
Metodologia	Forma de obtenção dos dados e como deverão ser tratados
População ou amostra	O todo ou a proporção pesquisada conforme pertinência para cada caso
Abrangência/escopo	Representam a segmentação pela qual o indicador será apresentado, conforme a necessidade e pertinência das características que definem o indicador

(Continua)

Quadro 13.12 – Ficha de indicadores. *(Continuação)*.

Etapas do indicador	Descritivo do indicador
Usuário do indicador (cliente)	Identificar setores/clientes que receberão o resultado obtido do indicador
Data da versão e validade	Marca o tempo de validade da informação para a tomada de decisões
Interpretação/ sentido	Avaliação da interpretação da tendência ou do nível atual. Exemplo: maior-melhor ou menor-melhor. Capacidade de discriminar e agregar valor nas análises
Benchmarking	Indica a unidade/parâmetro com a qual se pretende comparar o indicador. Pode ser interno ou externo
Oportunidade/ objetivos	Reagir às variáveis discrepantes em tempo hábil para tomar as devidas medidas de correção. Justificativa para sua criação, motivo principal, mola propulsora
Arquivo no sistema	E:/Bibliotecas/documentos
Reprodutibilidade	Garantia de reprodução de o indicador chegar ao mesmo resultado
Comparabilidade	Permite comparações entre serviços, entre regiões ou países
Sensibilidade/ especificidade	Viés de seleção e de informação
Custo (valor para coleta de dados)	Valor para levantar e apresentar o indicador
Referência	Apontar referencial de *benchmarking*/bibliográfico, quando for o caso, utilizado na construção do indicador

Após implantação, avaliação e definição dos indicadores, cabe à gestão provocar revisões periódicas, incluindo um plano de descarte para indicadores não mais relevantes ou a geração e criação de novos indicadores.

O ambiente muda, a organização deve estar pronta para evoluir com as mudanças, portanto, são necessárias revisões contínuas dos indicadores, principalmente em um espaço dinâmico como as instituições de saúde.

INDICADORES EM INSTITUIÇÕES DE SAÚDE

Segundo Rummler e Brache (1992), as ferramentas para a melhoria da qualidade e da competitividade por meio da abordagem do desempenho das organizações são definidas em três níveis:

- Estratégico: estruturas e práticas gerenciais.
- Processos: produção e administrativos.
- Trabalho-executor: ação de cada indivíduo.

As metodologias de trabalho desenvolvidas nesses níveis são apresentadas nas variáveis do desempenho, expressas por meio de indicadores. Na avaliação sempre existem comparações com relação a tempo ou parâmetros, normas, padrões, modelos ideais, reais ou desejados. O desenvolvimento de indicadores mostra-se, então, como uma resposta para avaliar uma situação ou a consecução de objetivos e metas propostas. São variáveis que permitem quantificar ações em resultados[10].

Em uma empresa existem dois tipos de necessidades para os clientes: as explícitas (especificadas em contrato) e as implícitas (que a empresa tem que satisfazer, embora não estejam especificadas em contrato).

As explícitas são regulamentadas por um contrato, seja ele formal ou informal, e sujeitas a reparações judiciais atendendo as vontades das partes. Neste, são atendidas as necessidades e os desejos das partes.

As implícitas não estão nos contratos, são elementos subjetivos. Nestes, são atendidas as expectativas das partes. São importantes para se obter o diferencial competitivo da empresa. São relações psicológicas que envolvem ações de acolhimento, comprometimento e empatia entre as pessoas.

Nas duas formatações, explícitas e implícitas, a qualidade do acolhimento é a linha que faz a diferença entre as empresas perenes e eternizáveis em comparação com as empresas revoltas e com curto ciclo de sobrevivência. O acolhimento é resultado da humanização e da hospitalidade que são potencializadas pelas práticas da hotelaria hospitalar. O diferencial está no conceito do estado da arte proposta por uma hotelaria dinâmica e comprometida, como o cliente da saúde.

O estado da arte está nas pessoas que compõem a empresa.

Para Figueira, Inoue e Neto (p. 13, *in* Guimarães), quando o cliente de saúde adentra em ambiente hospitalar, ele deve ser surpreendido com novo conceito hospitalar que se materializa em uma arquitetura diferenciada que em tudo lembra ou recria a atmosfera de um hotel, imprimindo um clima mais convidativo, menos estressante e mais humano. Essa sensação inicia desde o *hall* de entrada, passa pelo quarto do paciente e finaliza na sua saída do hospital.

No conceito de hotelaria hospitalar, os pacientes são vistos como hóspedes, momentaneamente enfermos e que, por isso, requerem atenção especial.

Para atingir o diferencial é necessário controlar. Para controlar é necessário medir. Nos hospitais, é prática normativa levantar dados e calcular indicadores relativos ao atendimento e à qualidade dos serviços prestados.

Assim, o número de pacientes internados (censo diário) é um dado. A taxa de ocupação é indicador. Quanto se pretende atingir determinada taxa de ocupação de xx,xx%, isso é uma meta balizada por determinado parâmetro. Quando a taxa é atingida, isso é um resultado. Todos os dados são considerados *estatísticas* hospitalares.

Os parâmetros são estabelecidos em acordo com os resultados históricos, consenso, lógica, levantamentos, médias de instituições similares, considerações teóricas, normas de associações técnicas ou normas legais e são considerados *benchmarking*.

---

[10] IV Congresso Nacional de Excelência em Gestão. Responsabilidade Socioambiental das Organizações Brasileiras. Niterói, RJ, Brasil, 31 de julho, 01 e 02 de agosto de 2008. IV CNEG 6.

O *benchmarking* é um referencial de excelência ou conjuntos de referenciais. São, em geral, extraídos das empresas mais representativas, ou por um grupo dos principais concorrentes locais, regionais, nacionais ou internacionais.

Grupo de *benchmarking* é o conjunto de empresas da mesma atividade que trocam, regularmente, informações sobre os indicadores, para elevar seus desempenhos. A atividade de extrair indicações relevantes do banco de dados, interno ou externo, é chamada de *data mining* ou de *business intelligence*.

O *benchmarking* pode ser interno ou externo. O *interno* refere-se ao praticado entre empresas do mesmo grupo empresarial. O *externo* ou *competitivo* é aquele praticado entre empresas competidoras.

No início, é possível incorrer na produção de indicadores em demasia pela ânsia de apresentar informações e dados para todos os processos, ocasiões e setores, porém, para os iniciantes, sugerimos fazer uso de poucas métricas, desde que sejam relevantes. O excesso de indicadores pode destruir o foco da melhoria e prejudicar a incorporação da cultura da gestão por indicadores.

Mas quantos e quais seriam os indicadores que podem compor o *balanced scorecard* da diretoria de um hospital? Cuidado! O *DashBoard* deve ser assertivo e de alta relevância. No conjunto de várias centenas de indicadores que o sistema deve ser capaz de produzir em um hospital, não mais de 30 devem receber destaque na análise por parte dos diretores e/ou dos conselheiros.

Tratando-se de um painel "balanceado", sugere-se que seja composto por:
- Cinco indicadores gerenciais de qualidade.
- Cinco de logística e de produção.
- Cinco de produtividade.
- Cinco de recursos humanos.
- Cinco de custos.
- Cinco de índices contábil-financeiros.

Os demais indicadores (níveis tático e operacionais) devem ser alvo de análises pelos setores assistenciais, de qualidade e de apoio. Esses contribuem para garantir que o plano estratégico (visão, missão e valores) da instituição seja alcançado. A gestão estratégica avalia mas não produz indicadores de resultados. Esses dados ocorrem nos níveis operacionais, assistenciais e de apoio.

Para apresentar resultados, é recomendável valer-se de gráficos evolutivos para que os executivos possam visualizar, instantaneamente, a evolução e os contrastes significativos da gestão e, dos segmentos analisados, quais os que merecem ser debatidos com maior profundidade.

O uso de gráficos evolutivos corresponde à transformação de dados (como faturamento mensal) em autêntico indicador, pois cria uma relação correspondente entre os dados (números, valores etc.) e o tempo.

Três dimensões de indicadores podem ser monitoradas nos Estabelecimentos Assistenciais de Saúde:

- Os indicadores de avaliação em saúde (a vida da vida).
- Os indicadores de avaliação do conhecimento (o saber do fazer).
- Os indicadores de avaliação nas áreas de apoio (o fazer do saber).

Entre todos deve existir correlações natural e harmoniosa.

Na dimensão avaliação em saúde, ou a vida da vida, Morin (1983) explana que não é mais suficiente a análise isolada dos determinantes em saúde em esquema linear de casualidade. Deve-se procurar conhecer a multiplicidade desses condicionantes em vários níveis de suas articulações. Negligenciar essas dimensões tem como consequência a produção de resultados pouco úteis para influenciar o comportamento organizacional. Mais vale uma medida não refinada da coisa certa do que uma medida refinada da coisa errada.

No âmbito da saúde, nessa primeira dimensão, valem os indicadores cirúrgicos e clínicos, os assistenciais; os de infecção hospitalar e os de mortalidade.

Na segunda dimensão, da avaliação do conhecimento, a postulação é de que o conhecimento é um recurso primordial para a tomada de decisões. Entretanto, a grande maioria ainda não possui processo formalizado. Na saúde, o saber é o diferencial competitivo para atrair novos clientes, novos parceiros e novos negócios. Alguns exemplos são considerados práticas de conhecimento, entre eles estão a aprendizagem organizacional, *benchmarking*, normalização e padronização. Aqui estão os indicadores científicos, os de ensino e pesquisa e os de desenvolvimento de técnicas de tratamento e diagnósticos.

Na terceira dimensão, da avaliação nas áreas de apoio, definem-se os indicadores de hospitalidade, giro de leitos, higiênico-sanitários, de tempo de espera de leitos, tempo de limpeza concorrente e limpeza terminal, volume de resíduos sólidos, consumo de água, energia, volume de roupas utilizadas, taxa de evasão de roupas, produtividade operacional na higiene e limpeza, consumo de água, energia, recursos de manutenção, reclamações de clientes, índices de vetores e pragas, satisfação dos clientes etc. Essa dimensão busca medir o quanto o fazer está em harmonia com o saber. Aqui se consolidam a satisfação e o atendimento das expectativas dos clientes hospitalares.

Em todas as dimensões, o céu é o limite na criação de indicadores, porém vale ressaltar que: não é a quantidade, mas a relevância do indicador que deve ser focada. Os Indicadores servem para mapear os limites decisórios da organização. Se não cumprem esse objetivo, não são necessários.

A implantação dos indicadores deve responder às seguintes questões:

- Atendem as necessidades do meu cliente?
- Aumentam meu diferencial competitivo no mercado?
- Agregam valor ao meu negócio?
- Aumentam minha rentabilidade *per capita*?
- Reduzem meus desperdícios?
- Conduzem-me à excelência organizacional?

O principal elemento de avaliação do indicador é a satisfação do cliente. Isso é custo e deve ser monitorado continuamente.

Os custos nascem no processo produtivo e podem favorecer ou prejudicar a competitividade da organização. Para reduzir custos, têm que se monitorar a estrutura, os métodos, os processos, os produtos e as pessoas. São esses elementos que compõem a produção total.

A produção total é uma equação composta pela produção real, ociosidade e desperdícios, conforme mostrado na figura 13.7.

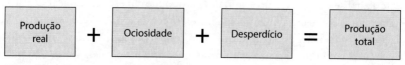

Figura 13.7 – Equação de produção total.

A ociosidade existe quando você não produz por falta de demanda, ou seja, você tem os insumos, a estrutura, mas não tem para quem produzir. Como exemplo hospitalar: os leitos existem, a equipe estar presente para atender, mas falta o paciente. O hospital tem um custo associado a essa falta de paciente.

O desperdício é quando você, por produzir com defeitos, perde o valor do produto ou o próprio produto e não consegue atender a demanda. Como exemplo hospitalar: o paciente existe, a equipe estar presente, mas o leito estar fechado por falha da manutenção. O hospital tem um custo associado à falta de leito.

Os desperdícios[11], de acordo com a *Lean Manufacturing*, podem assumir diferentes formas, podendo ser encontrados no processamento de um produto ou em entradas e saídas desnecessárias. Podem ser observados na forma de material, estoque, equipamento, infraestrutura, utilidades, documentos, movimentos e outras atividades que não agregam valor.

Quais são os desperdícios da produção?

Conforme descrito na ferramenta *Lean Manufacturing*, são 7 os desperdícios. Eles foram identificados e categorizados por Taiichi Ohno, um engenheiro de produção que iniciou sua carreira no setor automotivo em 1943 e é considerado o pai do sistema Toyota de Produção (TPS). Segundo ele, os 7 desperdícios podem ser categorizados da seguinte forma:

- Defeitos.
- Excesso de produção ou superprodução.
- Espera.
- Transporte.
- Movimentação.
- Processamento inapropriado.
- Estoque.

Caberá ao gestor eliminar os 7 desperdícios e minimizar o tempo ocioso, uma vez que "perder não é parte integrante do processo produtivo". Isso se faz com leituras por indicadores.

---

[11] https://www.citisystems.com.br/7-desperdicios-producao/

O maior interesse pelo cálculo de indicadores, nas empresas, provém da área de controladoria, por isso é natural também que a ênfase dos 750 indicadores coletados em 3 mil hospitais americanos, calculados pela *American Hospital Association* (AHA), seja de natureza contábil-financeira, com destaque nos custos.

A *American Hospital Association* – AHA apresenta alguns indicadores gerenciais que podem ser classificados, tais como:

- Indicadores gerais:
  - Taxa de ocupação.
  - Tempo médio de permanência.
- Indicadores de qualidade:
  - Porcentagem de reclamações.
  - Taxa de mortalidade institucional.
  - Taxa de infecção hospitalar institucional.
  - Taxa de cirurgias canceladas.
  - Taxa de cesáreas.
- Indicadores de produtividade:
  - Número de funcionários equivalentes por leito ocupado ajustado.
  - Número de consultas por médico por hora.
  - Número de unidades produzidas por dia ou hora por funcionário.
- Indicadores de suprimento e estoques:
  - Cobertura de estoque para cada item (número de dias de consumo mantido em estoque).
  - Aderência no inventário entre estoque físico e do sistema.
  - Porcentagem de faltas no estoque.
  - Porcentagem de entregas atrasadas, por fornecedor.
- Indicadores de recursos humanos:
  - Índice de absenteísmo.
  - Índices de acidentes no trabalho.
  - Índices de doenças profissionais.
- Índices contábil-financeiros:
  - Índices de liquidez.
  - Taxa de endividamento.
  - Lucro sobre patrimônio líquido (rentabilidade).
  - Lucro sobre faturamento (lucratividade).
  - Faturamento por funcionário.
  - Lucro por funcionário.
- Custos:
  - Preço de insumo por unidade.
  - Custo de diária.
  - Custo de refeição.
  - Custo de procedimento.

No Brasil existem instituições focadas na análise dos indicadores da saúde. Essas instituições apresentam dados que permitem a comparação entre os associados e outras instituições. Cada um deles é descrito para que sua medição siga um critério único e seja padronizado ao longo do tempo, a fim de possibilitar uma comparação mais fidedigna.

Utilizar indicadores de desempenho como forma de melhorar o gerenciamento e comparação de seus resultados tem sido percebido pelos hospitais como ferramenta de validação do sucesso. Essa tendência nos EAS está sendo evidenciada pela preocupação crescente de instituições como CQH, PROHASA, SIPAGEH e SINHA, que estão construindo, gradativamente, sua estrutura de indicadores e criando assim referenciais comparativos para o segmento hospitalar, conforme é mostrado no quadro 13.13.

Quadro 13.13 – Estrutura de indicadores.

Instituição	Características
SIPAGEH – Sistema de Indicadores Padronizados para Gestão Hospitalar[12]	O SIPAGEH[13] está balizado pelos critérios do PNQ (Prêmio Nacional da Qualidade) e do Prêmio Gaúcho de Qualidade e Produtividade que propicia informações estratégicas para os hospitais (Neves, 2004)
PROAHSA – Programa Assistencial Hospitalar e da Saúde[14] (PROAHSA, 2006). Resultante de acordo entre a EAESP-FGV e o HCFMUSP	O PROAHSA, SP, apresenta boletins referentes a caracterização do EAS, distribuição dos custos hospitalares, mão de obra, pacientes/dia, taxa de ocupação, consumo de energia, água, gás, oxigênio, roupa lavada, número de exames e outros procedimentos, partos, cesáreas, refeições servidas, consultas ambulatoriais, terceirização etc. (PROAHSA, 2006)
CQH – Controle de Qualidade de Assistência Hospitalar (CQH, 2008)	O Programa de Controle de Qualidade do Atendimento Médico-Hospitalar no Estado de São Paulo (APM/CREMESP) surgiu em 1991 e produziu o Manual de Orientação aos Hospitais Participantes e privilegia também os indicadores gerenciais. Atualmente possui 125 participantes (CQH, 2008)
SINHA – Sistema Integrado de Indicadores Hospitalares	A ANAHP – Associação Nacional dos Hospitais Privados constituída por 103 hospitais associados (maio de 2018). Desenvolveu em 2002 o SINHA para oferecer uma ferramenta de apoio à gestão, apresentando indicadores de desempenho e suas fórmulas de medição (Lima, 2006)

O SIPAGEH coleta mensalmente 16 indicadores de 34 hospitais de vários Estados do Sul e Sudeste, sendo eles: satisfação do paciente do SUS, satisfação do paciente particular, *turnover*, absenteísmo, acidentes de trabalho, horas de treinamento, taxa de cesáreas, média de permanência, permanência obstétrica, permanência pediátrica, mortalidade, mortalidade obstétrica, mortalidade pediátrica, margem líquida, infecção por cateter venoso central, infecção de cirurgia limpa.

O programa tem como objetivo estimular os hospitais para a utilização de indicadores padronizados como ferramenta gerencial e criar referenciais adequados, facilitando a definição de parâmetros padronizados.

---

[12] São 21 indicadores padronizados e 147 os hospitais participantes (SIPAGEH, 2008).
[13] Surgiu em 1989 no Rio Grande do Sul pela Universidade do Vale do Rio dos Sinos.
[14] IV Congresso Nacional de Excelência em Gestão. Responsabilidade Socioambiental das Organizações Brasileiras. Niterói, RJ, Brasil, 31 de julho, 01 e 02 de agosto de 2008. IV CNEG 6.

O PROHASA[15] é um Programa de Estudos Avançados em Administração e de Sistemas de Saúde do Hospital das Clínicas da Faculdade de Medicina da USP e da Escola de Administração de Empresas de São Paulo da FGV. Os principais grupos de indicadores são: internação hospitalar (taxa de ocupação, média de permanência, relação pessoal/leito etc.), maternidade (internações/aborto/faixa de idade), clientes, hotelaria hospitalar, hospitais pediátricos, gestão de pessoas, econômico-financeiros (inflação, lucro sobre vendas), entre outros.

A ANAHP, por exemplo, aponta o índice de glosas dos hospitais como importante indicador, já que interfere na receita líquida. Nos últimos dados, aponta que houve crescimento de 3,17% em 2015 para 3,44% em 2016. Fato que pode ser atribuído à crise e ao maior rigor das operadoras na realização dos pagamentos de procedimentos e insumos.

O índice de inadimplência, que mede o percentual de valores não recebidos por serviços prestados há mais de 90 dias em relação à receita bruta total, é outro indicador que atinge diretamente o financeiro (fluxo de caixa) das instituições hospitalares. Segundo a ANAHP, essa taxa caiu de 25,25% em 2015 para 23,51% em 2016, acompanhando a redução do prazo médio de recebimento. A melhora do indicador também colaborou para o equilíbrio financeiro do setor hospitalar mesmo diante da crise econômica. Vale ressaltar que a taxa de inadimplência elevada está mais relacionada ao prazo de recebimento elevado de alguns procedimentos do que ao risco de não recebimento dos pagamentos devidos por procedimentos realizados.

Os indicadores de gestão operacional do SINHA (ANAHP) foram calculados a partir dos dados de 63 hospitais respondentes em 2016.

Alguns indicadores[16], ANAPH, avaliam os seguintes tópicos:

- Taxa de ocupação operacional geral (%).
- Média de permanência geral (dias).
- Índice de giro geral de leitos no período (saídas/leito operacional).
- Intervalo de substituição geral (dias).
- Taxa de mortalidade institucional (≥ 24 horas).
- Taxa de mortalidade cirúrgica (até 7 dias após procedimento cirúrgico).
- Taxa de pacientes residentes no hospital (> 90 dias).
- Taxa de ocupação operacional (UTI adulto, UTI pediátrica, UTI neonatal).
- Média de permanência (UTI adulto, UTI pediátrica, UTI neonatal).
- Índice de giro (UTI adulto, UTI pediátrica, UTI neonatal).
- Intervalo de substituição (UTI adulto, UTI pediátrica, UTI neonatal).
- Taxa de ocupação operacional: semi-intensiva.
- Média de permanência: semi-intensiva.
- Índice de giro: semi-intensiva.

---

[15] http://cqh.org.br/portal/bi/. Acessado em 04/07/2018.
[16] Os indicadores de gestão operacional do SINHA (ANAHP) foram calculados a partir dos dados de 63 hospitais respondentes em 2016.

- Intervalo de substituição: semi-intensiva.
- Taxa de ocupação operacional: maternidade.
- Média de permanência: maternidade.
- Índice de giro: maternidade.
- Intervalo de substituição: maternidade.
- Índice de cirurgias por paciente total.
- Taxa de internação via urgência/emergência.

Os indicadores de segurança são:

- Densidade de infecção hospitalar na UTI: adulto, pediátrica, neonatal (por mil pacientes/dia).
- Densidade de incidência de infecção da corrente sanguínea associada a cateter venoso central na UTI: adulto, pediátrica, neonatal (por mil pacientes/dia).
- Taxa de utilização de cateter venoso central em UTI: adulto, pediátrica, neonatal (ANVISA).
- Densidade de infecção hospitalar na semi-intensiva adulto (por mil pacientes/dia).
- Densidade de incidência de infecção da corrente sanguínea associada a cateter venoso central: UTI semi-intensiva (por mil pacientes/dia).
- Taxa de utilização de cateter venoso central em UTI semi-intensiva (ANVISA).
- Razão de mortalidade observada sobre esperada.
- Taxa de infecção em sítio cirúrgico pós-cirurgia limpa.
- Taxa de conformidade de antibioticoterapia profilática.
- Taxa de demarcação do sítio cirúrgico (cirurgia segura).
- Taxa de conformidade com preenchimento de prontuários.
- Densidade de incidência de lesão de pressão (por mil pacientes/dia).
- Densidade de incidência de quedas (por mil pacientes/dia).

Existem milhares de hospitais no Brasil e, embora haja diferenças entre eles, existem muitas características semelhantes, o que permite compará-los, respeitadas as diferenças de porte, localização, tempo de existência, especialização, complexidade e jurisdição.

O Ministério da Saúde, por meio da Portaria nº 312, de 2 de maio de 2002, estabeleceu a Padronização da Nomenclatura no Censo Hospitalar, assim, os indicadores hospitalares consistem em informações sobre a relação entre a população e a capacidade de atendimento com qualidade e a segurança dos estabelecimentos assistenciais de saúde (EAS). Esses índices impulsionam a gestão da saúde pública e privada por cada região e na totalidade do País.

Os indicadores facilitam a comunicação entre os setores das empresas em busca de alinhamento dos objetivos e metas estratégicas. A fragmentação comunicativa pode induzir para existências de lacunas de processos, semânticas entre setores e sobreposições de atividades. Alguns indicadores são prioritários para que a gestão hospitalar tome suas decisões com rapidez e assertividade.

O quadro 13.14 apresenta alguns indicadores utilizados pela gestão pública hospitalar.

Quadro 13.14 – Indicadores utilizados pela gestão pública hospitalar.

Classe dos indicadores	Descritivo
Sentinela (ocorrência de eventos indesejados)	a) Queda do leito b) Fuga do paciente c) Cirurgia em paciente errado d) Erros de dosagem e) Acidentes com perfurocortantes f) Incêndio
Resultados (medem o que acontece ou não ao paciente; referem-se à efetividade da assistência hospitalar)	a) **Produção:** Atendimentos, taxa de ocupação etc. b) **Produtividade:** Permanência no leito Índice de rotatividade do leito c) **Material:** Giro de estoque Taxa de retorno de materiais d) **Qualidade:** Taxa de infecção e taxa de mortalidade geral
Processos (cuidados relativos ao paciente, ligados a um resultado)	a) Taxa de mortalidade em UTI b) Dispensação de medicamentos c) Marcadores de protocolos (tempo porta-eletro)
Gestão (relacionada à administração e à alocação dos recursos disponíveis)	a) Pessoal de acordo com as áreas do hospital b) Taxa de procedimentos particular/SUS/convênios c) Implementação do plano estratégico d) Taxa de absenteísmo/rotatividade e) Anos de escolaridade dos funcionários
Estrutura (relacionada à operacionalização)	a) Alvará sanitário expedido pela ANVISA b) Taxa de ocupação c) Certificação como hospital de ensino d) Ambulância com UTI

O quadro 13.15 apresenta a forma de obtenção dos principais indicadores na área hospitalar.

Quadro 13.15 – Forma de obtenção dos indicadores na área hospitalar.

Indicadores	Significado	Fórmula para obtenção de indicadores
Taxa de produtividade hospitalar (TxPH)[17]	É o nº de internações ano (Int) versus média de permanência (MP) e nº de leitos existente (TL) em um mesmo período	$TxPH = \dfrac{\Sigma^{18} \, Int \times MP \times leitos}{365} \times 100$

(Continua)

---

[17] http://www.anvisa.gov.br/servicosaude/avalia/indicadores/tph.htm. Acessado em 12/07/2018.

[18] Σ = Somatório é um operador matemático que permite representar facilmente somas de um grande número de termos, até infinitos. É representado com a letra grega sigma – Σ.

Quadro 13.15 – Forma de obtenção dos indicadores na área hospitalar. *(Continuação).*

Indicadores	Significado	Fórmula para obtenção de indicadores
Índice de intervalo em dias de substituição[19] ou dias de ociosidade do leito (ITS)*	É a relação de 1 menos a taxa de ocupação hospitalar *versus* o tempo médio de permanência dividido pela taxa de ocupação hospitalar no mesmo período	$ITS = \dfrac{\Sigma\,(1 - TOH) \times TMP}{\Sigma\,TOH}$
Índice de renovação média de leitos por dia[20] (IRL)*	É a relação percentual entre o total de saídas e o número de leitos no mesmo período	$IRL = \dfrac{\Sigma\,\text{Total de saídas}}{\Sigma\,\text{Total de leitos}} \times 100$
Média de paciente/dia (MPD)*	É a relação entre o número de pacientes/dia (PD) e o número de dias no mesmo período	$MPD = \dfrac{\Sigma\,\text{Paciente/dia}}{\Sigma\,\text{Dias no período}}$
Tempo de média de permanência de pacientes (TMP)[21]	É a relação numérica entre o total de pacientes/dia e o total de pacientes saídos (altas e óbitos) no mesmo período	$TMP = \dfrac{\Sigma\,\text{Pacientes/dia}}{\Sigma\,\text{Saídas no período}} \times 100$
Taxa de ocupação hospitalar[22] (TOH)	É a relação percentual entre o número de pacientes/dia (Pd) e o número de leitos/dia (Ld) em determinado período	$TOH = \dfrac{\Sigma\,\text{Pacientes}}{\Sigma\,\text{Leitos}} \times 100$
Taxa de mortalidade hospitalar (TMO)[23]	É a relação percentual entre o número de óbitos ocorridos em pacientes internados e o número de saídas de pacientes em determinado período	$TMO = \dfrac{\Sigma\,\text{Óbito}}{\Sigma\,\text{Altas + óbitos}} \times 100$
Taxa de mortalidade até 24 horas (TMI24)[24]	É a relação percentual entre o número de óbitos após 24 horas de internação e o número de saídas no período	$TMI24 = \dfrac{\Sigma\,\text{Óbito até 24h}}{\Sigma\,\text{Altas no período}} \times 100$
Taxa de mortalidade até 7 dias (TMI7)[25]	É a relação percentual entre o número de óbitos durante ou pós-operatório até 7 dias e o número de cirurgias realizadas	$TMI7 = \dfrac{\Sigma\,\text{Óbito até 7 dias}}{\Sigma\,\text{Cirurgias realizadas}} \times 100$
Taxa de mortalidade até neonatal (TMNeH)[26]	É a relação percentual entre o número de óbitos de recém-nascidos com até 28 dias	$TMNeH = \dfrac{\Sigma\,\text{Óbito até 28 dias}}{\Sigma\,\text{Nascidos}} \times 100$

---

[19] http://cqh.org.br/icqh/ind/web_ficha.php?p_nind=46. Acessado em 04/07/2018.
[20] http://cqh.org.br/icqh/ind/web_ficha.php?p_nind=45. Acessado em 04/07/2018.
[21] http://cqh.org.br/icqh/ind/web_ficha.php?p_nind=36. Acessado em 04/07/2018.
[22] http://cqh.org.br/icqh/ind/web_ficha.php?p_nind=35. Acessado em 04/07/2018.
[23] http://www.anvisa.gov.br/servicosaude/avalia/indicadores/cmh.htm. Acessado em 12/07/2018.
[24] http://cqh.org.br/icqh/ind/web_ficha.php?p_nind=47. Acessado em 04/07/2018.
[25] http://cqh.org.br/icqh/ind/web_ficha.php?p_nind=48. Acessado em 04/07/2018.
[26] http://www.anvisa.gov.br/servicosaude/avalia/indicadores/tmnh.htm. Acessado em 12/07/2018.

Indicadores de Desempenho

Indicadores	Significado	Fórmula para obtenção de indicadores
Taxa de infecção hospitalar[27] (TIH)	É a relação percentual entre os episódios de infecção hospitalar e o número de saídas no período	$TIH = \dfrac{\Sigma\ IH}{\Sigma\ Saídas} \times 100$
Densidade de infecção hospitalar[28] (DIH)	É a relação percentual entre os episódios de infecção hospitalar e número de pacientes/dia no período	$TIH = \dfrac{\Sigma\ IH}{\Sigma\ Paciente/dia} \times 100$
Taxas de IRAS (infecções relacionadas à assistência à saúde)[29] (SCRIAS)	É a relação percentual de casos de IRAS pelo total de saídas de pacientes no período	$SCRIAS = \dfrac{\Sigma\ IRAS}{\Sigma\ Saídas} \times 100$
Taxa de giro de leitos (TxIG)*	É a relação entre o número de pacientes saídos (altas e óbitos) no hospital e o número de leitos à disposição dos pacientes no mesmo período	$TxIG = \dfrac{\Sigma\ Saídas\ no\ período}{\Sigma\ Leitos\ disponíveis} \times 100$
Taxa de tratamento clínico/cirúrgico (TxTC)*	É a relação percentual entre o número de tratamentos clínico e cirúrgico ocorridos em pacientes saídos durante determinado período e o total de saídas no mesmo período	$TxTC = \dfrac{\Sigma\ Paciente\ clínico}{\Sigma\ Paciente\ total} \times 100$
Taxa de reinternação não programada[30] (TRNP)*	É a relação percentual entre o número de reinternações não programadas pela mesma causa ou associada até 15 dias da alta hospitalar	$TRNP = \dfrac{\Sigma\ Reinternações}{\Sigma\ Saídas} \times 100$
Taxa de incidência de erro de medicação[31] (ERR)*	É a relação percentual entre administração de medicamentos pelo número de pacientes no período	$ERR = \dfrac{\Sigma\ Erros}{\Sigma\ Pacientes/dia} \times 100$
Taxa de funcionários por leito[32] (TFL)*	Mede a relação de funcionários por leitos disponibilizados	$TFL = \dfrac{\Sigma\ Funcionários}{\Sigma\ Leitos}$
Taxa de funcionários por paciente (TFP)*	Mede a relação de funcionários por cada paciente atendido	$TFP = \dfrac{\Sigma\ Funcionários}{\Sigma\ Pacientes}$
Taxa de médico por leito (TML)*	Mede a relação de paciente internados por médicos plantonistas	$TML = \dfrac{\Sigma\ Pacientes}{\Sigma\ Médicos}$

(Continua)

---

[27] http://cqh.org.br/icqh/ind/web_ficha.php?p_nind=75. Acessado em 04/07/2018.
[28] http://cqh.org.br/icqh/ind/web_ficha.php?p_nind=76. Acessado em 04/07/2018.
[29] http://cqh.org.br/icqh/ind/web_ficha.php?p_nind=425. Acessado em 04/07/2018.
[30] http://cqh.org.br/icqh/ind/web_ficha.php?p_nind=50. Acessado em 04/07/2018.
[31] http://cqh.org.br/icqh/ind/web_ficha.php?p_nind=594. Acessado em 04/07/2018.
[32] http://www.anvisa.gov.br/servicosaude/avalia/indicadores/rfl.htm. Acessado em 12/07/2018.

Quadro 13.15 – Forma de obtenção dos indicadores na área hospitalar. *(Continuação).*

Indicadores	Significado	Fórmula para obtenção de indicadores
Número de pacientes por enfermeiros no período (NEP)*	Mede a relação de pacientes por profissionais de enfermagem na unidade de internação (leitos)	$NEP = \dfrac{\Sigma \text{ Pacientes}}{\Sigma \text{ Enfermagem}}$
Número de enfermeiros por leitos no período[33] (NEL)*	Mede a relação de profissionais de enfermagem por cada leito na unidade de internação (leitos)	$NEL = \dfrac{\Sigma \text{ Enfermeiros}}{\Sigma \text{ Leitos}}$
Taxa de incidência de queda de paciente (IQP)[34]	Mede a relação da incidência de queda de paciente e o número de pacientes, multiplicado por 1.000 em determinado período	$IQP = \dfrac{\Sigma \text{ Quedas}}{\Sigma \text{ Paciente/dia}} \times 1.000$
Taxa de efetividade cirúrgica (TEC)*	Mede a relação entre cirurgias marcadas e realizadas	$TEC = \dfrac{\Sigma \text{ Cirurgias realizadas}}{\Sigma \text{ Cirurgias agendadas}} \times 100$
Taxa de agendamento cirúrgico eletivo[35] (TAC)*	Mede a relação entre cirurgias eletivas e cirurgias realizadas	$TAC = \dfrac{\Sigma \text{ Cirurgias eletivas}}{\Sigma \text{ Cirurgias realizadas}} \times 100$
Taxa de ocupação de sala cirúrgica (TOC)	Mede a taxa de cirurgias realizadas e potencial de salas	$TOC = \dfrac{\Sigma \text{ Cirurgias realizadas}}{\Sigma \text{ Salas de cirurgia}}$
Taxa de cirurgia suspensa[36] (TCS)*	Relação percentual entre o número de cirurgias suspensas extraclientes e agendadas no período	$TCS = \dfrac{\Sigma \text{ Cirurgias suspensas}}{\Sigma \text{ Cirurgias agendadas}} \times 100$

*Siglas sugeridas pelos autores.

Outros indicadores são sugeridos como taxa média de permanência na UTI (adulto, neonatal, pediátrica), taxa de cesárea, mortalidade neonatal, incidência de lesão de pele, instrumental cirúrgico com sujidade etc.

Os indicadores são os impulsionadores por melhorias em métodos, processos, produtos, serviços e pessoas. A gestão é a responsável por implantar essas melhorias.

INDICADORES EM HOTELARIA HOSPITALAR

A hotelaria hospitalar é um vasto campo, estrutural e físico, para produzir sem a baliza de um modelo de gestão por indicadores. São diversas variáveis e informações pulsando tempestivamente em ambiente hospitalar. Para garantir que as tarefas e os resultados estejam alinhados na convergência da hospitalidade e da humanização, é necessário gerir a hotelaria hospitalar com métricas e parâmetros.

---

[33] http://cqh.org.br/icqh/ind/web_ficha.php?p_nind=118. Acessado em 04/07/2018.
[34] http://cqh.org.br/icqh/ind/web_ficha.php?p_nind=586. Acessado em 04/07/2018.
[35] http://cqh.org.br/icqh/ind/web_ficha.php?p_nind=516. Acessado em 04/07/2018.
[36] http://cqh.org.br/icqh/ind/web_ficha.php?p_nind=49. Acessado em 04/07/2018

Os clientes de saúde e seus familiares geram expectativas de qualidade de atendimento, técnico e comportamental, quando vão a um hospital. Como mensurar, na percepção dos gestores, a qualidade das instituições de saúde? Como medir a percepção dos clientes de saúde e de seus acompanhantes sobre humanização e hospitalidade? Como avaliar por percepções? Como entender e preencher essas lacunas?

São respostas difíceis. A imensidão física do campo de atuação dos gestores da hotelaria hospitalar pode ser mais facilmente visível quanto maior for o número de informações e processos guiados por indicadores.

A gestão da hotelaria utilizará indicadores conforme etapas:

- Identificar, implantar e manter parâmetros.
- Definir objetivos e metas de qualidade.
- Implantar processos e procedimentos operacionais.
- Treinar e liderar as pessoas para atender aos processos definidos.

Essas etapas não garantem que a qualidade será alcançada em conformidade com as expectativas dos clientes, porém serão rapidamente identificadas as não conformidades existentes, sejam elas por falhas no processo ou por falhas na capacitação e liderança. Existirá um norte com a inclusão de indicadores na gestão.

Taraboulsi (2004) afirma que os indicadores podem contribuir para implementar os serviços de um segmento em outro, de forma que as ações pertinentes à hotelaria hospitalar devem estar alinhadas a missão, visão e valores do hospital.

Para Zanovello e Guimarães (2007, p. 6), a abrangência das ações e a padronização dos processos são a garantia da hotelaria hospitalar tanto em hospitais da rede pública quanto da rede privada. A hotelaria propicia uma gestão participativa, onde os clientes e colaboradores se interagem de forma efetiva e buscam, por meio dessa interação, a qualidade, a eficiência e eficácia na prestação de serviços. Dinamiza e racionaliza os serviços de apoio dos hospitais, cria e implementa programas e projetos de humanização e disponibiliza aos clientes serviços de hotelaria que contribuem para minimizar a tensão do ambiente hospitalar, propiciando conforto e bem-estar.

Ao conciliar a qualidade da assistência à saúde com o ato de hospedar bem, o EAS torna o ambiente mais acolhedor e humanizado para a família e o paciente. Consequentemente, a hospitalidade incorpora-se na cultura institucional e no comportamento dos colaboradores. Nos dias de hoje, essa cultura torna-se imprescindível nos hospitais da rede privada e pública.

A hotelaria hospitalar encanta o cliente e o atende nas suas reais necessidades, complementa e colabora efetivamente para o sucesso do tratamento médico, principal preocupação do cliente que procura o hospital.

Para Taraboulsi, a busca de respostas para as perguntas *Qual o negócio das empresas prestadoras de serviços? Quem é o meu cliente? Qual é o meu core business?* Para conhecer essas respostas é necessário pesquisar e avaliar se os objetivos e metas estão alinhados com a estratégia da empresa (visão, missão e valores).

Quando se aborda a existência dos indicadores cabem alguns questionamentos:
- Você está gerenciando seus serviços de apoio?
- Como você mede se seu fornecedor de produtos e serviços está cumprindo ao que ele se propôs no contrato?
- Como você mede o desempenho da lavagem de roupas? da limpeza hospitalar?
- Qual o critério técnico para definir, aferir e controlar a equipe de limpeza?
- Qual a produtividade da equipe de limpeza?
- O volume de resíduos sólidos dos serviços de saúde está alto? como é medido?
- Como gerenciar indicadores quando não se conhecem os parâmetros?

A gestão dos indicadores deve ampliar-se para os terceirizados, já que existe tendência nesse ponto. Segundo dados da ANAHP (2016), 29,2% dos hospitais pretendem terceirizar algum serviço. O serviço de nutrição e dietética deve ser terceirizado por 14,6% dos entrevistados, seguido pelos serviços de lavanderia e limpeza (12,2%) e recepção e telefonia (2,4%).

Em hotelaria, em razão da tendência da terceirização, convém adequar-se a um novo momento: o da quarteirização, que é a gestão de contratos de terceiros.

Taraboulsi (2004) diz que os indicadores podem contribuir na qualidade dos principais pontos de gestão hospitalar. Em hotelaria, os indicadores econômicos podem ser definidos como o custo do paciente por dia; custo da higiene e limpeza, taxa de rotatividade de funcionários, taxa ou custo de resíduos sólidos hospitalares por paciente ou por funcionários ou geração de resíduos por m^2; taxa de retorno sobre o investimento de equipamentos, enxovais etc.; tempo de reocupação dos leitos; taxa de satisfação dos pacientes; taxa de funcionário por leito, produtividade de funcionários por leito ou por m^2; consumo de energia, água etc.

São pontos importantes na seleção e implantação dos indicadores:
- Proposta da leitura.
- Comparação dos resultados com o *benchmarking* do mercado.
- Velocidade de formatação e resposta.
- Comunicação e aderência ao fenômeno a ser observado.
- Claridade no apoio à tomada de decisões.
- Leitura dos resultados entre o desempenho real e o ideal.

Indicadores servem de guia e para tanto devem estar vinculados a qualidade e estratégia da gestão.

Indicadores em hotelaria – institucionais ou estratégicos

No quadro 13.16 estão citados os indicadores institucionais ou estratégicos em hotelaria.

Indicadores de RH

A hotelaria é essencialmente estrutura e pessoas. A estrutura deve ser adequada para atender as necessidades, as pessoas devem atender as expectativas. Porém, essas pessoas devem estar motivadas, presentes no momento necessário e comprometidas com os objetivos sacerdócios da medicina.

Quadro 13.16 – Indicadores hospitalares.

Indicadores	Significado	Fórmula para a obtenção de indicadores
Taxa de produtividade hospitalar (TxPH)[37]	É o nº de internações/ano (Int) *versus* média de permanência (MP) e nº de leitos existente (TL) em um mesmo período	$TxPH = \dfrac{\Sigma^{38} \, Int \times MP \times leitos}{365} \times 100$
Taxa de satisfação do cliente[39] (TSAC)*	É a relação entre as avaliações ótimo e bom em relação às avaliações preenchidas no período	$TSAC = \dfrac{\Sigma \, SAC \, (OB)}{\Sigma \, Das \, avaliações} \times 100$
Taxa de rejeição do cliente[40] (TRAC)*	É a relação entre a decisão de não prosseguir/cancelar qualquer procedimento no EAS e o número de procedimentos realizados no período	$TRAC = \dfrac{\Sigma \, Cancelamento}{\Sigma \, Procedimentos} \times 100$
Média de paciente/dia (MPD)*	É a relação entre o número de pacientes/dia (PD) e o número de dias no mesmo período	$MPD = \dfrac{\Sigma \, Paciente/dia}{\Sigma \, Dias \, no \, período}$
Índice de participação no mercado (IPM)*	Conhecer a participação no mercado	$IPM = \dfrac{\Sigma \, Clientes \, atendidos}{\Sigma \, Clientes \, mercado} \times 100$
Ticket médio (TM)*	Avaliar valor médio da receita	$TM = \dfrac{\Sigma \, Faturamento \, geral}{\Sigma \, Clientes \, atendidos}$
Índice de satisfação dos clientes externos (SAC)*	Avaliar o nível de qualidade no atendimento	$SAC = \dfrac{\Sigma \, Reclamações \, gerais}{\Sigma \, População \, atendida} \times 100$
Taxa de ocupação hospitalar[41] (TOH)	É a relação percentual entre o número de pacientes/dia (Pd) e o número de leitos/dia (Ld) em determinado período	$TOH = \dfrac{\Sigma \, Pacientes}{\Sigma \, Leitos} \times 100$
Taxa de ocupação na UTI (TxOUTI)*	É a relação percentual entre o número de pacientes internados e o número de leitos/dia da UTI	$TxOUTI = \dfrac{\Sigma \, PI}{\Sigma \, Leitos \, de \, UTI} \times 100$
Taxa de altas médicas prescritas até 10h:00m[42] (TAM10)*	É a relação de altas médicas total e altas até 10h:00m. Auxilia na elaboração de escala de MOB	$TAM10 = \dfrac{\Sigma \, Altas \, até \, 10h}{\Sigma \, Altas \, realizadas} \times 100$

(Continua)

---

[37] http://www.anvisa.gov.br/servicosaude/avalia/indicadores/tph.htm. Acessado em 12/07/2018.
[38] Σ = Um somatório é um operador matemático que permite representar facilmente somas de um grande número de termos, até infinitos. É representado com a letra grega sigma Σ.
[39] http://cqh.org.br/icqh/ind/web_ficha.php?p_nind=580. Acessado em 04/07/2018.
[40] http://cqh.org.br/icqh/ind/web_ficha.php?p_nind=580. Acessado em 04/07/2018.
[41] http://cqh.org.br/icqh/ind/web_ficha.php?p_nind=35. Acessado em 04/07/2018.
[42] http://cqh.org.br/icqh/ind/web_ficha.php?p_nind=515. Acessado em 04/07/2018.

Quadro 13.16 – Indicadores hospitalares. *(Continuação).*

Indicadores	Significado	Fórmula para a obtenção de indicadores
Taxa de giro de leitos (TxIG)*	É a relação entre o número de pacientes saídos (altas e óbitos) no hospital e o número de leitos à disposição dos pacientes no mesmo período	$TxIG = \dfrac{\Sigma \text{ Saídas no período}}{\Sigma \text{ Leitos disponíveis}} \times 100$
Tempo de *setup* do leito (intervalo de substituição do paciente por outro) (TSUp)*	Assinala o tempo médio que o leito permanece desocupado entre a saída de um paciente e a admissão de outro. Essa medida relaciona a taxa de ocupação com a média de permanência	$TSUp = \dfrac{\Sigma \text{ Desocupação} \times TMP}{\Sigma \text{ TOH}} \times 100$
Tempo médio para internações[43] (TMI)*	É a relação de soma de tempos (em minutos) de todas as internações divididos pelo total de internações no período	$TMI = \dfrac{\Sigma \text{ Tempo de internações}}{\Sigma \text{ Internações}}$
Rentabilidade da hotelaria por leito (RH$)*	É a relação entre o valor pago pela diária pela operadora e o custo da diária hospitalar	$RH\$ = \dfrac{\Sigma \text{ Custo da diária}}{\Sigma \text{ Valor pago na diária}}$
Custo hotelaria por paciente em (CHP)*	É a relação de custo da hotelaria por paciente internado em determinado período	$CHP = \dfrac{\Sigma \text{ Despesas da hotelaria}}{\Sigma \text{ Número de pacientes}}$

*Siglas sugeridas pelos autores. Fonte: Adaptado de Couto e Pedrosa (2003).

Dois indicadores são mencionados em qualquer atividade que busque a produtividade e a qualidade na gestão de pessoas, principalmente quando para serviços: o índice de rotatividade ou *turnover* e o absenteísmo.

O índice de rotatividade é um desafio para a gestão operacional dos prestadores de serviços de saúde, pois afeta os processos de inclusão, treinamento e qualificação de novos profissionais. Tendo em vista as dificuldades e custos envolvidos, é necessário estabelecer programas para reter profissionais e aproveitar internamente os empregados qualificados que desejam mudar de área.

A rotatividade é a relação entre admissões (por aumento de quadro ou por substituições) e desligamentos e o total de efetivos (quadro de pessoal ativo) em determinado período e mostra, portanto, o giro total de colaboradores nas instituições.

O indicador de rotatividade pode variar de acordo com a oferta do mercado de trabalho. Quanto maior o número de vagas, maior é o esforço para a contratação. O índice dos hospitais privados, segundo a ANAHP, caiu em 2016 pelo segundo ano consecutivo, atingindo 1,81%, ante 2,11% em 2015 e 2,33% em 2014.

---

[43] http://cqh.org.br/icqh/ind/web_ficha.php?p_nind=513. Acessado em 04/07/2018.

O absenteísmo é um ponto crítico para quem depende da força das pessoas como qualidade de atendimento. Esse está associado a fatores tais como estresse, mudança nos processos e suscetibilidade a doenças. No segmento hospitalar pode ser agravado pelos múltiplos vínculos de trabalho dos colaboradores, principalmente os que trabalham em turnos 12:36.

A diminuição desse indicador aponta que a gestão de pessoas tem sido objeto de atenção dos hospitais e que está atuando na prevenção de doenças e na promoção da saúde e o bem-estar dos colaboradores. O índice de absenteísmo também registrou queda em 2015 e 2016. O recuo desse índice tem impacto positivo, pois mantém a qualidade do atendimento e a garantia do processo.

Outros indicadores tais como índices de acidentes, movimentação via plano de cargos e carreiras, capacitação e qualificação profissional interferem para positivar o clima organizacional e melhorar os fatores de comprometimento das pessoas na empresa. Quando o clima organizacional é negativo, os fatores absenteísmo e rotatividade podem ser amplamente afetados, provocando conflitos e desmotivações.

O quadro 13.17 apresenta os principais indicadores de RH.

Quadro 13.17 – Indicadores de RH.

Indicadores	Significado	Fórmula para a obtenção de indicadores
Pontos de satisfação do clima organizacional (CLO)	Avaliar a taxa de aceitação (ótimo e bom) e o zelo no ambiente da empresa	$CLO = \dfrac{\Sigma \text{ Pesquisa atual} - \text{anterior}}{\Sigma \text{ Pesquisa anterior}} \times 100$
Índice relativo de acidentes no trabalho[44] (IRA)	Mede a taxa de acidentes ocorridos pelo número de empregados ativos no período	$IRA = \dfrac{\Sigma \text{ Acidentes ocorridos}}{\Sigma \text{ MOB ativa}} \times 100$
Índice de acidentes sem afastamento[45] (ASA)	Mede a taxa de acidentes sem afastamento em dado período	$ASA = \dfrac{\Sigma \text{ Acidente sem afastamento}}{\Sigma \text{ MOB ativa}} \times 100$
Índice de acidentes no trabalho com afastamento[46] (ACA)*	Mede a taxa de acidentes com afastamento em dado período	$ACA = \dfrac{\Sigma \text{ Acidente com afastamento}}{\Sigma \text{ MOB ativa}} \times 100$
Índice de reclamações trabalhistas (IRT)*	É a relação entre o número de reclamações trabalhistas pelo número de funcionários desligados em dado período	$IRT = \dfrac{\Sigma \text{ Reclamação trabalhista}}{\Sigma \text{ MOB desligada}} \times 100$
Índice de treinamento e desenvolvimento da MOB[47] (IT&D)*	Relação entre o número de horas versus MOB treinada e o número de horas da MOB trabalhada. Avaliar plano de T&D na equipe	$IT\&D = \dfrac{\Sigma \text{ Hora da MOB treinada}}{\Sigma \text{ Hora da MOB trabalhada}} \times 100$

(Continua)

---

[44] http://www.rhportal.com.br/artigos-rh/indicadores-de-rh-ndice-relativo-de-acidentes-coeficiente-de-frequncia-e-de-gravidade/. Adaptado pelos autores e acessado em 13/07/2018.
[45] http://cqh.org.br/icqh/ind/web_ficha.php?p_nind=191. Adaptado pelos autores e acessado em 04/07/2018.
[46] http://cqh.org.br/icqh/ind/web_ficha.php?p_nind=191. Adaptado pelos autores e acessado em 04/07/2018.
[47] http://cqh.org.br/icqh/ind/web_ficha.php?p_nind=188. Acessado em 04/07/2018.

Quadro 13.17 – Indicadores de RH. *(Continuação).*

Indicadores	Significado	Fórmula para a obtenção de indicadores
Índice de absenteísmo[48] (faltas sem motivo) (IAF)*	Número de horas trabalhadas e número de horas ausentes de faltas sem justificativas. Avalia o ciclo de RH na empresa	$IAF = \dfrac{\Sigma \text{ Horas de falta}}{\Sigma \text{ Horas trabalhadas}} \times 100$
Índice de absenteísmo por atestado[49] (justificadas) (IAJ)*	Número de horas trabalhadas e horas ausentes de faltas sem justificativas	$IAJ = \dfrac{\Sigma \text{ Hora de atestados}}{\Sigma \text{ Horas trabalhadas}} \times 100$
Índice de rotatividade[50] (ROT)*	Relação percentual entre a média das admissões (adm) e desligamento (desl) e o número de trabalhadores ativos em dado período	$ROT = \dfrac{\Sigma \text{ MOB (adm + desl)}/2}{\Sigma \text{ MOB total}} \times 100$
Índice de horas extras (IHE)*	Total de horas extras/total de horas trabalhadas	$IHE = \dfrac{\Sigma \text{ Horas extras}}{\Sigma \text{ Horas totais}} \times 100$
Taxa de custo de pessoal por faturamento (ITC)**	Avalia o custo total da MOB pelo faturamento da empresa	$ITC = \dfrac{\Sigma \text{ Valor de MOB}}{\Sigma \text{ Faturamento}} \times 100$
Custo médio de treinamento (T&D$)*	Avalia o custo total de capacitação por MOB disponível em dado período	$T\&D\$ = \dfrac{\Sigma \text{ Valor de T\&D}}{\Sigma \text{ MOB total}} \times 100$

*Siglas sugeridas pelos autores.

Indicadores de resíduos dos Serviços de Saúde – RSS

Os resíduos do serviço de saúde são aqueles oriundos do atendimento aos pacientes em qualquer estabelecimento de saúde. Podemos citar como exemplo seringas, materiais plásticos, gases e materiais biológicos. A fim de mitigar os danos causados com o descarte desses recursos, a Agência Nacional de Vigilância Sanitária (ANVISA), por meio da RDC nº 33/03, que dispõe sobre o Plano de Gerenciamento de Resíduos de Serviço de Saúde (PGRSS), estabeleceu regras para geração, segregação, condicionamento, coleta, armazenamento, transporte, tratamento e disposição final para o lixo.

A agência classificou o lixo hospitalar em grupos com características comuns, sendo eles: grupo A – potencialmente infectantes; grupo B – químicos; grupo C – rejeitos radioativos; grupo D – resíduos comuns; e grupo E – perfurocortantes.

A ANAHP observa que esses indicadores seguem a mesma tendência de consumo do recurso água e energia elétrica, variando de acordo com a quantidade de pacientes clínicos e cirúrgicos atendidos, o que já demonstra que a sustentabilidade está em pauta na gestão

---

[48] http://cqh.org.br/icqh/ind/web_ficha.php?p_nind=189. Acessado em 04/07/2018.
[49] http://cqh.org.br/icqh/ind/web_ficha.php?p_nind=189. Adaptado pelos autores e acessado em 04/07/2018.
[50] http://cqh.org.br/icqh/ind/web_ficha.php?p_nind=190. Acessado em 04/07/2018.

da hotelaria. Em 2016, os hospitais ANAHP registraram redução de 10% na geração total de resíduos por paciente/dia.

A geração de resíduos infectantes (sangue, meios de cultura, tecidos, órgãos, resíduos advindos de área de isolamento e de laboratório de análises clínicas, objetos perfurocortantes, entre outros), que deve ser minimizada devido ao grande risco de contaminação, cresceu em 2016 (para 3,26 quilos por paciente/dia ante 2,74 quilos por paciente/dia em 2015), o que pode estar relacionado ao aumento do número de pacientes cirúrgicos. Mensurar esse resultado é importante para tomar decisões assertivas e contribuir com a adoção de melhores práticas sustentáveis, buscando racionalização dos recursos, revisão dos processos, redução no uso dos insumos e possível reciclagem.

De acordo com a ANAHP, a geração de resíduos (infectante + reciclável + não reciclável) por paciente/dia (kg) ficou em 3,10 em 2014, 2,74 em 2015 e 3,26 em 2016.

Algumas ações podem ser desenvolvidas para reduzir os resíduos na aquisição, no uso e no descarte, tais como:

- Na aquisição: redução de materiais descartáveis como copos plásticos para os funcionários da organização.
- Uso: máximo aproveitamento dos insumos e materiais de expediente.
- Descarte: segregação adequada.

A segregação correta do papel utilizado nos setores administrativos e assistenciais pode ser um bom início para a redução do volume dos resíduos gerados e ainda contribuir com associações de recicladores. A reutilização das mantas TNT (SMS) para ações sociais (escolas de artesanato, costura etc.) e na cobertura e transferência de pacientes entre estabelecimentos de saúde[51] também provoca a redução de resíduos descartados. A utilização de copos reutilizáveis (vidro, cerâmica, louça etc.) nos setores administrativos e setores fechados para funcionários é outra ação sustentável.

A substituição dos lençóis na movimentação e transferências de pacientes contribui para reduzir as despesas de recompra do enxoval hospitalar de alto custo aos EAS.

O quadro 13.18 apresenta alguns indicadores de gestão para serem aplicados ao PGRSS.

Quadro 13.18 – Indicadores de gestão.

Indicadores	Significado	Fórmula para a obtenção de indicadores
Taxa de acidentes com perfurocortantes (APFC)*	Avalia o índice de acidentes por perfurocortante para número total de acidentes em dado período	$APFC = \dfrac{\Sigma \text{ Acidente pérfuro}}{\Sigma \text{ Acidentes gerais}} \times 100$
Taxa de acidentes com perfuro cortantes na higiene e limpeza (APHL)*	Avalia o índice de acidentes por perfurocortante para número total de acidentes em dado período	$APHL = \dfrac{\Sigma \text{ Acidente pérfuro}}{\Sigma \text{ Acidentes na H\&L}} \times 100$

(Continua)

---

[51] O TNT já utilizado pode ser construído como modelo de lençol e forração de macas de ambulâncias. Essa ação deve ser bem elaborada para evitar constrangimento com o paciente e familiares.

Quadro 13.18 – Indicadores de gestão. *(Continuação)*.

Indicadores	Significado	Fórmula para a obtenção de indicadores
Volume em kg de RSS totais gerados[52] (RTG)*	Avalia a quantidade de volume de resíduo gerado por período	RTG = Σ Resíduos totais gerados
Índice em kg de RSS por diária/mês (KRL)	Avalia a taxa do volume em quilos de resíduo gerados por paciente em dado período	KRL = $\frac{\Sigma \text{ Quilos gerados}}{\Sigma \text{ Leitos hospitalares}} \times 100$
Custo de RSS por diária/mês (CRL)	Avalia o valor monetário (custo) por leito hospitalar	CRL = $\frac{\Sigma \text{ Valor gerado}}{\Sigma \text{ Leitos hospitalares}}$
Índice de RSS total versus lixo infectante[53] (RSSA)*	Avalia a relação de peso por tipo de resíduo	RSSA = $\frac{\Sigma \text{ RSS infectante}}{\Sigma \text{ RSS total}} \times 100$
Índice de RSS Total versus resíduos químicos[54] (RSSB)*	Avalia a relação de peso por tipo de resíduo	RSSB = $\frac{\Sigma \text{ RSS químico}}{\Sigma \text{ RSS total}} \times 100$
Índice de RSS Total versus radiativos (RSSC)*	Avalia a relação de peso por tipo de resíduo	RSSC = $\frac{\Sigma \text{ RSS radiativos}}{\Sigma \text{ RSS total}} \times 100$
Índice de RSS total versus lixo comum reciclável[55] (RSSD)*	Avalia a relação de peso por tipo de resíduo	RSSD = $\frac{\Sigma \text{ RSS comum}}{\Sigma \text{ RSS total}} \times 100$
Índice de RSS total versus lixo comum não reciclável[56] (RSSND)*	Avalia a relação de peso por tipo de resíduo	RSSND = $\frac{\Sigma \text{ RSS comum}}{\Sigma \text{ RSS total}} \times 100$
Índice de RSS total e perfurocortantes[57] (RSSE)*	Avalia a relação de peso por tipo de resíduo	RSSE = $\frac{\Sigma \text{ RSS perfurocortante}}{\Sigma \text{ RSS total}} \times 100$
Índice de reciclagem no RSS (RRSS)*	Avalia o potencial de redução de custo em PGRSS	RRSS = $\frac{\Sigma \text{ RSS recicláveis}}{\Sigma \text{ RSS total}} \times 100$

*Siglas sugeridas pelos autores.

Indicadores operacionais, de *facilities* e condomínio

Esses indicadores também são considerados relevantes na gestão da hotelaria hospitalar, pois, além do alto custo financeiro, são impactantes na sustentabilidade ambiental. São considerados integrantes desse grupo os indicadores de utilidades[58], estrutura e manutenção.

---

[52] http://cqh.org.br/icqh/ind/web_ficha.php?p_nind=529. Acessado em 04/07/2018.
[53] http://cqh.org.br/icqh/ind/web_ficha.php?p_nind=509. Acessado em 04/07/2018.
[54] http://cqh.org.br/icqh/ind/web_ficha.php?p_nind=510. Acessado em 04/07/2018.
[55] http://cqh.org.br/icqh/ind/web_ficha.php?p_nind=517. Acessado em 04/07/2018.
[56] http://cqh.org.br/icqh/ind/web_ficha.php?p_nind=512. Acessado em 04/07/2018.
[57] http://cqh.org.br/icqh/ind/web_ficha.php?p_nind=509. Acessado em 04/07/2018.
[58] Na indústria são chamadas de utilidades as instalações de vapor, água, energia elétrica, ar condicionado, ar comprimido, estações de tratamento de água para captação e despejo. As utilidades de uma usina, de certa forma, referem-se à eficiência energética daquela planta.

A importância do monitoramento desses indicadores está no custo e na escassez dos recursos naturais. São insumos que merecem ser otimizados e até substituídos por outras fontes mais baratas e sustentáveis, como é o caso das energias eólica e solar em vez da energia elétrica convencional.

A partir de 2015, quando ocorreu a maior escassez hídrica da história do País, os hospitais também viram a necessidade de implementar iniciativas para o consumo eficiente de água, energia e tudo o que pode ser chamado de recursos naturais. Segundo a ANAHP, o consumo médio de água por paciente/dia, por exemplo, teve redução de 3% em comparação de 2016 com o ano anterior.

O consumo de água por leito foi de 21,64m^3 em 2014, 22,56m^3 em 2015 e de 21,41m^3 em 2016. O consumo de água por paciente/dia foi de 0,91m^3 em 2014, de 0,98m^3 em 2015 e de 0,95m^3 em 2016.

Com relação à energia, segundo dados da ANAHP, o consumo por paciente/dia foi de 93,54kW/h em 2014, de 100,91 em 2015 e de 97,44 em 2016. Na última comparação, houve redução também de 3%.

O consumo de energia elétrica por leito foi de 2.319,26kW/h em 2014, de 2.342,19 em 2015 e de 2.262,42 em 2016. Os dados mostram tendência de redução.

Isso se deve ao controle mais apurado dos prováveis pontos de desperdícios existentes e atenção na escolha de equipamentos com eficiência energética comprovada. Editais governamentais para a contratação de serviços terceirizados em hotelaria hospitalar exigem equipamentos e procedimentos que façam uso racional dos insumos naturais. Além da eficiência energética dos equipamentos, o gerenciamento dos processos contribuiu para essas reduções.

Nesse foco, um programa de gerenciamento rigoroso de manutenções preventivas, preditivas e detectivas pode contribuir para otimizar recursos e reduzir os desperdícios que podem ser ocasionados por falhas operacionais e de processo. O monitoramento dos indicadores operacionais e de *facilities* podem contribuir favoravelmente para monitorar a redução dos custos operacionais e da manutenção.

O quadro 13.19 apresenta alguns dos diversos indicadores que podem contribuir na gestão operacional.

Quadro 13.19 – Indicadores para a gestão operacional.

Indicadores	Significado	Fórmula para a obtenção de indicadores
Índice de consumo de água por leito (m^3/L)	Avalia o volume de água consumida por mês pelo total de leito	$m^3/L = \dfrac{\Sigma \text{ Volume de água}}{\Sigma \text{ Leitos disponíveis}}$
Índice de consumo de água por paciente por mês (m^3/P)	Avalia o volume de água consumida por mês por paciente/mês	$m^3/P = \dfrac{\Sigma \text{ Volume de água}}{\Sigma \text{ Paciente/mês}}$
Índice de consumo de água por funcionário por mês (m^3/MOB)	Avalia o volume de água consumida por mês pelo número de funcionário	$m^3/MOB = \dfrac{\Sigma \text{ Volume de água}}{\Sigma \text{ Área disponível}}$

(Continua)

Quadro 13.19 – Indicadores para a gestão operacional. *(Continuação).*

Indicadores	Significado	Fórmula para a obtenção de indicadores
Índice de consumo de água por área total em m² (m³/m²)	Avalia o volume de água consumida por m² construído da EAS	$m^3/m^2 = \dfrac{\Sigma \text{ Volume de água}}{\Sigma \text{ MOB disponível}}$
Índice de consumo de energia por kW/h/mês por leito (kW/h/L)	Avalia o consumo de energia por leito	$kW/h/L = \dfrac{\Sigma \text{ kW/h}}{\Sigma \text{ Leitos disponíveis}}$
Índice de consumo de energia kW/h/mês por funcionário (kW/h/MOB)	Avalia o consumo de energia por funcionário	$kW/h/MOB = \dfrac{\Sigma \text{ kW/h}}{\Sigma \text{ MOB disponível}}$
Taxa de consumo de energia kW/h/m²	Avalia o consumo de energia por m²	$kW/h/m^2 = \dfrac{\Sigma \text{ kW/h}}{\Sigma \text{ m}^2 \text{ construído}}$
Índice de eventos em pragas e vetores por mês (CIP)	Avalia a taxa de vetores em determinado período	$CIP = \dfrac{\Sigma \text{ Eventos}}{\Sigma \text{ Leitos no período}} \times 100$
Índice de resposta da manutenção (OSAT)*	Número de OS atendidas/OS solicitadas em determinado período	$OSAT = \dfrac{\Sigma \text{ OS atendidas}}{\Sigma \text{ OS solicitadas}} \times 100$
Índice diário de leitos bloqueados por manutenção (TPMB)*	Número de leitos bloqueados por manutenção em determinado período	$TPMB = \dfrac{\Sigma \text{ Leitos bloqueados}}{\Sigma \text{ Leitos disponíveis}} \times 100$
Índice de retrabalho em manutenção menor que 10 dias (TPMRE)*	Número de OS retornadas (RECALL) em determinado período	$TPMRE = \dfrac{\Sigma \text{ RECALL de OS}}{\Sigma \text{ OS atendidas}} \times 100$
Custo de mão de obra na manutenção por leito (TPM MOB)*	Valor da MOB da manutenção por número de leitos em determinado período	$TPM\ MOB = \dfrac{\Sigma \text{ Valor MOB}}{\Sigma \text{ Leitos disponíveis}}$
Custo de insumos na manutenção por leito (TPMINS)*	Valor de insumos gerados para atendimento nos serviços de manutenção em determinado período	$TPMINS = \dfrac{\Sigma \text{ Valor dos insumos}}{\Sigma \text{ Total de leitos}}$

*Siglas sugeridas pelos autores.

Indicadores de hotelaria – higiene e limpeza dos leitos

Esses indicadores são relevantes, pois impactam diretamente na percepção de qualidade dos clientes e na velocidade da reocupação dos leitos (de internação, do bloco cirúrgico, da emergência ou da UTI) por pacientes.

A percepção de ambiente limpo e higienizado é um dos pontos de fidelização para os clientes. Ambiente limpo e agradável amplia a sensação de segurança higiênico-sanitária da instituição.

A gestão por indicadores permite aos gestores de hotelaria avaliar e dimensionar sua equipe de higiene com o foco na qualidade e produtividade. É possível estabelecer parâmetros produtivos e de custos a partir da implantação de processos bem elaborados e procedimentos operacionais com padrões eficientes.

A higiene e a limpeza de hospitais podem contribuir para aumentar a rotatividade dos leitos e, com isso, reduzir custos fixos, operacionais e assistenciais.

O quadro 13.20 apresenta uma série de indicadores que podem ser utilizados em hotelaria hospitalar, em operações de higienização e limpeza.

Quadro 13.20 – Indicadores em operações de higienização e limpeza.

Indicadores	Significado	Fórmula para a obtenção de indicadores
Índice de higienização do leito por pessoa (HMOB)*	Indica a quantidade média de leitos para higienização por colaborador por setor (crítico, semicrítico e não crítico)	$HMOB = \dfrac{\Sigma \text{ leitos disponíveis}}{\Sigma \text{ MOB disponível}}$
Tempo médio de limpeza terminal em hotelaria (TMLT)*	Indica o tempo médio para limpeza terminal nos leitos de internação	$TMLT = \dfrac{\Sigma \text{ Tempo disponível}}{\Sigma \text{ Número de limpezas}}$
Tempo médio de limpeza concorrente em hotelaria (TMLC)*	Indica o tempo médio para limpeza concorrente nos leitos de internação	$TMLC = \dfrac{\Sigma \text{ Tempo disponível}}{\Sigma \text{ Número de limpezas}}$
Quantidade limite de leitos higienizados em limpeza concorrente (H&LC)*	Indica a quantidade máxima de leitos higienizados por colaborador por setores e por turno	$H\&LC = \dfrac{\Sigma \text{ Tempo de trabalho/dia}}{\Sigma \text{ Tempo de limpeza proposto}}$
Quantidade limite de leitos higienizados em limpeza terminal (H&LT)*	Indica a quantidade máxima de leitos higienizados por colaborador por setores e turno	$H\&LT = \dfrac{\Sigma \text{ Tempo de trabalho/dia}}{\Sigma \text{ Tempo de limpeza proposto}}$
Quantidade de salas cirúrgicas limpas por colaborador por turno (TLCC)*	Indica quantas salas podem ser limpas por colaborador e por turno	$TLCC = \dfrac{\Sigma \text{ Tempo de trabalho/dia}}{\Sigma \text{ Tempo de limpeza proposto}}$
Custo da mão de obra de limpeza geral por m² (VMOB)*	Indica o valor da MOB da hotelaria por m² total	$VMOB = \dfrac{\Sigma \text{ Valor da MOB HH}}{\Sigma \text{ Área do hospital}}$
Custo de insumos de limpeza geral por m² (VINS)*	Indica o valor dos insumos da hotelaria por m² total	$VINS = \dfrac{\Sigma \text{ Valor dos insumos HH}}{\Sigma \text{ Área do hospital}}$
Produtividade da mão de obra da higiene e limpeza em hotelaria (PMOB)*	Indica a relação de MOB por m² (área total) do hospital	$PMOB = \dfrac{\Sigma \text{ Área construída}}{\Sigma \text{ Total da MOB HH}}$

*Siglas sugeridas pelos autores.

A partir desses dados, é possível verificar, avaliar e dimensionar a quantidade de funcionários existentes e necessários por tipo de atividade e setor produtivo hospitalar, bem como o modelo de escala de serviços mais eficientes. Esses indicadores permitem monitorar os custos dos insumos para limpeza e propor ações de melhoria com base no *benchmarking* do mercado hospitalar e de higiene e limpeza.

Indicadores de rouparia e lavanderia

A lavanderia tem elevada importância no ambiente hospitalar, pois é responsável pelo processamento do enxoval hospitalar. O enxoval tem representatividade na velocidade da reocupação dos leitos e salas cirúrgicas no hospital, influindo diretamente no faturamento, pois "ninguém vai querer deitar em uma cama se ela não estiver coberta com um lençol". *Não é somente ter um lençol na cama, é necessário que esteja limpo e confortavelmente seguro. É claro que estamos falando sobre hospitais que buscam a excelência da humanização e da* hospitalidade como pilares do estado da arte em hotelaria hospitalar.

Para que exista essa conformidade na taxa de reocupação e de conforto, é necessário que a rouparia esteja focada na excelência de todo o ciclo do enxoval, desde a preparação do leito para o *check in* ou internação e sua troca após o *check out*, até a saída do cliente.

O ciclo corresponde às etapas de retirada e envio da roupa suja para o expurgo e daí para a rouparia suja central para recebimento e conferência. Após conferida, é realizada a coleta da roupa suja (quando terceirizada) para o processamento, do processamento para a entrega da roupa limpa (quando terceirizada) e guarda do enxoval na rouparia limpa central. Da rouparia limpa central para a distribuição nas rouparias satélites (enxoval de hotelaria) e para arrumação dos leitos. Para roupas cirúrgicas, o ciclo da rouparia limpa passa para o CME e arsenal.

Nesse ciclo, a roupa pode sofrer danos, manchas e evasão. Existem diversos pontos críticos que devem ser monitorados. Os danos e as manchas podem ocorrer durante o uso e processamento do enxoval. A evasão normalmente ocorre na movimentação, principalmente na rota da roupa limpa.

A figura 13.8 apresenta o ciclo do enxoval de hotelaria hospitalar no hospital.

As peças de roupa consideradas inapropriadas são descartadas e repostas como enxoval novo.

Por todo esse ciclo é necessário que a gestão faça o monitoramento para evitar diversos tipos de danos, mau uso e evasão do enxoval, principalmente na rota limpa.

A gestão por indicadores na rouparia e lavanderia poderá ser realizada pelo controle físico (inventário) entre as etapas da movimentação do enxoval, ou por períodos predeterminados, por rastreamento por código de barras, *rfid* ou *QRcode*. Os inventários físicos, preferencialmente, devem ser realizados em curto prazo e por setores para reduzir a margem de erros. O inventário virtual é contínuo e realizado a cada movimentação das peças de roupa.

A ausência de controle dos danos, manchas e evasão e a não reposição do enxoval geram novo problema: a redução do número de mudas disponíveis dentro da instituição hospitalar. Quando a lavanderia é interna, esse problema é minimizado pela velocidade de entrega da roupa. Porém, a vida útil do enxoval, em tempo, será reduzida.

Quando a lavanderia é externa e terceirizada, esse problema é agravado pelo tempo necessário existente entre a coleta e a entrega do enxoval pelo terceiro. Caso a instituição não

Indicadores de Desempenho

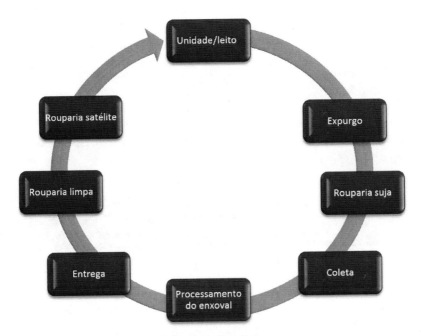

Figura 13.8 – Ciclo do enxoval de hotelaria hospitalar.

tenha roupa suficiente, será necessário optar pela reposição (compra) dos estoques ou pela sua locação.

A locação do enxoval pode ocorrer por meio de empresas especializadas de aluguel de roupa ou, se a lavandeira for terceirizada, feita pela própria lavanderia prestadora dos serviços de terceirização.

Nas instituições hospitalares, quando o enxoval é locado, normalmente encontramos 100% das peças com locação. A alternativa de locação mista também pode ser interessante, conforme apresentamos no quadro 13.21.

Quadro 13.21 – Modelos de locação do enxoval hospitalar.

Locação	Total	Enxoval é 100% locado	
	Mista	Por tipo	Temporária (tempo determinado)
		Por quantidade	Contínua (tempo indeterminado)

A locação mista é aquela onde parte do enxoval pertence ao hospital e a outra parte à empresa de locação. Pode ser ainda por tipo (exemplo: somente lençóis locados) ou por quantidade (percentual de lençóis total locado).

A mista pode ser ainda com locação temporária ou contínua. A temporária pode ser utilizada para atender casos específicos de maior demanda de atendimento, tais como viroses, acidentes etc., e a contínua, que é de longo prazo ou por tempo indeterminado.

O enxoval locado pode estar vinculado a uma lavanderia ou não. Comumente, a locação está vinculada à lavanderia que lava o enxoval. A lavagem de roupas pode ocorrer em duas formatações: a) terceirização; e b) autosserviços.

A terceirização pode ocorrer com a inclusão plena de todos os serviços de processamento, incluindo mão de obra, estrutura, enxoval, produtos químicos e demais insumos ou apenas parte deles. No autosserviço, a lavagem é realizada pelo hospital. Nesse caso, as alternativas de mão de obra e o enxoval podem ser próprios ou locados.

O quadro 13.22 apresenta as diferentes alternativas para o processamento do enxoval para terceirização e autosserviço.

Quadro 13.22 – Processamento do enxoval para terceirização e autosserviço.

Empreendimento	Espaço físico da lavanderia		Enxoval processado		Insumos diversos		Mão de obra	
	Interna	Externa	Locado	Próprio	Locado	Próprio	Locado	Próprio
Lavanderia terceirizada	X	X	X	X	–	X	–	X
Lavanderia autosserviço	X	X	–	X	–	X	X	X

Para os hospitais com serviços de lavanderia própria, é possível a não inclusão de alguns indicadores, tal como faturamento, e a gestão pode fazer opção pelo não controle de custos mais apurados, pois trata-se de um serviço interno que aparentemente não requer competitividade com o mercado externo. Alguns nem observam a produtividade, apenas lavam a roupa. Algumas instituições analisam dados simples como volume lavado por período, o total de relave e as horas trabalhadas por dia. As contas relativas à mão de obra, *facilities* (energia, depreciação etc.) e utilidades (água, energia etc.), por serem globais, raramente são rateadas adequadamente, o que pode provocar distorções de valores nos custos por setores.

Com lavanderias terceirizadas, a instituição hospitalar inclui como avaliação os parâmetros da pontualidade, do volume coletado, do volume entregue (por quilo ou peça), da taxa de danos e de evasão etc.

A lavanderia terceirizadora inclui no seu modelo de gestão diversos indicadores, além do faturamento. São relevantes os custos de funcionários, a produtividade da mão de obra por equipamento e por quilo de roupa lavada, o *ticket* médio, custo de insumos, utilidades, custo de locação (se houver), taxa de evasão, entre outros.

A taxa de evasão, por exemplo, é um dos pontos críticos de controle do enxoval, já que as peças evadidas são consideradas prejuízos diretos para o hospital, independente se a lavanderia é terceirizada ou não. A evasão é um desperdício relevante tanto pela exclusão da peça do enxoval da circulação quanto do custo da sua não depreciação de uso. É preciso, porém, ficar atento para evitar o hábito de que tudo o que, aparentemente, desaparece entre inventários seja considerado roupa evadida. Nas lavanderias terceirizadas com locação de enxoval, a taxa de evasão é grave gerador de conflito. As peças evadidas devem ser repostas e, normalmente, o terceirizado vai pagar por isso.

A hotelaria hospitalar, além dos indicadores de processamento, também deve avaliar o custo na rota da roupa. Indicadores tais como a taxa de quilos de roupa processados por leito em hotelaria, o custo do CME, por salas do centro cirúrgico e outros setores devem ser controlados como forma de garantir que não há desperdícios quanto ao uso indiscriminado da roupa. Esses dados são relevantes para que o gestor da hotelaria hospitalar, em visão sistêmica, possa concluir, no ciclo do enxoval, qual o setor que se apresenta discrepante.

O quadro 13.23 apresenta alguns indicadores que podem contribuir na gestão da rouparia e da lavanderia no tocante a qualidade dos processos e dos custos de manutenção do enxoval.

Quadro 13.23 – Indicadores estratégicos da lavanderia. Fonte elaborada pelo autor.

Indicadores	Significado	Fórmula para a obtenção de indicadores
Faturamento	Indica o valor do faturamento em R$ em dado período	Total das notas emitidas no período
Ticket médio no período	Indica o valor médio por quilos de roupa no período	$TM = \dfrac{\Sigma \text{ Valor faturado}}{\Sigma \text{ Volume processado}}$
Taxa em kg de roupa lavada por leito em hotelaria (IELH)*	Indica o valor médio por quilos de roupa processada por leito no período	$IELH = \dfrac{\Sigma \text{ Quilos processados}}{\Sigma \text{ Leitos disponíveis}}$
Taxa em kg de roupa lavada por paciente/dia em hotelaria[59] (IEPH)*	Indica o valor médio por quilos de roupa processada por paciente/dia no período	$IEPH = \dfrac{\Sigma \text{ Quilos processados}}{\Sigma \text{ Paciente/dia}}$
Taxa em kg de roupa cirúrgica lavada por cirurgia (IECC)*	Indica o valor médio por quilos de roupa processada por cirurgia no período	$IECC = \dfrac{\Sigma \text{ Quilos processados}}{\Sigma \text{ Cirurgias realizadas}}$
Taxa de evasão no período[60] (TEV)*	Indica a taxa de perdas do enxoval por evasão. Inventário atual (IA), inventário anterior (IAT), baixa (B), compra (C)	$TEV = \dfrac{\Sigma \, [IA - (-B + C) - (IAT)]}{\Sigma \, IAT} \times 100$
Taxa em kg de roupa removida por danos (TBE)*	Indica a quantidade de perdas do enxoval por danos	$TBE = \dfrac{\Sigma \text{ Baixas por danos}}{\Sigma \text{ Inventário anterior}} \times 100$
Taxa de vida útil e depreciação (VUt)*	Indica a taxa de vida útil que deve ser projetada como valor de depreciação por uso	$VUt = \dfrac{\Sigma \text{ Número de lavagem}}{\Sigma \text{ Lavagem projetada}} \times 100$
Taxa de indenizações de roupa por evasão e danos (TED)*	Indica a taxa por danos e evasões em dado período	$TED = \dfrac{\Sigma \text{ Valor pago}}{\Sigma \text{ Faturamento}} \times 100$

*Siglas sugeridas pelo autor.

Além dos indicadores produtivos, é de muita importância avaliar também a gestão de pessoas. A lavanderia é essencialmente uma indústria de serviços. Serviços são realizados por

---
[59] http://cqh.org.br/icqh/ind/web_ficha.php?p_nind=503. Acessado em 04/07/2018.
[60] http://cqh.org.br/icqh/ind/web_ficha.php?p_nind=506. Acessado em 04/07/2018.

pessoas. A satisfação da equipe faz a diferença na qualidade e produtividade da empresa. Esses fatores são impulsionados pelo clima de justiça e dignidade no ambiente de trabalho.

Quando o ambiente é justo, gera satisfação, a qual se estende para os clientes. Quando o ambiente não é justo, prevalece a insatisfação e essa, com maior velocidade, estende-se também aos clientes. O clima organizacional pode ser considerado, para as empresas de serviços, um dos principais pontos de avaliação da satisfação e da qualidade dos serviços prestados (Quadro 13.24).

Quadro 13.24 – Pontos de avaliação da satisfação e da qualidade dos serviços prestados.

Indicadores	Significado	Fórmula para a obtenção de indicadores
Pontos de satisfação do clima organizacional (CLO)	Avaliar a taxa de aceitação (ótimo e bom) e o zelo no ambiente da empresa	$CLO = \dfrac{\Sigma \text{ Pesquisa atual} - \text{anterior}}{\Sigma \text{ Pesquisa anterior}} \times 100$
Taxa de treinamento e desenvolvimento da MOB[61] (IT&D)*	Relação entre o número de horas versus MOB treinada e o número de horas da MOB trabalhada. Avaliar plano de T&D na equipe	$IT\&D = \dfrac{\Sigma \text{ Hora da MOB treinada}}{\Sigma \text{ Hora MOB trabalhada}} \times 100$
Custo médio de treinamento (T&D$)*	Avalia o custo total de capacitação por MOB disponível em dado período	$T\&D\$ = \dfrac{\Sigma \text{ Valor de T\&D}}{\Sigma \text{ MOB total}}$

*Siglas sugeridas pelo autor.

O impacto do clima organizacional negativo é relevante e atinge diretamente a taxa de absenteísmos e rotatividade. Quando os funcionários perdem a motivação para apaixonar-se pela empresa, a fidelidade fica fragilizada favorecendo a mudança de emprego por qualquer valor não relevante. Com a saída, além das despesas inerentes ao processo de desligamento, novas despesas de recrutamento, seleção, treinamento etc. serão necessárias e não se pode garantir que o novo recrutado vai dar certo.

Quando o clima está favorável existirá um ambiente com funcionários não insatisfeitos e mais tendentes a gerar bons resultados, contribuindo para que os objetivos operacionais sejam atingidos.

Os indicadores operacionais visam monitorar os resultados praticados no ciclo de lavagem e avaliar seus impactos nos custos da produção dos produtos e serviços. Em processo produtivo é importante a medição da capacidade nominal de produção e da produtividade em determinado período.

O tempo total de produção é a soma do tempo produtivo, do tempo ocioso e do tempo desperdiçado (Figura 13.9).

Os indicadores operacionais são os que fazem a leitura direta do processamento de lavagem, tais como tempo de cada processo, tempo de *setup* por equipamento, análises dos parâmetros de lavagem, do ciclo produtivo ocupacional, da escala de horário e folgas, horá-

---

[61] http://cqh.org.br/icqh/ind/web_ficha.php?p_nind=188. Acessado em 04/07/2018.

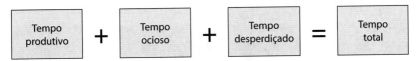

Figura 13.9 – Equação de tempo total de produção.

rio de entrada e saída por cada cliente (ciclo produtivo do enxoval), tempo de dobragem, secagem, calandragem, consumo de utilidades por quilo de roupa etc. Esses indicadores interferem na decisão da quantificação dos recursos humanos, energéticos, materiais e financeiros que serão disponibilizados (Quadro 13.25).

Quadro 13.25 – Indicadores operacionais.

Indicadores	Significado	Fórmula para a obtenção de indicadores
Enxoval: total de quilos lavados no período	Indica o valor em quilos processados por período	Total de quilos processados no período
Taxa em kg de roupa retida para relave em determinado período (%TR)*	Indica o valor médio em quilos de roupa para relave no período	$\%TR = \dfrac{\Sigma \text{ Quilos (coleta} - \text{entrega)}}{\Sigma \text{ Quilos de entrega}} \times 100$
Taxa de produtividade dos equipamentos na lavanderia (kP)*	Indica a capacidade produtiva dos equipamentos na lavanderia	$kP = \dfrac{\Sigma \text{ Capacidade produtiva}}{\Sigma \text{ Capacidade nominal}} \times 100$
Taxa de produtividade[62] da mão de obra na lavanderia (PMOB)*	Indica a capacidade produtiva em quilos de roupa por funcionário	$PMOB = \dfrac{\Sigma \text{ Capacidade produtiva}}{\Sigma \text{ Capacidade nominal}} \times 100$
Consumo de químicos por quilo de roupa no período (kQ)*	Indica a quantidade de produtos utilizados por quilo de roupa lavada	$kQ = \dfrac{\Sigma \text{ Volume de químicos}}{\Sigma \text{ Quilos de roupa lavada}}$
Consumo de água por quilo de roupa no período (m³/k)*	Indica a quantidade de água utilizada por quilo de roupa lavada	$m^3/k = \dfrac{\Sigma \text{ Volume de água}}{\Sigma \text{ Quilos de roupa lavada}}$
Consumo de energia por quilo de roupa no período (kW/k)*	Indica a quantidade de energia utilizada por quilo de roupa lavada	$kW/k = \dfrac{\Sigma \text{ Consumo em kW/h}}{\Sigma \text{ Quilos de roupa lavada}}$
Consumo de vapor por quilo de roupa no período (V/k)*	Indica a quantidade de vapor utilizado por quilo de roupa lavada	$V/k = \dfrac{\Sigma \text{ Consumo de vapor k/h}}{\Sigma \text{ Quilos de roupa lavada}}$
Taxa de sustentabilidade na lavanderia (RSU)*	Indica a taxa de reúso de água na lavanderia em relação ao volume gasto	$RSU = \dfrac{\Sigma \text{ Volume reusado}}{\Sigma \text{ Volume utilizado}} \times 100$
Taxa de sujidade leve e pesada na lavanderia (SI/k)*	Indica a taxa de roupa com diferentes sujidades na lavanderia	$SI/k = \dfrac{\Sigma \text{ Quilo de sujidade leve}}{\Sigma \text{ Quilo processado}} \times 100$

(Continua)

---

[62] Variável com a automação da lavanderia (de 75 a 300 quilos por homem/dia – turnos de 12 horas).

Quadro 13.25 – Indicadores operacionais. *(Continuação).*

Indicadores	Significado	Fórmula para a obtenção de indicadores
Taxa de produtividade no secador (pSec)*	Indica a taxa de utilização do secador na lavanderia	$(pSec)R = \dfrac{\Sigma \text{ Quilos secados}}{\Sigma \text{ Quilos secador}} \times 100$
Taxa de produtividade na calandra (p/C)*	Indica a taxa de utilização da calandra na lavanderia	$(p/c) = \dfrac{\Sigma \text{ Volume calandrado}}{\Sigma \text{ Volume da calandra}} \times 100$
Taxa de produtividade na dobragem manual (D/k)*	Indica a taxa de produção de dobra manual por pessoa por período	$D/k = \dfrac{\Sigma \text{ Quilos dobrados}}{\Sigma \text{ Capacidade da dobragem}} \times 100$
Taxa de produtividade na dobragem na dobradeira de roupa (Dd/k)*	Indica a taxa de produção de dobra automática por hora	$Dd/k = \dfrac{\Sigma \text{ Quilos dobrados}}{\Sigma \text{ Volume da dobradeira}} \times 100$

*Siglas sugeridas pelos autores.

Outro indicador relevante é a taxa de vida útil do enxoval. Essa tem dependência direta da escolha da composição do tecido, forma de uso e processamento de lavagem. Na escolha do enxoval, a ABNT contribui ao definir algumas normas que podem compor uma ficha técnica de enxovais e sua adequação ao uso. O quadro 13.26 apresenta um modelo de ficha técnica para gerar compra de novos enxovais.

Quadro 13.26 – Ficha técnica do enxoval.

Características	Norma	Especificação		Tolerância
Comprimento	ABNT NBR 10589:2006	1,20		± 5%
Largura		0,60		± 5%
Confecção/detalhes Cor padrão	Conforme modelo e desenho técnico	ABNT NBR 15800:2009[47] ABNT NBR 16053:2012 ABNT NBR 16060:2012		
Etiqueta	ABNT NBR NM ISO 3758:2013			
Composição	AATCC 20 AATCC 20	Algodão	90%	± 5%
		Poliéster	10%	± 5%
Gramatura	ABNT NBR 10591:2008	520g/m²		± 5%
Peso da peça acabada		480g		± 5%
Resistência à tração	ABNT NBR 11912 ISO 13934.1:1999	Urdume	35kgf (340 N)	± 5%
Alvejamento óptico	ABNT NBR 13841: 2009 ABNT NBR 14767:2009	Presença de alvejamento óptico		

Os fornecedores devem receber a ficha e produzir o tecido em conformidade com as especificações definidas. O cliente somente deverá receber os tecidos ou as peças de roupa se as especificações estiverem sendo atendidas. No caso de aceitação fora das especificações, os danos e os desgastes podem ser incontroláveis, contrariando o modelo de gestão por indicadores.

No processamento da roupa na lavanderia, os desgastes das fibras podem ocorrer durante as etapas da lavagem, durante a operação manual de remoção de manchas, na centrifugação e na secagem com secadores. Nas etapas da lavagem, o desgaste se dá pelas diversas variáveis, tais como choques químicos e de temperatura, e na ação mecânica das lavadoras convencionais. Nas operações de centrifugação, o desgaste pode ocorrer pela torção das fibras durante a extração da água por consequência da arrumação inadequada da roupa. Na secagem, o desgaste ocorre pela queima e desagregação das fibras (ação mecânica do secador), e na calandragem, pela torção e queima da roupa. Todos são fatores responsáveis pela redução da vida útil e dos danos no enxoval.

O controle do processamento químico durante a lavagem permite que alguns pontos críticos sejam verificados para manter baixa a taxa de desgaste. Os principais fatores são: ação mecânica, tipo de produto utilizado, temperatura, características químicas dos insumos, taxa de água nas etapas de lavagem e qualidade da água. A classificação da roupa por tipo de sujidade favorece o processamento em menor agressividade.

O quadro 13.27 apresenta dados que devem ser monitorados no processamento da roupa.

Quadro 13.27 – Dados monitorados no processamento da roupa.

Indicadores	Significado	Análises para a obtenção de indicadores
Alcalinidade	Indica que existem resíduos de químicos nas fibras	Alcalinidade OH^- e parcial
Alvejante clorado	Indica que existem resíduos de cloro nas fibras	Cloro
Acidez	Indica que existem resíduos de ácido nas fibras	Acidez parcial e total
Análise físico-química	Indica que a água é adequada para lavagem de roupas	Dureza (cálcio e magnésio), cloretos, ferro, manganês, sílica etc.
Análise microbiológica	Indica que a água é adequada para lavagem de roupas	Matéria orgânica, coliformes fecais etc.

Os indicadores podem ser refinados a partir do momento que as respostas básicas já foram "ouvidas" e as medidas de melhoria adotadas. A partir da leitura dos indicadores pode-se, por exemplo, tentar atingir resultados considerados desafiantes, tais como relave próximo a zero.

Em meio a esses e outros indicadores, surgem as dúvidas: Quais os mais adequados? Como selecionar? O que eles informam? Como fazer a leitura?

Para quem não iniciou, ainda, a avaliação por indicadores, sugerimos a medição dos estratégicos (institucionais/econômicos) com foco na verificação da percepção dos clientes com relação aos serviços prestados. É bom ter em mente que, sem clientes, os indicadores são desnecesssários.

A reclamação do cliente é a prioridade para iniciar o processo de qualidade via indicadores. O principal questionamento para os iniciantes pode ser: O cliente está satisfeito com o serviço (Sim/Não)?

Quando a resposta é positiva, existe tempo para a implantação dos indicadores. Quando a resposta é negativa, o foco está no ponto de insatisfação do cliente. Se a insatisfação for a pontualidade na entrega da roupa no setor demandante, o foco deve ser a entrega. Se a insatisfação for a quantidade das peças entregues, o foco deve estar no processamento e produtividade. A partir do refinamento dos indicadores operacionais, táticos e estratégicos, outros modelos de atenção ao cliente devem ser desenvolvidos, buscando acompanhar a missão das empresas hospitalares, principalmente quanto à questão controle de infecção hospitalar. No processamento da roupa hospitalar, dois aspectos são relevantes: o conforto (ao olhar do cliente do hospital) e a segurança sanitária (ao olhar da instituição hospitalar).

Nesse tocante, sugerimos o controle por meio de bioindicadores. Os bioindicadores podem medir, com muita precisão, a qualidade higiênico-sanitária do enxoval hospitalar.

14 BIOINDICADORES E A GESTÃO DA QUALIDADE SANITÁRIA

O QUE SÃO BIOINDICADORES?

Segundo o Instituto de Ciências Biológicas (ICB)[1], bioindicadores são espécies, grupos de espécies ou comunidades biológicas cuja presença, abundância e condições são indicativos biológicos de uma determinada condição ambiental. No ambiente hospitalar, são os bioindicadores que delimitam as condições favoráveis do nível higiênico-sanitário das superfícies hospitalares, dos alimentos e da roupa hospitalar.

Para Konkewicz (2006), apesar de a roupa hospitalar suja ser identificada como fonte de grande número de certos microrganismos patogênicos, o risco de transmissão de doenças para os trabalhadores do hospital e para os pacientes, que mantêm contato direto com a roupa, é negligenciável[2]. Poucos estudos, e não muito recentes, relatam a infecção cruzada associada com a roupa em pacientes[3] e em trabalhadores de hospitais[4].

A afirmativa que se pode concluir é a de que "não é verdadeira a afirmação de que não existam possibilidades de infecção pelo enxoval, sendo muito mais provável que faltem mais pesquisas direcionadas e relacionadas sobre o tema enxoval *versus* paciente infectado".

Para a ANVISA (2009), o processamento da roupa não resulta na eliminação total dos microrganismos, especialmente em suas formas esporuladas, consequentemente, as roupas que serão utilizadas em procedimentos cirúrgicos ou que exijam técnicas assépticas devem ser submetidas à esterilização após sua lavagem. Afirma ainda que não há razão para se realizar a cultura de material têxtil rotineiramente[5,6] e que tal procedimento somente será indicado quando existir evidência epidemiológica que sugira que a roupa possa ser o veículo de transmissão de patógeno[7].

---

[1] http://www.icb.ufmg.br/labs/benthos/index_arquivos/Page1631.htm. Instituto de Ciências Biológicas, (ICB) Departamento de Biologia Geral da Universidade Federal de Minas Gerais.
[2] Barrie D (1994), Pugliese G, Hunstiger C, Bennett JV, Brachman PS (1992), Martin MA, Wenzel RP (1993), Rhame FS (1992), Garner JS (1996). CDC (1987).
[3] Kirby WMM, Corpron DO (1956), Gonzaga AJ, Mortimer EA, Wolinsky E, Rammelkamp CH (1964), English MP, Wethered RR, Duncan EHL (1967).
[4] Steere AC, Craven PJ, Hall WJ, Leotsakis N, Wells JG, Farmer III JJ, Gangarosa EJ (1957), Standaert SM, Hutcheson RH, Schaffner W (1995).
[5] National Association of Institutional Linem Management. Disponível em: Http://Www.Nlmnet. Org/Associations/1437/Files/Infection.Pdf. Acessado em 20 maio de 2006.
[6] Ayliffe, Collins, Taylor, 1982. In: Centers For Disease Control And Prevention. Disponível em: Http://Www.Cdc.Gov/Ncidod/Dhqp/Gl_Environinfection.Html. Acessado em 6 maio de 2006.
[7] Centers for Disease Control And Prevention. Disponível em: http://www.cdc.gov/ncidod/dhqp/gi_environinfection.html Acessado em 6 maio se 2006.

Porém, na RDC 14/07, a ANVISA classifica e insere exigências e comprovação da ação microbiana de uso específico para produtos que são utilizados em roupas de hospitais e estabelecimentos relacionados à saúde afirmando que: a) o sanitizante/desinfetante para tecidos e roupas é um produto destinado à eliminação ou redução de microrganismos, podendo ser utilizado para pré-tratamento ou na etapa desinfetante durante o ciclo de lavagem; b) o sanitizante/desinfetante para tecidos e roupas hospitalares é um produto destinado à eliminação ou redução de microrganismos, podendo ser utilizado para pré-tratamento ou na etapa desinfetante durante o ciclo de lavagem.

Essa resolução também determina que, para o registro desses produtos, a empresa deve comprovar a eficácia contra *Staphylococcus aureus* e *Salmonella choleraesuis*, para o item "a", e *Staphylococcus aureus*, *Salmonella choleraesuis* e *Pseudomonas aeruginosa* para os produtos constantes do item "b" acima citado. Essa análise deve ser realizada com o produto final nos tempos de contato, diluições e validade do produto por meio da avaliação dos dados de estabilidade.

A partir da indicação do produto sanitizante para a roupa e da comprovação da eficácia contra *Staphylococcus aureus*, *Salmonella choleraesuis* e *Pseudomonas aeruginosa,* fica clara a evidência da necessidade do controle higiênico-sanitário principalmente pela variável do uso desses produtos (tempo, dosagem, temperatura) e pelo fato de não se utilizar o cloro, nas condições adequadas, na maioria dos processos de lavagem de roupa hospitalar.

A roupa contaminada[8] é gerada em hospitais, casas de saúde, asilos e similares, ambiente domiciliar (*home care*) e em qualquer lugar que o cuidado dos doentes e enfermos é realizado. Nos níveis mais extremos, por exemplo, em ambientes hospitalares e de *home care*, é provável que incluam sangue, exsudato de feridas, escarro, saliva, suor e urina, bem como vômitos e fezes. Também é importante reconhecer que os resíduos do corpo, tais como sangue, fezes, urina, podem servir como fonte potencial de infecção.

O risco de transmissão de doenças para os trabalhadores do hospital e para os pacientes que mantêm contato direto com a roupa é, na maioria, negligenciável (Creamer e Humphreys, 2008). Os riscos apresentados, da roupa ao homem e do homem à roupa, são inúmeros e devem ser monitorados continuadamente.

As infecções adquiridas pelos trabalhadores da lavanderia, segundo a ANVISA, estão relacionadas principalmente à não adesão das medidas de precaução da manipulação da roupa e do uso de EPI. Entre elas se destaca a necessidade para:

- Definir o processo de lavagem adequado a sujidades, tecidos e cores.
- Usar os produtos de qualidade assegurada.
- Manter o ambiente limpo e com barreira física no setor de lavagem.
- Evitar o contato entre funcionários da área suja e limpa durante o processamento da roupa.
- Evitar a excessiva manipulação da roupa suja.
- Evitar a excessiva manipulação da roupa limpa.
- Manter a limpeza e higiene dos equipamentos de lavagem e acabamento.

---
[8] III Workshop: Ufv, 18/10/2007. Balbino, Lauro, Fontes, Lisboa.

- Manter a limpeza dos veículos internos (carrinho) de movimentação.
- Manter a limpeza dos veículos de entrega.

A lavagem da roupa tem por objetivo a remoção das sujidades e a eliminação dos microrganismos, porém, mesmo que o processo de lavagem, centrifugação, secagem e calandragem da roupa sejam os mais adequados possíveis, o resultado final não representa a eliminação total de microrganismos, já que não significa um processo de esterilização.

Durante o processamento, a água dos enxágues pode recontaminar a roupa se a qualidade microbiológica da água estiver inadequada. Após o processamento, na área limpa, a roupa pode sofrer recontaminações pela excessiva manipulação nas diversas etapas do acabamento até a expedição e entrega do enxoval na rouparia do cliente. O controle higiênico-sanitário é a garantia de qualidade do enxoval hospitalar. A qualidade hospitalar é referenciada pela acreditação dos seus serviços.

A Organização Nacional de Acreditação (ONA) é um órgão que também busca a qualidade hospitalar, porém, assim como a ANVISA, não apresenta parâmetros objetivos para identificar a qualidade higiênico-sanitária do enxoval hospitalar. Existem lacunas nas recomendações da ANVISA e da ONA em definir os parâmetros de controle sanitário na lavagem do enxoval na lavanderia hospitalar.

O Manual de processamento do enxoval hospitalar (ANVISA, 2009) cita como referência na higienização do enxoval o estudo de Arnold de 1938. Esse estudo é um marco de qualidade da lavanderia hospitalar, porém, pela distância cronológica e os diferentes materiais utilizados, já pode ser considerado insuficiente e merece ser revisado. Da mesma maneira, os critérios estabelecidos pelo círculo de Sinner e que ainda são definidos como os quatro principais fatores (temperatura, tempo, ação química e ação mecânica) para a qualidade na lavagem da roupa.

Para Farias (2006), Farias e Picchiai (2012), a lavagem da roupa é uma interação cooperativa de fatores que, somados aos já compreendidos no círculo de Sinner, Mezzomo e Vieira e Cabral, passam a representar uma nova dimensão das influências do processo de lavagem de roupa. Essa nova interação de processos foi denominada de gráfico de Farias, conforme mostra a figura 14.1.

Para Farias (2014), a distância cronológica desde Sinner em 1959 e do estudo de Arnold em 1938 já justifica uma revisão bibliográfica e técnica da visão e dos procedimentos de controle e avaliação da qualidade higiênico-sanitária. O gráfico de Farias conduz a uma visão sistêmica do processo de lavagem e pode comprovar que: "Não é a lavanderia que impacta no ambiente, mas o ambiente que impacta na lavanderia".

A modernização dos equipamentos, dos têxteis, dos produtos etc. também interfere na avaliação da qualidade do processamento do enxoval hospitalar. A avaliação sensorial do "branco mais branco" já não é suficiente para medir a qualidade sanitária do enxoval hospitalar para reúso. Sem uma avaliação objetiva, o risco de infecção é potencializado e a negligência pode significar uma vida.

A gestão hospitalar tem a saúde como produto final. O controle higiênico-sanitário contribui na gestão de qualidade desse produto.

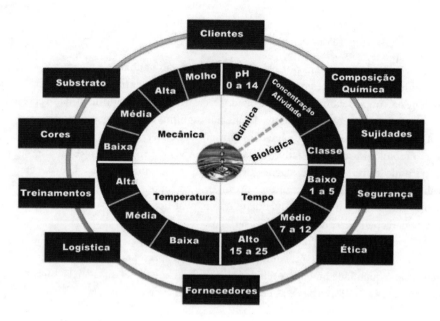

Figura 14.1 – Gráfico de Farias.

Dos indicadores utilizados para parametrizar o controle higiênico-sanitário, Farias, Silva Junior e Pichhai apresentam um estudo[9] sobre a contaminação do enxoval hospitalar já lavado, na rouparia das lavanderias terceirizadas ou não. Algumas amostras foram coletadas nas rouparias limpas da unidade de saúde.

Nesta pesquisa, verificou-se que a maioria dos estudos e citações sobre o controle higiênico-sanitário foi realizada nos EUA e na Europa, principalmente nas décadas de 1940 e 1950. Na Europa, o mais importante foi apresentado em 2003 pelo *Robert Koch Institute* (RKI) e *European Standard*. Dos documentos pesquisados ficou evidente que a qualidade da lavagem do enxoval está amparada no RKI, na Análise dos Pontos de Perigo e Críticos de Controle (APPCC[10]) e no documento *Deutsches Institut fur Normung E.V.* (DIN), *European Standard* (EN) 14065:2002 *Textiles – Laundry Processed Textiles – Biocontamination Control System* elaborada pelo Comitê Técnico CEN/TC 248 "Têxteis e produtos têxteis", cujo secretariado é assegurado pela *British Standards Institution* (BSI).

No Brasil são raras as publicações sobre a qualidade da lavagem por bioindicadores e que possam identificar quais os métodos de análises, os parâmetros, os pontos críticos e os pontos de controle do enxoval hospitalar em lavanderia na lavagem e na guarda em rouparias.

---

[9]Gestão hospitalar.
[10]Portaria 1.428 de 26/11/1993, ANVISA.
[11]http://www.unimedcriciuma.com.br/noticia/profissionais-sau-recebem-palestras-sobre-hotelaria-hospitalar-302/

Em abril de 2015, a enfermeira Denise Maccarini Tereza[11] relatou, no evento de hotelaria hospitalar em Criciúma na Unimed, uma pesquisa sobre a avaliação do enxoval por indicadores higiênico-sanitários. Para Denise Maccarini Tereza, "o objetivo é verificar, depois da limpeza, se os enxovais estão chegando sem nenhum microrganismo ao paciente". O projeto visa monitorar as roupas quando estão sujas, na hora da limpeza na lavanderia, após a calandragem, na embalagem e nas rouparias satélites.

A ausência de literaturas mais específicas sobre o tema não prova a inexistência dos riscos do enxoval. O que existe é uma escassez de pesquisas sobre o tema enxoval hospitalar e os impactos do controle higiênico-sanitário na infecção hospitalar, principalmente no Brasil. Pontualmente, são encontrados indicadores, porém com frequência aleatória de uso, métodos empíricos e não controláveis cuja avaliação dos parâmetros não permite sua acreditação e certificação.

A ANVISA afirma "que **existe** a necessidade da qualidade sanitária na lavagem do enxoval hospitalar", o que contrasta com a afirmativa complementar de que: "**não há razão** para se realizar cultura de material têxtil rotineiramente". A ANVISA não especifica, recomenda ou define nenhum indicador, sua frequência e seus parâmetros de forma objetiva e métrica (grifo dos autores).

Para Farias (2014), a avaliação e a definição de parâmetros e dos limites de desempenho da lavanderia hospitalar, medido por bioindicadores, podem posicionar os gestores a uma tomada de decisão mais objetiva, tanto em âmbito público como privado e, principalmente, quanto à qualidade higiênico-sanitária da lavagem do enxoval hospitalar. A decisão estratégica poderá ser mais racional e segura a partir dessa avaliação por bioindicadores.

Os indicadores higiênico-sanitários podem servir de guia para avaliar a qualidade de todo o ciclo do processamento do enxoval, independente se essas lavanderias estão classificadas, contabilmente, como micro, pequena, média ou grande empresa. O controle higiênico-sanitário é um indicador comum a todas as lavanderias e pode ser utilizado como parâmetro interno e/ou comparativo ao mercado (*benchmarking*). Os indicadores de desempenho variam pela classificação contábil (MPEs e grandes empresas), nível de automação, tipos de serviços e equipamentos utilizados. Portanto, não podem ser, na maioria, utilizados como *benchmarking* diretos entre lavanderias.

A gestão por bioindicadores contribui para o processo de decisão de contratação, manutenção e continuidade dos serviços, principalmente dos serviços prestados por empresas terceirizadas da lavagem do enxoval hospitalar. O indicador higiênico-sanitário é a ferramenta de auditoria de confirmação do desempenho dos objetivos e metas dos contratos de lavagem de roupas em lavanderias terceirizadas. O enxoval limpo e sem contaminação é a meta da lavanderia.

A qualidade sanitária deve ser verificada nas duas dimensões de valor: a qualitativa e a quantitativa, ou seja, quais e em que quantidades os agentes estressores estão presentes no enxoval hospitalar e como devem ser avaliados?

Para Barrie (1994), Lisboa (1999), Farias (2006), Farias e Picchai (2013), a lavagem consiste em uma sequência de operações ordenadas. É uma inter-relação de fatores que leva em consideração a composição e construção têxtil, cores, sujidades, tipo e dosagem dos produtos químicos, ação mecânica produzida pelo batimento e esfregação das roupas nas lavadoras, temperatura e tempo de contato entre essas variáveis.

O balanceamento perfeito desses fatores é o responsável pelo conforto, qualidade da lavagem, desempenho produtivo, custo e resultado sensorial final do processo de lavagem. Porém, a visão reducionista voltada somente para o custo, conforto e qualidade sensorial não deve servir de garantia como indicador higiênico-sanitário, já que a proposta da lavagem do enxoval hospitalar é a segurança sanitária.

Segundo Farias (2014), o controle higiênico-sanitário é a ferramenta de gestão que permite ao gestor da lavanderia monitorar, com precisão, os resultados da lavagem da roupa hospitalar e se esses estão sendo alcançados. O problema está em conhecer os indicadores, os parâmetros e de que maneira o controle higiênico-sanitário pode ser aplicado como indicador de gestão do desempenho e da qualidade da lavagem da roupa em lavanderia hospitalar?

Para Farias (2014), pretende-se, com o indicador, contribuir para a melhoria da gestão da lavanderia hospitalar, definindo os critérios de seleção, avaliação e fator de remuneração dos serviços prestados pelas lavanderias terceirizadas e não terceirizadas na lavagem da roupa hospitalar. A gestão hospitalar não deve optar pela decisão de monitorar a qualidade higiênico-sanitária do enxoval somente pelo valor contábil ou pelo custo das análises e da implantação da gestão higiênico-sanitária. O controle de qualidade sanitária na lavagem do enxoval deve sobrepor-se ao valor financeiro do processamento e da implantação e monitoramento desses indicadores.

O controle higiênico-sanitário deve funcionar como pilar gerencial de indicador de qualidade e desempenho do processamento da roupa hospitalar. O indicador vai permitir ao gestor da lavanderia uma avaliação métrica do resultado pretendido, tornando possível a implantação de planos de melhoria contínua de qualidade sem perder o foco essencial da segurança sanitária do enxoval hospitalar.

As práticas de gestão por indicadores higiênico-sanitários podem contribuir para a redução dos riscos sanitários do enxoval hospitalar, além de permitir que as micro e pequenas empresas de lavanderias meçam seu desempenho qualitativo-produtivo e mostrem-se igualmente competentes na qualificação dos processos licitatórios, públicos e privados e em igualdade competitiva com as grandes organizações.

O enxoval hospitalar é lavado para ser reutilizado diversas vezes para a redução, por amortização, do custo financeiro no orçamento da hospedagem/internação. O retorno sobre o investimento é uma leitura fundamental para avaliar a vida útil e o custo do enxoval.

A reutilização deve prever um enxoval limpo, confortável e com segurança sanitária. A avaliação sensorial não mede a qualidade sanitária do enxoval para reúso e, portanto, não pode ser utilizada com esse objetivo. O indicador que contribui para o real controle da qualidade do enxoval hospitalar é o bioindicador higiênico-sanitário.

Avaliações empíricas e sem critério, nesse ambiente, não podem ser consideradas efetivas. A negligência no controle pode significar uma vida. Portanto, fica clara a relevância dos bioindicadores no controle microbiológico em lavanderia hospitalar.

GESTÃO DO ENXOVAL E CONTROLE MICROBIOLÓGICO EM LAVANDERIA HOSPITALAR

A lavanderia é uma forma de combater a infecção hospitalar. Torres e Lisboa (1999) afirmaram que, ao instalar uma lavanderia, Florence Nigthtingale reduziu a mortalidade de 427 para 22 por 1.000 de fevereiro a julho de 1855 em Constantinopla, durante a Primeira Guerra Mundial.

Farias (2006), Farias e Picchiai (2013) afirmaram que o processamento da lavagem tem como objetivo a segurança, pela redução dos índices de contaminação hospitalar e o conforto pela roupa lavada.

Torres e Lisboa (1999) mencionaram a extrema importância nos planejamentos ambiental, físico e operacional da lavanderia. Afirmaram que a organização hospitalar envolve um conjunto complexo de atividade cujo objetivo-fim é a saúde dos clientes. O gestor da lavanderia deve contribuir para a segurança do paciente e funcionários implantando critérios que favoreçam o padrão de segurança hospitalar pela adequação de técnicas administrativas de controle, organização, planejamento, coordenação e direção.

Farias (2006, p. 193) menciona que, além dos riscos (ergonômicos, físicos, químicos e biológicos) existentes em lavanderia, todas as sujidades hospitalares são fontes potenciais de risco. A trinômia negligência-imprudência-imperícia potencializa os riscos para pacientes, usuários e funcionários da lavanderia.

Torres e Lisboa (1999) e Taraboulsi (2004) definem que a lavanderia deve atender aos requisitos básicos estruturais, físicos e operacionais. Algumas normas e portarias ministeriais estabelecem os procedimentos de construção, dos equipamentos, da operação e dos produtos destinados à lavagem de roupas hospitalares, principalmente na atividade pública. A portaria nº 1.884 GM 11/11/94 do Ministério da Saúde especifica algumas diretrizes e regulamenta, por exemplo, a área física do complexo da lavanderia que é considerada a área crítica e deve ser dividida em dois ambientes: a área suja e a área limpa.

Farias (2006, p. 193) menciona que a lavanderia hospitalar deve estar preparada, no aspecto estrutural e no operacional, para operar com segurança e qualidade. Para Lisboa e Torres (1999, 2001, 2014), Bartolomeu (1998), Castro e Chequer (2001), Bitencourt (2002), Farias (2006), o setor de lavanderia é um dos mais importantes serviços de apoio ao atendimento dos clientes da hotelaria, seja hoteleira, seja industrial ou hospitalar.

Bartolomeu (1998, p.11) acrescenta que "o serviço de lavanderia, rouparia e costura de um hospital são de suma importância para o hospital, pois a eficiência de seu funcionamento contribuirá para a eficiência do hospital". Essa eficiência é diretamente proporcional ao controle de contaminações da roupa hospitalar. A lavanderia é uma atividade regulamentada pela vigilância sanitária, segurança ocupacional e biossegurança (Creamer e Humphreys, 2008). Os riscos apresentados da roupa ao homem e do homem à roupa são inúmeros e devem ser monitorados continuamente.

Quando Arnold (1938) apresentou seu estudo em que a lavagem da roupa, em temperatura e tempo controlado ($\geq 71°C$ por 25 minutos), mostrou-se eficaz ou quando Beattles e Vesley (1981) argumentaram que a água na temperatura entre 22° e 50°C também tem sua eficiência, ficou claro que a temperatura deve estar associada ao uso do cloro no processo de lavagem do enxoval. O não uso do cloro no processo de lavagem altera a afirmativa da eficácia sobre a desinfecção do enxoval.

Arnold (1938) verificou que as contagens de bactérias caíram para zero após o último processo de calandragem da roupa, restando apenas formas esporuladas. Church e Loosli (1953) e Konkewicz (2005) relataram, em contraposição aos estudos de Arnold, que as roupas sujas hospitalares[12] continham, em média, $2 \times 10^4 UFC/dm^2$, principalmente bacilos gram-negativos e *Bacillus* sp., e que, após lavadas, a centrifugação final, pela centrífuga, contribui para a recontaminação da roupa limpa já lavada.

Wetzler et al. (1971, *apud* Konkewicz 2005) sugeriram limites máximos de tolerância de contagem bacteriana de $6^{10}/dm^2$ de esporos de *Bacillus* spp. na roupa limpa. Porém, Walter e Schillinger (1974) e Christian et al. (1982) afirmaram que, após a lavagem, o nível deve ser reduzido para menos de $20UFC/dm^2$, isso equivale a uma completa remoção de patógenos. Para Barrie (1994), embora a roupa seja desinfetada durante o processo de lavagem, tornando-se livre de patógenos vegetativos, não se torna estéril. A meta principal a ser atingida após o processamento da roupa deve ser a redução das contagens microbianas conforme a lei vigente, ou seja, livre de patógenos que possam transmitir doenças[13]. Os valores citados por Walter e Schinllinger podem ter sido os primeiros parâmetros para o controle higiênico-sanitário do enxoval hospitalar.

Para Fijan (2005), Fijan et al. (2005, 2007, 2012), Robert Koch Institute (RKI), o ciclo de lavagem apresenta diversos pontos críticos de controle e risco de recontaminação do enxoval hospitalar. Os pontos críticos podem ser apontados nas diversas etapas do processamento da roupa como:

- Controle microbiológico da água.
- Classificação do enxoval.
- Limpeza dos carrinhos de transporte internos.
- Controle no processo de lavagem.
- Controle nas roupas de relave.
- Limpeza das superfícies de apoio da roupa.
- Higiene nas mãos dos manipuladores.
- Limpeza na lateral dos veículos de coleta e entrega.
- Organização e limpeza da rouparia central da lavanderia ou do hospital.
- Organização e limpeza das rouparias satélites da roupa limpa do hospital.

A identificação dos principais pontos críticos contribui para direcionar o foco no controle do ambiente da lavanderia, na higiene das pessoas e no enxoval lavado.

---

[12] Lençóis, fronhas e roupas de pacientes (pijamas e camisolas) apresentavam maior contaminação do que colchas e cobertores. Lençóis de baixo apresentavam maior número de bactérias. A cabeceira das roupas de cama também demonstrou maior contaminação do que a parte dos pés da cama.

[13] IX Encontro Latino-Americano de Iniciação Científica e V Encontro Latino-Americano de Pós-Graduação – Universidade do Vale do Paraíba.

Para Church e Loosli (1953), a contaminação da roupa pela centrífuga, após a lavagem, pode ser um dos principais pontos críticos de controle do enxoval hospitalar. As bactérias mais encontradas neste estudo foram *Bacillus* sp., *Escherichia coli* e outros gram-negativos. A recontaminação ocorre pela aspiração de centenas de metros cúbicos do ar do ambiente da lavanderia, o qual, estando contaminado, aumentará o número de microrganismos na roupa. O quadro 14.1 apresenta resultados desse estudo.

Quadro 14.1 – Contaminação pré e pós-centrifugação.

Etapas do ciclo de lavagem	Microrganismos por cm^2	Microrganismos[1] por dm^2
Antes da lavagem	2.000	200.000
Após a lavagem	10	1.000
Após a centrifugação	2.300	230.000
Após a calandragem	30	3.000

Fonte: Church e Loosli (1953), Konkewicz (2005). Adaptado pelo autor.

Os pontos críticos provocados pela manipulação na centrifugação, pela centrífuga, ocorrem com:
- A retirada da roupa molhada da lavadora convencional para um carrinho.
- O carrinho, normalmente, molhado pelas roupas anteriormente retiradas.
- A colocação da roupa na centrífuga.
- A operação de centrifugação.
- A retirada da roupa da centrífuga para o (outro) carrinho (sempre úmido).
- A retirada do carrinho para a secadora ou para a mesa pré-calandra.

A centrífuga não deve ser recomendada para lavanderias hospitalares, asilos e casas de idosos, nas indústrias alimentícias ou onde o risco de contaminação do ambiente ao homem e do homem ao enxoval sejam eminentes. A centrifugação, pela centrífuga, representa um ponto de perigo e controle crítico por ser considerado um foco de recontaminação da roupa.

Para Fijan (2005) e Fijan et al. (2005, 2007, 2012), conforme relatórios apresentados pelo RKI, o ciclo de lavagem apresenta diversos pontos críticos de controle e risco de recontaminação do enxoval hospitalar. Para garantia da qualidade do enxoval, inicialmente, todos os pontos devem ser avaliados e registrados como críticos e de controle do enxoval. A medição e os comparativos temporais devem servir de guia para o controle de qualidade higiênico--sanitária. Os pontos identificados como de maior risco de contaminação devem ser avaliados com maior frequência e em maior número de peças do enxoval.

Apesar dos poucos estudos, e não muito recentes, que relatam a infecção cruzada associada com roupa em pacientes e em trabalhadores de hospitais, o controle microbiológico de rotina não tem sido recomendado, o que pode explicar a carência de estudos mais recentes analisando contaminação nas roupas hospitalares. Essa ausência, no Brasil, pode ser entendida pela própria recomendação da instituição de controle sanitário do processamento da roupa hospitalar.

De acordo com o manual ANVISA (2009, p. 38), tópicos 3.9.8 e 3.9.9:

3.9.8 esterilização de roupas de serviços de saúde.

O processamento normal da roupa não resulta em eliminação total dos microrganismos, especialmente em suas formas esporuladas, consequentemente, as roupas que serão utilizadas em procedimentos cirúrgicos ou procedimentos que exijam técnica asséptica devem ser submetidas à esterilização após sua lavagem. Roupas que serão submetidas à esterilização (campos cirúrgicos, capotes etc.) não poderão ser submetidas à calandragem ou à passadoria a ferro.

3.9.9 cultura de material têxtil.

Não há razão para se realizar cultura de material têxtil rotineiramente. *Tal procedimento somente será indicado* **quando existir evidência epidemiológica** *que sugira que a* **roupa** *possa ser o veículo de transmissão de patógeno (***grifo do autor***)*.

Apesar de parecer contraditório, se todas as recomendações forem aplicadas e as rotinas implantadas, conforme os princípios das boas práticas na lavanderia, é possível corroborar com o item 3.9.9 (ANVISA) de que "não existam razões para se realizar a cultura de material têxtil rotineiramente". Porém, essa informação não exclui a necessidade do controle microbiológico como indicador higiênico-sanitário para identificar se, realmente, **"todos os processos e rotinas implantadas na lavagem de roupa estão de acordo com os princípios das boas práticas na lavanderia" (grifo do autor).**

Somente uma avaliação higiênico-sanitária poderá determinar a qualidade dos procedimentos da lavagem do enxoval hospitalar. Experiências comprovam que equipes de controle de infecção devem considerar o processo de higienização da roupa como um dos fatores críticos, quando da ocorrência de manifestações de surtos de doenças, viroses ou distúrbios sem causa aparente (Fijan et al., 2006).

Na lavanderia, qualquer tipo de enxoval pode ser um ponto de contaminação.

Kirby, Corporon e Tanner (1956) sugeriram a possibilidade de os colchões e os cobertores contaminados com bactérias coliformes estarem associados à aquisição de infecções urinárias por esses mesmos microrganismos em pacientes cateterizados. Gonzaga et al. (1964), em um hospital de Cleveland, associaram a transmissão de *Staphylococcus* para recém-nascidos por meio de cobertores, fraldas e roupas contaminados. English et al. (1967) descreveram a ocorrência de infecção fúngica por *Tinea pedis* nos dedos e unhas dos pés de pacientes internados em um hospital psiquiátrico de Bristol, Inglaterra, causada por meias contaminadas. Church e Loosli (1971) apresentaram análise da roupa limpa colocada sobre camas que apresentou aumento de contaminação após 2 até 10 dias sem uso, principalmente as roupas mais expostas.

Mafra et al. (2010) verificaram a presença de bactérias mesófilas aeróbias em todas as placas que continham material dos uniformes dos operários de uma indústria de alimentos (abate e processamento de aves), na área suja, na roupa higienizada e na roupa armazenada.

Os uniformes são processados na empresa. O estudo de Mafra et al. apresentou os valores em UFC/20cm².

O quadro 14.2 apresenta os resultados das análises microbiológicas dos uniformes. Foi inserida uma coluna comparativa com a norma RAL 992 (UFC/dm²).

Quadro 14.2 – Uniformes em diferentes etapas do processo de higienização.

Meio	Roupa suja		Roupa higienizada		Roupa armazenada	
Parâmetro	Mafra	RAL	Mafra	RAL	Mafra	RAL
Mesófilos aeróbios	74	370	4	20	19	95
Enterobacteriacea	1	5	1	5	0	0
Coliforme, *E. coli*	2	10	0	0	0	0
Bolores e leveduras	1	5	0	0	0	0
Staphylococcus aureus	32	160	0	0	2	10

Fonte: Mafra et al. (2010).

Os valores encontrados por Mafra et al. na pesquisa comprovaram que a roupa pode ser recontaminada após a lavagem. No quadro fica mais evidente que as roupas limpas podem sofrer diferentes tipos de contaminações enquanto estocadas e, conforme Church e Loosli (1971), por convenção, pode, então, ser estabelecido o tempo de 24 a 48 horas no máximo o período de estocagem nas rouparias.

Para Church e Loosli (1971) e Konkewicz (2005), a contagem de microrganismos na roupa limpa aumenta com o passar dos dias, dependendo das condições de transporte e armazenamento. A roupa limpa, recém-processada, apresentou variações nas contagens bacterianas de 0,8 a 20 bactérias/cm² (4 a 100UFC/dm²), principalmente por gram-positivos como *Staphylococcus* spp. e *Streptococcus* spp., enquanto as bactérias gram-negativas foram encontradas em quantidades inexpressivas.

Para Barrie (1994) e Barrie et al. (1994), a roupa é desinfetada durante o processo de lavagem, tornando-se livre de patógenos vegetativos, mas não se torna estéril. Steere et al. (1975) relataram um surto de gastroenterite por *Salmonella typhimurium* que envolveu pacientes e trabalhadores em hospital americano. A fonte de contaminação para alguns funcionários da lavanderia acometidos pela doença foram os lençóis contaminados.

Standaert et al. (1994) demonstraram a transmissão de *Salmonella hadar*, causando gastroenterite em funcionários da área suja da lavanderia, através do manuseio com roupas contaminadas. Balm et al., em artigo do *Journal of Hospital Infection*, 2012, estudaram o surto de *Bacillus cereus* associado ao trabalho de construção ao lado de um hospital da Universidade Nacional de Cingapura e as práticas da lavanderia.

Apesar desses e outros poucos relatos relacionando a aquisição de infecções por meio da roupa, estudos mais recentes estão deixando bastante evidentes que a eliminação da carga microbiana ambiental pouco interfere na diminuição das taxas de infecções nosocomiais. O que pode apontar para que o enxoval seja um dos fatores da infecção hospitalar.

Para Bacelli, Abdala, Braz, Carmo, Lima, Khouri, Zângaro (2005), as roupas hospitalares representam todo e qualquer material de tecido utilizado dentro de hospitais e que necessitam passar por um processo de lavagem e secagem para sua reutilização.

No estudo realizado em lavanderias hospitalares, ficou evidente que algumas classificações de roupas não estavam dentro dos parâmetros (20UFC/dm^2) defendidos por Walter e Schillinger (1975) e Christian et al. (1982) que afirmam que, após a lavagem, o nível deve ser reduzido para menos de 20UFC/dm^2, isso equivale à completa remoção de patógenos.

Para Mesiano (s.d.), alguns surtos apontados têm como fonte provável de infecção a roupa hospitalar, conforme apresentado no quadro 14.3.

Quadro 14.3 – Roupas sujas como fonte de surto e infecção hospitalar.

Surto	Evidências	Publicação
Febre Q (funcionários da lavanderia)	Manuseio e separação das roupas sem utilização de EPIs adequados	Am J Hygien. 1949;47:76-81
Infecções por *Tinea pedis* (internos de asilos)	Lavagem de roupas sem aplicação de desinfetante. Uso comunitário de meias	Br Med J. 1967;3: 136-9
Dois casos de meningite por *Bacillus cereus* (pós-operatório)	Possível multiplicação do microrganismo na roupa suja embalada em plástico. Incapacidade de eliminar os esporos durante o ciclo, incluindo calor (71°C) e desinfetante	Epidemiol Infect. 1994;113(2): 297-306
Salmonelose (residentes de asilo e funcionários da lavanderia)	Não se alimentavam das refeições oferecidas no local. Não tinham contato com os internos. Negligência no uso dos EPIs	Infect Control Hosp Epidemiol. 1994; 15(1):22-6
Infecções hospitalares por *Streptococcus pyogenes* (berçário)	Uso de minilavanderia separada para as roupas dos recém-nascidos, com possível quebra nas rotinas	Lancet. 1995; 345(8964):1574-5

Fonte: Mesiano, Rosa. Disponível em: www.anvisa.gov.br/divulga/sentinelas/lavanderia.doc

Parece claro que a adoção de rotinas adequadas referentes a recolhimento, transporte e processamento da roupa suja, distribuição e armazenamento da roupa limpa, além da proteção adequada dos funcionários que manuseiam com roupa suja, deveria prevenir qualquer potencial de infecção cruzada. A meta principal a ser atingida, após o processamento da roupa, é a redução das contagens microbianas para níveis aceitáveis, ou seja, livre de patógenos em quantidade e qualidade suficientes que não possam transmitir doenças. Mas quais são esses níveis aceitáveis?

No Brasil, os indicadores utilizados são referentes ao desempenho e à produtividade, entre eles, a produção por quilo de roupa, taxas de relave etc. Os parâmetros de avaliação de desempenho não apresentam conformidade de valores e a maioria é defendida pelos fabricantes de produtos químicos, de equipamentos para lavagem, da indústria têxtil, de consultores etc. Esses dados não podem ser considerados os parâmetros finais, pois são, na maioria, particulares a cada instituição. Não podem ser considerados parâmetros universais para lavanderias hospitalares, quaisquer que sejam os tipos do enxoval.

As lavanderias hospitalares lavam roupas de hospitais de variados níveis de complexidade, tecnologias distintas etc. e recebem uma diversidade de tipos de manchas e taxas de sujidades leves e pesadas, tipos de fibras, equipamentos etc. Portanto, a padronização dos indicadores de desempenho ainda é uma utopia, enquanto os indicadores higiênico-sanitários podem acreditar e garantir a qualidade do processamento do enxoval hospitalar. Não há como buscar, como *benchmark*, uma avaliação comparativa de desempenho por esses indicadores, pois as variáveis, tais como enxovais, equipamentos, capacitação ocupacional, produtos, processos de lavagem e gestão, são elevadas.

Quanto aos bioindicadores, a parametrização independe do tipo de hospital, roupa, taxa de sujidade leve, pesada, tipos de composição de tecido, equipamentos, processos, produtos de lavagem etc. e tem um objetivo a garantia do conforto e a qualidade higiênico-sanitária do enxoval. A medida por bioindicadores é a única maneira de padronizar os métodos, processos e produtos da lavanderia. Assim como é a única maneira de o hospital avaliar com segurança se os objetivos da lavagem estão sendo cumpridos pela lavanderia.

A pesquisa de Farias (2014) revela que algumas lavanderias confirmam que já realizaram avaliações higiênico-sanitárias do enxoval, porém não se lembram quando, quais os parâmetros, os limites e a frequência dessas avaliações. É possível concluir, generalizando, que, nas lavanderias pesquisadas, inexistem no Brasil dados sobre os indicadores higiênico-sanitários e que a gestão por bioindicadores no enxoval hospitalar não é uma realidade de fato e que algumas desconhecem a existência dos pontos críticos de controle.

GESTÃO POR ANÁLISE DOS PONTOS DE PERIGO E CONTROLE CRÍTICO – APPCC

A Análise de Perigos e Pontos Críticos de Controle (APPCC), ou *Hazard Analysis and Critical Control Point* (HACCP), é um sistema de gestão de segurança alimentar baseado em analisar as diversas etapas da produção de alimentos, avaliando os perigos potenciais à saúde dos consumidores e determinando medidas preventivas para controlar esses perigos por meio de pontos críticos de controle. Atualmente, um sistema de APPCC pode ser certificado pela ISO 22000[14].

Para Pinzon, Fischer e Noskski (2011), o APPCC passou a ser exigido nas indústrias de alimentos nos diferentes continentes (Directiva 93/94/CEE) e inclusive no Brasil, por meio da Portaria nº 1.428 do Ministério da Saúde, de 26/nov/93. Em 1997, o Ministério da Agricultura Pecuária e Abastecimento (MAPA) formalizou a adoção do APPCC como mecanismo auxiliar do processo clássico de inspeção industrial e sanitária dos produtos de origem animal.

---

[14] Orientada para a segurança alimentar.

De acordo com Bryan (1992, *apud* Pinzon et al., 2011), o APPCC não é um tipo de inspeção e sim uma abordagem sistemática à identificação e ao controle de riscos, concentrando sua atenção nos fatores que afetam a segurança alimentar, para garantir os níveis de sanidade e qualidade atingidos e mantidos.

Para Stevenson (1990, *apud* Pinzon et al., 2011), a maioria dos programas de controle de qualidade utilizados na produção de alimentos emprega uma combinação de métodos tradicionais de inspeção, investigação e testes do produto final. Os procedimentos de controle são pontos isolados, sendo, portanto, úteis apenas como atividades de monitoramento, não enfatizando a segurança ao longo do processamento.

Conforme Huss (1993, *apud* Pinzon et al., 2011), tal plano aplica-se às indústrias de alimentos, fornecedores de matérias-primas, insumos, produtos de limpeza/sanitização, serviços em geral ou, melhor, todas as áreas relacionadas ao produto em foco, ou seja, da origem da matéria-prima até o produto final na mesa do consumidor.

Pinzon et al. (2011) concluem que o APPCC, atualmente, é o que mais gera credibilidade dentro das indústrias, não relacionado apenas à segurança do produto, mas pela certeza de estar cumprindo as exigências das fiscalizações em todas as etapas do processo produtivo. Após a identificação dos pontos críticos de controle (pelo HACCP), o monitoramento e controle são garantidos pela ISO 9000 e como estas se complementam. A ISO 9000 e o HACCP devem ser usados em conjunto e são fundamentais para a evolução do negócio. A APPCC é fundamental na avaliação do fluxo produtivo.

PONTOS CRÍTICOS DE CONTROLE EM LAVANDERIA

Em lavanderia hospitalar, todas as etapas do processo produtivo devem ser consideradas os pontos crítico de controle. A APPCC pode ser utilizada como uma técnica de identificação e verificação de potenciais de perigos das operações do ciclo de lavagem de roupas, identificando onde esses podem ocorrer e decidindo quais os pontos críticos para a segurança, os chamados Pontos Críticos de Controle (PCC). Ao manter o monitoramento dos pontos críticos, garante-se a conformidade dos produtos produzidos.

O PCC é um ponto ou um estágio na cadeia produtiva em que o controle pode ser aplicado, sendo essencial impedir todo o perigo do processo ou reduzi-lo a um nível aceitável. As roupas utilizadas dentro de uma indústria alimentícia, por exemplo, podem ser classificadas como um PCC (Fijan et al., 2006).

Para Mafra et al. (2010)[15], há diversos PCCs em lavanderias e que esses devem ser controlados a fim de se reduzir a contaminação por microrganismos. São eles:

- PCC 1. Processo de lavagem – a conjugação termoquímica na eficiência da desinfecção é a mais importante e a mais difícil de se conseguir. Os parâmetros a serem seguidos são: equipamentos, dosagem do desinfetante, tempo, temperatura, valor do pH e qualidade da água.

---

[15] Revista Produção on line: Mafra, Simone et al. Associação Brasileira de Engenharia de Produção – ABEPRO Universidade Federal de Santa Catarina – UFSC. ISSN 1676-1901/v. 10, n. 2, jun. 2010;425(31):3899-3701. Análise microbiológica do ambiente e dos uniformes de trabalhadores de lavanderia de indústria de produtos de origem animal.

- PCC 2. Uniformes – as roupas já processadas e estocadas para a distribuição são pontos críticos, visto que os microrganismos presentes no ar tendem a se acumular e aumentar, se não forem armazenadas adequadamente.
- PCC 3. Água – muitas vezes a água é reaproveitada para economia, porém pode estar carregada com microrganismos que são multiplicados sobre condições apropriadas para seu crescimento, através da atmosfera morna, umidade e nutrientes abundantes, das roupas sujas.
- PCC 4. Equipamentos – a limpeza regular e a desinfecção dos equipamentos e em contato com as roupas higienizadas são de extrema importância no controle da contaminação. O PCC mais importante desse grupo é a centrífuga pela dificuldade de limpar devido ao perigo de ferimentos.
- PCC 5. Veículos de transporte – a limpeza e a desinfecção dos veículos de transporte em contato com as roupas higienizadas são de extrema importância no controle da contaminação.
- PCC 6. Prateleiras de armazenamento – a limpeza regular e a desinfecção de prateleiras de armazenamento em contato com as roupas higienizadas são de extrema importância no controle da contaminação.
- PCC 7. Higiene da mão – o contato manual das pessoas com as roupas processadas não pode ser evitado devido às muitas tarefas exigidas. Essa monitoração envolve a instrução organizada pela gerência da lavanderia a respeito da higiene da mão.

Para economizar no custo do processo de higienização da roupa, de acordo com Fijan et al. (2006), muitas vezes, opta-se por reduzir o tempo, água, energia, detergentes e agentes de desinfecção, acarretando, consequentemente, no crescimento dos microrganismos que sobrevivem ao processo de lavagem e assim adaptam-se a outro *habitat*.

Essa atitude, às vezes empírica, de se reduzir custos sem monitorar a qualidade sanitária pode gerar graves riscos aos clientes e usuários do enxoval hospitalar. Não é qualidade sensorial que certifica a segurança sanitária do enxoval. Os gestores devem avaliar as alterações do processo e a redução de custos observando e comparando com a curva de qualidade sanitária do enxoval hospitalar. O enxoval é um ponto crítico de controle e, portanto, deve ser gerenciado, tecnicamente, por bioindicadores. Os manipuladores e os ambientes (superfícies) da área limpa devem ser monitorados, pois podem representar riscos de recontaminação. Esses pontos devem ser biomonitorados em função dos riscos existentes da biocontaminação. A biocontaminação é biomonitorada pelos bioindicadores.

Pontos críticos em lavanderia

A lavanderia é um conjunto de estruturas, pessoas, métodos, processos e produtos. A qualidade sanitária deve ser monitorada em todo o ambiente e nas pessoas que manipulam o enxoval e, principalmente, nas etapas dos processos de lavagem. Os métodos e os produtos utilizados para a lavagem do enxoval devem atender aos requisitos sanitários vigentes e, comprovadamente, reduzem os contaminantes.

A figura 14.2 apresenta o momento dos riscos durante a rotina de trabalho na lavanderia e os principais pontos críticos nas duas áreas da lavanderia: a área suja e a área limpa.

O objetivo da área suja é a remoção da contaminação, e a área limpa pode provocar a recontaminação se os pontos críticos de controle não estiverem monitorados. O ponto crítico da recontaminação está na passagem pela barreira de lavagem da roupa da área suja para a área limpa. Quanto mais a roupa permanecer na lavanderia, ou sendo manipulada, maiores são os riscos da recontaminação. Em visão mais ampliada, é possível verificar que os pontos críticos estão presentes em todas as etapas da lavagem e durante todo o percurso do enxoval.

Análise de risco

Identificar, descrever, analisar e monitorar os pontos críticos e os riscos.

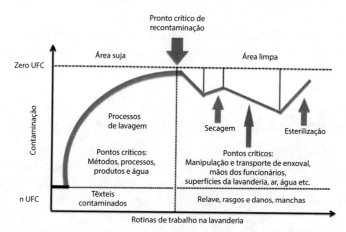

Figura 14.2 – Pontos críticos na rotina da lavanderia. Fonte: http://www.nowherex. de/akipev.de/_data/07_Vossebein_Textilhygiene.pdf, adaptado pelo autor. Acessado em 29 maio de 2014.

A figura 14.3 evidencia os principais pontos críticos de controle na lavanderia com lavadoras convencionais.

As lavanderias hospitalares que operam com os equipamentos de lavagem (lavadoras) convencionais e com centrífugas, operando separadamente, são as mais críticas com relação aos pontos de risco de biocontaminação pelo elevado nível de manipulação, principalmente da roupa molhada e da roupa úmida. Quando o nível de automação aumenta, reduz-se a probabilidade do risco de recontaminação pela manipulação operacional na roupa após lavada, porém as superfícies de movimentação, tais como as esteiras e as correias transportadoras, aumentam e, ao contato com o enxoval, podem gerar novos pontos de recontaminação.

A figura 14.4 mostra os pontos críticos de controle em lavanderias com lavadoras extratoras.

A lavadora extratora reduz o risco da recontaminação pela centrifugação externa.

Bioindicadores e a Gestão da Qualidade Sanitária

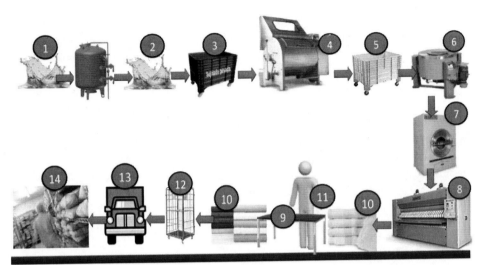

1. Água de alimentação
2. Água tratada
3. Carrinho área suja
4. Água último enxágue
5. Carrinho úmido área limpa
6. Centrífuga
7. Secador
8. Calandra – mesa de apoio
9. Mesa de acabamento
10. Roupa limpa após finalização
11. Mãos dos manipuladores
12. Gaiola de roupa limpa
13. Laterais do caminhão/lado limpo
14. Roupas na rouparia hospitalar

Figura 14.3 – Pontos críticos em lavanderia com lavadora convencional. Fonte: Farias (2014), Europe Standart (EN 14065:2014); Fijan (2007).

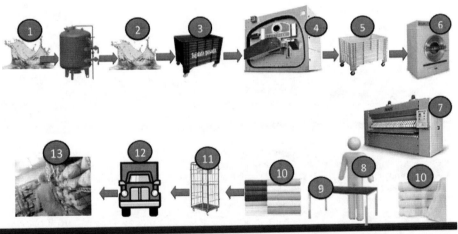

1. Água de alimentação
2. Água tratada
3. Carrinho área suja
4. Água último enxágue
5. Carrinho úmido área limpa
6. Secador
7. Calandra – mesa de apoio
8. Mãos dos manipuladores
9. Mesa de acabamento
10. Roupa limpa após finalização
11. Gaiola de roupa limpa
12. Laterais do caminhão/lado limpo
13. Roupas na rouparia hospitalar

Figura 14.4 – Pontos críticos em lavanderia com lavadora extratora. Fonte: Farias (2014). Europe Standart (EN 14065:2014); Fijan (2007).

Nas lavanderias com túnel de lavagem, os pontos críticos deveriam ser menores. A automação, embora seja maior com menores pontos de manuseio operacional pelo empregado, aumenta a exposição e o contato do enxoval com as esteiras transportadoras existentes entre os equipamentos. A recontaminação é potencializada pelo contato com as superfícies.

O contato do enxoval com o ser humano durante o processamento é mais reduzido do que nas lavanderias com lavadoras extratoras e convencionais. O agravante é que nessas lavanderias a roupa está mais exposta durante o transporte realizado pelas esteiras. A contaminação pode ser gerada pela roupa, pelo ar ambiente ou pela falha na higienização.

Os pontos críticos do transporte do enxoval, via esteira, ocorrem no transporte (alimentação) das peças sujas até a lavadora, da lavadora para a prensa (extração de água), da extração para as secadoras, das secadoras para as calandras ou dobradeiras. A contaminação do ambiente é um dos focos da recontaminação do enxoval.

Em lavadoras com túneis de lavagem, pode existir a necessidade de monitoramento de até 20 pontos críticos de controle.

A figura 14.5 apresenta a maioria dos pontos existentes em lavanderia com túneis de lavagem.

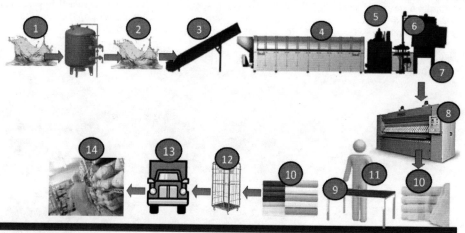

1. Água de alimentação
2. Água tratada
3. Esteira área suja
4. Água último enxágue
5. Pistão extrator interno e externo
6. Correia transportadora pizza
7. Correia transportadora seca
8. Calandra – mesa de apoio
9. Mesa de acabamento
10. Roupa limpa após finalização
11. Mãos dos manipuladores
11. Gaiola de roupa limpa
12. Laterais do caminhão/lado limpo
13. Roupas na rouparia hospitalar

Figura 14.5 – Pontos críticos em lavanderia com túnel de lavagem. Fonte: Farias (2014) *DIN Europe Standard* (EN 14065:2014); Fijan (2007).

Para Fijan et al. (2005), diferentes estratégias são utilizadas para controlar a recontaminação em termos de investimentos. O tripé da qualidade higiênico-sanitária está ancorado pelos pilares: o projeto, a construção e a operação.

A qualidade estrutural e o material selecionado (construção) podem contribuir para a qualidade higiênico-sanitária da operação, mas dificilmente a operação poderá superar as falhas abusivas do projeto e da construção. Esse tripé deve ser monitorado continuamente até que se encontrem os pontos de controle e as medidas preventivas sejam aplicadas.

Porém, por que monitorar?

As medidas dos bioindicadores têm sido usadas para apontar a probabilidade de um agente estressor (contaminante) causar efeito adverso no ambiente e nas populações.

De acordo com Fijan et al. (2006), o processamento da roupa hospitalar tem como fundamento a eliminação dos riscos sanitários. Portanto, o verdadeiro desempenho dos processos da lavanderia somente pode ser validado após os resultados dos testes microbiológicos. Os resultados considerados fora dos parâmetros sanitários podem requerer modificações na planta, *lay out* e nos métodos, processos e produtos de lavagem.

A norma europeia descreve um sistema de gestão para garantir a qualidade microbiológica da lavanderia e a necessidade de controlar a biocontaminação. A Análise de Risco e Controle da Biocontaminação (RABC) permite que as lavanderias assegurem continuamente a qualidade microbiológica dos tecidos lavados.

O monitoramento da lavanderia hospitalar, seja ela terceirizada ou não, ampara-se por diversos indicadores existentes na literatura. Porém, os resultados gerenciais praticados, como os financeiros, de desempenho e técnico, não podem garantir que o enxoval esteja em conformidade com o fim a que se destina, ou seja, higienicamente adequado. A garantia da qualidade deve ser atestada por auditorias independentes que conheçam o ciclo do enxoval, o ciclo do processamento dos têxteis, a engenharia produtiva e principalmente as diretrizes da APPCC e da tabela RKI.

BIOINDICADORES NO CONTROLE MICROBIOLÓGICO DOS TÊXTEIS

Segundo Arias (2007), no nível de organização biológica do organismo as ferramentas de análise são chamadas de bioindicadores. Os bioindicadores são definidos como qualquer resposta a um contaminante ambiental em âmbito individual, medidos no organismo ou na matriz biológica, indicando um desvio do *status* normal que não pode ser detectado no organismo intacto. Ou seja, são medidas de fluidos corporais, células, tecidos ou medidas realizadas sobre o organismo completo, que indicam, em termos bioquímicos, celulares, fisiológicos, compartimentais ou energéticos, a presença de substâncias contaminantes ou a magnitude da resposta do organismo-alvo em diversas superfícies de contato.

Para Fijan et al. (2006) e Arias (2007), o controle microbiológico dos têxteis ou a biomonitoria deve ser avaliado com indicadores que possam sugerir sua qualidade higiênico-sanitária. Indicadores físico-químicos não contribuem para essa verificação. Os bioindicadores permitem que se identifiquem as causas e os efeitos entre os agentes estressores (contaminantes) e que eles se comportem como sinais rápidos oferecendo um panorama integrado dos organismos e das modificações ambientais, permitindo avaliar a efetividade de ações mitigadoras tomadas para o controle dos problemas criados e provocados ao homem.

Para Arias (2007), as características mais importantes dos bioindicadores são:

- Identificação das interações entre os contaminantes e os organismos vivos.
- Mensuração de efeitos subletais.

Esta última característica permite pôr em prática ações remediadoras ou, melhor ainda, preventivas.

O bioindicador é uma espécie ou grupo de espécies que reflete o estado biótico[16] ou abiótico[17] do meio ambiente e o impacto produzido sobre o *habitat*, comunidade ou ecossistema. Daí a importância e o interesse atual de incorporação da análise de bioindicadores em programas de avaliação da contaminação ambiental dos pontos críticos e de perigos das lavanderias hospitalares.

A Agência de Proteção Ambiental dos Estados Unidos[18] (*US Environmental Protection Agency – USEPA*) recomenda a utilização de critérios biológicos para, por exemplo, complementar as informações sobre qualidade de água, tradicionalmente baseados em parâmetros químicos e físicos. A utilização dos bioindicadores é uma medida integrada e atualizada de todos os estresses ambientais, mais eficientes do que inferências biológicas de comparações de valores obtidos em ensaios em laboratório de medidas instantâneas no campo ou contaminantes similares.

Os bioindicadores para lavanderias estão fundamentados no documento *European Standard DIN EN 14065:2002 Textiles – Laundry Processed Textiles – Biocontamination Control System* elaborado pelo Comitê Técnico Europeu (CEN/TC 248 Têxteis e produtos têxteis), pelo *Belgisch Instituut voor Normalisatie (BIN)*, pela *British Standards Institution (BSI)* e pelo critério da Análise dos Pontos de Perigo e Controle Crítico – APPCC, conforme RDC 1426, ANVISA.

De acordo com a *DIN EN 14065:2002 – Laundry Processed Textiles – Biocontamination Control System*, a limpeza dos têxteis processados pela lavanderia não pode ser sensorial (visão, tato, odor). A limpeza sensorial é obtida durante o ciclo de lavagem por meio de tratamentos físico-químicos, tais como ação mecânica, temperatura, adição de detergentes, produtos auxiliares, agentes de branqueamento, diluições e lavagens em banhos sucessivos, em combinação com o tempo suficiente para a ação da lavagem. Com esses procedimentos, a maioria dos microrganismos tem baixa probabilidade de sobrevivência. Porém o ciclo de lavagem de roupa não finaliza na própria operação de lavagem.

Saindo do ponto máximo da descontaminação, que é a esterilização, na lavanderia, após a lavagem, os tecidos podem ser recontaminados se, durante a etapa de enxágue final, a água estiver contaminada pelos resíduos de sujidades no enxoval, por falhas de lavagem (roupas para relave), pelos resíduos nos equipamentos de lavagem ou, ainda, pelo fluxo das etapas de acabamento dos têxteis (separar, classificar, dobrar, guardar etc.). O objetivo da lavagem da roupa na lavanderia é descontaminar os tecidos e, em seguida, protegê-los da recontaminação subsequente até o momento em que serão utilizados ou reutilizados pelos clientes.

---

[16] Efeitos causados pelos organismos em ecossistema condicionando as populações que o formam.

[17] Influências que os seres vivos possam receber em um ecossistema, derivadas de aspectos físicos, químicos ou físico-químicos do meio ambiente, tais como a luz, a temperatura, o vento e outros.

[18] http://www.icb.ufmg.br/labs/benthos/index_arquivos/Page1631.htm.

O estado da arte na lavanderia é garantir o conforto e a segurança sanitária por cada ciclo do enxoval hospitalar. A garantia está no controle e na parametrização métrica com indicadores higiênico-sanitários.

PARÂMETROS, BIOINDICADORES E A NORMA DIN EN 14065:2002

O objetivo da norma DIN EN 14065:2002 é fornecer um sistema de gestão para um nível de qualidade microbiológica de acordo com o uso pretendido do têxtil, seja ele para uso comercial, hospitalar ou alimentício.

A norma europeia DIN EN 14065:2002 descreve o sistema de *Risk Analysis and Contamination Control* (RABC)/Análise de Risco e Controle de Biocontaminação (ARCB) para permitir que as lavanderias assegurem continuamente a qualidade microbiológica dos tecidos lavados. O Comitê Europeu de Normalização (CEN) aprovou o RABC em 23 de setembro de 2002. Esse documento fornece um sistema de gestão que utiliza os princípios da análise de risco e pontos de controle da biocontaminação baseado em medidas preventivas. Um ponto de controle (PC) é qualquer ponto ou etapa de um processo em que é aplicado o controle, a fim de conter, eliminar ou reduzir o risco de biocontaminação.

De acordo com o RABC, o valor admitido para a roupa limpa deve ser inferior a 12UFC/25cm^2 (equivalente a 48UFC/dm^2). Essa norma descreve os requisitos impostos ao sistema de gestão para alcançar um padrão de qualidade microbiológico aceitável para os tecidos lavados. O padrão RABC aplica-se a empresas de lavagem de têxteis para campos específicos de atividade, tais como produtos farmacêuticos, equipamentos médicos, alimentos, cuidados de saúde e cosméticos.

A norma DIN EN 14065:2002 é compatível e pode ser facilmente integrada em uma qualidade reconhecida no sistema internacional de gestão global. A norma especifica que: "a administração deve identificar, fornecer e manter nas instalações o que necessitar para alcançar o controle da biocontaminação". Os regulamentos e as organizações nacionais de normalização dos países como Áustria, Bélgica, República Checa, Dinamarca, Finlândia, França, Alemanha, Grécia, Islândia, Irlanda, Itália, Luxemburgo, Malta, Países Baixos, Noruega, Portugal, Espanha, Suécia, Suíça e Reino Unido são obrigados a implementar essa norma europeia.

Atualmente, diante da necessidade de prevenir a contaminação microbiológica de indivíduos, produtos, materiais ou ambientes, o controle microbiológico torna-se fundamental na gestão da qualidade da lavagem do enxoval hospitalar. A qualidade microbiológica dos têxteis deve ser consistente com o nível de risco para os indivíduos, produtos, materiais e ambientes expostos à biocontaminação. Em certos casos, onde é necessária a excelência do padrão microbiológico, por exemplo, em salas de cirurgias, departamentos de deficiência imunológica ou de queimados em hospitais etc., a qualidade sanitária é completada pelo processo de esterilização.

Para que o controle higiênico-sanitário da lavanderia seja considerado eficiente, recomenda-se um primeiro ensaio microbiológico em todos os setores, nas etapas e nos pontos críticos e de perigo do ciclo da lavagem do enxoval, desde a coleta até a entrega da roupa limpa pela lavanderia. A avaliação inicial fortalece o diagnóstico e o mapeamento dos riscos existentes no ambiente.

A frequência e a repetição das avaliações desses pontos são proporcionais aos resultados iniciais da avaliação higiênico-sanitária, quanto mais críticos os resultados, maior deve ser a frequência da avaliação do ponto crítico. Os dados coletados pelas avaliações devem ser monitorados e as ações de melhoria contínua devem ser implantadas em busca da qualidade dos têxteis. A gestão está no biomonitoramento e na melhoria contínua da qualidade higiênico-sanitária da lavanderia.

Para Fijan et al. (2007), os pontos de controle higiênico-sanitário podem variar para até 20 pontos, de acordo com o tipo de equipamento utilizado, os tipos de tecidos e as etapas do ciclo de lavagem.

Os principais pontos de coleta de amostras estão em:

- Rede de água (bruta e tratada, de enxágue final e da extração final).
- Carrinhos da área suja (sujidades pesadas e leves, família dos têxteis etc.).
- Carrinhos da área limpa (roupa molhada, úmida, seca e para relave).
- Superfícies das lavadoras, centrífugas, secadoras e calandras.
- Superfícies das mesas de apoio (mesa de entrada e saída da calandra, da dobra e aparadores).
- Mãos dos manipuladores (área suja, área limpa, dobra, guarda, motoristas e ajudantes).
- Correias transportadoras do enxoval (dos túneis de lavagem, após a lavagem, na roupa molhada, após a prensa na roupa úmida, após a manipulação na secagem, na calandra, na dobra, na roupa seca).
- Rouparias (paredes, pisos e carrinho para o enxoval passado e dobrado, nas prateleiras de armazenamento e guarda).
- Enxoval em pontos críticos definidos pela RAL 992.
- Veículos de coleta e entrega (nas paredes laterais, no piso e no teto).

A ausência de controle higiênico-sanitário e as falhas nas ações de melhoria contínua podem representar riscos de recontaminação do enxoval, independente do nível de automação da lavanderia. A automação da lavanderia torna o processo mais rápido, porém não menos arriscado em relação aos fatores contaminantes do enxoval.

Para Fijan et al. (2006), a tendência das lavanderias em buscar ganhos de produtividade e rentabilidade optando apenas pela economia de custos da lavagem, redução do tempo, da energia com o aquecimento da água no processo de lavagem, na dosagem ou tipos de detergentes, da taxa de água, automação dos processos etc., sem uma avaliação sanitária, não é eficiente e pode favorecer o risco de crescimento da contaminação de microrganismos que sobrevivem a determinados procedimentos da lavanderia e, assim, adaptando-se ainda a outro *habitat* e tornar-se cada vez mais resistente.

O controle higiênico-sanitário como bioindicador pode servir de guia para o desempenho produtivo, da qualidade da lavagem de roupa na lavanderia hospitalar e como determinação e avaliação dos pontos de perigos e controles críticos (APPCC). Os pontos críticos de controle e as análises dos bioindicadores estão fundamentados no documento *European Standard DIN EN 14065:2002*, pelo *Belgisch Instituut voor Normalisatie* (*BIN*), pela *British Standards Institution* (*BSI*) e pela Análise dos Pontos de Perigo e Controle Crítico (APPCC), conforme RDC 1426, ANVISA.

Para Fijan et al. (2007), o exame microbiológico mostra que o uso regular de produtos de limpeza, de desinfecção e das medidas adotadas por toda a equipe é de fundamental importância na obtenção de um nível de higiene do processo de lavagem. É a condição preliminar para a obtenção dos têxteis devidamente desinfetados. O controle por bioindicadores é fundamental para garantir a qualidade sanitária do enxoval.

Para Farias (2014), cabe a pergunta: "quais são os indicadores que comprovam que as medidas adotadas por toda a equipe são adequadas para a obtenção da desinfecção dos têxteis no processo de lavagem"?

Os parâmetros utilizados na pesquisa de Farias (2014) estão amparados pelas diretrizes do RKI para as lavanderias comerciais, hoteleiras, hospitalares, *home care* e em casas de idosos e asilos. De acordo com o RKI, os têxteis hospitalares devem estar limpos e não conter microrganismos patogênicos. Essas orientações são válidas como recomendações importantes para lavanderias na União Europeia.

O Instituto de Pesquisa Hohenstein na Alemanha, autorizada pela RAL[19], emite os certificados de qualidade e higiene na lavagem de têxteis de uso comercial e hoteleiro, hospitalar, indústrias de processamento de alimentos e de asilos e casa de repouso que incluem princípios RABC e baseiam-se nos regulamentos do RKI Alemão.

Certificados RAL para enxovais profissionais e o RKI

O certificado de higiene do RKI é acreditado pelo RAL. O estado da higiene será verificado, sem aviso prévio, por peritos do Instituto Hohenstein na inspeção anual. A certificação da qualidade das lavanderias pelo RAL atende as condições em conformidade com as orientações a seguir:

- Definição clara da estrutura de separação das áreas sujas e limpas.
- Estabelecimento de um sistema de gestão da qualidade.
- Manutenção e monitoramento dos valores microbiológicos exigíveis.
- Realização de controles internos e externos por auditorias regulares.
- Validação dos resultados internos e externos por auditores externos.

Desde 1959, na Europa, as auditorias externas realizadas nas lavanderias são orientadas pela Associação de Certificação de Profissionais dos Serviços Têxteis e pelo Instituto de Pesquisa Hohenstein em Bönnigheim, que é uma auditoria independente.

---

[19] Reichsausschuß für Lieferbedingungen und Gütesicherung – RAL German Institute for Quality Assurance and Certification.

As auditorias são realizadas anualmente e sem aviso prévio nas instalações das lavanderias selecionadas. Isso inclui a revisão do livro de controle interno e dos documentos exigíveis pela legislação sanitária, além da investigação dos cerca de 30 pontos de higiene tais como mesas, equipamentos, superfícies de contato, peças do enxoval, etapas do processo de lavagem, mãos dos operadores e amostras de água. As amostras de água são coletadas na entrada da água bruta, após o tratamento, no processo e nas estações de tratamento de afluentes (ETA). No processo, as avaliações são realizadas na etapa de pré-lavagem, enxágues pós-lavagem, alvejamento e enxágue final.

As peças do enxoval que devem ser analisadas variam em conformidade com o tipo de serviço prestado pela lavanderia. As peças devem ser as de uso comum, tais como lençóis, fronhas, cobertores e pijamas para hotéis e hospitais e casas de idosos, e uniformes para indústrias de alimentos, medicamentos etc. As amostras, tanto do enxoval como do ambiente, são analisadas em laboratórios microbiológicos e avaliadas conforme a tabela RKI.

A avaliação determina a qualidade e o desempenho da desinfecção do ambiente, equipamentos e do enxoval processado pela lavanderia que são definidos pela certificação RAL 992 (RAL-GZ 992), desde 1953, como um sistema de garantia de qualidade de liderança em lavanderias. A auditoria da RAL desfruta de grande confiança entre os clientes de diversos setores e da sociedade.

A RAL-GZ 992 tem cobertura completa para todas as empresas que prestam serviços de lavagem. O objetivo é garantir, de acordo com suas especificações, a segurança máxima para seus clientes. A RAL-GZ é classificada em:

RAL-GZ 992/1 – para lavanderia doméstica e comercial.

RAL-GZ 992/2 – para lavanderia hospitalar.

RAL-GZ 992/3 – para lavanderia industrial alimentícia.

RAL-GZ 992/4 – para lavanderia de idosos e asilos.

Certificados RAL-GZ 992/1 – lavanderia doméstica e comercial

A certificação RAL-GZ 992/1 é específica para lavanderia doméstica e comercial. Existe desde 1953 e controla o processo de lavagem em hotéis, indústrias e comércio. O tempo para que uma lavanderia comercial possa ser certificada pela RAL-GZ 992/1 deve ser de, aproximadamente, seis meses.

Os controles efetuados e as formas de monitoramento são acompanhados pela associação de qualidade da auditora. Após esse período e, com uma avaliação positiva dos auditores, a lavanderia pode ser certificada. A associação de qualidade passa a ser a responsável pelo acompanhamento e monitoramento da qualidade da lavanderia. No caso da RAL, a auditoria e o monitoramento são realizados pelo Instituto de Investigação Hohenstein.

Certificados RAL-GZ 992/2 – lavanderia hospitalar

A certificação RAL-GZ 992/2 para lavanderia hospitalar existe desde 1986 para oferecer uma alternativa de controle aos hospitais no tratamento de lavagem do enxoval hospitalar. A

Associação de Certificação de Serviços Têxteis da RAL 992 expandiu a certificação do uso doméstico e da lavanderia comercial para uma certificação de higiene gerando o direito de a lavanderia hospitalar utilizar a RAL-GZ 992/2. As lavanderias hospitalares incluem os princípios RABC e baseiam-se nos regulamentos do RKI alemão.

As empresas que participam da associação de qualidade com mais de um ano e já usam a certificação de qualidade para uso na lavanderia doméstica e comercial (RAL-GZ 992/1) e, portanto, têm demonstrado que existe o controle do processo, podem ser certificadas como RAL-GZ 992/2 para lavanderia hospitalar. A conformidade com os requisitos da RAL 992/2 e também com a DIN EN 14065 é monitorada continuamente pelo Instituto de Investigação Hohenstein.

As empresas com a RAL-GZ 992/2 (lavanderia hospitalar) devem cumprir os requisitos para "controle de infecção em abrigos" criados em setembro de 2005 pela Comissão para o Hospital Higiene e Prevenção de Infecções do RKI (Instituto Robert Koch).

Certificados RAL-GZ 992/3 – lavanderia para indústria alimentícia

A certificação RAL-GZ 992/3 para lavanderias da indústria alimentícia existe desde 1998 e está em conformidade com a implementação da diretiva europeia sobre higiene na manipulação de alimentos.

A certificação (RAL-GZ 992/3) tem como objetivo garantir roupas higiênicas para as empresas produtoras de alimentos, seja onde os alimentos são produzidos, manuseados ou colocados no mercado. A qualidade e a higiene das diretrizes da RAL-GZ 992/3 estão em acordo com as disposições do sistema de RABC e na DIN EN 14065:2002 (Gestão de Higiene dos Têxteis), sistema de controle de biocontaminação e requisitos para a lavagem e reciclagem de têxteis de acordo com a DIN 10524 (Trabalhando em roupas de estabelecimentos de alimentos) e com a Norma Internacional de Alimentação, versão 4, jan/2004.

O certificado RAL-GZ 992/3 é concedido, independentemente dos outros dois rótulos (RAL-GZ 992/1 e RAL-GZ 992/2), para empresas associadas e sujeitas à prova do controle de processo e das normas de higiene. O prazo pode ser superior a seis meses e a lavanderia candidata é monitorada à distância. As exigências sobre o equipamento e o procedimento técnico são semelhantes aos da roupa hospitalar.

Os requisitos de higiene são quase tão rigorosos como para as RAL-GZ 992/2 (lavanderia hospitalar), garantindo, assim, que não há perigo de contaminação dos produtos manipulados e transformados a partir do vestuário de trabalho dos empregados e outros artigos têxteis usados.

A vantagem do biomonitoramento e da certificação RAL-GZ 992 é a imagem institucional da garantia da qualidade pela segurança máxima da higiene obtida pelas auditorias internas e externas. Esse é um argumento importante, em particular no quadro do diálogo com os clientes nas empresas de saúde e de processamento de alimentos. Além disso, os certificados têm elevado grau de reconhecimento na sociedade, pois é suportado pela competência técnica dos serviços têxteis realizados.

A certificação com base na RAL-GZ 992 desfruta de reconhecimento mundial. As lavanderias certificadas podem reduzir custos operacionais internos e ainda agregar valores para os clientes devido à eliminação de exigentes controles individuais de higiene no enxoval feito pelos clientes.

Farias (2014) utiliza, na pesquisa, os parâmetros propostos pelo RKI, com base nos indicadores de contagem de placas. Esses indicadores estão orientados para as diversas etapas do processamento do enxoval hospitalar (RAL-GZ 992/2)[20].

Certificados RAL-GZ 992/4 – lavanderia para casas de idosos e asilos, *home care*

A certificação RAL-GZ 992/4 para lavanderias de asilos e casa de idosos e *home care* existe desde 2012. Foi implementada com a finalidade de apoiar a enfermagem na garantia da higiene do enxoval lavado na própria lavanderia dos residentes ou nas lavanderias terceirizadas. A marca de qualidade é reconhecida como RAL-GZ 992/4.

A prevenção de infecção em residências, *home care* e casas de idosos alerta para que o enxoval utilizado pelos pacientes e o de cama devam ser lavados de acordo com as boas práticas de lavagem e que, nessas práticas, exista a etapa do desinfetante de acordo com a recomendação válida do RKI. Os asilos e as casas de idosos são responsáveis pelo estado de higiene do ambiente, dos moradores, do enxoval do paciente e da hotelaria. A lavagem desses enxovais, nas próprias instalações ou nas lavanderias contratadas, deve ser monitorada e a qualidade verificada conforme padrões do RKI.

O enxoval que os moradores utilizam, próprios ou não, devem ser cuidados e controlados pela lavanderia. Esses incluem, em especial:

- *Outerwear*[21] lavável como calças, blusas ou suéteres.
- *Underwear*[22] lavável como pijamas, cuecas ou meias.
- *Outerwear* não laváveis, como blusas de seda.

No processamento de têxteis de lares de idosos, onde existe a lavagem do enxoval dos residentes, há também a lavagem dos têxteis de uso comum (lençol, fronhas etc.), e a lavagem dos artigos dos restaurantes (toalhas de mesa, guardanapos, panos de cozinha etc.), a lavanderia deve provar que atende aos requisitos da RAL-GZ 992/2 (roupa dos cuidados de saúde) e da RAL-GZ 992/3 (lavagem de processamento de alimentos) e que cumpre aos requisitos normativos.

Além disso, o RAL-GZ 992/4 é um selo independente que pode ser concedido como prova de controle do processamento da roupa, no ambiente, nas pessoas e no enxoval, conforme o padrão de higiene atestada pela RAL-GZ 992/1 (lavanderias doméstica e comercial).

---

[20] Roupa de hospital: uniformes, vestuário de proteção, têxteis de operação, roupa, toalhas, capas de colchão, têxteis, incontinência, profilaxia de decúbito.
[21] Roupa exterior.
[22] Roupa interior.

Porém, independente do tipo de serviços prestado pelas lavanderias, a segurança da higiene do enxoval deve incluir:

- Separação da roupa contaminada e roupa não contaminada.
- Uso de produtos desinfetantes no processo de lavagem.
- Qualidade de higiene nos operadores e equipamentos da lavanderia.
- Veículos diferenciados ou com espaços separados, fisicamente, para coleta e entrega da roupa.
- Controle microbiológico dos veículos.
- Produtos de lavagem em acordo com a legislação sanitária vigente.

Os parâmetros de monitoramento essenciais no processamento do enxoval são:

- Temperatura e tempo de ação da lavagem.
- Qualidade dos têxteis, durabilidade e estado físico.
- Dosagem dos detergentes e desinfetantes.
- pH e concentração do desinfetante ou do oxigênio ativo.
- Relação de banho, tempo de enxágues e nível da água.

O quadro 14.4 apresenta os tipos de certificações e as lavanderias foco.

Quadro 14.4 – Tipos de certificações e lavanderias foco.

Certificações RAL-GZ 992	Tipos de serviço	Tipo de enxoval
RAL-GZ 992/1	Lavanderia doméstica e comercial	Roupa comercial: lençóis, fronhas, cobertores, toalhas, toaletes, aventais e roupas de A&B
RAL-GZ 992/2	Lavanderia hospitalar	Roupa hospitalar: lençóis, toalhas, cobertores, pijamas e campos cirúrgicos
RAL-GZ 992/3	Lavanderia industrial alimentícia	Roupa de indústria de processamento de alimentos, área de jantar, *workwear*, utensílios para cozinha, toalhas, toaletes, aventais
RAL-GZ 992/4	Lavanderia de idosos e asilos	Roupa de asilo: calças, blusas, camisas, casacos, cueca, roupa de noite, meias, *socks*

O enxoval de hospedagem e os utilizados na preparação de alimentos, nas casas de idosos, adotam as normas RAL-GZ 992/1 e RAL-GZ 992/3, desde que não especificadas na RAL-GZ 992/4.

A qualidade do enxoval deve ser monitorada nos dois pontos críticos, conforme a seguir:

Conforto – enxoval sem manchas, sem odores desagradáveis, sem danos ou rasgos, desbotamentos, sem *pilling*, macios e com agradável sensação visual.

Segurança higiênico-sanitária – enxoval com UFC/dm^2 em conformidade.

Não há como utilizar um enxoval cujas características sensoriais desagradem aos usuários. Infelizmente, no aspecto higiênico-sanitário (microbiológico), não há como perceber o risco. A qualidade deve ser garantida. A lavanderia deve utilizar o controle higiênico-sanitário no enxoval, muito mais como uma atitude ética do que como uma valoração da qualidade dos serviços. Alguns usuários tais como idosos, crianças e imunodepressivos podem contrair alergias ou infecções perigosas.

A quem você pode estar prejudicando ao não adotar uma simples medida de controle e segurança? A lavanderia é responsável por falhas na qualidade sanitária do enxoval.

A figura 14.6 apresenta o porquê da necessidade de controle do enxoval nas lavanderias.

Os indicadores de desempenho não podem garantir a qualidade no conforto e da segurança higiênico-sanitária por não avaliarem essas condições no enxoval lavado na lavanderia. Os parâmetros RAL-GZ podem garantir o conforto e a segurança sanitária.

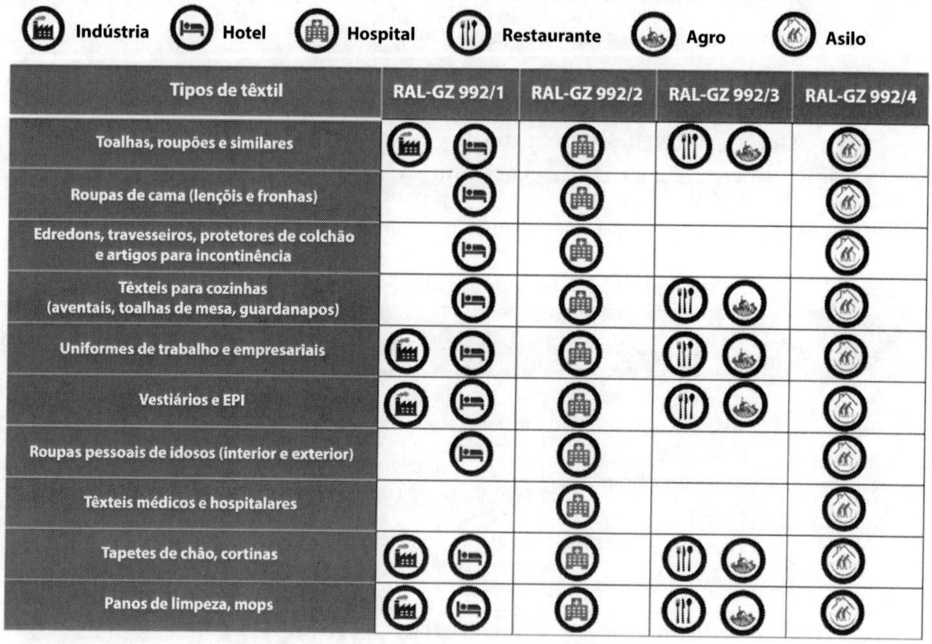

Tipos de têxtil	RAL-GZ 992/1	RAL-GZ 992/2	RAL-GZ 992/3	RAL-GZ 992/4
Toalhas, roupões e similares	Indústria, Hotel	Hospital	Restaurante, Agro	Asilo
Roupas de cama (lençóis e fronhas)		Hotel	Hospital	Asilo
Edredons, travesseiros, protetores de colchão e artigos para incontinência		Hotel	Hospital	Asilo
Têxteis para cozinhas (aventais, toalhas de mesa, guardanapos)		Hotel	Hospital	Restaurante, Agro	Asilo
Uniformes de trabalho e empresariais	Indústria, Hotel	Hospital	Restaurante, Agro	Asilo
Vestiários e EPI	Indústria, Hotel	Hospital	Restaurante, Agro	Asilo
Roupas pessoais de idosos (interior e exterior)		Hotel	Hospital		Asilo
Têxteis médicos e hospitalares			Hospital		Asilo
Tapetes de chão, cortinas	Indústria, Hotel	Hospital	Restaurante, Agro	Asilo
Panos de limpeza, mops	Indústria, Hotel	Hospital	Restaurante, Agro	Asilo

Figura 14.6 – Normas RAL-GZ, instituições e tipos de têxtil. Fonte: RAL-GZ, adaptado pelos autores.

O quadro 14.5 apresenta os parâmetros da qualidade higiênico-sanitária nas diversas atividades da lavanderia e quais os ambientes e amostras têxteis devem ser monitorados.

AUDITORIAS EXTERNA DA LAVANDERIA E DO ENXOVAL HOSPITALAR

A auditoria externa se aplica a lavagem, higiene das pessoas, ambiente da empresa e qualidade do enxoval. A lavanderia, ao ser auditada, deve fornecer todas as provas documentais de que seus produtos e serviços estão cumprindo os parâmetros de qualidade exigíveis pela legislação ambiental, trabalhistas e sanitária, tais como: a água do processo de lavagem (en-

Quadro 14.5 – Indicadores RAL-GZ 992.

Item	CP	RAL-GZ 992/1	RAL-GZ 992/2	RAL-GZ 992/3	RAL-GZ 992/4
	Descrição	Enxoval hoteleiro e comercial	Enxoval hospitalar	Enxoval de empresas de processamento de alimentos	Asilos e casas de repouso
1	Amostras dos têxteis passadas e dobradas (c)[23] (b)[24]	9 de 10 < 20UFC/dm²	9 de 10 < 20UFC/dm²	9 de 10 < 50UFC/dm²	10 de 12 (5 < 20UFC/dm²), e 7 (5 lavável e 2 não lavável) < 50CFU/dm²
2	Procedimentos de lavagem	Nenhum crescimento do indicador bio	Nenhum crescimento do indicador bio	Nenhum crescimento do indicador bio	Nenhum crescimento do indicador bio
3	Tecidos úmidos	< 30UFC/dm²	< 30UFC/dm²	< 100UFC/dm²	Roupa íntima: < 30UFC/dm² Roupa externa: < 100UFC/dm²
4	Água bruta, tratada e enxágue[25]	< 100UFC/ml	< 100UFC/ml	< 100UFC/ml	< 100UFC/ml
5	Equipamento técnico (lavadoras e correias), transportadoras	< 100UFC/dm²	< 100UFC/dm²	< 100UFC/dm²	< 100UFC/dm²
6	Prateleiras, transporte, ferro de passar, lateral dos veículos	< 100UFC/dm²	< 100UFC/dm²	< 100UFC/dm²	< 100UFC/dm²
7	Higiene das mãos, calandra e mesas	< 100UFC/dm²	< 100UFC/dm²	< 100UFC/dm²	< 100UFC/dm²
8	Drenagem da água pré-lavagem	1.000UFC/ml	1.000UFC/ml	1.000UFC/ml	1.000UFC/ml
9	Água de enxágue final	100UFC/ml	100UFC/ml	100UFC/ml	100UFC/ml
10	Água após amaciamento	100UFC/ml	100UFC/ml	100UFC/ml	100UFC/ml
11	Qualidade do ar	< 200UFC/dm³	< 200UFC/dm³	< 200UFC/dm³	< 200UFC/dm³

Fonte: RKI, Hohenstein Institute, Farias (2014). Adaptado pelos autores.

xágue pré-lavagem, lavagem e enxágue final) deve ser testada a cada dia para monitorar os padrões químicos da lavagem; a roupa, após a lavagem, deve ser previamente inspecionada antes de ser enviada para o empacotamento e daí para a expedição e para o cliente.

---

[23] (c) UFC/dm² número de colônias formado após incubado 48 ± 4 horas a 37ºC, por 1dm².
[24] (b) Placas de ágar Rodac utilizadas para têxteis passados e dobrados.
[25] (d) UFC/ml número de colônias formado em 1ml de água após incubado 24 ± 4 horas a 37ºC, ou em 1ml de amostras de água após incubado 72 ± 4 horas a 22ºC.

Desde 1959, as auditorias externas na Europa são realizadas pelo Instituto de Pesquisa Hohenstein que detêm o selo de qualidade RAL. As inspeções são anuais e podem ocorrer sem aviso prévio para a lavanderia. O auditor faz duas inspeções: uma no enxoval e a outra no ambiente da lavanderia. A inspeção do enxoval deve ser físico-química e higiênico-sanitária.

A qualidade físico-química da roupa deve avaliar:
- Teores residuais de produtos químicos.
- pH final do acabamento.
- Resistência do enxoval novo.
- Resistência dos tecidos após 25 e 50 lavagens.
- Taxa de deterioração química nas fibras dos tecidos após 25 e 50 lavagens.
- Teor de incrustantes nos têxteis.
- Taxa de alvejamento do enxoval novo e com 25 e 50 lavagens.
- Taxa de amarelecimento dos tecidos.
- Índice de encolhimento após a primeira lavagem.
- Maciez dos tecidos.

A avaliação higiênico-sanitária investiga e audita os laudos de análises microbiológicas do enxoval conforme a tabela RKI e pode ser realizada com frequências quinzenais, mensais, bimensais, semestrais ou anuais. Essa decisão depende dos primeiros resultados encontrados. Se todos os resultados estiverem de acordo com o padrão sugerido pela tabela RKI, pode-se reduzir a frequência das avaliações.

O quadro 14.6 apresenta os parâmetros requeridos pelo RAL-GZ 992 para todos os tipos de lavanderias.

Quadro 14.6 – Indicadores higiênico-sanitários RAL-GZ 992.

Item	Indicador higiênico-sanitário	Objetivos	Padrão/parâmetro	Frequência sugerida
1	Água bruta (antes da ETA)[26]	Físico-química e bacteriológica	< 100UFC/dm^2	Mensal
2	Água Tratada (após a ETA)[27]			Mensal
3	Hamper/carrinho de coleta da roupa suja	Higiene e limpeza	UFC/dm^2	Mensal
4	Área suja dos veículos		UFC/dm^2	Mensal
5	Gaiola, carrinho, bag, esteira do túnel		UFC/dm^2	Mensal
6	Superfície das lavadoras interna e externa		UFC/dm^2	Mensal
7	Carrinho de retirada da roupa úmida da lavadora (área limpa) ou esteira pós-tunel		< 100UFC/dm^2	Mensal
8	Roupas úmidas após lavagem	Qualidade da lavagem	zero UFC/dm^2	Quinzenal

---

[26] ETA – Estação de tratamento de água/água bruta de alimentação.
[27] ETA – Estação de tratamento de água/água tratada de alimentação.

Item	Indicador higiênico-sanitário	Objetivos	Padrão/ parâmetro	Frequência sugerida
9	Roupas úmidas pós-centrífuga	Recontaminação pelo ambiente	< 30UFC/dm²	Quinzenal
10	Carrinho de roupa pós-centrifuga	Higiene e limpeza	< 30UFC/dm²	Mensal
11	Mesa de apoio pós-secadoras		< 100UFC/dm²	Mensal
12	Mesas de dobra		< 100UFC/dm²	Mensal
13	Lençóis, cobertores, pijamas, toalhas e outros após dobradas	Recontaminação pelo ambiente e pelos manipuladores	< 20UFC/dm²	Quinzenal
14	Mesa de apoio da calandra	Higiene e limpeza	< 100UFC/dm²	Mensal
15	Roupa pré-calandra	Recontaminação pelo ambiente e pelos manipuladores	< 30UFC/dm²	Quinzenal
16	Roupa pós-calandra		< 20UFC/dm²	Quinzenal
17	Mãos dos manipuladores	Higiene das mãos	< 100UFC/dm²	Quinzenal
18	Gaiolas/carrinhos da roupa limpa	Higiene e limpeza	< 100UFC/dm²	Mensal
19	Laterais e pisos dos veículos (área limpa)	Recontaminação na roupa	< 100UFC/dm²	Mensal
20	Roupas na rouparia central do hospital	Qualidade da limpeza e higiene da rouparia e tempo[28] de estoque	< 20UFC/dm²	Quinzenal
21	Roupas na rouparia satélite do hospital		< 20UFC/dm²	Quinzenal
22	Amostra de ar — Bom: de 50 a 200UFC/m³ / Regular: de 200 a 2.000UFC/m³ / Péssimo: maior que 2.000UFC/m³	Qualidade do ar	< 200UFC/m³	Mensal

Fonte: Elaborado pelos autores em conformidade com a tabela RKI.

O controle físico-químico pode ser testado em laboratórios específicos e comparado com os padrões determinados pelos institutos de qualidade. Deve englobar a resistência mecânica, a taxa de encolhimento, a degradação têxtil, as incrustações inorgânicas, o grau de brancura e a qualidade do alvejamento óptico. Esses controles contribuem para o aumento da vida útil do enxoval, a qualidade visual e a sensação de conforto.

Na auditoria do enxoval, a frequência e a quantidade de peças podem ser selecionadas pelo volume do enxoval processado na lavanderia por dia e por cliente. Para lavanderias de grande porte de produção, o monitoramento pode ser realizado com até 10 peças iguais do enxoval. Para lavanderia de médio e baixo portes produtiva, o número de peças pode variar para até duas peças por cada coleta.

---

[28] Tempo de estocagem maior que 48/72 horas pode recontaminar a roupa, Church e Loosli (1953).

Quadro 14.7 – Indicadores físico-químicos RAL-GAZ 992.

Critérios dos testes para tecidos de algodão		Parâmetros RAL 992
Critérios dos testes para tecidos de algodão		Parâmetros RAL 992
Redução de resistência ao rasgamento		$\leq 30\%$
Fator de dano e deterioração química da fibra		$\leq 1\%$
Incrustação inorgânica nos têxteis (encardido e amarelado)		$\leq 1\%$
Índice de amarelecimento dos têxteis 0%UV (Berger)		>75%
Qualidade do alvejamento	Branco índice de Berger[29] 100% UV	≥ 150 mínimo
	Retenção de brancura (WG-Wert)[30]	≥ 170
	Matiz (FAZ)[31]	R 1,5-G 2,49
	Valor branco básico (Y-Wert)	$\geq 85\%$

Fonte: RAL-GZ 992 e CHT do Brasil.

A coleta deve ser realizada em clientes e horários diferenciados. Para comprovar a qualidade físico-química do processamento na resistência do enxoval, esse deve ser lavado de 25 a 50 vezes. O objetivo é comprovar se o processamento da lavagem garante o conforto e a qualidade higiênico-sanitária do enxoval. Os tecidos de lã devem ser lavados até três vezes.

O quadro 14.8 contribui, como sugestão, para definir a quantidade de peças do enxoval que deve ser analisada em virtude da capacidade produtiva da lavanderia, assim como a frequência dessas avaliações, tanto no enxoval quanto no ambiente da lavanderia.

Quadro 14.8 – Quantidade de peças do enxoval *versus* produção da lavanderia.

Produção diária por unidade de lavagem	Quantidade de peças analisadas	Frequência mensal de análise	
		Enxoval	Ambiente
De 1.000 até 5.000	2	1	1
De 5.001 até 10.000	3	1	1
De 10.001 até 15.000	4	1	1
De 15.001 até 20.000	5	1	1
De 20.001 até 25.000	6	2	2
De 25.001 até 30.000	7	2	2
De 30.001 até 35.000	8	2	2
De 35.000 até 40.000	9	3	3
Maior que 40.000	10	4	4

Fonte: Elaborado pelos autores.

---

[29] A medição do grau de brancura Berger/método CHT.
[30] A medição do grau de brancura é um método de Ganz e Grieser.
[31] Interpretação: Matiz > 0 = branco tem um tom esverdeado/matiz < 0 = branco tem um tom avermelhado. A brancura com diferenças de menos de 5 unidades de Ganz parece ser indistinguível para o olho humano. A matiz com diferenças de menos de 5 unidades Ganz-Grieser parece ser indiscernível para o olho humano.

A auditoria pode ser realizada para fins de melhoria do desempenho da lavanderia e para fins de certificação. A certificação contribui para a melhoria da imagem da empresa no mercado.

A certificação é a declaração formal de *ser verdade*, emitida por quem tenha credibilidade, autoridade legal ou moral para certificar. Deve ser formal, isto é, ser feita seguindo um ritual e corporificada em um documento. A certificação deve declarar ou dar a entender, explicitamente, que determinado fator, *status* ou evento são verdadeiros. Deve também ser emitida por alguém, ou alguma instituição, que tenha fé pública, isto é, que tenha credibilidade perante a sociedade. Essa credibilidade pode ser instituída por lei ou decorrente de aceitação social. O certificado é o documento que corporifica a certificação.

A lavanderia pode solicitar, antes da auditoria de certificação, que empresas de assessoria, consultoria e institutos[32] de estudos e pesquisa, com conhecimento na área, para realizar as inspeções prévias de melhorias e de ajustes dos métodos, processos e produtos, mediante o objetivo do órgão certificador. Esses institutos podem preparar a lavanderia para a certificação, como, por exemplo, para a fiscalização da ANVISA. A assessoria capacita e colabora na implantação e treinamento dos procedimentos operacionais padrões (POP), manuais de qualidade e de boas práticas. É importante a realização prévia de inspeções e capacitações por assessorias e consultores antes da inspeção oficial pelo órgão certificador.

Para as análises físico-químicas e higiênico-sanitárias, essas devem ser realizadas em laboratórios com fé pública e reconhecidas pela credibilidade no mercado.

CUSTOS DA AUDITORIA

A auditoria tem um custo. Porém, as consequências negativas para os usuários do enxoval contaminado no cliente hoteleiro, hospitalar, *home care* ou na indústria de alimentos são incalculáveis e podem gerar ou agravar os prejuízos na imagem da instituição ou incentivar algumas ações judiciais de indenizações por danos aos usuários e pacientes.

A decisão de monitorar a qualidade higiênico-sanitária do enxoval é fundamental para decidir sobre o desempenho da lavanderia, quer interna, quer terceirizada. Esse resultado deve sobrepor-se ao valor financeiro da avaliação. A avaliação de qualidade deve ser priorizada na decisão de contratação da lavanderia hospitalar. A decisão somente por preços por quilo de roupa lavada pode ser eficaz no curto prazo. No longo prazo essa decisão pode gerar inúmeros transtornos.

O processamento do enxoval em lavanderia impacta na percepção de qualidade pelo cliente e na maximização do lucro hospitalar. A auditoria pode evitar essas consequências, imensuráveis, para os clientes da lavanderia e para a própria lavanderia quando terceirizada.

GESTÃO COM BIOINDICADORES EM LAVANDERIA HOSPITALAR

Para Farias (2014), o estado da arte da pesquisa está em conhecer de que maneira o controle higiênico-sanitário pode ser aplicado como indicador de desempenho e qualidade na lavagem

---

[32] Instituto de Estudo e Pesquisa Stort & Farias (IEP) em São Paulo.

de roupa hospitalar e servir de apoio para as decisões sobre a contratação, manutenção e dispensa dos serviços de lavanderias terceirizadas e não terceirizadas. Os indicadores microbiológicos, ou bioindicadores, podem contribuir para minimizar/reduzir os pontos de perigos e críticos de controle da lavagem do enxoval e as consequências na infecção hospitalar.

Os indicadores microbiológicos propostos pela ANVISA (Lei nº 9.431/MS) têm como objetivo padronizar métricas que sirvam de instrumentos de orientação e monitorar a qualidade da assistência hospitalar quanto aos riscos da recontaminação. Pode permitir ainda a redução da morbidade, letalidade, tempo de internação e custos na unidade hospitalar.

Mafra et al. (2012), Maccarini (2013) e Farias (2014) encontraram resultados suficientes para corroborar com a obrigatoriedade na implantação do controle higiênico-sanitário como bioindicador de desempenho e da qualidade da lavagem da roupa em lavanderia e como determinação dos pontos críticos de controle. Farias (2014) sugere o RAL-GZ 992/2 como parâmetro e para monitoria e controle higiênico-sanitário do processamento da roupa em lavanderia hospitalar.

Sugere também os parâmetros RAL-GZ 992/1, RAL-GZ 992/3 e RAL-GZ 992/4 como parâmetros e para a monitoria e controle higiênico-sanitário do processamento da roupa em lavanderia doméstica e comercial, em lavanderia das indústrias de alimentos e em casas de idosos e asilos, respectivamente.

Para Farias (2014), existem indicadores suficientes para avaliar a gestão por desempenho, porém, a pesquisa pôde concluir, efetivamente, a não existência de indicadores para avaliar a qualidade higiênico-sanitária na lavagem do enxoval hospitalar e, portanto, pode-se afirmar, com base neste estudo, que a lavanderia hospitalar não utiliza bioindicadores como parâmetro verificador da qualidade dos serviços prestados na lavagem da roupa dos hospitais.

A lavagem do enxoval propõe, como resultado, a qualidade higiênico-sanitária do enxoval. Para garantir que a proposta da lavanderia seja cumprida é necessário que a qualidade higiênico-sanitária seja verificada e certificada por meios de controle higiênico-sanitário. Não se pode avaliar a qualidade sanitária da lavagem pela taxa de relave, taxa de danos, alvejamento, pH etc. São indicadores que servem para avaliar o desempenho dos produtos e processos utilizados na lavagem do enxoval.

O controle higiênico-sanitário é a garantia da qualidade sanitária na lavagem do enxoval em lavanderia hospitalar.

A avaliação pode ser realizada em frequências quinzenais, mensais, bimensais, semestrais ou anuais. Essa decisão depende dos primeiros resultados encontrados e da identificação dos pontos críticos de controle. Se todos os resultados estiverem de acordo com o padrão sugerido pela tabela RKI, pode-se reduzir a frequência dessas avaliações. O importante é que, para os itens 1 e 3 do quadro 14.6, sejam realizados, inicialmente, por quinzena.

Os gestores hospitalares e os das lavanderias podem avaliar seus resultados mediante critérios definidos pelos parâmetros higiênico-sanitários, conforme quadro 14.6.

Os gestores devem realizar as análises em conformidade com as recomendações da tabela RKI (10 amostras das peças como lençóis, pijamas e cobertores etc.) e mediante o parâmetro definido em UFC/dm^2. Essa análise permite que se avalie a competência higiênico-sanitária da lavanderia prestadora dos serviços de lavagem do enxoval hospitalar.

O gestor analisa as peças do enxoval, pontua a lavanderia e cria um critério comparativo de qualidade dos serviços prestados, conforme apresentados no quadro 14.9, de pontuação por desempenho dos serviços contratados.

O quadro 14.9 apresenta um dos pontos contidos nos parâmetros para gerar um Acordo de Nível de Serviço[33] (ANS), ou Contrato de Nível de Serviço (CNS) ou Garantia do Nível de Serviço (GNS) ou do inglês *Service Level Agreement* (SLA).

Quadro 14.9 – Critérios de qualidade higiênico-sanitária do enxoval.

Critério	Parâmetro	Pontos por amostra
10 amostras de têxteis conforme padrão RKI 1 (têxteis passados e dobrados)	< 20UFC/dm^2	15
	= 20UFC/dm^2	10
	> 20UFC/dm^2	0

Fonte: Elaborado pelos autores.

Após os resultados das peças analisadas, o gestor pode comparar a qualidade e o desempenho da lavanderia na gestão e controle higiênico-sanitário do enxoval. O somatório dos pontos permite a qualificação da lavanderia como aprovada, aprovada com restrições, aprovada após revisão dos pontos críticos, não aprovada nesta avaliação e reprovada.

Os pontos definem a escala da tolerância de pontos de controle (TPC) e o nível de higiene (aprova/reprova) com base no desempenho higiênico-sanitário (DHS) da lavanderia para têxteis hospitalares (Quadro 14.10).

Quadro 14.10 – Pontuação para a qualidade e desempenho da lavanderia.

Pontos	TPC escala	Nível de higiene	Desempenho higiênico-sanitário (DHS)
135 a 150	Excelente	Aprovado	100%
134 a 120	Bom	Aprovado com restrição	80%
105 a 119	Neutro	Aprovado após revisar pontos críticos	60%
90 a 104	Ruim	Não aprovado	40%
Abaixo de 90	Péssimo	Reprovado	20%

Fonte: Elaborado pelo autor com base na tabela RKI.

---

[33] SLA é o compromisso assumido por um prestador de serviços perante um cliente e descreve o serviço, os níveis de qualidade que devem ser garantidos, as responsabilidades das partes e eventuais compensações quando os níveis de qualidade não forem atingidos. O SLA é um documento para padronizar um nível de serviço e a relação entre as partes envolvidas (solicitador e executor). O SLA padroniza um nível de serviço prestado e as relações entre as partes, tais como a identificação das necessidades do cliente, os objetivos do serviço, deveres e responsabilidades, direitos de propriedade intelectual, rescisão de contrato e informações confidenciais. Um dos benefícios do SLA é reduzir as áreas de conflito e incentivar o diálogo em caso de divergências, contribuindo para que não haja falhas ou atrasos nas atividades. Além disso, são eliminadas também as expectativas que não são compatíveis com o serviço, evitando frustrações futuras e prejuízos para o negócio firmado. Durante o desenvolvimento do documento, é preciso que se insira a forma como serão tratados os incidentes.

O desempenho higiênico-sanitário pode ser um critério para pontuar a lavanderia para as próximas concorrências públicas. Exemplificando, se a lavanderia não apresentar pontuação superior a 120 pontos ou 80% de desempenho, em cinco avaliações, não poderá participar das próximas concorrências sem apresentar o plano de melhoria e avaliações em têxteis de outras instituições que também prestam serviços.

A decisão pela avaliação da qualidade e desempenho higiênico-sanitário é mais justa do que a simples escolha pelo menor preço. Nessa fase da contratação, as lavanderias que apresentarem maior pontuação podem ser contempladas com preços até 5% maior do que as concorrentes. A qualidade tem custo. O gestor hospitalar deve recompensar o serviço pela qualidade ofertada e não simplesmente pelo preço oferecido.

O quadro 14.11 apresenta o indicador de desempenho para a contratação da prestação dos serviços da lavanderia com base na avaliação higiênico-sanitária.

Quadro 14.11 – Qualidade e desempenho na contratação da lavanderia.

Pontos	TPC escala	Nível de higiene	Desempenho higiênico-sanitário (DHG)	Preço dos serviços de lavagem
135 a 150	Excelente	Aprovado	100%	Até 5% maior
134 a 120	Bom	Aprovado com restrição	80%	Decisão pelo menor preço
105 a 119	Neutro	Aprovado após revisar pontos críticos	60%	Não classificado para essa licitação
90 a 104	Ruim	Não aprovado	40%	Não aprovado
Abaixo de 90	Péssimo	Reprovado	20%	Reprovado

Fonte: Elaborado pelo autor com base na tabela *RKI*

O quadro 14.12 apresenta o indicador de desempenho durante a prestação dos serviços da lavanderia com base na avaliação higiênico-sanitária.

Quadro 14.12 – Qualidade e desempenho dos serviços da lavanderia.

Pontos	TPC escala	Desempenho higiênico-sanitário	Retenção financeira sobre o valor do serviço
135 a 150	Excelente	100%	Sem retenção
134 a 120	Bom	80%	5%
105 a 119	Neutro	60%	10%
90 a 104	Ruim	40%	20%
Abaixo de 90	Péssimo	20%	30%

Fonte: Elaborado pelo autor com base na tabela RKI.

A instituição pode reter um percentual do valor financeiro dos serviços (se constar em contrato o modo de pagamento sob *performance* – PSP) ou do inglês *pay for performance* (PFP), ficando a liberação ou não para a próxima avaliação se a lavanderia atingir o 100% no desempenho higiênico-sanitário.

Ao aceitar a prestação de serviços, as partes devem acordar os seus níveis de direitos e obrigações. Ao terceirizar um serviço, a instituição hospitalar, por exemplo, pretende agregar valor ao seu negócio e não somente agrupar empresas e pessoas descomprometidas com o plano de negócio do hospital.

15 INDICADORES DE HOTELARIA: DA OPERAÇÃO À ESTRATÉGIA

Marcelo Boeger

> *"Você deverá orçar tudo, inclusive o tempo. Recuperar o dinheiro perdido é uma tarefa difícil, porém possível. Mas quando se perde um determinado tempo isso é irrecuperável..."*
>
> **Zig Ziglar**

INDICADORES OPERACIONAIS, GERENCIAIS E DE ATIVIDADE

A crescente preocupação com o custo da saúde e com a qualidade no atendimento levou as instituições de saúde nos últimos anos a desenvolverem e aprimorarem suas ferramentas administrativas. Uma dessas ferramentas são os indicadores de desempenho.

A área de hotelaria e *facilities* cada vez mais profissionalizada também adotou os indicadores para monitorar o desempenho operacional e apoiar as outras áreas interdependentes com informações valiosas sobre a operação do negócio.

Sabe-se que indicadores fazem parte de um sistema maior que capta e transforma dados em informações úteis para a tomada de decisões do gestor. Os sistemas de informações gerenciais são meios que controlam e criam mecanismos para que as operações do dia a dia possam ser utilizadas e aproveitadas para as tomadas de decisões, para que essas sejam baseadas em fontes e fatos reais e assim consigam ser mais objetivas e específicas para cada caso e cada instituição. A busca pela padronização e pelos controles remetem a uma atividade já experimentada na área industrial onde todas as etapas e custos estão devidamente mapeados.

> *Indicadores são os sinais vitais da organização. São termômetros que alertam, identificam e mostram casos específicos de resultados. Isoladamente não servem para quase nada e sozinhos não resolvem problemas, sendo necessário que, com base nos resultados dos indicadores, algumas soluções sejam tomadas.*

Podem ser classificadas de várias formas. Medem fatos qualitativos e/ou quantitativos, relativos a processos, estrutura física e pessoas.

Na hotelaria e *facilities* hospitalar temos diversos indicadores que devem ser acompanhados por seus gestores para avaliar o desempenho dos serviços prestados, seja este autogestão ou realizado por empresas prestadoras de serviço.

Algumas publicações determinam que o grau de excelência de um indicador pode ser definido por sua capacidade de medir o que se pretende (validade) e reproduzir os mesmos resultados quando aplicado em condições similares (confiabilidade). Outros atributos desejáveis para um indicador são sua mensurabilidade e relevância. É desejável, também, que os indicadores possam ser facilmente analisados e interpretados e que sejam compreensíveis pelos usuários da informação. A maioria dos autores concorda que, além disso, os indicadores precisam ser simples e objetivos. Também devem ser eficientes (relacionados a tempo, processos, análises e produção), eficazes (com relação aos resultados que apresentam) e produtivos (no que se refere ao custo de cálculos e produtividade).

Esses indicadores devem ser avaliados de forma constante para que a instituição, por meio de seus gestores, tenha parâmetros do seu desempenho e direcione seus recursos de forma coerente de acordo com as necessidades de melhoria. Também para que a organização seja capaz de mensurar o bom desempenho do serviço e assim poder evidenciar que presta serviços com qualidade com metas claras que evidenciem essas práticas.

Os indicadores estão presentes em todas as áreas e em todas as operações dentro de qualquer instituição, portanto, é necessário que sejam qualificados e separados em diferentes tipos para melhor entendimento.

Em muitas instituições de saúde, somente porque a hotelaria é atividade meio (ou seja, por não ser o motivo de existência da empresa e não fazer parte do *core business*), muitas vezes é esquecida e tratada de forma marginal, não cobrando de seus gestores o desempenho nessas áreas de forma profissional. Nesse caso, avaliam-se apenas instantes e não os processos de uma determinada atividade. Por exemplo: "O lençol que apareceu com um rasgo ou uma mancha após ser devolvido pela lavanderia" sem saber quanto aquela peça representa em percentual do total de roupas manchadas ou rasgadas processadas pelo seu fornecedor. Ou "um determinado leito que está vago e sujo há mais de 4 horas, sem ter elementos em seus processos que informem qual o tempo médio entre a saída de um paciente e a entrada de outro naquele mesmo leito (indicador de *setup*)".

Nota-se que é um grande erro, pois os serviços que constituem a hotelaria, se forem bem administrados, podem trazer grandes economias e oportunidades de melhoria aos hospitais e, consequentemente, contribuirão para a boa gestão da assistência.

Ou seja, o foco na **eficiência operacional** pode gerar serviços superiores afetando a qualidade, inclusive da assistência, pois atrasos na higiene, na reposição de roupas, na coleta de resíduos, na alimentação do paciente, entre outros, afetarão a qualidade como um todo da organização e respingarão invariavelmente no último cliente a ser atendido, assim como na sua segurança, conforto e bem-estar.

Em ambiente recessivo, o gestor hospitalar que não perceber que a hotelaria apoia no resultado do EBITDA (*earnings before interest, taxes, depreciation and amortization*) poderá estar perdendo oportunidades em alavancar seus resultados, pois afeta pelo aumento ou na redução dos gastos operacionais, seja por uma gestão cuidadosa e criteriosa, seja por uma operação descontrolada, pelo excesso de desperdícios e descontrole na sua operação. Ou seja, manter uma operação enxuta é fundamental para melhorar o resultado dos departamentos operacionais. Por exemplo, a redução do custo do quilo da roupa lavada irá diminuir o custo de lavanderia. Esse fato irá gerar economia a todas as unidades de negócio (oncologia, maternidade, UTIs etc.) geradoras de roupa suja por meio de redução em seus orçamentos.

> EBITDA refere-se ao lucro antes de juros, impostos, depreciação e amortização (acrônimo do termo na língua inglesa – *earnings before interest, taxes, depreciation and amortization*).

A análise do EBITDA auxilia a descobrir o potencial de geração de caixa na atividade-fim e determina a evolução da produtividade e da eficiência ao longo dos anos. Quando se desconhece os custos dos serviços de hotelaria e *facilities*, as atividades-fim podem ter seus resultados reais distorcidos.

Quando separamos e classificamos os indicadores em alguns grupos, conseguimos verificar funções diferentes entre os indicadores existentes. Devemos também compará-los com as séries históricas devido à sazonalidade e com hospitais similares, a fim de realizar *benchmark* para um posicionamento em relação às melhores práticas desenvolvidas pelo mercado.

> *Benchmark* é um referencial comparativo. É um índice arbitrado ou convencionado para o indicador, utilizado como padrão de comparação.

Aqui, apresentamos uma separação entre três grupos: indicadores operacionais, indicadores gerenciais e indicadores de atividade.

Indicadores operacionais

São utilizados nas atividades cotidianas e avaliam o desempenho na execução de tarefas.

Devem ser calculados para medir produtividade, volume e monitorar e acompanhar as execuções das tarefas. Sua produtividade afeta verticalmente o departamento por meio de microgerenciamento do cotidiano de cada setor que compõe o *cluster* da hotelaria. A maior parte é baseada em tempo e tem metas atreladas que direcionam e comunicam a eficiência desejada.

> Meta é um índice arbitrado para o indicador a ser alcançado em determinado período do tempo. Possui objetivo, valor e prazo. Exemplo: reduzir o absenteísmo em 50% no próximo mês.

O setor de higiene hospitalar é um bom exemplo que apresenta natureza operacional que afeta a gestão sistêmica de várias partes do sistema. É de extrema importância para a fluidez do atendimento, para a segurança do paciente e para a qualidade do serviço de saúde como um todo. Além disso, é um gargalo para o gerenciamento de leitos e fluxo do paciente, pois sua eficiência significa rapidez no giro de leito, satisfação quanto ao tempo de espera e ponto positivo para o financeiro da instituição.

"Mínimos problemas relacionados ao setor de higienização normalmente geram consequências significativas na rotina de um hospital. Sob sua responsabilidade estão a busca pelo menor tempo (de deslocamento, de limpeza e de entrega) e também a eficácia dos processos de limpeza e desinfecção que são imprescindíveis para o bom funcionamento e cumprimento da principal missão de qualquer hospital, que é de cuidar da saúde de seus clientes". Schmidt, 2018.

Alguns exemplos de indicadores operacionais:

- Tempo da limpeza terminal.
- Tempo de limpeza concorrente.
- Tempo de entrega da alimentação (planejado "por período" *versus* realizado "por período").
- Tempo para a realização da internação eletiva.
- Tempo para a devolução do veículo pelo manobrista após pagamento no caixa.
- Volume de enxoval lavado por unidade (kg/paciente/dia).
- Tempo médio de espera (TMP).
- Tempo médio de atendimento (TMA).

Indicadores gerenciais

Servem para auxiliar os gestores nas tomadas de decisões que são pertinentes a esse nível de estrutura de decisão tática. Nesses entram fatores de análise de toda gerência (e de outras interdependentes), como por exemplo:

- Tempo médio de permanência (por idade, por patologia, por sazonalidade etc.).

Média de permanência – embora possa ser utilizada por várias áreas, na perspectiva da hotelaria revela fatores críticos como a (in) tolerância do cliente pelo longo confinamento e se pode tomar decisões junto com outras áreas. Por exemplo:

- Junto do SND, a definição com o tempo para a repetição de cardápio.
- Junto do CCIH, o planejamento de troca de leito após 15 dias de internação como um protocolo.
- Junto do gerenciamento de leitos, a criação de um *ranking* de desospitalização de pacientes de longa permanência.
- Taxa de absenteísmo dos colaboradores.
- Volume de treinamentos realizados no período.
- Composição em percentual de resíduos por tipo (em kg).
- NPS-NPS (*net promoter score*) que define o grau de satisfação do cliente em relação aos serviços prestados, separando os clientes entre promotores (quando o cliente atribui notas 9 e 10 aos serviços prestados), neutros (notas 7 e 8) e detratores (notas abaixo de 6). Reichheld, 2011.

Os indicadores operacionais quando cruzados com os gerenciais podem revelar importantes dados para a tomada de decisão das unidades.

- Evasão do enxoval (por tipo).
- Baixa técnica do enxoval.
- Taxa de infecção hospitalar.
- Custo do m^2 higienizado.
- Porcentagem de internações realizadas com o pré-cadastro cirúrgico.
- Porcentagem de alocação correta (na especialidade).
- Tempo médio para internação eletiva.

Indicadores de atividades

Utilizados para a medição da eficiência dos serviços de hotelaria e *facilities* nas unidades geradoras de receita (unidade de negócio). Avaliam a eficiência da utilização do patrimônio disponível à administração e a capacidade instalada do empreendimento.

Alguns exemplos:

Taxa de ocupação

A taxa de ocupação corresponde ao percentual de apartamentos/leitos ocupados em determinado período, ou seja, corresponde ao número de apartamentos ocupados, dividido pelo total de apartamentos disponíveis no período, multiplicado por 100.

O indicador de ocupação serve de base para avaliar os indicadores de produção na análise dos custos variáveis, como quantidade de terminais realizada, quilos de enxoval lavados por área, quantidade de alimentos produzida, quantidade de produtos de higienização utilizada.

Backlog

Também pode apoiar na visualização da taxa de apartamentos (leitos) em manutenção. Nesse caso, uma variação desse indicador seria utilizar o número de apartamentos em manutenção vezes 30 dias, dividindo pelo número total de apartamentos e multiplicando por 100.

Pode-se comparar essa taxa ao *backlog* da área de manutenção, por exemplo. *Backlog* refere-se a uma medida de tempo (dias, horas etc.) que representa o período em que uma determinada força de trabalho (equipe de manutenção) consegue finalizar a quantidade de ordem de serviços aberta (acumulada do período). Essa medida de tempo sinaliza a necessidade de aumentar ou diminuir o tamanho dessa equipe ou da definição de contratar serviços externos para a redução do indicador.

- Tempo para a saída do cliente do quarto após alta médica realizada.
- Lapso de tempo entre a saída do paciente e a limpeza terminal.
- *Ticket* médio de veículos (a média das receitas dos gastos com estacionamento em determinado período).

- Giro de leitos.
- *Setup* – tempo médio entre a desocupação do leito e sua disponibilidade para nova ocupação.
- Porcentagem de altas médicas dadas até às 10 horas.
- Cirurgias canceladas (por quebra de jejum causado pelo oferecimento de dieta ao paciente por copeiras).

PARTINDO DO KPI (*KEY PERFORMANCE INDICATOR*) PARA O BSC (*BALACED SCORECARD*)

Apesar dos termos em inglês, usa-se, no Brasil, os nomes originais que também utilizaremos aqui neste capítulo.

Tudo começou em 1993, com a ferramenta de gestão *Balanced Scorecard* (BSC). Ela foi criada durante a elaboração de um estudo nomeado *Measuring Performance in the Organization of the Future* (Medindo Desempenho na Organização do Futuro) por Robert Kaplan e David Norton, motivados também pela visão de que apenas os indicadores contábeis ou somente os operacionais eram incapazes de gerar dados suficientes para uma análise do desempenho organizacional. A proposta estava no entendimento que era necessária a mensuração de um total de quatro perspectivas de indicadores que, juntos, oferecessem uma visão mais ampla e real do desempenho da empresa e se esse estava em acordo com o planejamento estratégico definido (Kaplan e Norton, 2006).

> O *Balanced Scorecard* (BSC) é uma metodologia ou uma ferramenta que auxilia as organizações traduzirem suas estratégias em **objetivos operacionais** que determinam o comportamento e o desempenho organizacionais.

Aqui apresentamos as quatro perspectivas do BSC e sua relação com a gestão de hotelaria e *facilites*:

Perspectiva financeira – perspectiva que indica crescimento, sustentação e aplicação de recursos. Reúne metas numéricas para o desenvolvimento e investimento na estrutura com impactos diretos no operacional, nos serviços e no relacionamento com os clientes, com maior ênfase à lucratividade e à rentabilidade da operação. Em hotelaria, vale ressaltar que a gestão de indicadores relativa a custos é a principal chave para uma hotelaria sustentável.

Em pesquisa realizada por Carnielo (2017), com um universo de 28 hospitais, entre privados (12) e públicos (16), percebeu-se que a representatividade dos gastos com os serviços da hotelaria varia entre 10 e 15% dos gastos totais. Nesse estudo, a amostra demonstra que os filantrópicos privados têm melhor desempenho em relação à representatividade de seus custos quando comparados com os hospitais públicos. Estes são exemplos de dados que poderiam constar na perspectiva financeira do BSC compondo metas setoriais dos outros departamentos da instituição de saúde (Tabela 15.1).

Tabela 15.1 – Percentual de gastos com serviço da hotelaria.

Unidades	Privados filantrópicos	Público e Organizações Sociais	Média
EAS pesquisados	12	16	28
SND*	2,8	3,9	3,4
Limpeza	2,1	2,9	2,5
Resíduos	0,0	0,1	0,1
Lavanderia**	1,7	1,8	1,8
Manutenção***	1,8	3,1	2,4
Segurança	0,6	1,3	1,0
Recepção****	1,3	1,2	1,2
Estacionamento	0,0	0,0	0,0
Total	10,3	14,2	12,4

Fonte: Carnielo, 2017.
* SND + lactário.
** Lavanderia + rouparia + costura.
*** Manutenção + engenharia clínica + caldeira + gerador + central de gases + áreas comuns.
**** Recepção + central de guias + hospitalidade + hotelaria.

Com isso, é possível avaliar com maior profundidade outro dado importante, revelado pela mesma pesquisa, que faz "raios X" dos custos dos serviços específicos do SND (Serviço de Nutrição e Dietética) comparando seus custos em relação aos custos totais como um *benchmark* de três regiões brasileiras relativas ao serviço de alimentação (Figura 15.1).

Figura 15.1 – Custos de SND em três regiões brasileiras. Fonte: Carnielo, 2017.

Um dos KPIs que poderiam constar nesta perspectiva seria a representatividade dos gastos de SND (ou qualquer outro custo setorial de hotelaria e *facilities*) comparados ao total de gastos do hospital, controlando horizontalmente mês a mês.

> Indicador-chave de desempenho (em inglês, *key performance indicator* ou simplesmente KPI) é ferramenta de gestão para se realizar a mensuração e desempenho de determinado processo, focando no "como" e permitindo que seus objetivos sejam mais rapidamente alcançados.

Indicadores que avaliem o comportamento do gasto unitário é muito utilizado para a tomada de decisões. Muito útil em hotelaria hospitalar, quando se necessita verificar unitariamente o valor de determinado serviço como valor homem-hora, custo por quilo de roupa lavada, uso de descartável em centro cirúrgico ou tecido, entre tantos outros exemplos importantes na tomada de decisão.

Devemos lembrar sempre das seguintes características relevantes quanto ao comportamento dos gastos:

- O gasto fixo unitário reduz-se em função do volume de vendas. À medida que mais unidades são vendidas menor será o gasto fixo unitário.
- Já o gasto variável unitário mantém-se constante, mesmo que o gasto variável total aumente. Isso se deve ao fato de esse variar na mesma proporção do aumento de clientes (variação das vendas). Supõe-se que cada cliente consuma a mesma unidade do custo variável.

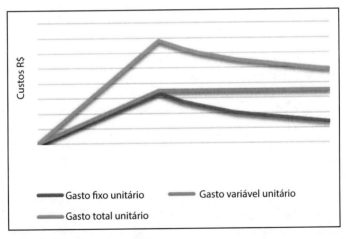

Figura 15.2 – Análise do gasto unitário.

Considerando na simulação um aumento de clientes e de gastos variáveis de 20%:

Perspectiva de clientes/mercado – essa perspectiva tem como atributo: preço, qualidade e funcionalidade dos produtos e serviços; relacionamento com o cliente, tendo em vista sua satisfação com a entrega do serviço e a imagem e reputação da organização, buscando entender os fatores intangíveis que atraem, geram rentabilidade e fidelizam o cliente. Sabe-se que os serviços de hotelaria bem implantados elevam a qualidade dos serviços, pois o cliente é leigo e avalia a hotelaria como um dos importantes padrões de qualidade da instituição de saúde.

Mas, no meio de tantos indicadores, alguns têm uma função que afeta diretamente os resultados da instituição como um todo.

Cabe ao gestor de hotelaria e *facilities* eleger quais são eles e como irá mensurá-los e compartilhar para outros níveis da organização.

Os KPIs da área de hotelaria e *facilities* devem ser definidos sobre a premissa se determinadas tarefas operacionais conseguem atingir os objetivos da instituição e se, por meio desses, estão sendo alcançados.

Alguns grupos de KPIs nessa perspectiva:

- *Churn rate* (taxa de perda de clientes ou mercado)

Nesse, poderiam estar agrupados indicadores que analisam a perda de clientes por meio de indicadores, como o de taxa de descredenciamento (cancelamento) ou de abandono registrada em sua base de clientes.

Podemos contemplar de forma mais mercadológica (ligada ao *branding*) ou mesmo de forma operacional, com desdobramentos específicos (medindo, por exemplo, a quantidade de pessoas que desistem de esperar após a triagem pelo pronto atendimento) ou o chamado *no show* na indústria hoteleira quanto ao não comparecimento às consultas, exames e até mesmo em cirurgias canceladas pela ausência do paciente.

Pesquisa realizada pela Associação Nacional de Hospitais Privados (ANAHP), em parceria com a Bain & Company, publicada em 2017, em que foram avaliados 14 mil pacientes por meio dessa metodologia (*Net Promoter Score* – NPS), identificou que o índice de satisfação dos brasileiros com os hospitais é baixo. A pesquisa revelou um valor de 59% e mostrou, ainda, que as instituições com pontuações mais altas também apresentaram crescimento no número de pacientes atendidos, o que fora percebido também em hospitais no exterior onde essa metodologia é adotada.

Ao analisar os resultados do pronto-socorro em pesquisa da ANAHP (Associação Nacional dos Hospitais Privados) sobre NPS (*Net Promoter Score*), apresentam-se resultados inferiores quando comparados com os demais serviços. A conclusão é que os autores da pesquisa evidenciam oportunidades na busca de excelência operacional nesse serviço.

A própria *Joint Commission Resources* (JCR, 2008) já publicou pesquisas em hospitais norte-americanos sobre a dificuldade no gerenciamento de leitos considerando os clientes oriundos de pronto-socorro. Até mesmo a percepção da quantidade de clientes que abandonam os serviços (mesmo depois de terem passado pela triagem, mas antes de uma avaliação médica) por não querer esperar deve ser mensurada. Esses devem procurar alguma alternativa para a solução de seu problema de saúde em outras instituições. Esse estudo revela um percentual de 4% de evasão de pacientes nessa situação, ampliando o problema à medida que cresce a demanda por ocupação e a restrição do tempo de espera por essa população. Aqueles que desistiram alegam ter esperado em média 3 horas e meia antes de irem embora. Estudo similar apresentado pelo mesmo autor revela que 46% daqueles que foram embora necessitavam de atenção médica imediata.

Outro indicador que deve estar no radar dos gestores dessa área é o número de pacientes readmitidos após a alta. Configuram pacientes liberados prematuramente que retornam para mais uma avaliação ou tratamento (JCR, 2008).

Perspectiva de processos – baseia-se em alinhar os processos e sua execução adequada. Provavelmente é a mais utilizada pela área de hotelaria e *facilities* pela aderência à sua própria natureza métrica. O objetivo, nessa ferramenta, é identificar os processos críticos que devem ser constantemente revisitados, assim como os novos processos que agreguem valor na percepção do cliente. Entre os principais processos desenvolvidos e geridos pela hotelaria hospitalar estão os relacionados aos serviços operacionais que apoiam as unidades de negócio, como os serviços de higiene e limpeza, processamento de roupas, nutrição e dietética, entre tantos outros.

Muitos indicadores operacionais podem ser usados como indicadores, SLAs e KPIs nessa área, como por exemplo:

- Tempo médio de espera para a entrega de veículo (estacionamento).
- Custo da higiene (R$) por m² higienizado (higiene).
- Custo *per capta* com nutrição (SND).
- Quilograma/paciente/dia de roupa suja (lavanderia).

> O SLA é o acrônimo para *Service Level Agreement* (Acordo de Nível de Serviços) acordado entre contratante e contratado que visa deixar claro os deveres e responsabilidades de cada parte. Os níveis de serviço são mensuráveis e devem ser determinados no início da relação (cliente/fornecedor) para que o cliente possa avaliar e monitorar o desempenho dos processos que executam. O não cumprimento dos níveis acordados pode ocasionar o pagamento de multa por parte do fornecedor ou, até mesmo, a rescisão do contrato.

Perspectiva de aprendizado e crescimento – focado em desenvolvimento das capacidades profissionais, melhorias estruturais tecnológicas e clima organizacional condizente com motivação e comprometimento da equipe. Este item é de grande importância, tendo em vista que sem o envolvimento real dos profissionais que compõem a equipe de hotelaria em uma organização de saúde nenhum dos objetivos estabelecidos no planejamento estratégico é factível de ser realizado por tratar-se de uma prestação de serviço (Quadro 15.1).

Alguns KPIs que poderiam ser analisados nessa perspectiva:

Absenteísmo, *turnover*, percentual de engajamento (pesquisa de clima), retenção de conhecimento, entre outros.

Quadro 15.1 – As quatro perspectivas do BSC.

Financeira	Para sermos bem-sucedidos financeiramente como deveríamos ser vistos pelos acionistas?
Do cliente	Para alcançarmos nossa missão como deveríamos ser vistos pelos clientes?
Dos processos	Para satisfazermos nossos acionistas e clientes, de negócio em quais processos devemos alcançar a excelência?
Aprendizado e crescimento	Para alcançarmos nossa missão como sustentaremos nossa capacidade de mudar e melhorar?

Cada perspectiva deve buscar responder às perguntas do quadro 15.1 para que seus KPIs consigam ter relação ou efeito nas outras perspectivas olhando para o todo, ou seja, para a estratégia empresarial.

Parafraseando e adaptando de Hamel (2005), a hotelaria é uma árvore em uma floresta.

Estudar a árvore sem conhecer a floresta pode ser muito arriscado, pois ela depende da adaptação ao meio em que vive para prosperar.

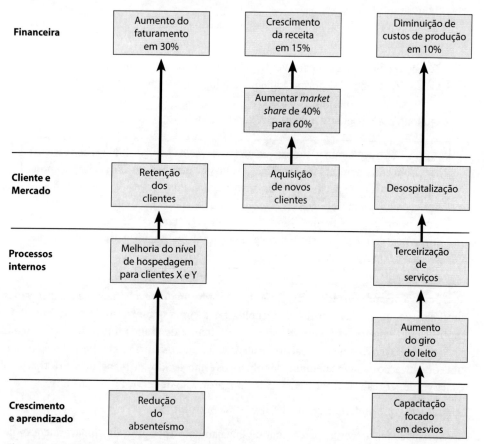

Figura 15.3 – Exemplo de *balanced scorecard*.

O FATOR "PREÇO" DA TERCEIRIZAÇÃO E OS INDICADORES DE DESEMPENHO

Empresas prestadoras de serviços no mercado de hotelaria e *facilities* hospitalar e sua relação com a qualidade e preço do serviço prestado

Para as empresas prestadoras de serviço de hotelaria e *facilities* hospitalar que atuam na prestação de serviços, como nas áreas de estacionamentos, lavanderias, limpadoras, controle de pragas, cozinhas industriais, segurança patrimonial, entre outras, podemos criar um novo grupo de indicadores importantes. Esse deve ser criado criteriosamente e envolver seu desempenho em relação a seu custo, volume de atividades e receita.

Como podemos ver na figura 15.4, resultado da publicação da ANAHP (2017), nos hospitais privados brasileiros associados à ANAHP, lavanderia e segurança patrimonial representam um percentual em torno de 80% de serviços terceirizados. Acompanhamos o crescimento ano a ano desses números, demonstrando como tendência o fortalecimento de empresas profissionais na terceirização de serviços de apoio.

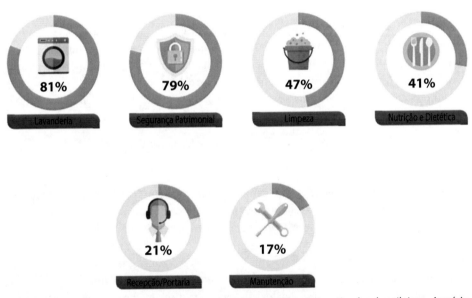

Figura 15.4 – Percentual de serviços terceirizados nos hospitais privados brasileiros. Anuário ANAHP, 2017.

O preço a ser cobrado do hospital, no contexto da "venda de serviços", vai além de uma simples transação comercial, ela é de extrema importância por inúmeros motivos, pois os hospitais terceirizam esses serviços por vários motivos. Alguns por estarem contratando especialistas nesses serviços e se manterem em seu core *business*, ou seja, sua atividade principal, a saúde. Outros visando reduzir seus custos operacionais, contando muitas vezes com pisos salariais inferiores aos pagos pelo próprio hospital, eventual maior barganha e volume de negociação na compra de insumos, como produtos químicos, têxteis, produtos alimentícios (no caso de lavanderias, empresas de higiene e de cozinha industrial).

Além disso, é também responsável pela imagem do produto perante o cliente do hospital, pois essas equipes invariavelmente estão na linha de frente dos serviços e participam ativamente da experiência do cliente.

A associação entre o preço do serviço prestado (pago pelo hospital diretamente à empresa terceirizada) e o valor intrínseco do serviço prestado (percebido pelo cliente do hospital, mas pago indiretamente por ele por meio de uma fonte pagadora, como para um plano de saúde, seguradora ou SUS) pode virar uma armadilha por contrariar um conceito básico no processo da formação de preços. Enquanto os gestores de hotelaria estão sendo cobrados internamente pela qualidade dos serviços de apoio com o menor custo na prestação dos serviços, o cliente (paciente e acompanhante) está somente interessado no valor que está recebendo pelo seu dinheiro na escolha da instituição de saúde por ele definida para lhe prestar o serviço. Portanto, esse valor percebido se torna muito importante, pois representa o "preço" a ser pago pelos pacientes (ou suas empresas) para seus planos de saúde ou seguradoras para ter acesso a um nível de qualidade "hoteleira" dos hospitais que têm direito em uma restrita gama de opções. Como o cliente é leigo, a avaliação da qualidade se restringe muito às avaliações de acesso ao nível de serviços (por exemplo: ter direito a um apartamento privado ou enfermaria, qualidade da hospedagem do acompanhante durante a internação, nível de atendimento ao cliente, ambiente, entre outros).

Empiricamente, o cliente faz a seguinte conta em sua mente e assim define o valor percebido por meio desse indicador:

$$\text{Valor percebido} = \frac{\text{Produto} + \text{Serviço} + \text{Localização} + \text{Ambiente} + \text{Imagem}}{\text{Preço}}$$

Ao se desenvolver um edital para a contratação de uma empresa prestadora de serviços ligado à hotelaria e *facilities*, esses fatores nem sempre são considerados por seus contratantes. Nesse caso, o processo de formação de preços para essas empresas não é somente utilizado para determinar o preço dos serviços prestados, mas também para fornecer subsídios para apoiar nos orçamentos do contratante (o que é receita para essas empresas é custo para os hospitais), além de apoiar na formação do *branding* e posicionar o produto no mercado da instituição de saúde. A qualidade dos insumos afeta diretamente o paciente e seu acompanhante (por exemplo: qualidade do enxoval utilizado, do papel-toalha, papel higiênico, a marca do suco ou iogurte utilizado nas refeições, entre tantos outros).

Entretanto, em hotelaria hospitalar, nem sempre o processo de composição dos gastos e consequentemente do preço de venda é contratado diretamente por seus gestores. Em alguns casos quem está contratando desconhece custos operacionais, dimensionamentos de insumos e de mão de obra e, de forma irresponsável, fica preso a aspectos jurídicos somente e não se discute abertamente os níveis de serviços e seus respectivos custos. Por esse motivo, quando o contratante não usa indicadores de desempenho para medir adequadamente a execução de determinado serviço, pode contratar de forma subdimensionada e não conseguir gerar o resultado esperado. Um exemplo típico é quando se contratam pessoas da higiene, estipulando número de colaboradores e não a quantidade de serviços que deveria ser executada, como, por exemplo, a quantidade de terminais contratada no mês, número de refeições servidas ou carros manobrados, por exemplo.

Muitas dessas negociações ocorrem de forma relativamente rotineira e intuitiva, tendo o menor custo como fator decisório e se equalizam propostas distintas (de diferentes empresas) em editais nivelados por baixo e não na necessidade, de fato, da operação daquele hospital, baseando-se nos níveis de serviços ou na sua abrangência e, portanto, não cumpre seu papel na comercialização do produto.

A negociação deve considerar o desempenho dos serviços, pois desempenho custa dinheiro, treinamento e estrutura. Não levando isso em consideração, as empresas contratadas poderão dar certo apenas após inúmeros ajustes operacionais que geram conflitos no relacionamento entre as partes, com desgastes comerciais que poderiam ter sido evitados.

Exemplos:

- Ao se contratar uma empresa de higiene para realizar terminais nas unidades "em alta" e não considerar a capacidade da equipe em suas conexões em "girar" mais rapidamente o leito, poderá estar afetando receitas (do hospital) não realizadas, por ter uma operação mais morosa, tendo reduzido seu quadro, propositalmente, para ter maior competitividade.
- Ao se locar enxoval e não considerar a evasão com base em inventário, o peso da roupa e a taxa de relave ou retenção, pode estar pagando um quilo de roupa mais baixo ao se contratar determinado fornecedor em detrimento de outros que, apesar de mais caros, entregariam um kg/paciente/dia inferior ou teriam mais roupas disponíveis para a operação.
- Ao se contratar uma empresa de estacionamento com manobristas e focar apenas no tempo de espera do cliente ao exigir um tempo limite e não se considerar a quantidade de sinistros, não terá um fator regulador que garanta a qualidade dos serviços prestados.

Objetivos financeiros e de qualidade devem estar inter-relacionados. Lucro é o mais comum. Mas isso pode criar alguns problemas. O primeiro problema em ter o lucro como o único objetivo de formação de preços é a tendência a ignorar o consumidor e cobrar valores fora da realidade de seu mercado. O custo marginal dos produtos e serviços da hotelaria e *facilities* é muito baixo e existem desperdícios gerados pelo próprio cliente. Quando se atua em eficiência operacional com qualidade, preços menores podem ser praticados para aumentar o volume e maximizar a receita dessas empresas. Até mesmo, ofertar outros pacotes de serviços tais como lavagem etc. Empresas de segurança podem se especializar também em higiene ou ao contrário. Empresas de cozinha industrial podem se especializar em higiene ou manutenção e assim por diante.

Os principais erros que observamos incluem preços de venda dos serviços totalmente orientados por custos, preços fora da realidade do mercado, preços que não consideram a composição e elementos importantes para o público-alvo que irá consumir os serviços e preços que não diferenciam entre produtos e entre segmentos-alvo. Um erro de apresentação de preços pode enfraquecer ou até mesmo levar uma empresa prestadora de serviços à falência, mesmo quando os outros elementos do negócio são sólidos.

Preços baseados implicitamente em custos correm o risco de estar fora da realidade do mercado, pois ignoram o consumidor e sua percepção de valor. Quando custos formam a base do cálculo de preços sem considerar outros fatores influentes, o gestor de hotelaria está deixando seus fornecedores determinarem os custos que distribuem para suas unidades de negócio.

Para evitar esse acontecimento, deve-se considerar o "fator consumidor" que, pela sua percepção de valor, determinará um limite superior da faixa de preços (Figura 15.5).

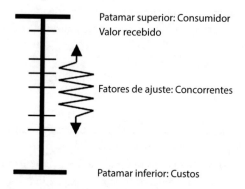

Figura 15.5 – Escala de percepção de custo.

Em economia de monopólio ou oligarquia (por exemplo, a única lavanderia da região que pode atender determinado hospital associado ao fato de esse hospital não possuir mais os equipamentos nem a área antes destinada à lavanderia interna) deve ser definida até onde irá esse limite superior de preços e buscar alternativas que minimizem o fato de não haver concorrentes regulando o preço da atividade.

O "fator concorrência" tem um efeito de ajustar o preço final entre os dois extremos. Em situação de competitividade irrestrita, a briga entre os concorrentes forçará os preços para a área inferior da faixa. Em situação de colusão de preços (caracterizada como cartel), todos os preços tenderão a se posicionar na parte superior da faixa.

> Nesse caso, colusão é um ajuste ou combinação maliciosa ajustada entre duas ou mais empresas prestadoras de serviços para enganarem uma terceira empresa, ou de se furtarem na participação de uma licitação ou iludirem o contratante, combinando preços ou definindo áreas de atuação, perdendo propositalmente uma concorrência ao oferecer preços acima do mercado.

Uma vez que uma empresa prestadora de serviços consegue se destacar dos outros concorrentes em relação aos serviços prestados, ela posicionará seus preços próximos ao patamar superior.

A grande questão no mercado de hotelaria e *facilities* é a de apresentar aos contratantes no hospital os valores que, de fato, seus serviços têm para o cliente final, para sua segurança ou em seu encaixe estratégico com outras áreas do hospital (higiene *versus* manutenção por exemplo) na redução de gastos ou aumento de receitas (aumento do giro do leito, por exemplo).

À medida que outras prestadoras de serviços aproximarem a qualidade e a composição do seu produto e serviços, as forças mercadológicas puxarão os preços na direção do patamar inferior. Ao longo do tempo, a tendência existe para os preços variarem entre os extremos da faixa conforme a sazonalidade da demanda e as necessidades individuais do volume de vendas de cada um dos concorrentes.

A estratégia para as prestadoras de serviços deve ser em conseguir abaixar seus custos operacionais sem perder a noção do valor percebido pelo cliente final do hospital e seus contratantes. Somente repassar esse desconto no preço final sem comprometer a qualidade do serviço prestado, tornando claro o nível de serviços contratados. Deve fugir da subjetividade na avaliação dos serviços.

> Por isso ter KPIs definidos entre as partes para compor os SLAs dos serviços é fator crítico de sucesso para garantir a qualidade mínima contratada.

REVENUE MANAGEMENT E O GERENCIAMENTO DE LEITOS

Revenue management é um conceito de gestão utilizado para calcular a melhor política de preços para otimizar e maximizar os lucros gerados pela venda de um produto ou serviço, baseada em tabelas dinâmicas com modelos matemáticos de simulação e previsões de tendências de procura por segmento de mercado. É o processo de conhecer, compreender, antecipar e reagir às tendências da procura, para maximizar a ocupação ou utilização de um bem ou serviço vendável e finito, maximizando assim também a receita.

> É sempre bom lembrar que os métodos de formação de preços são baseados em leis econômicas básicas.
> - O valor de qualquer preço é determinado pelo mercado.
> - Quando o preço está acima do valor aceitável, os consumidores buscarão o produto em outros lugares.
> - Cobrar um valor menor do que o preço aceitável ao mercado resultará em perda para a empresa.
> - À medida que o risco de perda aumenta, é essencial que o indexador de preço aumente.
> - À medida que o risco de perda diminui, é possível diminuir o indexador de preços.
> - Conforme o aumento ou queda do volume de vendas, o indexador de preços poderá diminuir ou aumentar.

É usado particularmente por companhias aéreas, cadeias hoteleiras ou aluguel de veículos, assim como por aplicativos de transportes urbanos, ou qualquer tipo de empresa com oferta de produtos ou serviços finitos, onde os gastos fixos afetem custos operacionais.

A sensibilidade do programa ao volume de procura por leitos, por exemplo, faz com que os preços oscilem conforme a demanda para aquela data e a quantidade de leitos disponíveis.

Revenue manager é o profissional que define essa precificação nas redes hoteleiras. Quando se pensa em otimizar os custos de um leito e maximizar seu valor, essa definição tática dos leitos colocados à disposição das OTAs (*online travel agency*) é uma decisão que afeta a rentabilidade da operação. Quando se estuda as projeções do REVPAR (*revenue per available room*) com o realizado, pode-se ter uma ideia se o patamar das diárias estavam dentro de seu melhor valor de venda durante determinado período.

A combinação da taxa de ocupação e da diária média forma um índice único denominado REVPAR. Muitos investidores preferem esse indicador para análise de desempenho do empreendimento e na comparação entre empreendimentos similares que tenham níveis de receitas próximos para ter uma métrica ligada ao desempenho real das unidades.

Esse dado evidencia a ociosidade dos apartamentos, pois sua base de cálculo refere-se a todas as unidades do empreendimento. As unidades que não forem vendidas têm seus custos incluídos nesse indicador.

Calcula-se dividindo a receita líquida de hospedagem pelo total de unidades existentes.

O REVPAR também pode ser determinado por meio da multiplicação da taxa de ocupação pelo valor da diária média, permitindo ao gestor, de maneira simples, conhecer o desempenho do período que desejar.

Mas é claro que existe uma diferença enorme no modelo de negócio quando comparamos as hotelarias na área de saúde com a turística ou de negócios. Para a hotelaria turística e de negócios (hotelaria convencional) a hospedagem é um fim, e na hotelaria hospitalar, um meio.

> Ou seja, em hotelaria hospitalar, a hospedagem é um meio e não um fim.

Em hotelaria convencional, estamos convivendo com um REVPAR em R$ 170,00 (por leito/dia), de 2017 e 2018, contra R$ 198,13 (por hora de leito ocupado) em hotelaria hospitalar. Quando equalizamos como um *ticket* médio, podemos entender a enorme diferença (considerando dados do observatório ANAHP, 2017 que dão conta de uma receita líquida por paciente/dia de R$4.755,24).

Essa diferença exorbitante entre os valores mostra bem a baixa relevância em receita que a hospedagem tem em instituições de saúde. O enorme valor desse indicador está atrelado a OPME (órtese, prótese e material especial), receitas com centro cirúrgico, medicamentos usando as unidades (leitos) como indexadores apenas.

Isso reflete também na atenção à hospedagem em si, dentro dos hospitais. Como o foco está no tratamento e na cirurgia, o leito ocupado acaba sendo percebido por muitos quase como um "mal necessário" do ponto de vista de negócio, mas é nesse ponto que estão os principais processos da hotelaria hospitalar, onde os processos de abastecimento e coleta de todos os serviços de apoio ocorrem, onde o paciente convalesce e onde o conforto e a humanização do atendimento tomam seu lugar.

Nos hospitais, na perspectiva operacional, o valor do leito ocupado é o mesmo, por exemplo, ao se internar um paciente para receber um medicamento a cada 12 horas ou um transplante de medula óssea. Mas a necessidade da existência desse leito para cada um dos pacientes é única, assim como suas receitas.

Os custos necessários para estar geograficamente tão perto de uma UTI, de um centro cirúrgico ou próximo de um laudo de diagnóstico ou de resultados laboratoriais imediatos tornam este um dos metros quadrados mais caros e não pode ser tratado da mesma forma que qualquer outro leito em qualquer outro mercado. É mais difícil remunerar um gasto fixo alto, pois seu ponto de equilíbrio necessitará de maior volume de negócios para reduzir seu custo fixo unitário.

Nesse mercado, a estruturação do preço de custo não afeta a formação do preço de venda, pois a contratualização do valor da diária hospitalar é um número "arbitrado", fruto de negociações comerciais que levam em conta volume e margem e não precificado com base em desempenho de cada empreendimento. Dessa forma, jamais irá remunerar essa operação olhando apenas nessa perspectiva, pois em um hospital o uso do leito é um meio e não um fim.

O grande erro é entender que a unidade de internação não merece receber investimentos baseados em uma análise que não contemple o todo.

Nas três equações da figura 15.6, podemos ver que, quando a formação do preço de venda não é afetado pelos gastos, a ação está na redução dos custos ou é o simples resultado do preço ditado pelo mercado subtraído do seu lucro.

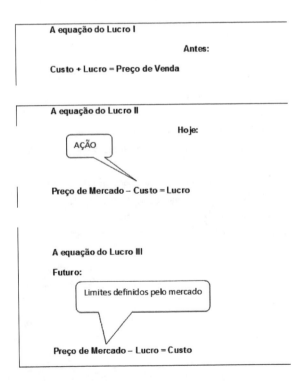

Figura 15.6 – Visões com diferentes focos na forma de determinação do lucro.

A relação entre o custo e o serviço fornecido passou a ser estabelecida em lógica arbitrária e desequilibrada. Porter e Teisberg (2007) a chamam, em uma de suas publicações, de competição de soma zero, na qual os ganhos de uns são auferidos a expensas de outros, resultando assim em um conceito do que chamam de competição disfuncional.

O pagamento por serviço (conhecido como *fee for service*) foi criado nos Estados Unidos na década de 1930. Funciona até hoje, da seguinte forma: tudo o que for utilizado no atendimento, incluindo materiais e recursos humanos, é listado em uma fatura detalhada. A remuneração de cada serviço, como consulta, internação, exames, entre outros, é feita com base em uma tabela de valores pré-definidos que, quando fechada, é enviada à operadora de saúde responsável pelo pagamento. Quando o esforço em custos da hotelaria não está orçado nesses valores, os custos são diretamente apropriados pelas instituições de saúde. Nesse caso, os gastos necessários para uma diária adequada (enxoval, limpeza, alimento etc.) são vistos pelos seus gestores quase como um mal necessário.

Entre os novos modelos em debate está o pagamento por desempenho, que faz parte da ideia do pagamento baseado em valor (*value-based payment*). Ele prioriza a qualidade do atendimento ao paciente. A avaliação é feita considerando a relação entre os desfechos que realmente importam ao paciente e o custo despendido para atingi-los. Ou seja, quanto melhor for a qualidade e menor o custo para prestar o serviço com tal qualidade, melhor vai ser a entrega de valor para o paciente.

Quando vislumbramos a precificação por meio de um método de preço baseado na experiência do cliente, no valor percebido de sua experiência e, principalmente, no seu desfecho, a hotelaria passa a ser contemplada independente de seu custo e mostra-se o valor desse serviço para o cliente.

> A hotelaria não gera somente custos, ela gera valor ao cliente.

O custo do leito possui uma variabilidade enorme e não é certo não a relacionarmos com a receita.

Nos hospitais não temos a figura do *revenue manager*, mas temos o gestor de hotelaria e, em muitos casos, um gestor do gerenciamento de leitos. Cabe a eles poderem conhecer o valor do leito e seus respectivos custos operacionais e maximizar a receita líquida por paciente/dia. Quem sabe pode ser por meio desse modelo que será o progresso do sistema de remuneração do sistema de saúde e da análise da melhor eficiência operacional.

Segundo Grabois (2011), o objetivo de um gerenciamento adequado de leitos é: "internação necessária com tempo de espera apropriado, no leito adequado (conforme diagnóstico e complexidade), na menor permanência necessária para seu diagnóstico e terapêutica".

E como vimos ao longo deste capítulo, seguramente, para se obter a "menor permanência" e o maior giro de leitos a boa gestão da hotelaria e dos serviços de *facilities* é muito necessária.

16 SLA E A RELEVÂNCIA PARA A GESTÃO NA HOTELARIA

O SLA é o acrônimo do inglês para *Service Level Agreement* (acordo do nível de serviços).

É um acordo ajustado entre a empresa contratante e a contratada para deixar claro quais são os deveres e as responsabilidades de cada parte. Essas obrigações saem do modelo subjetivo ou tipicamente legal e são transformadas em parâmetros que são acompanhados periodicamente. O SLA também pode ser denominado de ANS (Acordo de Nível de Serviços), ou CNS (Contrato de Nível de Serviços) ou ainda de GNS (Garantia do Nível de Serviços). O SLA é um documento que descreve o limite aceitável pelos níveis de serviços que serão prestados pelo contratado.

Os níveis de serviços são mensuráveis e devem ser determinados no início da relação (cliente/fornecedor) para que se possa avaliar e monitorar o desempenho dos processos que serão executados. Porém o SLA pode ser inserido em um contrato já em andamento.

Os parâmetros e indicadores dos SLA podem ser sugeridos por ambas as partes desde que tenham como foco o objetivo do contrato e que, preferencialmente, sejam SMART – *Specific* (Específicos), *Measurable* (mensuráveis), *Attainable* (Atingíveis), *Relevant* (Relevantes) e *Time-Bound* (Temporizável).

O SLA não é uma proposta punitiva. É um modelo que vai delimitar o relacionamento entre contratados e contratantes. Pode gerar recompensas e punições a partes pelos resultados apresentados. As recompensas devem ser geradas quando todos os acordos são cumpridos e as punições quando o acordo não for cumprido ou o é parcialmente.

A formalização do SLA deve ser de fácil entendimento, leitura simples, concisa, clara e suportável para todas as partes, determinando responsabilidades, procedimentos, parâmetros para medição e eficiência do serviço que podem ser com efeitos punitivos ou compensatórios.

Para a aplicação das punições e das recompensas, todos os critérios de pontuações, períodos de validação e avaliação, o nexo causal, os recursos e prazos, já devem estar definidos no escopo do SLA. As regras servem para minimizar conflitos entre as partes e, portanto, devem ser partes integrantes desses contratos.

Um SLA não pretende ter caráter punitivo ou de recompensa somente, o principal objetivo é atender o cliente. Ele ficará satisfeito se comprar um serviço e receber conforme foi combinado. Não ficará satisfeito se não receber o serviço no prazo, com danos, ou receber fora da especificação selecionada. O SLA pretende dar clareza às expectativas geradas pela contratação de um serviço. Se o cliente não sabe o que pretende receber não há como o fornecedor realizar a entrega. Os objetivos e as metas devem ser claros.

O escopo e a forma de um SLA podem mudar à medida que se desenvolve o relacionamento das partes, ou quando novos serviços ou produtos são implantados e/ou necessários, quando a estrutura é modificada e a tecnologia avança. As cláusulas devem refletir as obrigações de ambos informando quem, como, porque, por quanto tempo e qual o valor dos recursos necessários.

O SLA deve ser amplamente conhecido por todos os interessados para garantir que a comunicação seja assertiva e os propósitos estejam alinhados.

É importante conhecer quais os processos? Quais são os pontos críticos, semicríticos e não críticos e, principalmente, quais os níveis de impactos gerados para os clientes internos e externos? Quais os planos de contingências? Quem são os responsáveis pela resolutividade das questões? Pelas falhas e ocorrências operacionais?

Para que o SLA possa evoluir para as melhores práticas é importante que sejam implantados os *Operational Level Agreement* (OLAs[1]), ou Acordo de Nível Operacional que é um documento que determina serviços para os clientes internos. O OLA é um modelo de SLA entre setores internos da organização.

O que é um SLA nas diversas visões jurídica, gerencial, clientes e operação? (Quadro 16.1).

Quadro 16.1 – Definição de SLA.

Visão	Determinação
Jurídica	É um contrato formalizado e deve ser cumprido na sua totalidade
Gerencial	É a ferramenta de trabalho para a gestão de metas e melhoria contínua
Clientes	É a garantia de receber o que foi acordado com o fornecedor
Operação	São as regras definidas pelas partes em um contrato

https://slideplayer.com.br/slide/2271233/acesso em 02/08/2020.

O SLA pode contribuir para avaliar, objetivamente, o fornecedor e apresentar-lhe suas prováveis eficiências e deficiências na prestação dos serviços. Pode medir o *gap* da qualidade do produto ou serviço proposto e recebido. Pode ainda estabelecer um modelo de gestão técnica e financeira dos serviços prestados, principalmente no momento da avaliação de propostas de renovação ou substituição dos fornecedores.

O que é qualidade dos serviços? Quais os parâmetros mensuráveis de qualidade no serviço? O quadro 16.2 apresenta alguns parâmetros e seus significados.

A implementação do SLA permite que o gerenciamento dos serviços seja realizado de maneira clara e transparente em que o contratado e o contratante possam discutir os resultados com bases métricas e com medidas de melhoria de desempenho.

---

[1] OLA – Operational Level Agreement – Acordo de nível operacional (ANO). Documento que descreve o nível de serviços para clientes internos. Precisa constar prazos de todos os departamentos envolvidos. https://slideplayer.com.br/slide/2271233/

Quadro 16.2 – Parâmetros e significados da qualidade do serviço.

Parâmetros	Significados
Disponibilidade	Espaço temporal de contrato: Ex., 24 horas nos 7 dias da semana
Performance	Tempo de respostas e resolutividade
Confidencialidade e avencas	Segurança pessoal e de dados (LGPD)
Continuidade	Capacidade de o serviço continuar diante de uma falha ou desastre
Capacidade de processamento/ armazenamento	Histórico das avaliações, ações propostas de melhoria e não conformidades
Integridade/ segurança	Avaliações com caráter objetivo e mensurável
Padronização	Manutenção dos parâmetros por tempo determinado e acordado
Contingências	Efeito de reposição imediata e sem prejuízo aos objetivos do contrato
Tempo máximo de atendimento	Limite estabelecido pela criticidade do produto ou serviço
Pontualidade	Limite estabelecido pela entrega do produto ou serviço

O SLA pode ser um modelo coorporativo (para todas as unidades da empresa) por cliente (por unidade de negócios) ou por tipo de serviço específico. Aos gestores, cabe assegurar que o SLA será cumprido na sua totalidade durante o ciclo do serviço. Para tanto, é necessário entender a linguagem e a cultura do cliente.

Para descrever um SLA adequadamente é necessário elaborar um documento de requisitos exigidos pelo cliente, onde se descreve:

- Requisitos de qualidade do serviço: O que o cliente percebe.
- Requisitos para o negócio: Direitos e deveres das partes.
- Requisitos técnicos: Especificação do *service* detalhado de forma técnica. o que é preciso fazer para atender aos serviços especificados no contrato.

Serão necessários também avaliar a capacidade técnica do provedor de serviço e os cenários otimistas e pessimistas – tais como greve ou outra situação. Devem ser elaboradas também como linha de negociação e acordo, as penalidades e compensações (multas e benefícios) pelo cumprimento ou não do nível de qualidade dos serviços.

No documento devem conter ainda a formalização do acordo, as datas e periodicidade da avaliação do SLA, a data da implantação, os riscos da implantação, as responsabilidades das partes, o modelo de comunicação, as metas e objetivos, as exceções, os impactos e os custos envolvidos, o prazo do SLA.

Um dos pontos que as partes envolvidas devem observar com atenção é se as metas previstas do SLA contemplam validações para suprir sazonalidades, intercorrências ou endemias/pandemias. É possível que neste momento, devido ao aumento da demanda ou escassez de produtos, ocorram variações bruscas no atendimento às metas previstas.

No caso típico do que ocorreu durante a pandemia, houve alguns pontos de não cumprimento das metas. O fornecimento de enxovais hospitalares foi um dos grandes problemas surgidos nesse período. O aumento de consumo de enxoval, quase que exponencial, prejudicou o atendimento interno e o número de rotas previstas, assim como a falta de pontualidade e, principalmente, o volume em quantidades de peças abastecidas sofreu severas alterações.

Alguns cuidados devem ser tomados para não ferir ou interferir na cultura e nos valores das empresas. Devem estar alinhados ao negócio e as metas, além da capacidade de entrega, pode impactar negativamente no resultado e objetivos das partes. Assinar o SLA sem conhecimento das metas e das condições adequadas não é uma prática recomendável

PRÁTICAS DE GERENCIAMENTO DAS MÉTRICAS DO SLA

P – Por que implementar o SLA?
R – Para gerar avaliações objetivas e que possam ser avaliados efetivamente e sem depender de pontos de percepção das partes.
P – Por que medir?
R – Para verificar se as metas estão sendo cumpridas e, se não, quais os motivos?

O sucesso do SLA está na disciplina das avalições das metas definidas e na frequência dos registros e ocorrências para identificar um histórico de geração de dados e assim avaliar os possíveis resultados, os desvios e as melhorais propostas nos SLA projetados.

Esta identificação tem como objetivo avaliar tendências, eventos, exceções, restrições e probabilidade de falhas que podem afetar o serviço e também para permitir que ações preventivas possam ser visualizadas e assim antecipadas.

A disponibilidade e a frequência na leitura de relatórios são fundamentais para acompanhar a tendência dos resultados do SLA.

Na figura 16.1 verificamos que o SLA está indo de encontro a violação dos parâmetros acordados e que ações rápidas devem ser implementadas.

É de extrema importância que o plano de ação seja debatido em reuniões de revisão do programa de gerenciamento. Verificar resultados do SLA sem metas ou avaliar as metas sem parâmetros pode fragilizar a relação das partes por ausência ou falhas de controle. Nesse caso, devemos propor novos SLA ou revisar os indicadores, os parâmetros e as métricas existentes.

Não existe SLA na ausência de programas de melhoria contínua, na evidência de ocorrências sem os devidos registros, sem monitoramento, sem revisões periódicas e sem relatórios de desempenho. O relatório ajuda a demonstrar quais clientes e quais níveis de qualidade estão sendo entregues para que decisões sejam tomadas assertivamente e no tempo adequado.

O SLA tem larga importância na avaliação dos serviços terceirizados. É neste tipo de negócio que as avaliações objetivas são importantes, até para que se possa mensurar de forma adequada se os resultados estão em conformidade das propostas apresentadas.

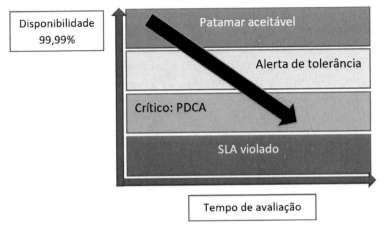

Figurta 16.1 – Tempo de avaliação. Fonte: acervo dos autores.

TERCEIRIZAÇÃO *versus* SLA

Alguns especialistas descrevem o projeto de terceirização como uma opção para contribuir na redução de custos de mão de obra em relação ao modelo orgânico de gestão de pessoas. A redução dos custos somente ocorre quando o contrato é proposto com o foco na produtividade. A contratação da terceirização deve ser focada, principalmente, na especialização dos serviços realizados. Sobre os custos, o mais importante é manter uma despesa desde que com alto desempenho.

A terceirização tem vantagens e desvantagens.

As vantagens ocorrem se os serviços estiverem acordados com bom senso, responsabilidade e com métricas objetivas de desempenho. O que é certo "cabe" em qualquer lugar.

A terceirização sem métricas pode ser uma grande aliada para o caos e a origem de continuada "dor-de-cabeça" para o contratante e também para o contratado. Má gestão das partes (terceirizador e terceirizado) pode resultar em conflitos impactantes para as atividades-fins da empresa.

Os conflitos podem ser ocasionados por:

- Descontroles e desconhecimento de finalidade e propósito.
- Falhas na capacitação e cultura da mão de obra.
- Contratação involuntária de pessoas inadequadas.
- Ausência de controle de frequência (para contratos *per capita*).
- Choque de culturas entre as partes.
- Perdas financeiras em ações trabalhistas movidas pelos empregados terceirizados.
- Outros problemas.

O processo de terceirização deve levar em conta diversos fatores de interesse, tais como a redução de custos, a qualidade dos serviços e, principalmente, o foco na atividade-fim.

Existe o risco ao atrelar a terceirização somente à redução de custos com a grande probabilidade de queda da qualidade dos serviços.

A terceirização deve estar em conformidade com os objetivos estratégicos da empresa, os quais irão revelar em que pontos ela poderá alcançar resultados satisfatórios.

O que não se deve terceirizar? O princípio básico é que não se terceirize sua atividade-fim ou seu *core-business*. Mesmo na atividade-meio, a cautela ainda é uma boa alternativa para decidir se vai ou não terceirizar.

Os hospitais podem terceirizar diversas atividades ou parte delas. Exemplo: a limpeza de áreas críticas semicríticas e não críticas (concorrente e terminal), limpeza de ambientes, jardinagem, coleta de resíduos, lavanderia, vidraças e fachadas, estacionamento etc. Alguns hospitais acham prudente não terceirizar atividades que sejam realizadas próximo aos clientes, tais como limpeza concorrente, arrumação de leitos (camareiras), serviços de copa (copeiras) entre outros.

Embora se possa buscar a especialização dos serviços pela terceirização, é necessário estabelecer e pactuar algumas regras tais como o SLA e os protocolos de atuação entre as partes. Não se pode esquecer de pontuar alguns riscos de um contrato mal elaborado, ou não monitorado durante o período contratual. Nesse caso, não estamos falando somente do SLA, mas dos riscos jurídicos e trabalhistas.

Os principais riscos podem ocorrer com a não distinção jurídica, da impessoalidade na prestação de serviços, dos limites da qualidade e desempenho, da perda do conhecimento sobre o processo e as tarefas, dos custos invisíveis da gestão (insatisfação entre colaboradores pares, clientes e gestores), do segredo intelectual (que pode se tornar acessível), do acesso a setores críticos, da perda da identidade do modelo de gestão, das prováveis ações de assédio, da dicotomia na cultura das organizações, da falta de competência operacional da contratada.

Um grave risco e que deve ser monitorado frequentemente é a responsabilidade solidária com a consequência financeira de passivos legais, tributários e trabalhistas.

Alguns cuidados operacionais também devem ser tomados para mitigar os riscos do objeto da contratação, dos objetivos, dos critérios, da qualidade dos serviços, das formas de aferição e penalidades impostas.

O contrato deve ser formal e completo, porém, sem rebuscamentos e exageros literários nas cláusulas. A atenção na contratação deve observar a idoneidade, a competência técnica, a capacidade financeira, o plano de contingência, a redudância, o modelo de gestão de pessoas, o atendimento a normas legais, jurídicas e sanitárias.

A contratante deve evitar que funcionários da contratada sejam utilizados para serviços não especificados no contrato, assim como deve evitar ordens direta aos funcionarios da terceirizada.

O contrato deve ser definido de forma clara e objetiva quanto a seu objeto, local e formatação dos valores, prazos etc. Assim também quais são as observações punitivas pela falha ou ausência nos níveis de serviços. Também deixar claro quais os prazos para a realização do trabalho, bem como todas as formas de extinção ou renovação do contrato.

Importante adicionar cláusulas que permitam a realização de auditorias de aferição das capacidades técnica, empresarial e financeira. Elaborar uma cláusula que possa definir valores e métodos de ressarcimento de prováveis prejuizos provocados pelas partes.

Após a contratação é necessário exigir a comprovação regular dos recolhimentos dos tributos, encargos, salários e benefícios dos colaboradores. A contratada também deve apresentar o plano de negócios, o cronograma de capacitação, as fichas técnicas dos produtos, equipamentos e utensílios que serão utilizados. Deve garantir rigor na uniformização, identificação e entrega de EPIs dos funcionários, quando necessário ou exigido.

Devem-se evitar cláusulas dúbias e leoninas e que podem prejudicar futuras negociações para renovações e extinção. Deve ser informado também sobre a existência de regras de monitoramento por SLAs.

O SLA é um excelente instrumento de avaliação do desempenho operacional dos terceiros e deve ser definido como parte (adendo) do contrato de prestação de serviços.

O POSICIONAMENTO E O IMPACTO DA TERCEIRIZAÇÃO NA HOTELARIA

As empresas prestadoras de serviço de Hotelaria e *Facilities* Hospitalar que atuam nas áreas de estacionamentos, lavanderias, higiene e limpeza, controle de pragas, cozinhas industriais, segurança patrimonial, entre outros, podem gerir seus contratos com indicadores que podem mensurar objetivamente seus resultados.

O mercado da terceirização oscila mediante a qualidade dos prestadores de serviços, ora a tendência pode estar na terceirização ora pode estar na "internalização" dos serviços ou o *insourcing*[2], que é o contrário de *outsourcing* (terceirização).

Por que fazer o *insourcing*?

Existem diversos fatores que levam as empresas a resgatar trabalhos, atividades ou setores de volta para seu ambiente interno. Entre os fatores para essa inversão estão a necessidade de retomar o domínio e o gerenciamento sobre determinados processos organizacionais; as transformações extremas nos negócios da empresa; o surgimento de novas parcerias ou sociedade; a mudança nos padrões da empresa; a definição de novas estratégias empresariais; a necessidade de gerar economia; o aumento de vantagens competitivas; a necessidade de controlar melhor o tempo e os recursos corporativos.

A terceirização dos serviços de apoio na hotelaria hospitalar mostra uma tendência de crescimento e de ampliação de setores. É claro que o nível de profissionalização das empresas terceirizadoras é fundamental para garantir o crescimento da atividade terceirizada. Quanto maior o nível da terceirização, maiores serão as necessidades de gestão desses serviços que podem ser realizados por gestores da empresa ou por quarteirizadores, que é o gestor contratado para fazer a gestão dos serviços terceirizados. Isso é a quarteirização.

---

[2] https://www.ibccoaching.com.br/portal/insourcing-definicao-e-principais-diferencas-com-o-outsourcing/#:~:text = Insourcing%20%C3%A9%20um%20conceito%20oposto,volte%20para%20dentro%20da%20empresa.

A hotelaria embora seja representativa como setor hospitalar, em algumas instituições de saúde, raramente estão presentes, com o jurídico, na elaboração dos contratos, seja para validar os processos seja para validar as necessidades técnicas e operacionais. Esse isolamento pode provocar futuros conflitos entre o que se deseja e o que se tem como resultados.

Recentemente em revisão de um contrato coorporativo em uma empresa operadora de saúde (hospitais, clínicas e prédios administrativos) nos deparamos com um modelo de processo e produtos que era suficiente para setores administrativos, porém totalmente insuficiente para um ambiente hospitalar. A resposta era de que seria um único grupo de produtos químicos para todas as estruturas.

E o mais agravante é que, como o contrato era coorporativo e decidido pelo administrativo, o que valia como padrão de métodos, processos, produtos e equipamentos, era o que estava definido para os prédios administrativos. É lógico que o esforço da hotelaria para que o serviço de higienização hospitalar fosse eficiente era em vão e deixava muito a desejar. A limpeza hospitalar se apresentava insuficiente e com baixo índice de qualidade pelo produto que não atendia a mínima necessidade de limpeza.

Neste contrato existiam modelos de SLAs para mensurar os serviços, porém o SLA principal estava atrelado ao tempo (em horas) de reposição do número de funcionários em substituição por alguma falta se por ventura existisse. Um SLA assim não tem comprometimento com o resultado do serviço. Quem ganha o jogo não é somente o número de jogadores em campo e sim a competência da equipe.

O foco de uma limpeza não é o número de funcionários dentro da instituição, mas a qualidade da higienização. Não se deve terceirizar com o foco no número de funcionários, mas sim pelo resultado proposto. Se entre 100 funcionários ocorre 1 falta (ou ausência temporária) e esta pode comprometer o padrão de limpeza, então, podemos admitir que os outros 99 funcionários são incapazes de garantir o resultado? Já vi times de futebol que, com apenas 10 jogadores, ganham campeonatos de outro time totalmente completo.

Um SLA que foca a quantidade de pessoas e não na qualidade de serviços pode ser considerado inadequado. O objetivo do contrato é a higienização e limpeza do ambiente é não o número de pessoas presente no hospital. Esse foco pode gerar colaboradores improdutivos ou ociosos. A quantidade de pessoas também não significa que o serviço será executado de forma eficiente e com a qualidade necessária.

Para definir e dimensionar um SLA é necessário descrever a tarefa e determinar o que deve ser cumprido. Deve ser especificado o que é um resultado conforme ou não conforme dos serviços. O SLA adequado deve ser originado pelo "gemba[3]", validando o modelo operacional proposto e se ele é suficiente para alcançar o resultado esperado.

É necessário que o gestor tenha uma visão 3D sobre as tarefas e seus resultados para que seja possível entender, criticar, avaliar, propor e elaborar um SLA que se apresente robusto para ambos (terceiros e terceirizados), tanto nos objetivos e metas quanto para definir as punições e premiações nos programas de terceirização.

O intuito da terceirização é a especialização dos serviços operacionais. O preço a ser cobrado pela "especialização desses serviços" vai além de uma simples transação comercial.

---
[3] Chão de fábrica – ambiente onde as tarefas são realizadas.

Os hospitais terceirizam pela proposta da garantia de que vão poder contar com os melhores especialistas nesses serviços e maximizar o tempo de dedicação em seu *core business*, ou seja, na sua atividade principal, a gestão da saúde.

Quando se terceiriza por preço, visando somente reduzir seus custos operacionais (que às vezes não se sabe quanto é realmente), pode ocorrer a contratação de empresas com pisos salariais inferiores aos pagos pelo próprio hospital, produtos inadequados, equipamentos obsoletos etc., gerando mais despesas e insatisfações do que bons resultados.

É importante visualizar a diferença existente entre o preço do serviço prestado (pago pelo hospital diretamente à empresa terceirizada), o valor recebido pelo gestor hospitalar e o percebido pelo cliente do hospital. É o cliente quem percebe a qualidade dos serviços e esse mesmo cliente também define em que hospital ele quer ser cuidado.

O cliente (paciente e acompanhante) está somente interessado no valor que está recebendo e somente vai olhar o preço se o serviço gerando não atender às suas necessidades e desejos. Portanto, esse valor percebido se torna mais importante para o cliente do que o "preço" a ser pago ao seu plano de saúde ou seguradoras. Por essas razões, preço e valor, é que o gestor hospitalar deve estar atento à contratação das empresas que vai cuidar do seu cliente.

Ao desenvolver um edital para a contratação de uma empresa prestadora de serviços, alguns fatores devem ser considerados por seus contratantes. Os 3 principais pilares dessa relação residem na qualidade da capacitação da mão de obra (não somente na carga horária), na estrutura dos equipamentos (máquinas e utensílios sustentáveis) e nos produtos utilizados (seguros e ecologicamente corretos). Essa união de fatores faz a diferença no resultado do serviço executado.

Ao aceitar uma proposta de serviços, devem-se verificar quais insumos eles vão disponibilizar, pois estes podem afetar diretamente a satisfação do paciente e de seu acompanhante (como por exemplo: qualidade do enxoval utilizado, do papel-toalha, papel higiênico, a marca do suco ou iogurte utilizado nas refeições entre tantos outros).

A hotelaria hospitalar nem sempre é consultada no processo de terceirização dos seus serviços e, em alguns casos, quem está contratando desconhece a operação, o dimensionamento de insumos e a qualidade da mão de obra e, de forma inadequada, pode fazer a opção pela pior proposta.

Um exemplo típico é quando se contratam pessoas da higiene, estipulando número de colaboradores e não a qualidade da mão de obra e a quantidade de serviços que deveriam ser executados, como, por exemplo, número de limpezas terminais, de altas, número de refeições servidas ou carros manobrados. Muitas dessas negociações ocorrem de forma relativamente rotineira e intuitiva, tendo o menor custo como fator decisório.

A negociação dos contratos deve considerar o desempenho resultante dos serviços contratados.

Exemplos:

Ao contratar uma empresa de higiene para realizar as limpezas terminais nas unidades "em alta" é importante considerar o nível de desempenho (tempo de limpeza) e a qualidade da equipe. O objetivo do controle do tempo (redução) é o de aumentar a taxa de "giro de leitos" e tornar mais rápida a realocação do leito. A morosidade no giro do leito poderá afetar as receitas (do hospital) e a saúde do cliente. Uma diária de leito tem vida útil de 24 horas. Uma diária não se pode estocar, quando não há ocupação perde-se a diária.

Na prestação de serviços da lavanderia com locação algumas instituições focam a pontualidade como fundamental no SLA da lavanderia. Não resta a menor dúvida de que a pontualidade é importante, desde que o quantitativo e a qualidade da roupa entregue sejam adequados. Ser pontual e não entregar a roupa no volume suficiente e acordado não pode significar "ser pontual".

Outro fator importante quando se loca o enxoval é a qualidade do fornecimento do enxoval, por exemplo, deve-se considerar o tipo e as características do enxoval. As peças de roupa devem ser construídas com materiais têxteis adequados e a lavagem deve garantir a segurança higiênico-sanitária do enxoval. Por vezes se utiliza o enxoval *pool* onde a qualidade e o aspecto do enxoval são passíveis de críticas pelos clientes e profissionais.

Ao contratar uma empresa de estacionamento com manobristas, deve-se estabelecer um tempo (pontualidade) de entrega dos veículos e, atrelado ao tempo, o comportamento (como dirigir o veículo) dos manobristas. Também, deve-se considerar a quantidade e a resolução dos possíveis sinistros como fator de avaliação de eficiência.

Algumas falhas observadas na contratação de terceiros estão totalmente focadas em valores, ou seja, no preço. O "fator de concorrência" tem um efeito de ajustar o preço final entre os dois extremos. Numa situação de competitividade irrestrita, a briga entre os concorrentes forçará os preços para a área inferior da faixa de lucratividade. Numa situação de colusão[4] de preços (caracterizado como cartel), todos os preços tenderão a se posicionar na parte superior da faixa.

A hotelaria pode se posicionar como agente de melhoria de qualidade e de custo buscando na redução de desperdícios e gastos o aumento das margens de lucratividade tais como aumento do giro de leitos, redução de insumos como água, energia e dos serviços da lavanderia, higiene etc. A hotelaria não gera somente despesas – ela pode contribuir na redução de custos e ao mesmo tempo agregar valor à experiência cliente.

O conhecimento dos custos, principalmente dos leitos, pode melhorar ainda mais a taxa de ocupação. Posso aumentar minha taxa de ocupação com operadoras que pagam menos do que o mercado, mas que podem me garantir um incremento de receitas. Se não sei o custo não posso arriscar uma ocupação.

Na hotelaria hospitalar e *facilities*, os serviços devem ser acompanhados por indicadores de desempenho, seja este serviço em internos ou terceirizado. Em um ambiente recessivo, ou de pandemia, o gestor hospitalar que não perceber que a hotelaria tem relevante impor-

---

[4] Colusão é um ajuste ou combinação maliciosa entre duas ou mais empresas prestadoras de serviços, com o objetivo de enganarem uma terceira empresa, ou de se furtarem na participação de uma licitação ou iludirem o contratante, combinando preços ou definindo áreas de atuação, perdendo propositalmente uma concorrência ao oferecer preços acima dos praticados pelo mercado.

tância no resultado do EBITDA[5] estará perdendo oportunidades em alavancar seus resultados pelo aumento dos gastos, pelo excesso de desperdícios e descontrole na sua operação. Por exemplo, a redução do custo do quilo da roupa lavada irá maximizar a rentabilidade dos serviços de hotelaria. Essa redução vai gerar economia (custo por leito/paciente-dia) a todas as unidades de negócio (bloco cirúrgico, Internação etc.) geradoras de roupa suja.

Em recente consultoria, a implantação do controle de distribuição do enxoval por camareiras (entre a rouparia central e cada unidade de rouparia satélite) e a liberação gratuita do enxoval para acompanhantes (somente era liberado se pago pelo cliente) provocaram redução de custos em 9,30% no volume de roupa lavada ou o equivalente a 11.997[6] quilos por mês ou aproximadamente R$ 505.000,00 ao ano. Valor suficiente para aquisição de até 150 unidades de TVs SMART (modernas e maiores). Foram duas satisfações dadas ao cliente: ele recebe o enxoval do acompanhante e terá uma TV maior e mais moderna no leito.

A hotelaria não gera, diretamente, faturamento, mas, melhorando serviços e reduzindo os custos, pode impactar no aumento da rentabilidade, da lucratividade e da satisfação do cliente.

OS ASPECTOS LEGAIS DO SLA NA TERCEIRIZAÇÃO

O SLA é um contrato ou acordo formal entre o prestador de serviço e seu cliente e tem como objetivo definir claramente qual é o nível de serviço desejado. Esse acordo descreve direitos, deveres e obrigações de ambas as partes. O SLA surgiu no início de 1990 como uma ferramenta de trabalho dos departamentos de Tecnologia da Informação (TI) e dos provedores de serviços em ambientes privados de computadores em rede. Os SLAs medem e gerenciam a qualidade do serviço que eles entregavam aos consumidores internos (Cordeiro, 2009).

Sob esta óptica, podem-se, então, obter os dados necessários sobre quais pontos de gargalo devemos abordar no desenvolvimento da cadeia de fornecedores e, para isso, o SLA surge como ferramenta experimental no controle dos níveis de qualidade e satisfação dos serviços prestados pelos prestadores de uma organização (Quadro 16.3).

As informações consideradas importantes a serem incluídas no acordo são:
- Indicadores de desempenho mensuráveis.
- Objetivos detalhados e bem definidos.
- Prazos de entrega de serviços satisfatórios, baseados em estudos.
- Direitos, obrigações e deveres de ambas as partes.
- Cláusulas punitivas em caso de não cumprimento do acordo.
- Critérios de *performance* desafiadores, porém alcançáveis.
- Criação de um ambiente de parceria.

---

[5] EBITDA se refere ao lucro antes de juros, impostos, depreciação e amortização (acrônimo do termo na língua inglesa: earnings before interest, taxes, depreciation and amortization).

[6] A redução ocorreu devido ao controle de distribuição. Antes era distribuído aleatoriamente e sem nenhum parâmetro de consumo por paciente/dia.

- Detalhamento das bonificações em caso de excelência no desempenho, e punições para serviços não realizados ou não conforme visando estimular a busca por melhores resultados.
- Estabelecimento dos prazos de vigência do acordo.

Quadro 16.3 – Exemplo de indicador de um SLA.

SLA nº 01: Prazo de atendimento de demandas de ordem de serviços (OS)	
Item	Descrição
Finalidade	Garantir um atendimento célere às demandas do órgão
Meta a cumprir	24h
Instrumento de medição	Sistema informatizado de solicitação de serviços – OS eletrônica
Forma de acompanhamento	Pelo sistema
Periodicidade	Mensal
Mecanismo de cálculo	Cada OS será verificado e valorado individualmente. Nº de horas no atendimento/24h = X
Início de vigência	Data da assinatura do contrato
Faixas de ajuste no pagamento	X até 1 – 100% do valor da OS De 1 a 1,5 – 90% do valor da OS De 1,5 a 2 – 80% do valor da OS
Sanções	20% das OS acima de 2 – multa de XX 30% das OS acima de 2 – multa de XX + rescisão contratual
Observações	–

Segundo a norma ABNT NBR ISO/IEC 20.000-1:2011, esse documento deve ser acordado entre os requisitantes e o responsável pelos serviços da organização. Devem ser revisados periodicamente para certificar-se de que continua adequado ao atendimento das necessidades de negócio da organização.

SLA E A LEGALIDADE DOS CONTRATOS PÚBLICOS

O SLA foi proposto pela INSTRUÇÃO NORMATIVA (IN[7]) nº 02, de 30/04/2008, instituída pelo **SECRETÁRIO DE LOGÍSTICA E TECNOLOGIA DA INFORMAÇÃO DO MINISTÉRIO DO PLANEJAMENTO, ORÇAMENTO E GESTÃO** conforme:

> Art. 1º Disciplinar a contratação de serviços, continuados ou não, por órgãos ou entidades integrantes do Sistema de Serviços Gerais – SISG.
>
> a: dispõe sobre regras e diretrizes para a contratação de serviços, continuados ou não.

---
[7] http://www.comprasnet.gov.br/legislacao/in/in02_30042008.htm

Portanto, o SLA é uma proposta com respaldo técnico e legal, muito embora seja mais utilizado em contratos públicos do que em contratos entre empresas privadas. O SLA poderá ser aplicado em qualquer modelo de contrato de serviços entre públicos e privados e entre privados e privados. Alguns modelos de SLA encontrados na iniciativa privada não são devidamente elaborados e podem ser considerados inadequados como pontos de validação da qualidade dos serviços. São considerados inconsistentes por não estarem devidamente alinhados com os propósitos contratuais.

SLAs que não conduzem a uma avaliação objetiva do nível dos serviços propostos não é um bom SLA. Rapidamente devem ser revistos.

O SLA na administração pública

A administração pública está agregando novos conceitos de gestão dos terceirizados para introduzir objetividade à avaliação dos serviços contratados e que esses possam ser medidos e melhorados. A meta é o desempenho para uma administração pública de excelência[8].

A Instrução Normativa (IN) nº 02/2008 do Ministério do Planejamento, Orçamento e Gestão definiu que os órgãos e entidades federais integrantes do Sistema de Serviços Gerais passaram a possuir legislação específica que estimula a utilização do SLA em contratações de serviços continuados.

A IN nº 02/2008 pretende evitar a remuneração da contratada **pela quantidade de serviços ou por postos de trabalho e incentivar a remuneração por resultados mensuráveis**[9]. Com a IN nº 05/2017 do Ministério do Planejamento, Desenvolvimento e Gestão, o SLA teve sua denominação alterada, no âmbito federal, para "Instrumento de Medição de Resultado" (IMR), em virtude da impossibilidade de negociação de acordos nas licitações públicas (**Grifo dos autores**).

O tradicional contrato convencional já em prática é complementado pelo SLA que deve conter cláusulas focadas diretamente na qualidade, na efetiva avaliação do serviço e nas consequências caso o acordo seja descumprido. Na administração pública, o SLA faz parte de um conjunto de documentos que compõem o instrumento convocatório, contendo apenas cláusulas relevantes à gestão de níveis de serviços.

A execução do contrato deve ser monitorada pelos indicadores de desempenho estipulados no SLA. O desempenho é avaliado em conformidade com as metas propostas de níveis de serviço, o que desencadeia adequações aos pagamentos proporcionais à qualidade da prestação do serviço.

Na administração pública brasileira a penalidade oriunda do SLA é referida como "adequação do pagamento", para que os ajustes aos pagamentos estipulados no SLA não sejam confundidos com a "multa contratual" que é uma das sanções administrativas previstas na legislação. Apesar de ser perfeitamente possível combinar essas duas situações em um mesmo contrato, o texto deve ser claro sobre quando incidirá a tradicional multa que demanda

---

[8] Schmitt, Paulo Silvestre, 2017.
[9] https://pt.wikipedia.org/wiki/Acordo_de_n%C3%ADvel_de_servi%C3%A7o

processo administrativo ou quando ocorrerá a direta adequação do pagamento com base no desempenho atestado pelos meios previstos no SLA.

Para elaborar um bom SLAs os gestores devem avaliar objetivamente quais suas necessidades de medições e seguir algumas etapas antes de implantação. O quadro 16.4 apresenta sugestões de como elaborar SLA objetivos e relevantes.

Quadro 16.4 – Sugestões para elaborar SLA.

Fase	Etapa do plano SLA	Trabalho
Planejamento do acordo	Objetivos e requisitos do serviço	• Foco no cliente • Envolvimento dos atores responsáveis
	Identificação dos gestores diretos do contrato	• Nível de poder de decisão dos atores
	Avaliação e diagnóstico da atual situação dos serviços	• Infraestrutura dos serviços • Tipos de serviços atuais • Nível de qualidade atual do serviço • Recursos utilizados e envolvidos
	Elaborar planos relevantes ao acordo	• O que está no escopo do contrato? • O que não está no escopo do serviço? • O que deve ser disponível para garantir o nível de serviço
Definição do acordo e do serviço	Detalhar o acordo	• Objetivo e modalidade do acordo • Datas de: início e revisão • Responsabilidade das partes • Definição dos termos usados no acordo
	Detalhar o serviço	• Identificação e definição dos serviços • Pré-requisitos para a execução do serviço • Produtos a serem obtidos • Volume de serviços contratados • Formas de remuneração • Penalidades e benefícios previstos
Definição da gestão do acordo e dos serviços	Métricas adotadas	• Abordagem sistemática de gestão e monitoramento do acordo
	Monitoramento das metas	
	Divulgação dos resultados	

SLA NA HOTELARIA HOSPITALAR

Para Farias, Boeger, Caruso e Picchiai (2019), o SLA é o compromisso assumido por um prestador perante um cliente com relação aos níveis de qualidade de serviços. O SLA é um documento que contribui para definir e mensurar as responsabilidades e compensações das partes. É utilizado para identificar as necessidades do cliente, os objetivos do serviço, as métricas a serem utilizadas e os benefícios resultantes da prestação dos serviços.

Um dos benefícios do SLA é reduzir conflitos ocasionados por avaliações subjetivas e inadequadas. Outro benefício é a adequação da remuneração de ambos (punições e premiações) pelos resultados apresentados. A proposta é avaliar os resultados em relação às métricas definidas e incentivar o diálogo objetivo entre as partes proporcionando ações de melhorias e adequações. No documento é importante que sejam inseridas as formas de como serão tratados os incidentes, tais como prazo e métodos de melhoria.

O SLA acordado em alguns contratos de serviços de lavanderia, por exemplo, estabelece o critério de acordo com o tipo de ocorrência, conforme sugestões apresentadas na tabela 16.1.

Tabela 16.1 – Sugestões para SLA acordado.

Ocorrências	Pontos
Não atendimento do telefone pela CONTRATADA para registro das ocorrências	0,3
Atraso no horário de coleta da roupa suja	0,3
Atraso no horário de entrega da roupa limpa	0,3
Cobrança por serviços não prestados	0,3
Cobrança por serviços fora do prazo estabelecido	0,3
Atraso na prestação de informações solicitados pela CONTRATANTE, para cada 24 horas	0,3
Não atendimento a qualquer outra obrigação de contrato não especificada aqui	0,3
Preparo de kits de hotelaria em descordo com os padrões estabelecidos pelo contrato	0,5
Falhas de limpeza dos carros de transporte	1
Presença de sujidades nas roupas encaminhadas às áreas assistenciais	1
Não abastecimento das áreas/setores/unidades por falta de roupas processadas	5
Preparo de kits cirúrgicos em desacordo com os padrões estabelecidos pelo contrato	0,7
Falta de cumprimento das rotinas de recolhimento de roupa suja	0,7
Falta de cumprimento das rotinas de abastecimentos de roupa limpa	0,7
Falta de uso de EPIs pelos funcionários da CONTRATADA	1
Falha de higiene do setor	1
Uso de produtos em desacordo com o termo de referência	1
Uso inadequado dos carros de transporte de roupas	1
Utilização de fluxo em desacordo com o preconizado	1

O que se podem verificar é que existem critérios mais subjetivos do que outros. A subjetividade pode impulsionar conflitos entre as partes e não ter o objetivo atendido ou por serem difíceis de mensurar, tais como o "não atendimento do telefone..." "falhas de higiene do setor".

O SLA é um complexo de indicadores que pode contribuir para avaliação dos serviços prestados. Pode ser estruturado com indicadores medidos proporcionalmente como de baixo impacto (normal), médio impacto (urgente) e alto impacto (estratégico e crítico), conforme modelo apresentado na tabela 16.2.

Tabela 16.2 – Impactos no cliente interno e final.

Estado	Resolução em horas	Criticidade no cliente final	Conformidade de entrega (% de atendimento)
Crítico	Até 1 hora	Impacto direto prejudicando o negócio da empresa	95 a 100
Urgente	Até 2 horas	Impacto ao usuário interno, porém com baixo impacto no cliente final	90 a 95
Normal	Até 6 horas	Não impactando o cliente e nem os usuários internos	85 a 90

Fonte: elaborada pelos autores.

A tabela 16.2 também pode ser utilizada para estabelecer os SLAs com os setores (clientes internos) do hospital.

Algumas publicações definem que o grau de excelência de um indicador pode ser definido por sua capacidade de medir o que se pretende (validade) e reproduzir os mesmos resultados quando aplicado em condições similares (confiabilidade). Outros atributos desejáveis para indicadores são sua mensurabilidade e relevância. É desejável, também, que os indicadores possam ser facilmente analisados e interpretados e que sejam compreensíveis pelos usuários e beneficiados da informação.

A maior parte dos autores concorda que, além disso, os indicadores precisam ser simples e objetivos. Assim como devem ser eficientes (relacionados a tempo, de processos, de análises e de produção), eficazes (com relação aos resultados que apresentam) e produtivos (no que se refere ao custo e produtividade). O SLA pode ser implantado na relação externa (com fornecedores externos) e interna (com departamentos da organização).

O SLA deve estar em todo relacionamento cliente-fornecedor, seja interno seja externo. Porém, muito cuidado na criação de SLA ou indicadores somente. Os indicadores são meios de avaliação de resultados e não o próprio resultado. Não adianta elaborar um quadro de indicadores se não existem informações relevantes ou se as ações de melhoria não são implementadas. Como exemplo: criar um indicador de atraso na entrega de roupa na CME (rouparia *versus* CME). Somente verificar o atraso não é suficiente. O importante é receber a roupa no volume, tipo e qualidade suficiente para uso. Não se deve medir nem controlar o que não tem importância ou relevância para o objetivo-fim da empresa.

Outro exemplo básico de controle, que não considero importante, é o quadro de assinatura diária da limpeza (limpeza de setores). Os fatos: ninguém lê esses documentos, até porque não tem nenhuma informação relevante e, principalmente, não refletem a qualidade da limpeza. Todos os formulários podem estar datados e assinados e a limpeza realizada sem a qualidade pretendida.

SLA E OEE: UM MODELO DE EFICIÊNCIA GLOBAL

Para evitar SLAs que não representem os objetivos das partes, principalmente a parte terceirizadora, sugerimos um método denominado de OEE (do inglês *Overrall Equipament Effectivens*) ou Eficiência Global de Equipamentos. O OEE permite calcular e monitorar o desempenho das máquinas de produção, identificando baixas e melhorias. Na hotelaria permite calcular e monitorar o desempenho dos serviços, identificando baixas e melhorias. **Nos serviços podemos denominar o método de *OSE - Overrall Services Effectiveness* ou Eficiência Global dos Serviços.**

Como inserir e relacionar a métrica OSE no SLA da hotelaria?

Considere os 3 pontos-chave do OSE que são:
- Pontualidade (disponibilidade).
- Desempenho (*performance*).
- A qualidade (conformidade).

Quais as vantagens de monitorar o SLA com o OSE?

O índice OSE é um indicador que proporciona uma avaliação de vários parâmetros relevantes ao resultado da operação.

Para o enxoval hospitalar, por exemplo, pode-se considerar perfeito quando os 3 pontos-chave (OSE) forem suficientes e adequados. Não adianta a pontualidade sem o volume e sem limpeza adequada. A grande vantagem está na melhor utilização do tempo e redução da movimentação improdutiva dos colaboradores sem falar na qualidade de atendimento ao cliente.

O modelo de SLA/OSE já traz consigo um valor ideal, há um *benchmark* mundial, o World Class[10] OSE, para cada um dos 3 indicadores (Tabela 16.3).

Tabela 16.3 – Modelo sugestivo de SLA/OSE.

Índice SLA/OSE	Benchmark %
Disponibilidade (pontualidade)	90
Desempenho (abastecimento)	95
Qualidade (qualidade)	99
Total	84,64

Fonte: OSE adaptada pelos autores.

Os critérios de avaliação podem ser utilizados conforme sugestões na tabela 16.4.

---
[10] https://www.oee.com/world-class-oee.html. Acesso em 15/08/2020.

Tabela 16.4 – Critérios de avaliação de SLA/OSE.

Índice SLA/OSE	Valor %
Perfeição mundial	100
Avaliação ótima – classe mundial	85
Avaliação regular	60
Avaliação baixa	40

Fonte: OSE adaptado pelos autores

Dessa forma, já é possível identificar se os resultados estão dentro do padrão esperado ou se alguma ação é necessária — e onde é preciso intervir — para aprimorar os resultados. Monitorando constantemente o índice SLA (OSE), você conseguirá tomar decisões com base em dados e em tempo real, garantindo a melhoria contínua com redução dos custos com paradas, ociosidade, além de identificar os gargalos com rapidez.

Como calcular o indicador SLA/OSE?

Por ser um cálculo complexo que leva muitos fatores em consideração, o ideal é que ele seja realizado de maneira automatizada, para garantir a consistência e agilidade. Assim, além de ter uma forma simples de chegar ao OSE com apenas um KPI, é possível obter os valores separados, podendo identificar qual deles está causando um aumento ou uma baixa no SLA — e otimizar nos pontos necessários.

O indicador OSE centraliza as diversas métricas como Pontualidade, Desempenho e Qualidade para medir a produção de serviços. Essa métrica evidencia fatores, tais como a produção máxima dos serviços, quais os limites máximos e mínimos e se a qualidade dos produtos é satisfatória.

Esse indicador foi criado como um componente da metodologia TPM — *Total Productive Maintenance*, ou Manutenção Produtiva Total —, que visa alcançar a meta de falha e quebra zeros na produção por meio de técnicas de manutenção preventiva e manutenção do sistema de produção. Por causa dos seus benefícios, o método também passou a ser utilizado por empresas adotantes da filosofia da manufatura enxuta (*Lean manufacturing*), que visa diminuir os desperdícios.

Antes de fazer o cálculo entenda como funciona cada um dos fatores tomando por base um SLA para lavanderia hospitalar (Tabela 16.5).

De acordo com a fórmula do SLA/OSE teríamos como resultado:

% SLA OSE = PDQ × 100

% SLA OSE = 0,933 × 0,92 × 0,7971 × 10

% SLA OSE = 68,41%

De acordo com a tabela 16.6 Benchmark de uma dada instituição, no critério Pontualidade existe conformidade. Porém, nos critérios Desempenho e Qualidade, estão abaixo do limite pretendido e podem ser consideradas não conformes.

Tabela 16.5 – Indicador de SLA/OSE.

	Descrição de cálculo
Pontualidade (disponibilidade)	É a porcentagem do atraso na entrega (a partir do tempo limite especificado) e o número de entrega do período Logo, a fórmula será igual a: $P\% = \dfrac{\Sigma NDP - (NEA \times TA)}{\Sigma NDP} \times 100$ Onde: **NEA = número de entrega atrasada** **TA = tempo de atraso em horas** **NDP = número de dias do período** Então, o cálculo é feito dessa forma: $$P\% = \dfrac{\Sigma 30 - (1 \times 2)}{\Sigma 30} \times 100$$ Pontualidade (Disponibilidade) = 1 entrega atrasada de 2 horas para cada 30 entregas no período de um mês Pontualidade = 0,933 ou 93,33%
Desempenho (abastecimento)	O desempenho representa a qualidade dos serviços de abastecimento Contribui para conferir se o padrão de abastecimento está em conformidade com a necessidade do hospital Logo, a fórmula será igual a: $D\% = \dfrac{\Sigma NPE}{\Sigma NPP} \times 100$ Onde: **NPE = número de peças entregues** **NPP = número de peças programadas/dia** Então, o cálculo é feito dessa forma: Desempenho (abastecimento) = peças contratadas: 15.000 peças. Peças entregues no mês: 13.800 $$D\% = \dfrac{\Sigma 13.800}{\Sigma 15.000} \times 100$$ Disponibilidade = 0,92 ou 92%
Qualidade (conforto e segurança sanitária)	A empresa tem uma definição da qualidade que é esperada na produção. Para calcular a qualidade, você vai precisar de 3 valores — e, de novo, todos devem ser analisados com a mesma dimensão de tempo Logo, a fórmula será igual a: $Q\% = \dfrac{\Sigma NPE - NPF}{\Sigma NPE} \times 100$ Onde: **NPE = número de peças entregue** **NPF = número de peças fora do padrão** Então, o cálculo é feito dessa forma: Desempenho (abastecimento) = peças entregues por no período: 13.800 peças. Peças com não conformidades no mês: 2.800. $$P\% = \dfrac{\Sigma 13.800 - 2.800}{\Sigma 13.800} \times 100$$ Qualidade = 0,7971 ou 79,71%

O critério qualidade está muito baixo.

Tabela 16.6 – Avaliação de resultado *vs. benchmark*.

Índice SLA/OSE	Benchmark %	Resultado %
Pontualidade	90	93,33
Desempenho (abastecimento)	95	92,00
Qualidade (qualidade)	99	79,91
Total	84,64	68,41

Em comparação com os índices mundiais, o fornecedor pode ser considerado regular e nesse caso necessita de ações para rápida melhoria (ver Tabela 16.4).

Também é possível definir que em caso de força maior, caso fortuito ou em função de indisponibilidade de recebimento alguns pontos dos indicadores, como o atraso, podem ser desconsiderados nos dias dessas ocorrências. Tudo isso fica a critério do modelo estabelecido entre as partes.

SLA COM OS SETORES INTERNOS NA HOTELARIA HOSPITALAR

A relação interdepartamental da hotelaria em uma instituição hospitalar é complexa. Existem conexões diretas entre vários setores, como a central de materiais e esterilização (CME) que é cliente da hotelaria via rouparia limpa. Portanto o SLA pode ser a pontualidade (entrega); o desempenho (tipo e quantidade adequados das peças) e a qualidade (sem manchas, sem danos e devidamente higienizada).

O bloco cirúrgico recebe a roupa esterilizada da CME e, após o uso, devolve para a hotelaria via expurgo e rouparia suja. Nesse caso, o SLA da hotelaria e *vs.* bloco cirúrgico pode ser a pontualidade (horário de coleta definida), o desempenho (roupa adequadamente acondicionada em sacos plásticos por criticidade e tipo de sujidade) e a qualidade (ausência de perfurocortantes, instrumentais etc.). Portanto, é possível estabelecer SLA para todos os setores clientes e fornecedores da hotelaria.

O quadro 16.5 foi elaborado como sugestão dos níveis de relacionamento dos setores hospitalares com a hotelaria hospitalar. Exemplificando, a velocidade da higienização tem alto impacto para o giro de leitos (internações e bloco cirúrgico) por ser estratégico. A velocidade da higienização tem baixo impacto no setor de manutenção, este pode esperar um pouco mais para ser higienizado caso existam demandas diretas com relação ao ambiente hospitalar estratégico (leitos, centro cirúrgico, emergência etc.).

O quadro 16.6, sugerido pelos autores, apresenta o tipo de SLA intersetorial da hotelaria hospitalar e seus respectivos impactos.

Quadro 16.5 – Definição do quadro de impactos entre os setores da hotelaria.

Setores	Higiene	Lavanderia	SND	PGRSS	CIP/MIP	GL	MANT
Higiene	–	Normal	Crítico	Crítico	Critico	Crítico	Normal
Lavanderia	Normal	–	Normal	Normal	Normal	Crítico	Normal
SND	Crítico	Normal	–	Crítico	Crítico	Normal	Normal
PGRSS	Crítico	Normal	Crítico	–	Crítico	Normal	Normal
CIP/MIP	Crítico	Normal	Crítico	Crítico	–	Normal	Normal
G Leitos	Crítico	Crítico	Normal	Normal	Normal	–	Crítico
Manutenção	Normal	Urgente	Urgente	Normal	Normal	Crítico	–

Fonte: Elaborado pelos autores.

Quadro 16.6 – Tipo de SLA e impacto intersetorial de hotelaria hospitalar.

SLA – Impacto		Higiene	Lavanderia	SND	PGRSS	CIP/MIP	GL	MANT
Pontualidade	Atraso	Alto	Alto	Alto	Baixo	Baixo	Alto	Alto
Desempenho	Custos	Alto	Alto	Alto	Baixo	Baixo	Alto	Alto
	Produtividade	Alto	Alto	Baixo	Baixo	Baixo	Alto	Alto
	Segurança	Alto	Alto	Alto	Alto	Alto	Alto	Alto
Qualidade	Higiene e limpeza	Alto	Alto	Alto	Alto	Alto	Alto	Alto
	Sustentabilidade	Alto	Alto	Alto	Alto	Alto	Alto	Alto

Fonte: Elaborado pelos autores.

SLA DOS SERVIÇOS TERCEIRIZADOS DA HOTELARIA

Os indicadores devem servir como um meio de comunicação da qualidade dos serviços prestados. De nada adianta a existência de vários indicadores se não se pode mensurar a eficiência do processo. Exemplificando para lavanderia, de que adianta se o veículo que transporta o enxoval lavado da lavanderia terceirizada chega sempre no horário correto se a quantidade do enxoval é insuficiente para realizar as devidas trocas dos clientes ou que ainda chegam sujos, danificados ou manchados?

Na hotelaria, 3 setores impactam diretamente na qualidade, na segurança e no conforto dos clientes, a lavanderia (que processa o enxoval hospitalar), a higiene e limpeza (que monitora e realiza a limpeza e desinfecção do ambiente hospitalar) e o controle de resíduos hospitalares comuns, infectantes e orgânicos (SND). O controle e monitoramento dos resíduos contribuem para evitar odores desagradáveis além de pragas e roedores.

Com base no modelo OSE adaptado para ser um SLA para os 3 dos setores da hotelaria sugerimos os critérios apresentados no quadro 16.7.

Quadro 16.7 – Proposta de acordo de conformidade de serviços.

OSE	SLA	Lavanderia	Higiene e limpeza	PGRSS
Disponibilidade	Pontualidade	Coletar e entregar o enxoval no horário acordado e definido por contrato	Atender às tarefas regulares e eventuais conforme os POPs	Coletar os resíduos conforme cronograma e necessidade de cada setor
		Distribuir a roupa nas rouparias satélites no horário definido	Atender às previsões propostas do melhor tempo de giro do leito	Segregar conforme o padrão sanitário
Desempenho	Abastecimento	Enxoval certo, no horário certo, na rouparia certa, para o cliente certo, no local certo, no padrão certo e na quantidade certa	POP, equipamentos e produtos adequados, pessoas capacitadas, EPI certo e transporte seguro	Manter regularidade para evitar acúmulo
			Estoque adequado de materiais e plano de contingência	
Qualidade	Conforto e segurança sanitária	Enxoval limpo, sem manchas, sem danos, com bom aspecto e com garantia higiênico-sanitária	Ambientes, pessoas e substratos seguros, limpos e higienizados	Ambiente em perfeito estado e resíduos adequadamente segregados

Fonte: Elaborado pelos autores.

SLA (OSE) NA LAVANDERIA

O que se pretende quando se terceiriza um serviço de lavanderia? Enxoval em perfeito estado de uso no tempo, na quantidade e na qualidade certa e adequada.

Sugerimos no quadro 16.8 alguns pontos de atenção sobre as expectativas quanto aos serviços de lavanderia, sejam eles terceirizados ou não, com enxoval locado ou não.

Quadro 16.8 – Sugestões de impactos de SLA.

SLA	Enxoval	Descrição	Vantagens	Impacto
Pontualidade	Locado ou próprio	Atender ao horário proposto pelo cliente	Atender aos clientes e corpo funcional. Planejar a distribuição nas rouparias satélites	Demora na troca do enxoval e no giro de leitos
Desempenho (abastecimento)	Locado	Entregar o enxoval correto e na quantidade correta	Realizar as trocas adequadamente e manter a reposição e a rapidez do giro de leitos	Enxoval insuficiente para realizar todas as trocas necessárias
	Próprio	Variável com o nível de suprimento do enxoval próprio		
Qualidade da roupa	Ambos	Enxoval correto, higienizado e seguro	Roupas sem manchas, sem danos e limpa	Apresentação ao cliente interno e externo

Fonte: Elaborado pelos autores.

A tabela 16.7 foi sugerida como definição do SLA para o modelo OSE.

Tabela 16.7 – Proposta de SLA padrão para lavanderias.

SLA (OSE)		Descrição do SLA	Parâmetros		SLA resultado %
Pontualidade (disponibilidade)		Atender ao horário definido pelo cliente	Limite a 1 hora de atraso por dia		$P\% = \dfrac{\Sigma NDP - (NEA \times TA)}{\Sigma NDP} \times 100$
Desempenho (abastecimento)		Entregar o enxoval certo e na quantidade certa	Em conformidade com a tabela de quantidade de enxoval por dia		$D\% = \dfrac{\Sigma NPE}{\Sigma NPP} \times 100$
Qualidade	Físico-químico	Enxoval limpo, sem manchas e sem danos	Unidades de peças dias		$Q1 = \dfrac{NPE - NPF}{NPE\ total} \times 100$
	Biológica	Enxoval em conformidade higiênico-sanitária	9 entre 10 peças com padrões sanitários adequados		$Q2 = \dfrac{NA > 20UFC/dm^2}{NA\ total} \times 100$
	Enxoval de terceiros	Enxoval de outras instituições	1 unidade por cada 1.000 peças entregues		$Q3 = \dfrac{NPE - NPF}{NPE\ total} \times 100$
	Taxa de relave	Quantidade de peças retidas para relave por manchas	Enxoval locado	Enxoval próprio	$Q4 = \dfrac{NPE - ER}{NPE\ total} \times 100$
			Zero	1,5%	
	Danos e evasão	Avaliar taxa de reposição (vida útil) do enxoval	3% ao mês	Zero	$Q5 = \dfrac{NPE - DEV}{NPE\ total} \times 100$

Fonte: Elaborado pelos autores.

Onde:

NEA = número de entregas atrasadas.

TA = tempo em atraso (> 60 minutos ou fração posterior).

NDP = número de enxoval.

NPE = número de peças entregues.

NPP = número de peças programadas/dia.

NPF = número de peças fora do padrão.

$NA > 20UFC/dm^2$ = Número de análises maior do que 20 unidades formadora de colônias por decímetro quadrado.

ER = enxoval retido.

DEV = danos e evasão.

Portanto, a partir da elaboração do quadro de critérios do SLA da lavanderia, os resultados já podem ser apurados conforme o modelo da tabela 16.8.

Tabela 16.8 – Resultados de conformidade de SLA.

SLA (OEE)		Parâmetros		SLA meta %	SLA apurado (%)	SLA Resultado (%)
Pontualidade		Limite a 1 hora de atraso por dia		$P\% = \dfrac{\Sigma NDP - (NEA \times TA)}{\Sigma NDP} \times 100$	96,66	96,66
Desempenho (abastecimento)		Em conformidade com a quantidade de enxoval por dia		$D\% = \dfrac{\Sigma NPE}{\Sigma NPP} \times 100$	96,80	96,80
Qualidade	Físico-químico	30 unidades por cada 1.000 peças entregues		$Q1 = \dfrac{NPE - NPF}{NPE\ total} \times 100$	93,60	95,90
	Biológica	9 de 10 peças com padrão higiênico-sanitário adequado		$Q2 = \dfrac{NA > 20UFC/dm^2}{NA\ total} \times 100$	98,80%	
	Enxoval de terceiros	1 unidade por cada 1.000 unidades de peças entregues		$Q3 = \dfrac{NPE - NPF}{NPE\ total} \times 100$	93,60%	
	Taxa de relave	Enxoval locado	Enxoval próprio	$Q4 = \dfrac{NPE - ER}{NPE\ total} \times 100$	97,00%	
		Zero	1,5%			
	Danos e evasão	3% ao mês	Zero	$Q5 = \dfrac{NPE - DEV}{NPE\ total} \times 100$	96,50%	
Total SLA (OSE)				SLA % = 0,9666 × 0,9680 × 0,9590		89,73%

A partir dos resultados se pode validar o SLA dos fornecedores de lavanderia em comparação com o *benchmark* definido pela empresa. A tabela 16.9 apresenta um modelo simulado dos resultados alcançados em uma avaliação do SLA.

Tabela 18.9 – Modelo dos resultados alcançados em uma avaliação do SLA.

Índice SLA/OSE	Padrão de *benchmark* proposto em %	Resultado SLA (OEE)	Análise
Disponibilidade (pontualidade)	98	96,66	Melhoria
Desempenho (abastecimento)	97	96,80	Melhoria
Qualidade (qualidade)	99	95,90	Melhoria
Total	94,10	89,73	Não Conforme

Com a tabela 16.9 já se consegue identificar se seus resultados estão em conformidade com o padrão de *benchmark* proposto ou se alguma ação é necessária – e onde é preciso intervir – para aprimorá-los.

Os setores de hotelaria e *facilities* contam com ferramentas especiais para monitorar o desempenho operacional de seus fornecedores, assim como os dos seus clientes. Os fornecedores são os prestadores de serviços externos ou não, tais como lavanderia, coleta de resíduos, controle de pragas etc. Seus clientes são as unidades consumidoras (solicitantes) dos serviços e também, ao mesmo tempo, as geradoras de seus resíduos. Exemplificando, a rouparia fornece o enxoval limpo e recebe dos setores de hotelaria ou bloco cirúrgico o enxoval usado (sujo) e os resíduos gerados por este setor. A nutrição recebe produtos alimentícios e insumos diversos para entregar as dietas e refeições para cliente e colaboradores e entrega para hotelaria os resíduos resultantes dessa preparação, tais como sacos, caixas de papelão, caixa de leite, vidros, plásticos, descartáveis (guardanapos talheres etc.).

A proposta do SLA composto (resultado da interação de fatores) tem como propósito gerar uma visão mais ampla e sistêmica do processo. Não adianta, por exemplo, o carro da nutrição chegar no horário para o fornecimento da refeição sem que esta esteja na qualidade, quantidade e temperatura adequadas. A proposta de um SLA composto é mais abrangente e pode sugerir melhor avaliação do processo inteiro.

O SLA também pode ser aplicado internamente para avaliar o processo de logística reversa dos setores gerados para a hotelaria, por exemplo: a roupa suja do bloco cirúrgico foi colocada dentro dos *hamper* certo, na hora certa. Porém foram encontrados instrumentais e perfurocortantes nessa roupa. Esse fato descaracteriza a qualidade em parte do processo e não existe meia porção de qualidade. Ou tem ou não tem.

Outro exemplo: todo o resíduo do atendimento da enfermagem está coletado e também acondicionado nos sacos de lixo adequados. Porém, no volume inadequado (maior ou menor do que ¾ da capacidade) ou, ainda, no local certo, na quantidade certa, porém sem nenhum critério de segregação. Existem latas de refrigerante no lixo infectante, ou infectantes no lixo comum.

O SLA é uma das lentes que se pode utilizar para enxergar com maior clareza os pontos críticos do relacionamento entre as partes fornecedoras e consumidoras. A partir da visualização podem-se propor as ações e redesenhar os métodos, processos da entrega ou do recebimento dos produtos ou serviços gerados.

O que se pede é que não se utilize o SLA como única fonte de força para o cumprimento dos contratos. É necessário objetivar os fins dos serviços que se pretende e que de acordo com o momento vivido esses acordos devem ser revistos. A aderência aos propósitos estabelecidos é que deve ser o objetivo do relacionamento contratual.

Se falarmos neste momento de pandemia, o radicalismo pode provocar conflitos, tumultos, desgastes e prejuízos aos serviços propostos.

SLA – UMA ANÁLISE CRÍTICA
Marcelo Boeger

O SLA chegou na hotelaria para profissionalizar diversos serviços que acabavam entregando uma qualidade inferior à contratada, muitas vezes confiando em modelo em que não havia mensuração dos serviços.

Alguns pontos serão cruciais para que o SLA possa apoiar na gestão dos serviços de apoio e para que o prestador de serviços possa ser avaliado de forma justa. Ou seja, identificar e definir as necessidades do cliente e a capacidade do prestador e eliminar as expectativas não compatíveis com o serviço especificado.

Lembro da minha primeira experiência com terceirização de lavanderia: após alguns meses, separamos todas os lençóis com manchas removíveis que deveriam ser enviadas para relave para apresentar para o fornecedor. Naquele hospital lavava quase 3 mil quilos por dia e consegui separar alguns lençóis, mostrando o quanto o serviço estaria abaixo de minha expectativa. O grande problema era que não avaliei a proporção que essa quantidade representava do total de roupas lavadas. Provavelmente, algo em torno a 1%. Naquela época ainda não se utilizava SLA na contratação, mas seguramente teria sido mais justo e mais fácil de resolver conflitos desse tipo, pois teríamos alinhadas necessidades e expectativas antes do início da relação. Será que aquela quantidade está dentro da natureza da operação daquela atividade? Quanto seria considerado ótimo? Zero?

Em um modelo de SLA, os critérios devem ser claros para que a avaliação não tenha distorções, independente da pessoa que realizar a auditoria.

A capacidade de entrega de fornecedor (prestador de serviço) deve ser considerada, pois um SLA, ainda que "perfeito" do ponto de vista do tomador e inexequível do ponto de vista do prestador, não servira para nada, é importante uma análise dos recursos à disposição para a melhor "entrega" possível.

Cuidado também com o subjetivismo:

Gaiolas "em quantidade suficiente" e em "bom estado" de conservação.

– Se este será um item de avaliação deve estar explicitado no modelo, o que chamamos de quantidade suficiente e o que significa bom estado.

DML "organizado", limpo, sem "excesso de materiais", somente itens úteis e não há "falta de materiais".

– Neste caso, o que seria considerado excesso de materiais? O ideal seria quantificar para não incorrer em subjetividade. Uma relação como uma lista de materiais também ajudaria a análise.

Outra vantagem está em estabelecer um desempenho ao longo do tempo, com verificações periódicas, eliminando surpresas avaliativas para os dois lados. Esse fato pode facilitar no caso de uma rescisão contratual e a possibilidade de juntos planejarem um plano de ação para a recuperação dos serviços. Ainda assim, não devemos colocar toda a avaliação de forma quantitativa.

Na maior parte das vezes, na área de hotelaria, estamos avaliando serviços de *facilities* que são resultados de processos desempenhados por pessoas. Devemos nos lembrar que o SLA avalia algo e o corrige em curto prazo e precisamos de outras formas de avaliar os serviços, tendo em vista um horizonte temporal maior do que o desempenho de uma rotina pode alcançar.

Outro aspecto que deve estar em nosso radar é de que, quando a avaliação e a recompensa estão baseadas apenas em indicadores quantitativos, controles mais robustos são necessários por parte do tomador para evitar eventual manipulação que pode acontecer para alcançar os números desejados no contrato, com objetivos limitados. Devemos ter cuidado para não fazer "somente" aquilo que a métrica mede e nos satisfazer com um padrão que poderia ser melhorado e que o próprio SLA pode acabar servindo para tornar-se um limitador às melhorias naquele processo.

Outro ponto seria avaliar o esforço na obtenção dos dados. Muitas vezes, para conseguir provar que os números que estão sendo avaliados estão sendo entregues, o prestador necessita ter equipes ou ainda que uma pessoa dedicando horas exclusivas na análise e tabulação desses dados e parte do orçamento que poderia estar atrelado à atividade produtiva acaba sendo represado em atividades administrativas. O mesmo pode ocorrer com o tomador dos serviços na busca pela avaliação do desempenho. Devemos tomar cuidado para que o custo do controle não supere o benefício dele.

Vale ainda lembrar que o SLA deve medir o desempenho e não cláusulas contratuais. Entendo que a análise se o prestador recolhe tributos fornece uniformes, insumos ou equipamentos nas marcas e modelos contratados, deve fazer parte de uma análise se o contrato está sendo respeitado e não se o desempenho daquele período está sendo atingido.

As falhas relativas ao contrato terão consequências regidas pelo próprio contrato e a falha de desempenho sofrerá as consequências acordadas entre as partes no próprio SLA, ainda que o acordo esteja aditado contratualmente.

17 EXPRESSÕES E SIGLAS UTILIZADAS EM HOTELARIA

Entender a linguagem utilizada no setor de turismo não é uma tarefa fácil. Procurando minimizar essa dificuldade, para alguns, preparamos uma lista com os termos mais utilizados, além de explicarmos como funciona o alfabeto aeroviário. Agora é só manter a listagem à mão e bom trabalho.

SIGLAS NO TURISMO E HOTELARIA

ABAV	– Associação Brasileira das Agências de Viagens.
ABBTUR	– Associação Brasileira de Bacharéis de Turismo.
ABECS	– Associação Brasileira das Empresas de Cartão de Crédito e Serviços.
ABEOC	– Associação Brasileira das Empresas Organizadoras de Eventos.
ABIH	– Associação Brasileira da Indústria de Hotéis.
ABRACCEF	– Associação Brasileira dos Centros de Convenções, Exposições e Feiras.
ABRACE	– Agências Brasileiras de Turismo Operadoras em Congressos e Eventos.
AMPRO	– Associação de Marketing Promocional.
ANAC	– Agência Nacional de Aviação Civil substituiu o antigo DAC.
BITO	– *Brazilian Incoming Tour Operators.*
BRAZTOA	– Associação Brasileira das Operadoras de Turismo.
DAC	– Sigla de Departamento de Aviação Civil, órgão federal responsável pela fiscalização e normatização de avião comercial e executiva do País, agora substituída pela ANAC – Agência Nacional de Aviação Civil.
EMBRATUR	– Instituto Brasileiro de Turismo, órgão federal vinculado ao Ministério dos Esportes e Turismo.
EVENT POOL	– Associação de Agências de Turismo Operadoras de Eventos.
FAVECC	– Fórum das Agências de Viagens Especializadas em Contas Corporativas.
FBC&VB	– Fórum Brasileiro dos Convention & Visitors Bureau.
ICCA	– International Convention & Congress Association.

SINDETUR	– Sindicato das Empresas de Turismo, uma das entidades mais antigas do setor.
UBRAFE	– União Brasileira dos Promotores de Feiras.
WTTC	– Conselho Mundial de Turismo.

EXPRESSÕES UTILIZADAS NO TURISMO E HOTELARIA

Aboyeur – recebe as comandas, canta os pedidos e controla a saída de pedidos.

Accompanied Baggage – bagagem transportada na mesma aeronave que pax, podendo ser arrolada (quando transportada no compartimento de carga da aeronave, estando sob responsabilidade da companhia aérea) e não arrolada (quando transportada pelo pax na cabine da aeronave, ficando sob responsabilidade do próprio).

A compartir – termo utilizado para indicar que um passageiro viaja sozinho e estará compartilhando o quarto com outro passageiro.

AD – desconto de agente. A sigla, quando seguida de um número, indica a porcentagem de desconto concedida a um agente de viagens. Por exemplo, AD-75 indica um desconto de 75% sobre tarifas sem restrição, que normalmente é concedido ao titular da agência. Seu cônjuge normalmente faz jus a um desconto de 50%: AD-50.

ADT – adulto (a partir de 12 anos).

Air Show – nome das informações sobre o voo que aparecem na tela de vídeo do avião, como, por exemplo, a distância e a duração.

Air traffic controller – controlador de tráfego aéreo. Pessoa da torre de controle de um aeroporto encarregada de monitorar e direcionar os pousos e decolagens das aeronaves.

Air travel card – cartão de crédito administrado por uma companhia aérea utilizado apenas para bilhetes aéreos. Ele também é conhecido como cartão universal de viagens aéreas.

Airline – companhia aérea.

Airpass – passe ou passagem aérea vendida pelas companhias para voos regionais no exterior.

ALI (aditional liability protection) – seguro para terceiros, no caso de locação de veículos, dá proteção adicional contra danos pessoais e materiais causados a terceiros. Ver também LIS.

Alfândega – departamento da Receita Federal encarregado de vistoriar bagagens e mercadorias em trânsito.

ALI (aditional liabilityp Protection) – ou seguro para terceiros, no caso de locação de veículos, dá proteção adicional contra danos pessoais e materiais causados a terceiros.

All inclusive – termo normalmente associado à hotelaria. Determina o sistema no qual todas as despesas (como refeições, bebidas alcoólicas e até gorjetas) estão incluídas no valor da diária paga pelo hóspede.

All suites – hotel que possui apenas suítes: apartamentos com uma sala anexa.

Alfabeto aeroviário – conjunto de palavras utilizadas para informar, sem erros, letras que compõem, por exemplo, um código de reserva.

Aisle seat – assento situado no corredor dentro de um avião.

Albergue – tipo de hospedagem econômica no Brasil e no exterior.

Allotment – número de apartamentos colocados à disposição de determinados segmentos.

Alta temporada – é a época de maior demanda para viagens: férias de verão e de inverno e festas de final de ano.

Amadeus – um dos sistemas de reservas computadorizado, hoje chamados de sistemas globais de distribuição.

American breakfast – café da manhã tipo *buffet* que inclui ovos, bacon, variedades de frios, pães, doces, cereais, sucos de frutas, iogurtes e pratos quentes. Geralmente é servido nos hotéis de luxo e luxo superior.

Amtrak – denominação das Estradas de Ferro de Passageiros dos EUA.

ARC (*Airlines Reporting Corporation*) – empresa autônoma criada pelas empresas aéreas domésticas dos EUA. Credencia agências de viagens para a venda de bilhetes e supervisiona detalhes financeiros no envio de pagamentos às companhias aéreas e também o desembolso de comissões às agências de viagens.

Area settlement plan – sistema administrado pela ARC/BSP/IATA em base regional, para controlar o processamento de bilhetes aéreos, pagamentos e desembolso de comissões aos agentes de viagens. Também designado como *Bank Settlement Plan* (BSP), mais conhecido assim no Brasil.

Amenities – produtos colocados à disposição dos hóspedes. Por exemplo: xampu, sabonete.

Arrival – desembarque.

Arsenal – local de guarda do material esterilizado pela Central de Esterilização de Materiais para ser utilizado no centro cirúrgico.

ARUNK – abreviatura do inglês *arrival unknown* que significa "chegada desconhecida"; é usado quando o passageiro tem uma data de saída de um destino, sem que no mesmo bilhete aéreo conste a data em que chegou àquele mesmo destino.

Asap (*as soon as possible*) – abreviatura de o mais breve possível.

Back of the house – áreas não expostas ao público de circulação interna dos funcionários.

Baggage claim – área de um aeroporto ou de outro terminal onde os passageiros retiram sua bagagem.

Ballroom – salão de eventos, como festas, congressos e bailes.

Barman/Barwoman – funcionário(a) que prepara bebidas no bar.

Bartender – funcionário encarregado de fazer coquetéis de forma atrativa.

Bed & Breakfast – cama e café da manhã. Termo utilizado para designar hospedagem econômica.

Beliche – camas superpostas utilizadas em navios de passageiros.

Bell boy (mensageiro) – é assim denominado porque era por meio da campainha que se costumava ser chamado pelo *bell captain* ou recepcionista para fazer serviços aos hóspedes ou ao hotel.

Bell captain – é o chefe de mensageiros do hotel.

Bereavement fare – a menor tarifa aérea oferecida às pessoas que viajam por motivo de morte ou doença grave na família.

Bilhete conjugado – bilhete complementar utilizado para cobrir trecho do roteiro.

Bita – acordo bilateral de tráfego entre companhias aéreas.

Blackout periods – datas específicas nas quais não há disponibilidade de certos bilhetes ou tarifas, como, por exemplo, os gratuitos ou promocionais. Essas datas geralmente coincidem com feriados ou períodos de alta estação.

Block off – bloqueio de determinado número de assentos, em voos regulares, para uso exclusivo.

Blocked space (bloqueio) – é a reserva garantida de quartos ou espaços em hotel, restaurantes ou atrações.

Boarding pass – cartão de embarque contendo os principais dados da passagem (destino, nome do passageiro, poltrona e número do voo).

Bonne main – é o ancestral da gorjeta. Designação atribuída à gratificação dada por viajantes como agradecimento aos pequenos serviços prestados por carregadores (mensageiros).

Booking (reserva) – é a promessa de acomodação em quarto, asssento, lugares etc.

Brazilian breakfast – café da manhã servido no Brasil, incluindo produtos genuinamente nacionais como suco de acerola, aipim, doce de abóbora, bolo de fubá etc.

Breakfast – café da manhã.

Bridge – ponte – no caso dos navios, ponte de comando.

Brigada – é a equipe do setor de A&B.

Brunch – café da manhã reforçado, que inclui pratos quentes e começa a ser servido em geral a partir das 11h00.

Budget – termo que, quando associado a um hotel, designa um tipo de empreendimento econômico.

Buffet – serviço de alimentação, como opção (almoço ou jantar) para todos os hóspedes ou clientes.

Bumping – prática de não permitir o embarque do passageiro no voo confirmado, devido a *overbooking* ou em favor de outros passageiros com maior prioridade.

Business class – chamada também de classe executiva e fica entre a econômica e a primeira classe.

Business travel – viagem de negócio.

Business hotel – hotel de serviço destinado a estadas curtas e procurado por pessoas de negócios.

By night – passeio noturno pela cidade.

Cadeia ou redes hoteleiras – são grupos hoteleiros que operam hotéis.

Cama *king size* – é a cama de casal maior que o tamanho comum ou por tamanho especial.

Camareira – responsável pela arrumação, limpeza, higiene e asseio dos apartamentos e áreas do entorno.

Camarote – é a cabine a bordo de um navio destinada a acomodar passageiros, é também utilizado para definir o espaço VIP em uma atração ou evento.

Câmbio – operação de troca de valores de uma moeda para a de outro país.

Carry on – bagagem de mão que os passageiros podem levar consigo, sem a necessidade de despachar.

Cartão de crédito – é um cartão magnético para pagamento de despesas a prazo, podendo ser emitido por instituição financeira ou por empresas comerciais.

Cartão de débito – é um cartão magnético para pagamento de despesas à vista, podendo ser emitido por instituição financeira ou por empresas comerciais.

Cartão de identificação de hóspede – é um cartão entregue aos hóspedes no momento da entrada que serve para identificá-los nos diversos setores do hotel.

Cash – pagamento em espécie.

Cassino – é um espaço para a realização de jogos. Não é permitido no Brasil.

CCIH – Comissão de Controle de Infecção Hospitalar – grupo de profissionais que atuam na investigação, prevenção e controle dos casos de infecção ocorridos antes, durante e após a internação hospitalar.

CDW (*collision damage waiver*) – termo utilizado em locação de veículo, é o seguro do carro contra roubo, furto, colisão ou incêndio, sem pagamento de franquia.

Centrais de reserva – sistema (CRS) de controle de hospedagem. Atualmente são interligadas com todos os setores do hotel, companhias aéreas, locadoras etc.

Centro cirúrgico – espaço reservado para a realização de cirurgias eletivas e emergenciais.

Charter – voo fretado, geralmente mais barato que o regular, com saída única (mesmo que dentro de uma série) e datas predeterminadas.

CHD – abreviatura de *children* (criança). Normalmente é para passageiros com idade de 2 a 11 anos.

Check-in time – é o horário de comparecimento ao aeroporto para despacho de bagagens. Também é o horário de entrada do hóspede no hotel, normalmente às 12 horas.

Check-in – procedimento de embarque realizado no aeroporto junto ao balcão da companhia aérea; ou procedimento de entrada em hotel.

Check-out time – é o horário registrado da saída do hóspede no hotel. Registrado após o pagamento da conta relativa a sua estada. Normalmente às 16 horas.

Check-out – processo de saída de um hotel.

Chefe de cozinha – planeja, dirige e supervisiona o trabalho da brigada de cozinha, solicita mercadorias e ajuda na elaboração do cardápio.

City tour – passeio turístico pelos principais pontos de uma cidade.

CLD – cancelado.

CME – Central de Esterilização de Materiais, unidade responsável pelo processamento da esterilização do enxoval cirúrgico tais como campos e instrumentais.

Code share – código compartilhado; acontece principalmente quando duas companhias aéreas utilizam o mesmo avião em determinada rota.

Coffe break – lanche rápido oferecido no intervalo dos eventos.

Collect call – ligação telefônica a cobrar.

Comercial rate – é a tarifa especial dada por um hotel a uma empresa, usualmente mais baixa do que a tarifa *Standard*, para quartos de categoria acima da média.

COMMIS (de *Commissionaire*) – é o termo utilizado para designar o encarregado auxiliar do garçom. Sua função é transportar bandejas com ou sem alimentos, limpar as mesas e arrumar a área.

Conciergerie – departamento responsável pela assistência às necessidades dos hóspedes. Por exemplo: compra de ingressos para *shows* e envio de flores etc.

Condômino – proprietários e moradores do *flat* que não estão utilizando uma unidade do *pool* de locação.

Conexão – termo associado principalmente aos voos; designa a necessidade de troca de aeronave em determinado aeroporto para o prosseguimento da viagem até o destino final.

Conferência de unidade habitacional – é a verificação da UH quando o hóspede sai do hotel (frigobar, enxoval, objetos quebrados etc.).

Connecting rooms – são dois ou mais quartos com portas privadas de conexão, permitindo o acesso sem necessidade de sair para o corredor.

Consigne – é a dependência onde se guardam volumes e bagagens por curto período de tempo.

Convention bureau – autarquias responsáveis pelo fornecimento de informações turísticas aos visitantes; também atuam na captação de eventos que são organizados nas cidades.

Couvert – é o serviço de restaurante que consiste na arrumação da mesa para a refeição. Inclui pão, manteiga, aperitivos, patê, queijos etc., podem ser ou não cobrados; termo utilizado, também, para fins estatísticos, para significar a quantidade de refeições servidas. Exemplo, 100 refeições significam que são 100 *couverts* servidos.

CRS – do inglês, *computerized reservations system* (sistema computadorizado de reserva). Utilizado principalmente pelas agências de viagens e *sites* de turismo, permite consultar e fazer reservas em companhias aéreas do mundo todo, além de hotéis pertencentes a grandes redes e locadoras de veículos. Foram criados para automatizar o processo de emissão manual de bilhetes aéreos. Os maiores CRS do mundo são, em ordem alfabética, Amadeus, Galileo, Sabre a Worldspan. Veja também GDS.

Cruise Line – companhia de cruzeiro marítimo.

Daily rate – é a tabela de preço das diárias.

Database – central de cadastro e informações.

Day clinic – hospital com funcionamento diurno, normalmente das 07h:00 as 19h:00.

Day use ou *Day rate* – termo utilizado principalmente para hotelaria, referindo-se às utilizações de um quarto/apartamento apenas durante o dia e não para passar a noite. É comum em escalas entre voos cujo intervalo é de muitas horas.

DBL ou DWB (*double*) – sigla para designar o apartamento com cama de casal, ocupado por duas pessoas.

Deck – termo utilizado basicamente para navios, referindo-se aos andares. É comum também a utilização do termo "ponte".

De luxe (alto padrão) – é o hotel de alta categoria e padrões de serviço.

Departure – origem, embarque.

Diária – é o preço cobrado pela hospedagem correspondente à utilização da UH (Unidade Habitacional) e dos serviços incluídos por um período básico de 24 horas, observando os horários de *check-in* e *check-out*.

Dinner – jantar.

Downgrade – é a mudança para um tipo de serviço ou acomodação de classe inferior.

Double (DBL) – apartamento para duas pessoas.

Double decker – ônibus com 2 andares, utilizado em algumas cidades como transporte público em outras para excursões locais.

Downgrade – é quando um passageiro passa, por exemplo, de uma classe superior em avião para uma classe inferior. É um rebaixamento de classe, que acarreta devolução da diferença paga. Normalmente, acontece devido ao *overbooking*.

Drop-off charge – taxa cobrada por uma locadora de automóveis quando um veículo alugado é deixado em outro local que não o de sua locação.

Duty free – é o regime de aquisição por cidadãos residentes em país estrangeiro ou chegados aos país, de bens de consumo, isentos de impostos aduaneiros. Aplica-se a lojas de aeroportos e de *gares* marítimas.

Duty-free shop – lojas onde não é cobrado o imposto governamental e, portanto, os produtos importados são mais baratos.

Duplex – é uma suíte com dois andares e ligada por escada privativa.

E-TICKET – abreviatura de *eletronic ticket*. Dispositivo utilizado pelas empresas aéreas em substituição à passagem aérea emitida em papel. O viajante informa um código recebido previamente, apresenta uma identificação e recebe o cartão de embarque.

Early check-in – entrada de hóspede no apartamento antes do horário de início da diária (12 horas).

Endorsement (ND) – característica de bilhete aéreo que permite ao passageiro voar o mesmo trecho em outra companhia aérea.

Economy hotel – é um hotel turístico ou de segunda categoria e com serviços limitados.

Empresa hoteleira – é a pessoa jurídica que explora ou administra meio de hospedagem e que tem em seus objetivos sociais o exercício da atividade hoteleira.

Emergência – local destinado a receber clientes com necessidades urgentes de atendimento.

Enfermaria – é tipo de quarto hospitalar com 2 ou mais leitos.

Entremetier – prepara sopas, guarnições e legumes, farináceos.

Enxoval – é o conjunto de toda a vestimenta do hotel (lençóis, toalhas etc.).

Escala – termo utilizado principalmente em relação aos voos; parada em determinado aeroporto, sem necessidade de troca de avião, antes da chegada ao destino final.

Extra – é o serviço complementar prestado em hotelaria, além do serviço usual de alojamento e alimentação.

Extrato de conta – é a relação detalhada das despesas efetuadas pelo hóspede durante sua estada no hotel.

F&B *Food and Beverage* – alimentos e bebidas. Departamento do hotel responsável pela aquisição, controle e distribuição dos alimentos e bebidas necessários ao funcionamento de seus restaurantes, bares e cozinha.

Facilities – é o conjunto de serviços prestados de maneira terceirizada ou não para otimizar o trabalho e simplificar a vida dos contratantes. São facilidades procuradas por uma organização que decide terceirizar algumas de suas atividades-meio. Algumas das áreas mais comuns de contratação de *facilities* são as de apoio, o que engloba serviços como manutenção, segurança, obras e jardinagem.

Famtour – *tour* de divulgação para clientes potenciais, cujo objetivo é apresentar sua estrutura e seus serviços.

Ferry boat – meio de transporte aquático para pessoas acompanhadas ou não por carros.

FAIR – tarifa de passagem.

First class hotel – é um hotel de categoria média, confortável, com altos padrões de serviços oferecidos.

Fitness center – local onde ficam a sauna, sala ginástica, sala de massagem, piscina e embelezamento; chamado também de *health club*.

Fly-drive package – pacote que inclui bilhete aéreo, aluguel de carro e hospedagem.

FNRH (Ficha Nacional de Registro de Hóspede) – documento utilizado pelo hotel para registro do hóspede na sua chegada.

Folder – folheto descritivo e ilustrativo.

Fortait – roteiro de viagem feito sob medida. Fretamento.

Front office – é o serviço conjugado de recepção e portaria em um hotel.

Full board (*fap*) – pensão completa nos meios de hospedagem ou durante excursões: estão incluídos o café da manhã, o almoço e o jantar.

Full day – dia inteiro.

Full fare – tarifa cheia, ou seja, tarifa sobre a qual não incide nenhum desconto. Em hotel seria a tarifa-balcão. Em companhia aérea, a tarifa Y, ou seja, econômica plena.

Fundo fixo – montante de dinheiro utilizado para troco ou emergências.

Garde-manger – desossa, limpa e corta as carnes, prepara os molhos frios e o *buffet* frio, responsável por guardar os gêneros alimentícios e os supervisionar.

Gate – portão de embarque.

GDS, do inglês *global distribution system* (sistema global de distribuição) – evolução dos CRS e utilizado principalmente pelas agências de viagens e *sites* de turismo, permite consultar e fazer reservas em companhias aéreas do mundo todo, além de hotéis pertencentes a grandes redes e locadoras de veículos. Os maiores GDS do mundo são, em ordem alfabética, Amadeus, Galileo, Sabre a Worldspan.

Governanta – profissional da hotelaria responsável pelo bom funcionamento do setor de alojamentos no que se refere a limpeza, higiene, arrumação dos quartos e zonas públicas, decoração e supervisão do trabalho dos empregados de andares ou camareiras e arrumadeiras.

Gratuidade – sistema utilizado em hotelaria e transporte que isenta um elemento de um grupo, normalmente designado "chefe de grupo" ou *tour conductor,* do pagamento dos serviços contratados.

Guéridon – pequena mesa com rodas, destinada a apoiar o serviço de restaurante, na frente dos clientes.

Guest relation – relações públicas do hotel, ajuda nos problemas e necessidades dos hóspedes.

Guest – hóspede. É a denominação dada ao cliente de um hotel.

Habituê – hóspede frequente.

Health club – similar a *fitness center,* indica uma área, normalmente em hotéis, que oferece serviços como massagem, sauna, relaxamento, ginástica e condicionamento físico.

Hóspede VIP (*very important person*) – pessoa muito importante que pela sua posição pessoal ou por ser muito recomendada recebe atenção especial.

Hospitalidade (*hospitality accueil*) – é a recepção cordial e generosa aos hóspedes.

Hotel-cápsula – surgiu em Tóquio para alojar de 2ª à 6ª-feira o segmento de executivos médios.

Hotel representative (HOTEL REP) – representante. Pessoa ou empresa designada por um ou mais estabelecimentos hoteleiros para promover seus produtos e oferecê-los a operadores e agentes de viagem.

Hotel voucher – cupom emitido pelo operador para cobrir o pagamento de todos os detalhes especificados nas viagens pré-pagas. O hotel manda o relatório das despesas ao operador para pagamento.

Inclusive tour charter – termo da indústria de viagens na qual o transporte básico é por aeronave charterizada.

INF – abreviação de "infantil", normalmente associada a criança de 0 a 1 ano.

Inventário – é o levantamento periódico de bens ou mercadorias de diversos setores do hotel.

Invoice – documento contábil que detalha os serviços a serem prestados ou já efetuados, solicitando pagamento.

Jet lag – mal-estar causado pela mudança de fuso-horário; acontece normalmente após voos de longa duração.

JURCAIB – sigla de Junta de Representantes das Companhias Aéreas Internacionais no Brasil, entidade que reúne as empresas estrangeiras com operações ou escritórios no País.

King size bed – cama de casal maior que o normal, normalmente com 2m × 2m.

Laissez-passer – é o ancestral do passaporte.

Last call – última chamada para embarque.

Late check-out – saída do apartamento depois do término da diária (12h).

Late check-in – significa entrar após o horário definido como prazo para garantir a reserva.

Lavanderia – departamento responsável pelo processamento das roupas utilizadas no hotel e dos hóspedes.

Layover – passageiro de linha aérea que recebe hospedagem quando ocorre algum problema, no solo, que impeça a aeronave de partir.

LDW (*loss damage waiver*) – seguro total sem franquia para o caso de locação de veículo.

Leasing – sistema comum, principalmente na França, pelo qual o passageiro se torna dono de um carro zero quilômetro por períodos que podem variar de 17 dias a seis meses. Depois desse tempo, o carro é "recomprado" pela empresa, que não faz mais o *leasing* desse.

Leito hospitalar – tipo de acomodação existente no quarto de um hospital, clínica etc. Pode ser quarto privativo ou enfermaria com 2 ou mais leitos.

Life boat – bote/barco salva-vidas.

Lift – termo normalmente associado às estações de esqui, designa os "meios de elevação" que levam os esquiadores até os pontos de onde descem as pistas.

LIS (*liability insurance supplement*) – termo utilizado em locação de veículos no exterior, que significa suplemento ao seguro de responsabilidade.

Lista de espera – relação com nomes de passageiros que desejam embarcar em um voo que já está com todos os lugares reservados.

Lobby – espaço existente na entrada principal do hotel, onde se localiza o balcão de recepção e os acessos para as UHs e demais dependências do hotel.

Localizador – termo comum na aviação comercial, é um código que identifica uma reserva.

Log book – livro de comunicação interna dos colaboradores da recepção, onde é anotada toda e qualquer observação referente aos diferentes turnos, para que haja homogeneidade de informações entre esses colaboradores.

Lounge – salão, sala de estar dos hotéis ou sala VIP no caso de aeroportos.

Main courante – livro utilizado em alguns hotéis de pequeno e médio porte, onde se registram as despesas efetuadas pelos hóspedes, incluindo tarifas de hospedagem e alimentação, utilizando o processo manual.

Maître d'hotel – o chefe da sala, funcionário cuja função consiste em dirigir e orientar o serviço de sala/restaurante, bem como assistir ao cliente e orientar seus pedidos.

Mensalista – hóspede com permanência mínima de 30 dias corridos.

Mise-en-place – é a colocação em ordem, arrumação (mesa, *room service*, sala de restaurante).

MMAP – sigla que indica "meia pensão", sistema de hospedagem com café da manhã e mais uma refeição (almoço ou jantar).

Milhagem – também conhecida como plano de milhagem, é uma premiação que as companhias oferecem em troca da fidelidade dos passageiros.

Mordomo – funcionário designado para atender serviços em andares especiais a hóspedes especiais.

No show – não comparecimento de um hóspede, sem cancelamento prévio de sua reserva.

Non stop – voo sem escalas.

Occupancy rate (taxa de ocupação) – porcentagem de pernoites (*bed nights*) – vendidas, comparadas com o total disponível à venda no hotel.

Off-peak (baixa estação) – tarifa hoteleira com descontos. Aplica-se quando há baixa de demanda.

On time – no horário.

OP – autorização para emissão de passagem em outro local, normalmente nos aeroportos. É utilizado principalmente em viagens de última hora.

Open jaw – viagem de ida e volta com ponto de partida e de retorno diferentes.

Open voucher – documento que garante a prestação de um serviço que ainda não tem data definida. Ver também *voucher*.

Operadora – empresa responsável pela montagem dos pacotes turísticos.

Operator – o mesmo que operadora.

Outlet – loja de fábrica ou conjunto de lojas que vendem diretamente do fabricante para o consumidor; podem ser chamadas também de *outlet mall* ou *factory outlet*.

Over price – é o preço cobrado pelas agências de turismo sobre uma diária com preço líquido (*net*).

Overbooking – mais reservas/mais hóspedes do que assentos/apartamentos etc.

Pacote hoteleiro (*hotel package*) – oferta especial, inclui quarto, transportes, traslado, alimentação e uso das instalações.

PAI (*personal accident insurance*) – ou seguro pessoal, cobre as despesas médicas dos ocupantes do carro alugado em caso de acidente.

Parador – nome pelo qual são conhecidos, na Espanha, estabelecimentos hoteleiros de rede do Estado, situados em locais de importância estratégica para o turismo e, em geral, adaptados de castelos ou monumentos de interesse histórico.

Pâtissier – prepara massas doces e salgadas, confeitaria, sobremesas, sorvetes. Monta o *buffet* de sobremesas.

PAX – termo utilizado para designar o passageiro ou hóspede.

Pensão completa – sistema de hospedagem que inclui todas as refeições.

PNR – do inglês p*assanger number reservation*. Trata-se do resumo de uma reserva de passagem aérea.

Ponto a ponto – tarifa promocional para o exterior, em que as datas são previamente marcadas e o tempo de permanência é limitado e estipulado.

Pool – conjunto de apartamento que compõe uma sociedade para locação hoteleira.

Poolista – proprietário de apartamentos que faz parte do *pool*.

Porteiro de serviço – funcionário responsável pela portaria onde entram os empregados, prestadores de serviços, fornecedores etc.

Pousadas – nome que se dá, em Portugal, a pequenas unidades hoteleiras localizadas em pontos estratégicos destinadas a apoiar o turismo itinerante. Na Venezuela, são as instalações receptivas de pequena escala, localizadas nos centros povoados, áreas rurais, praias e estradas, em rotas ou circuitos turísticos.

Preço *net* – preço líquido, onde estão inclusas as taxas de serviço e não se paga comissão.

Private fair – tarifa privativa, normalmente disponível apenas para grandes empresas.

Procedimento de arrumação – procedimento de limpeza e organização das UHS efetuado pelas camareiras na estada do hóspede.

Procedimento de saída – procedimento de limpeza e padronização das UHS, sendo efetuado pela camareira, após a saída do hóspede.

PTA (*pre pay ticket advice*) – termo para designar que o pagamento do bilhete será realizado em um lugar e a emissão será feita em outro, normalmente em um aeroporto da mesma cidade ou mesmo de outra.

Public house – estabelecimento típico inglês onde se servem bebidas alcoólicas e refeições rápidas, dentro das limitações de horário impostas pela legislação.

Pullman – vagão de estrada de ferro, de luxo, com cadeiras reclináveis, destinadas ao transporte de passageiros, dispondo do máximo conforto.

Quad – é um quarto ocupado por quatro pessoas.

Rack rate – tarifa-balcão.

Rack – sistema de organização de controle visual, que consiste em um modelo de fácil consulta sobre tarifa, disponibilidades, ocupação etc. utilizado pela recepção.

Recepção – setor responsável pelos registros de entrada e saída dos hóspedes, sendo o principal setor de contato com o hóspede durante sua estada.

Recepcionista – funcionário encarregado de fazer todo o procedimento de entrada e saída dos hóspedes.

Reception desk – o balcão de recepção.

Receptivo – serviços prestados aos viajantes no local de destino. Normalmente as empresas contratam os serviços de receptivo onde não têm filiais.

Réchaud – utensílio, tipo fogareiro, que serve para manter o alimento quente, no *buffet*, nos aparadores, *guéridon*, ou na mesa do cliente.

Referral organization – são associações de hotéis independentes, controladas por eles, que rateiam as despesas de escritórios, propaganda, promoção de vendas e central de reservas.

Relais – designação dada, na França, à localização de certos hotéis e restaurantes em importantes cruzamentos rodoviários ou de ligação de ferrovias com rodovias.

Relatório de ocupação – relatório diário que demonstra a situação de cada UH, contendo informações como nome do hóspede, número de hóspede na UH, apartamentos vagos, apartamentos para manutenção ou limpeza.

Rent – aluguel; no caso de veículos, *rent-a-car*/aluguel de carros.

Reserva com depósito – reserva feita em um hotel cujo pagamento já foi realizado.

Reserva garantida – reserva do hotel que o hóspede paga independentemente de ser ou não utilizada.

Resort hotel – hotel situado em zona turística de forte demanda sazonal.

Room rack – móvel onde são colocadas, em pequenas tiras de papel, as principais informações das UHS, utilizando-se cores para representar as diversas situações: ocupado, disponível, em limpeza ou manutenção.

Room service – atendimento do setor de restaurante diretamente no apartamento.

Room – denominação de unidade habitacional (UH).

Rooming list – expressão usada para designar a lista de distribuição antecipada de um grupo de hóspedes pelos apartamentos já reservados; lista ou relação de ocupação de acomodações.

Rooming-night (pernoite) – número de diárias computadas na ocupação.

Rôtisseur – confecciona os pratos de carnes, aves, pescados, legumes e ovos em fornos, grelhados e fritos.

Rouparia de andar – espaço físico existente em cada andar que armazena o enxoval referente àquele andar. Ver Rouparia satélite.

Rouparia geral/central – espaço físico próximo à lavanderia onde ficam armazenadas as roupas vindas da lavanderia que, posteriormente, serão distribuídas para as rouparias de andar.

Rouparia satélite – espaço físico existente em cada andar que armazena o enxoval referente àquele andar.

Saucier – prepara os molhos quentes, os peixes (exceto os fritos e grelhados), crustáceos quentes e todas as carnes (exceto as assadas e grelhadas).

Serviço de boa-noite – é o serviço no qual a camareira prepara a cama para o hóspede – abrir a cama.

Sightseeing – visita aos pontos turísticos da cidade.

Single (quarto de solteiro) – é uma pessoa ocupando um quarto, uma cama simples.

Single room – apartamento para solteiro.

Single supplement – é a taxa extra para acomodação *single* em uma viagem.

SLI (*supplemented liability insurance*) – Ver LIS.

Sommelier – professional cuja função consiste em recomendar, degustar, servir e garantir a boa qualidade dos vinhos e outras bebidas.

Stand by – quando o passageiro/viajante está em situação sujeita a disponibilidade de lugar.

Standard – tipo comum de apartamento.

Studio (quarto com cama conversível) – sala transformada em quarto.

Suíte – um ou mais quartos com uma sala anexa, combinação de dois ou mais quartos.

Surface – termo associado ao bilhete aéreo. É um trecho implícito que é feito por terra. Exemplo: voo São Paulo-Miami, *surface*, Orlando-São Paulo. Ou seja, não há o trecho aéreo entre Miami e Orlando.

TGV (*train de grande vitesse*) – é o trem rápido que opera na França.

Table d'hôtel – menu de preço fixo, não selecionável, servido em horários específicos a todos os hóspedes. Oposto ao *a la carte*.

Tarifa-acordo – preço negociado.

Tarifa-*net* – tarifa sobre a qual não incide comissão para a agência.

Tarifa – preço.

Taxa de serviço – importância adicionada ao valor das despesas dos hóspedes e dividida entre os funcionários de acordo com a pontuação definida em acordo coletivo com o sindicato dos empregados.

Toll free – ligação telefônica gratuita.

Tonelagem – termo utilizado principalmente em relação aos cruzeiros marítimos. Não significa, contudo, o peso, sendo mais uma medida de espaço. Para saber se um navio tem bom espaço interno, por exemplo, é comum dividir a tonelagem pelo número de passageiros. Se o resultado for superior a 23, o navio é considerado tendo um com espaço médio.

Tour – muitas vezes utilizado como sinônimo de passeio.

Tour guide – guia turístico.

Tour operator – ver Operadora.

Tourist hotel – hotel econômico ou segunda classe, com serviços limitados.

Transfer – transporte, normalmente do aeroporto para o hotel; o mesmo que traslado; comum também na formação *transfer in* ou *transfer out*, respectivamente, transporte de chegada e saída.

Traslado – serviço de transporte ao cliente.

Traveller check – cheque de viagem. Pode ser comprado em casa de câmbio do país mediante apresentação de passaporte e passagem aérea; também pode ser comprado em algumas agências bancárias.

Trip – viagem.

Triple (TRP – quarto triplo) – quarto ocupado por três pessoas.

Twin (TWN – quarto duplo) – quarto ocupado por duas pessoas e possuindo duas camas simples.

UH – unidade habitacional.

Uma perna – apenas um trecho de uma viagem e não ida e volta. Exemplo: São Paulo-Rio de Janeiro.

Upgrade – transferência de uma classe para outra superior sem pagamento de taxa adicional; acomodação em apartamento de categoria superior ao da reserva feita.

Vallet parking – estacionamento com manobrista.

VIP (*very important person*) – hóspede importante (política ou social) que recebe tratamento especial.

Visto de entrada – autorização, concedida ou não, para que um estrangeiro possa visitar outro país. Antes de viajar ou de comprar a viagem é fundamental saber se o país de destino exige ou não o visto de brasileiros.

Voo regular – que faz parte dos serviços rotineiros de uma empresa aérea, com partida e chegada, independente do número de passageiros.

Voucher – documento emitido por uma agência de turismo que comprova determinada reserva e a forma de pagamento. Ordem de serviço turístico emitida pela agência, operadora ou sua representante legal. Normalmente os viajantes levam consigo e devem fazer a contra-apresentação para a prestação do serviço.

Walk out – hóspede de hotel que abandona sem aviso prévio e sem pagar a conta.

Walk-in – hóspede sem reserva.

Walked guest – hóspede que chega com reserva confirmada mas deve ficar em outro local, pois o hotel não tem apartamentos disponíveis.

Western style – expressão utilizada nos guias de hotéis de alguns países do Extremo Oriente, especialmente Japão, para designar os quartos de hotéis que oferecem as *facilities* e decorações idênticas às dos hotéis americanos ou europeus.

CONCEITOS RELACIONADOS A PLANOS DE ALOJAMENTO E ALIMENTAÇÃO

American plan (AP) – acomodações hoteleiras com três refeições incluídas no preço do quarto. Também conhecidas como pensão completa.

Bermuda plan (BP) – quarto com *breakfasf* diários.

Brunch – designação norte-americana por um *buffet* servido entre as 12 e 15 horas. É a associação de BR (de *breakfast*) + UNCH (de *lunch*). Serve bolos, sucos, leite, café, chás, pastas, geleias etc.

Catering – conjunto de elementos comestíveis e não comestíveis colocados a bordo de um navio ou avião para uso e consumo de passageiros e tripulantes durante a viagem.

Coffee-break – intervalo de uma reunião, congresso, seminário ou evento, destinado ao descanso dos participantes e durante o qual são servidos bebidas e alimentos (*petit-fours*).

Continental breakfast (CB) – café da manhã que inclui uma bebida (chá, café ou leite) e pão ou torradas.

Continental plan (CP) – alojamento e continental *breakfast*.

Demi-pension ou *half-pension* – acomodações hoteleiras que incluem *continental breakfast* e/ou almoço ou jantar *table d'hotê*, no preço do quarto. O mesmo que *modified plan*.

English breakfast – refeição matinal geralmente servida nas ilhas inglesas e Irlanda.

European plan (EP) – acomodações hoteleiras sem refeições incluídas no preço do quarto.

Full pension (pensão completa) – acomodações hoteleiras com três refeições diárias incluídas no preço do quarto. O mesmo que *American plan* ou *full amarecan plan*.

Modified american plan (MAP) – quarto, café da manhã e/ou almoço ou jantar, diariamente. Também denominado de meia pensão.

ALFABETO EM TURISMO E HOTELARIA

O alfabeto aeroviário ou alfabeto OTAN[1] é o conjunto de palavras utilizadas para informar, sem erros, letras que compõem, por exemplo, um código de reserva, o nome de um local ou pessoas. É definido pelas palavras-chave do alfabeto inglês por meio de um princípio acrofônico (Alfa para A, Bravo para B etc.) para que combinações críticas de letras e números possam ser pronunciadas e entendidas por aqueles que transmitem e recebem mensagens de voz por rádio ou telefone, independente de seu idioma nativo, especialmente quando a segurança de navegação ou de indivíduos é essencial. É informalmente conhecido como "alfabeto Zulu[2]" na aeronáutica brasileira (Quadro 17.1).

---

[1] Organização do Tratado do Atlântico Norte.
[2] Criado, em 1886, pelo linguista francês Paul Passy que liderou um conjunto de professores da França e da Inglaterra, que formou a Associação Fonética Internacional. Existe uma uniformização em todos os idiomas criada em 1888. Depois disso, ocorreram algumas revisões, acrescentando ou eliminando símbolos, sempre para facilitar seu uso. A última revisão ocorreu em 2005. http://www.alfabetofonetico.com.br/alfabeto-fonetico. Acessado em 08/10/2018.

Quadro 17.1 – Alfabeto aeroviário.

Letra	Código	Pronúncia*	Letra	Código	Pronuncia
A	Alpha	**al** fa	O	Oscar	**Oss** car
B	Bravo	**Bra** vo	P	Papa	Pa **pa**
C	Charlie	**Tchar** li	Q	Quebec	Qué **bec**
D	Delta	**Del** ta	R	Romeo	**Ro** me ô
E	Echo	é co	S	Sierra	Si **e** rra
F	Foxtrot	**Fox** trot	T	Tango	**Tan** gô
G	Golf	**Golf**	U	Urbano ou Uniform	**Iu** ni form
H	Hotel	**Ho** tel	V	Victor	**Vic** tor
I	Índia	**In** dî a	X	X-ray ou Xadrez	**Ecs** rei
J	Juliet	**Dju** liet	W	Whiskey	**Uîs** qui
K	Kilo	**Qui** lô	Y	Yank	**Iam** qui
L	Lima	**Li** ma	Z	Zulu	**Zu** lu
M	Mick	**Maic**			
N	November	**No vem** ber			

*Pronuncia em todas as línguas. Fonte: acervo do autor/servcom.

Depois que o alfabeto foi desenvolvido pela Organização da Aviação Civil Internacional, foi adotado por várias organizações internacionais como a OTAN, a União Internacional de Telecomunicações (UIT), a Organização Marítima Internacional (OMI), a *Federal Aviation Administration* (FAA) e o *American National Standars Institute* (ANSI).

Deriva-se do muito mais antigo Código Internacional de Sinais, que originalmente abrangia sinais visuais luminosos ou por bandeiras, sinais sonoros por apitos, sirenes, buzinas e sinos, assim como um, dois ou três códigos de letras para várias frases.

O mesmo código alfabético é utilizado por todas as agências, mas cada uma escolhe uma ou duas seleções diferentes de códigos numéricos. A OTAN utiliza as palavras numéricas padrão em inglês (Zero, *One*, com pronúncias alternativas), enquanto a OMI utiliza palavras compostas (*Nadazero, Unaone, Bissotwo* etc.). Na prática, esses últimos são raramente usados, pois podem provocar confusão entre interlocutores de diferentes nacionalidades (Quadro 17.2).

O nome comum do alfabeto (alfabeto fonético da OTAN) aparece na publicação *Allied Tactical Publication ATP-1*, volume II: *Allied Maritime Signal and Maneuvering Book*, usado por todas as esquadras aliadas da OTAN, que adotaram uma forma modificada do *Código Internacional de Sinais* por este último permitir que mensagens fossem transmitidas por

Quadro 17.2 – Código alfabético da OTAN.

Número	Código	Pronuncia
1	One	Wun
2	Two	Too
3	Tree	Tree
4	Four	Fow
5	Five	Fi fi (faif)
6	Six	Six
7	Seven	Sev en
8	Eight	Ait (eit)
9	Nine	Niner
0	Zero	Ze ro

*Pronuncia em todas as línguas. Fonte: acervo do autor/servcom.

bandeiras ou código *Morse*. Naturalmente denominou as palavras-chave usadas para transmitir mensagens faladas de "alfabeto fonético".

O nome "alfabeto fonético da OTAN" espalhou-se, pois os sinais usados para facilitar as comunicações e táticas navais dos Estados Unidos e da OTAN se tornaram globais.

No entanto, a publicação *ATP-1* é classificada como confidencial e, consequentemente, não está disponível para consulta pública. O alfabeto fonético hoje em dia também aparece em outros documentos militares internacionais não classificados.

LIBRAS EM TURISMO E HOTELARIA

A Libras é a língua utilizada pela comunidade surda no Brasil. É reconhecida pela Lei nº 10.436/02 e regulamentada pelo Decreto 5.626/06. Diz-se língua e não linguagem porque possui uma estrutura linguística própria, assim como qualquer outra língua falada no mundo.

É possível estudar-se a Libras em todos os seus níveis estruturais: o fonológico, o morfológico, o sintático e o semântico. É uma língua completa, com estrutura independente da língua portuguesa oral ou escrita, possibilitando o desenvolvimento cognitivo do indivíduo surdo, favorecendo seu acesso a conceitos e conhecimentos que se fazem necessários para sua interação com o outro e o meio em que vive.

A língua de sinais é diferente do conhecido alfabeto manual.

A língua escrita serve de base e as palavras são digitadas por meio das mãos, já na Libras existe uma codificação contextualizada em torno de símbolos/sinais que resultarão em diálogos interativos linguísticos. Libras e alfabeto manual são meios de comunicação, mas, se no alfabeto manual há uma ligação estreita com a aprendizagem da língua escrita, a língua de sinais (Libras) não depende da língua escrita.

O que se pode dizer é que o alfabeto manual é um sistema de escritura manual que equivale à grafia espacial. O alfabeto manual não é universal, cada país tem seu alfabeto manual e também sua língua de sinais (Figura 17.1).

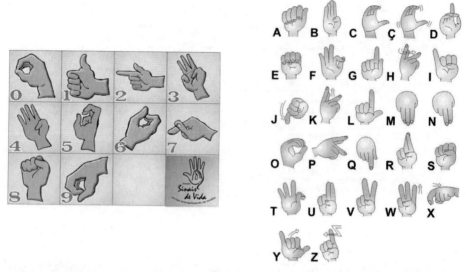

Figura 17.1 – Alfabeto manual. Fonte: Associação e clube de surdos de Jundiaí-SP. http://csjonline.web.br.com/alfabeto.htm

O avanço social das pessoas deficientes e sua consequente participação na sociedade predominaram e priorizaram a necessidade da comunicação entre todos. A hotelaria hoteleira e a hotelaria hospitalar também e, visualizando que a inclusão social é uma necessidade da própria sociedade, devem oferecer modelos de atendimento que possam atender as pessoas deficientes.

Como se portar, por exemplo, quando um grupo de paraolímpicos chega a determinado hotel, restaurante etc. ou tem necessidades de atendimento hospitalar? Como se portar quando um deficiente visual pretende se hospedar em um hotel com o seu cão-guia? Como está a acesssibilidade em situações normais? E anormais? Como atender/consultar um surdo-mudo em um consultório/recepção/emergência hospitalar? Já estamos preparados?

Para Castelli (2003, p. 36), a exigência do elemento humano qualificado é condição *sine qua non* para garantir o nível dos serviços prestados e, consequentemente, a qualidade dos serviços. A comunicação é fator essencial para a qualidade do atendimento e do resultado da relação cliente-produto-fornecedor.

A receita médica não identificada pode transformar-se em uma fonte de risco e perigo ao cliente. Falhas na comunicação podem gerar riscos indevidos e irreversíveis. Embora o direito entre em ação recuperando danos materiais, não recupera a vida.

COMUNICAÇÃO EM HOTELARIA

A comunicação é a forma de eternização da espécie (Quadro 17.3).

Quadro 17.3 – Comunicação em hotelaria.

Comunicação e expressões	Como normalmente é	Como deve ser
Verbo condicional	Eu poderia ajudá-los?	Eu posso ajudá-lo
	Quem gostaria de falar?	Quem deseja falar?
Verbo gerúndio	Vou estar verificando a situação	Vou verificar a situação
	Vou estar anotando a sugestão	Vou anotar a sugestão
Expressões inseguras	Eu acho/eu penso/talvez/não tenho certeza etc.	Eu tenho certeza, está confirmado etc.
Expressões negativas	Não é possível/problema/difícil/dificuldade etc.	Será verificada a possibilidade/não é impossível
Tratamento íntimo	Querida/meu bem/minha filha etc.	Senhor, senhora
Diminutivos	Perguntinha, reuniãozinha, um minutinho	Pergunta, reunião, minuto, um momento
Empatias	Não entedo, não conheço o assunto, não sei informar	Entendo, compreendo, o senhor tem razão, vamos resolver
Educadas	Sente-se ali, na terceira porta etc.	Usar sempre, *por favor, obrigado, não há de que agradecer* etc.

A comunicação de qualidade inicia na forma de saber ouvir. Debate sobre pontos de vista são enriquecedores. Criam novas ideias.

"O ponto de vista é o ponto da questão" (Raul Seixas).

Nanci Pilares (1989) define oito regras essenciais no atendimento, que denomina de "os oito mandamentos da arte de escutar" (Quadro 17.4).

A melhor maneira de conferir se uma mensagem está sendo bem entendida é perguntar, pois nem sempre o cliente é claro ao fazer uma solicitação. Mas, para ser realmente eficiente, a pergunta deve estar adequada à situação. Perguntas adequadas garantem a transmissão completa e a compreensão da mensagem. Existem diferentes tipos de perguntas e a escolha do melhor resultado para cada ocasião depende do objetivo esperado (Quadro 17.5).

Identifique seu objetivo e faça a pergunta certa na hora certa.

Para encontrar a melhor solução e satisfazer às necessidades do cliente, é necessário que, enquanto o atendente recebe os dados da solicitação, selecione o que é relevante para a solução do caso. Uma visão abrangente permite considerar os diferentes aspectos de uma questão e analisar todas as possibilidades de encaminhamento. Nessa etapa, deve-se considerar:

- O conhecimento que se possui é suficiente para solucionar a questão?
- Quem é a pessoa ideal para resolver o assunto?
- É possível resolver de imediato ou é preciso tempo para dar o retorno?

Quadro 17.4 – Os oito mandamentos de escutar.

Item	Como normalmente é
1	Julgue o conteúdo e não a forma de expressão: um turista brasileiro recém-chegado do exterior pode apresentar vícios de linguagem ou parecer pedante
2	Contenha a própria hostilidade: se a voz ou a linguagem do emissor o incomodam, contenha-se. Uma conversa pode iniciar desagradável e depois se tornar interessante
3	Preste atenção às principais ideias: uma pessoa pode ser muito detalhista ao contar um fato. Tente voltar sempre ao assunto original: "Você estava falando de Londres e agora 'pulou' para Itália"
4	Seja flexível: não se pode avaliar o emissor pela sua própria capacidade de falar e emitir opiniões. Evite irritar-se, não espere unanimidade nos pontos de vista
5	Ouça a mensagem completa: sempre espere que o interlocutor finalize sua fala, sem interrupção
6	Resista às distrações: mesmo em ambientes agitados, não desvie a atenção da pessoa com a qual se está conversando
7	Procure entender o ponto de vista do outro: ouça os argumentos do emissor e tente colocar-se no lugar dele. Evite emitir julgamento antecipado
8	Deixe de lado preconceitos e preferências: mesmo se discordar do assunto em pauta, procure entender e conhecer melhor os argumentos do interlocutor

Quadro 17.5 – Tipos de pergunta.

Tipos de perguntas	Descrição
Fechadas	Induzem somente a um sim ou não como resposta. Podem utilizar a repetição da fala do interlocutor: "São cinco produtos, correto?" É desse que o senhor precisa?"
Abertas	Estimulam o interlocutor a fornecer mais informações, sem, contudo, aprofundar o assunto: "Qual a quantidade de produtos que o senhor deseja?" "Qual o número do seu registro?"
Alto retorno	Estimulam o interlocutor a fazer uma breve análise antes de responder e leva-o a fornecer informações mais detalhadas." De que maneira posso resolver seu assunto?" "Que providências o senhor deseja que sejam tomadas?"

- Quanto tempo exatamente o cliente terá que esperar?
- Analise todos os dados da situação para escolher a melhor solução.

Cumpridas as etapas anteriores, chega o momento de transmitir a solução para o cliente e a forma de fazê-lo irá determinar a finalização adequada do atendimento. Ao apresentar a solução, é necessário estar atento a todos os aspectos que envolvem o processo de comunicação, para que se transmita corretamente a mensagem. Caso a solução definitiva não possa ser apresentada de imediato, estime o prazo necessário para obtê-la e informe-a ao cliente com precisão: *duas horas, uma semana, dois dias etc.*

O problema não é o tempo informado, é o prazo cumprido.

É imprescindível **cumprir** o prazo informado ao cliente. Para evitar aborrecimentos ou imprevistos, calcule o prazo correto.

Caso o prazo previsto esteja próximo e a solução não tenha sido concluída, entre em contato e apresente uma nova posição sobre o caso. Não se deve deixar de retornar ou esperar o cliente voltar sem que o assunto esteja resolvido.

O cliente sempre tem razão quando você não realiza o que foi prometido.

Em hotelaria hospitalar é de extrema importância que as ações de hospitalidade sejam aplicadas com o foco na humanização e zelo com as pessoas.

Uma hotelaria-conceito deve aplicar os 3 P: perfeito, pronto e perto.

Para atender as necessidades do paciente: estamos perfeitos.

Para atender os desejos do paciente: estamos prontos.

Para atender as expectativas do paciente: estamos pertos.

18 ACREDITAÇÃO DAS INSTITUIÇÕES DE SAÚDE

O termo acreditação quer dizer: ter boa reputação, ser digno de confiança.

A acreditação foi fundada em 1951, mas nasceu em 1910, quando o Dr. Enerst Codman, cirurgião americano, criou um sistema de padronização hospitalar. É um método de estímulo, avaliação e certificação externa da qualidade de serviços de saúde, que tende a garantir a qualidade da assistência por meio de padrões previamente definidos. É um programa de educação, e não uma fiscalização.

Tem como objetivos:

- Garantir a qualidade do serviço de saúde.
- Permitir o aprimoramento da atenção hospitalar.
- Implantar um processo de avaliação e certificação da qualidade dos serviços.

Para conseguir essa acreditação são necessários alguns requisitos, tais como define o Manual de Acreditação Hospitalar:

- Liderança e administração:
  - Direção de liderança.
  - Gestão de pessoas.
  - Gestões administrativa e financeira.
  - Gestão de materiais e suprimentos.
  - Gestão de qualidade.
- Organização profissional:
  - Corpo clínico.
  - Enfermagem.
  - Corpo técnico profissional.
- Serviço de atenção ao paciente:
  - Atendimento ao cliente.
  - Internação; transferência.
  - Assistência farmacêutica/assistência nutricional.
  - Atendimento ambulatorial/emergência/cirúrgico.
  - Anestesiologia, obstetrícia, neonatologia, tratamento intensivo etc.

– Triagem e coleta.
– Transfusão e procedimentos hemoterápicos.
– Reabilitação e atenção multiprofissional.
– Quimioterapia, medicina nuclear e radioterapia.
– Cardioangiologia invasiva e hemodinâmica.
- Diagnóstico:
    – Processos pré-analíticos.
    – Processos analíticos.
    – Processos pós-analíticos.
- Serviços técnicos:
    – Sistema de informação do paciente.
    – Gestão de equipamentos e tecnologia médico-hospitalar.
    – Prevenção, controle de infecções e eventos adversos.
    – Seguranças e saúde ocupacional.
    – Processamento e liberação.
    – Processos de apoio laboratorial.
    – Assessoria técnica aos clientes.
- Abastecimento e apoio logístico:
    – Processamento de roupas (logística).
    – Processamento de materiais e esterilização.
    – Qualidade da água.
    – Materiais e suprimentos.
    – Higiene e limpeza.
    – Gestão da segurança.
    – Gestão de resíduos.
    – Armazenamento e transportes.
- Infraestrutura:
    – Gestão de projetos físicos.
    – Gestão da estrutura físico-funcional.
    – Gestão da manutenção predial.
    – Documentação da planta física.
    – Estrutura física.
    – Sistema elétrico.
    – Manutenção geral.
- Ensino e pesquisa (para hospitais que adotam o ensino e pesquisa):
    – Educação continuada.
    – Biblioteca.
    – Informação científica.

Os critérios de acreditação estabelecidos pela Organização Nacional de Acreditação (ONA), em função da adequação do hospital, devem estar de acordo com o Manual das Organizações Prestadoras de Serviços Hospitalares.

Podem ser classificados como:

Nível 1 – Acreditado (atendeu aos requisitos básicos):
- Habilitação do corpo funcional.
- Atendimento aos requisitos fundamentais de segurança.
- Estrutura básica para garantir a assistência.

Nível 2 – Acreditado Pleno (atendeu aos requisitos básicos e procedimentos padronizados):
- Existência de normas, rotinas e procedimentos documentados.
- Evidências da introdução e utilização de uma lógica de melhoria dos processos nas ações de assistência e nos procedimentos médico-sanitários.
- Evidência na atualização focada no paciente.

Nível 3 – Acreditado com excelência (atendeu aos requisitos anteriores e possui indicadores de gestão comparados ao *benchmarking*):
- Evidência de vários ciclos de melhoria em todas as áreas.
- Sistema de informação institucional consistente.
- Sistema de aferição do grau de satisfação dos clientes internos e externos.
- Programa institucional da qualidade e produtividade implantado.

Para que o hospital passe por essa avaliação é necessário um processo de requisição anterior ao citado acima:
- O diretor do hospital solicita a avaliação.
- O planejamento da avaliação é feito "sob medida", com base nas características do hospital.
- Na primeira avaliação é verificada a conformidade da estrutura, dos processos e dos resultados obtidos pelo hospital, comparados com padrões preestabelecidos.
- Os avaliadores fornecem um relatório preliminar, baseados em seus achados durante a avaliação. Esse relatório é enviado ao Comitê de Acreditação, que tem, entre suas atribuições, a aprovação do relatório e a outorga da acreditação.
- O ciclo de acreditação tem a duração de três anos – seis meses antes da data de seu término, a agência acreditadora notifica a instituição, com vistas à realização de nova avaliação para reacreditação e novo ciclo tem início.

Para obter o certificado de Hospital Acreditado, o hospital deve demonstrar conformidade significativa com um manual de padrões que contemple as seguintes características:
- Desenvolvidas por especialistas em saúde dos cinco continentes.
- Criadas por profissionais que atuam especificamente no setor saúde.
- Testadas em todas as regiões do mundo.
- Aplicáveis de forma individual nas organizações de saúde.
- Desenhadas para estimular e dar suporte continuado às ações de melhoria da qualidade.
- Criadas para promover a redução de riscos para pacientes e profissionais.
- Adaptáveis ao contexto das crenças, valores, cultura e legislação das diferentes regiões e países e voltadas para a garantia da segurança do paciente.

Com a Acreditação Internacional, as instituições têm acesso a uma variedade de recursos e serviços de uma rede internacional, incluindo:

- Um sistema internacional de avaliação de qualidade baseado no *benchmarking* entre as instituições participantes do programa.
- Estratégias para a redução de riscos e táticas para prevenir eventos adversos.
- Acesso a uma fonte de dados sobre boas práticas.
- Um informativo internacional editado pela *Joint Commission International* (JCI). É o principal avaliador de padrões das instituições de saúde do país.
- Eventos promovidos pela JCI e seus parceiros nas principais regiões do mundo.

Em 1913, o Colégio Americano de Cirurgiões adotou o sistema para que fosse utilizado como modelo de qualidade nos hospitais. Em 1917, foi adotado um documento que continha cinco padrões mínimos para hospitais. Em 1918, ele foi aplicado, e em 692 hospitais dos Estados Unidos apenas 89 estavam dentro dos padrões. Mas foi o Dr. Arthur W. Allen, presidente do Colégio Americano de Cirurgiões, que iniciou a criação do programa de padronização chamado *Commission on Accreditation of Hospitals*. Em 1953, essa comissão criou os padrões necessários para que uma instituição pudesse ser acreditada.

O Brasil tem uma instituição acreditadora, que é a CBA, Consórcio Brasileiro de Acreditação de Serviços de Sistema de Saúde. Os Estados de São Paulo, Rio de Janeiro, Paraná e Rio Grande do Sul foram os pioneiros nessa busca pela qualidade do atendimento.

O Ministério da Saúde, coordenado pelo Departamento de Avaliação de Política e Saúde, desenvolveu um projeto baseado no Manual de Acreditação, criado pela Organização Pan-americana de Saúde, com profissionais de diferentes áreas, para chegar a uma versão do Manual de Acreditação Hospitalar de acordo com os "moldes" brasileiros.

Para que um hospital consiga o selo de hospital acreditado, tem de seguir diversas normas que variam de acordo com seu grau de complexidade. De acordo com a Comissão Nacional de Acreditação, faz parte da sua composição um membro da Associação Médica Brasileira, um da diretoria do Conselho Federal de Medicina e dois delegados de cada entidade. A comissão irá determinar as regras gerais, normas e regulamentos no processo de certificação.

Sua composição é renovada a cada três anos.

Suas funções são:

- Determinar a proporcionalidade dos eventos e atividades que somarão créditos.
- Avaliar e autorizar cursos e eventos submetidos para certificação.
- Emitir parecer à comissão organizadora dos eventos em caso de reprovação, justificando a decisão ou sugerindo modificações.
- Verificar se os cursos e eventos integrantes do processo cumprem os programas propostos.
- Controlar a certificação do candidato junto à Sociedade de Especialidade.
- Esclarecer eventuais dúvidas sobre o processo.

Os processos de avaliação da qualidade dos serviços de empresas do setor de saúde são um importante radar para os consumidores que desejam buscar qualidade no atendimento com os melhores tratamentos. Uma das avaliações nacionais do setor mais abrangente é a certificação para acreditação da Organização Nacional de Acreditação (ONA), que possui instituições acreditadas em 22 estados brasileiros e no Distrito Federal. E uma das principais categorias de acreditação da ONA são os hospitais.

As acreditações funcionam como auditoria, sendo que fica a cargo das próprias instituições solicitar a abertura do processo de avaliação. Os principais tópicos considerados para a obtenção da certificação são: liderança e administração, organização profissional, atenção ao paciente/cliente, diagnóstico, abastecimento e apoio logístico, infraestrutura, apoio técnico e ensino e pesquisa.

Atualmente, existem 76 hospitais em todo o País certificados com o Nível 3. Ver a seguir quais são as instituições que possuem padrão de excelência, segundo a ONA.

Hospitais	Cidade	Validade
A.C. Camargo Cancer Center	São Paulo (SP)	14/09/2015
Associação dos Amigos do Hospital Mário Penna – Hospital Luxemburgo	Belo Horizonte (MG)	23/11/2013
Associação dos Amigos do Hospital Mário Penna – Hospital Mário Penna	Belo Horizonte (MG)	23/11/2013
Beneficência Portuguesa de São Paulo – Hospital São Joaquim	São Paulo (SP)	21/11/2015
Biocor Instituto	Nova Lima (MG)	14/07/2014
Biovisão Centro de Oftalmologia	Belo Horizonte (MG)	13/12/2014
Casa De Saúde São José	Rio de Janeiro (RJ)	21/12/2013
Centro Hospitalar Unimed	Joinville (SC)	19/01/2014
Centro Médico de Campinas	Campinas (SP)	27/04/2014
Cias – Centro Integrado de Atenção À Saúde	Vitória (ES)	25/10/2014
Clínica e Hospital São Lucas	Aracaju (SE)	10/02/2014
Comp. Hospitalar Edmundo Vasconcelos	São Paulo (SP)	09/12/2013
HCN – Hospital de Clínicas de Niterói	Niterói (RJ)	10/12/2015
Hospital de Olhos Dr. Ricardo Guimarães	Nova Lima (MG)	15/11/2015
Hospital 9 De Julho	São Paulo (SP)	17/05/2014
Hospital Badim	Rio de Janeiro (RJ)	28/02/2014
Hospital Bandeirantes	São Paulo (SP)	17/01/2016
Hospital Barra D'or	Rio de Janeiro (RJ)	23/11/2013
Hospital Brasil	Santo André (SP)	27/12/2014
Hospital Brasília	Brasília (DF)	19/10/2014
Hospital das Clínicas Luzia de Pinho Melo	Mogi das Cruzes (SP)	26/02/2016
Hospital de Medicina Especializada	Cuiabá (MT)	21/01/2016

Hospitais	Cidade	Validade
Hospital-dia e Maternidade Unimed BH	Belo Horizonte (MG)	21/11/2014
Hospital Doutor Bartholomeu Tacchini	Bento Gonçalves (RS)	19/06/2015
Hospital e Maternidade Santa Joana	São Paulo (SP)	23/11/2013
Hospital e Maternidade Santa Rita	Contagem (MG)	27/08/2015
Hospital e Maternidade São Cristovão	São Paulo (SP)	14/12/2015
Hospital e Maternidade São Joaquim	Franca (SP)	09/03/2015
Hospital Esperança	Recife (PE)	17/10/2015
Hospital Estadual de Diadema	Diadema (SP)	06/12/2015
Hospital Estadual Sumaré	Sumaré (SP)	17/10/2015
Hospital Estadual Vila Alpina	São Paulo (SP)	21/01/2016
Hospital Felício Rocho	Belo Horizonte (MG)	07/12/2013
Hospital Geral de Itapecerica Da Serra	Itapecerica da Serra (SP)	24/05/2015
Hospital Igesp	São Paulo (SP)	27/12/2014
Hospital Infantil São Camilo S/A	Belo Horizonte (MG)	27/06/2014
Hospital Jorge Valente	Salvador (BA)	09/01/2016
Hospital Mãe de Deus	Porto Alegre (RS)	10/05/2013
Hospital Márcio Cunha	Ipatinga (MG)	26/11/2015
Hospital Mater Dei S/A	Belo Horizonte (MG)	25/10/2014
Hospital Meridional	Cariacica (ES)	21/11/2014
Hospital Monte Sinai	Juiz de Fora (MG)	05/04/2014
Hospital Nossa Senhora das Graças	Curitiba (PR)	27/01/2014
Hospital Pitangueiras – Grupo Sobam	Jundiaí (SP)	11/12/2014
Hospital Porto Dias	Belém (PA)	14/12/2015
Hospital Pró-Cardíaco	Rio de Janeiro (RJ)	07/12/2013
Hospital Quinta D'or	Rio de Janeiro (RJ)	07/12/2013
Hospital Regional de Cotia	Cotia (SP)	14/01/2016
Hospital Santa Catarina	São Paulo (SP)	09/01/2016
Hospital Santa Cruz	Curitiba (PR)	07/12/2013
Hospital Santa Helena de Santo André	Santo André (SP)	07/12/2013
Hospital Santa Paula	São Paulo (SP)	12/05/2015
Hospital São Camilo do Ipiranga	São Paulo (SP)	15/09/2014
Hospital São Camilo de Pompeia	São Paulo (SP)	27/06/2014
Hospital São Camilo de Santana	São Paulo (SP)	25/03/2016

Hospitais	Cidade	Validade
Hospital São Lucas	Ribeirão Preto (SP)	04/09/2015
Hospital São Rafael	Salvador (BA)	12/12/2015
Hospital Unimed Caxias do Sul	Caxias do Sul (RS)	09/01/2016
Hospital Unimed de Limeira	Limeira (SP)	28/09/2013
Hospital Unimed de Sorocaba	Sorocaba (SP)	18/10/2014
Hospital Vera Cruz S/A	Belo Horizonte (MG)	21/07/2013
Hospital Vila da Serra	Nova Lima (MG)	03/10/2015
Hospital Vita Batel	Curitiba (PR)	08/11/2013
Hospital Vita de Volta Redonda	Volta Redonda (RJ)	17/10/2015
Hospital Vitória do Paraná	Curitiba (PR)	18/01/2015
Hospital Vivalle	São José dos Campos (SP)	09/03/2015
IPMMI – Hospital Madre Teresa	Belo Horizonte (MG)	31/08/2014
Lifecenter Sistema de Saúde S/A	Belo Horizonte (MG)	27/06/2014
Neocenter S/A	Belo Horizonte (MG)	25/10/2014
Oculare Medicina Especializada Ltda.	Belo Horizonte (MG)	09/02/2014
Orthoservice Pronto-Socorro Ortopédico	São José dos Campos (SP)	09/02/2014
Hospital Geral de Pirajussara	Taboão da Serra (SP)	07/11/2015
Pro Matre Paulista	São Paulo (SP)	23/11/2013
Vitória Apart Hospital S/A	Serra (ES)	27/06/2014

http://exame.abril.com.br/seu-dinheiro/noticias/os-hospitais-brasileiros-de-excelencia-segundo-a-ona?page=4

Diariamente novas solicitações para certificação de acreditação são realizadas pelos diversos hospitais em todo o território nacional. A certificação já é parte do cotidiano de busca da excelência na qualidade dos serviços hospitalares. Porém ainda está faltando o melhor filtro de qualificação da certificação: O consumidor. A população precisa optar para ser atendida em hospitais acreditados.

19 REFERÊNCIAS BIBLIOGRÁFICAS

ABNT – NBR 5413. Iluminância de interiores – hospitais. Associação Brasileira de Normas Técnicas, Rio de Janeiro, 1992, 6p.

Alves H. A cor e a nova imagem dos hospitais. Disponível em: http://www.mundocor.com.br/cores/hospitais_cor.asp. Acessado em 17/03/2012.

ANAHP. Observatório da Associação dos Hospitais Privados. SINHA; 2018.

Andrade N, Brito PL de Jorge WE. Hotel: planejamento e projeto. 2ª ed. São Paulo: SENAC; 2000.

Angelo TS, Vieira MRR. Brinquedoteca hospitalar da teoria à prática. Revista Arquivos de Ciência da Saúde. 2010;17:84-90.

Baleano O. Histórico. RJ. Disponível em: http://www.cromoterapia.org.br. Acessado em 14/04/2012.

Baraúna T. Humanizar a ação para humanizar o ato de cuidar. Revista o Mundo da Saúde, São Paulo. 2005;27(2):304-6.

Barbosa JG, Meira PL de, Dyniewicz AM. Hotelaria hospitalar – novo conceito em hospedagem ao cliente. Cogitare Enfermagem, [S.l.], v. 18, n. 3, set. 2013. Disponível em: https://revistas.ufpr.br/cogitare/article/view/33576. Acessado em 01/01/2018. doi:http://dx.doi.org/10.5380/ce.v18i3.33576.

Beber AO. Hotelaria hospitalar. https://semanaacademica.org.br/system/files/artigos/hotelaria_hospitalar_para_publicar.pdf. Acessado em 10/10/2017.

Beni MC. Análise estrutural do turismo. 11ª ed. São Paulo: SENAC; 2006.

Beni MC. Análise estrutural do turismo. 2ª ed. São Paulo: SENAC; 1998.

Beni MC. Análise estrutural do turismo. 6ª ed. Atual. São Paulo: SENAC; 2001. p. 516.

Bitencourt F. A cor como promotor de conforto nos ambientes de saúde. Disponível em: http://www.mundocor.com.br/cores/cor_ambsaude.asp. Acessado em 17/03/2012.

Bitencourt F. Iluminação hospitalar. A luz em ambientes hospitalares como um componente de saúde e conforto humano. Disponível em: http://www.lumearquitetura.com.br/pdf/ed27/ed27-Aula-Rapida-Iluminacao-Hospitalar.pdf. Acessado em 03/03/2012.

Boeger M, Yamashita A. Gestão Financeira para Meios de Hospedagem. Atlas; 2012.

Boeger M, Sociedade Beneficente Israelita Brasileira Hospital Albert Einstein. Hotelaria hospitalar. Barueri: Manole, 2011. 227 p. (Manuais de Especialização, v.1). Coordenador Marcelo Boeger; Editoras Renata Dejtiar Waksman e Olga Guilhermina Dias Farah.

Boeger MA. Gestão em hotelaria hospitalar. 1ª ed. São Paulo: Atlas; 2003.

Boeger MA. Gestão em hotelaria hospitalar. 2ª ed. São Paulo: Atlas, 2005. 97p.

Boeger MA. Gestão em hotelaria hospitalar. São Paulo: Atlas; 2003.

Borba VR, Oliva FA. Balanced scorecard: ferramenta gerencial para organizações hospitalares. São Paulo: Iátria; 2004.

Brasil, Ministério do Planejamento, Orçamento e Gestão (MPOG). Instrução Normativa n. 02, de 30 de abril de 2008 (PDF). Dispõe sobre regras e diretrizes para a contratação de serviços, continuados ou não. Consultado em 17 de julho de 2018.

Brasil, Ministério do Turismo. Regulamento Geral dos Meios de Hospedagem. Disponível em: http://www.turismo.gov.br/export/sites/default/turismo/legislacao/downloads_legislacao/Regulamento_geral_meios_hospedagem.pdf.

Brasil. Conselho Nacional dos Direitos da Criança e do Adolescente. Resolução nº 41. Outubro de 1995.

Brasil. Instrução Normativa Nº 05, de 26 de maio de 2017. Ministério do Planejamento, Desenvolvimento e Gestão. 26 de maio de 2017. Consultado em 19 de julho de 2018.

Brasil. Lei nº 11.104 de 21 de março de 2005. Dispõe sobre o regulamento e instalação de brinquedotecas em hospitais. 2005.

Brasil. Lei nº 8.069, de 13 Jul. 1990. Dispõe sobre o Estatuto da Criança e do Adolescente e dá outras providências. 1990.

Bunrs PM. Turismo e antropologia: uma introdução. Trad. Batista D. São Paulo: Chronos; 2002. (Coleção Turismo). 203p.

Calvetti PU, Silva LM, Gauer GJC. Psicologia da saúde e criança hospitalizada. PSIC – Revista de Psicologia da Vetor Editora. 2008;9(2):229-34.

Campos LCAM, Gonçalves MIB. Introdução a turismo e hotelaria. Rio de Janeiro: SENAC Nacional; 1998. 112p.

Cândido I, Moraes OD, Viera EV. Hotelaria hospitalar: um novo conceito no atendimento ao cliente da saúde. Caxias do Sul, RS: EDUCS; 2004.

Capra F. O ponto de mutação. São Paulo: Ed. Cultrix; 2001.

Carnielo M. Pesquisa de Custos em Hospitais. Planisa; 2017.

Castelli G. Administração hoteleira. 9ª ed. Caxias do Sul: EDUCS; 2001.

Castelli G. Excelência em hotelaria: uma abordagem prática. Rio de Janeiro: Qualitymark; 1994. 156p.

Castelli G. Hospitalidade: a inovação na gestão nas organizações prestadoras de serviços. São Paulo: Saraiva; 2010. 250 p.

Corbioli N. Luminotécnia: técnica e arte. 2004. Disponível em: http://www.arcoweb.com.br/tecnologia/projeto-luminotecnico-tecnica-e-12-02-2004.html. Acessado em 22/02/2012.

Cornell T. Grandes impérios e civilizações: Roma Legado de um Império. Vol. II. Rio de Janeiro: Del Prado; 1982.

Costa WS da. Humanização, relacionamento interpessoal e ética. Caderno de Pesquisas em Administração. São Paulo-SP, Brasil, V. 11, nº 1, janeiro/março, 2004.

Costi M. A luz em estabelecimentos de saúde. VI Encontro Nacional e III Encontro Latino-Americano sobre conforto no ambiente construído. São Pedro, SP, 2001. Disponível em: http://www.sanaarquitetura.arq.br/A0301.pdf. Acessado em 21/02/2012.

Costi M. Iluminação em hospitais. Cuidados fundamentais. Disponível em: http://www.iar.unicamp.br/lab/luz/ld/Sa%fade/artigos/iluminacao_em_hospitais_cuidados_fundamentais.pdf. Acessado em 10/03/2012.

Crisóstomo FR. Turismo e hotelaria. São Paulo: DCL; 2004. 345p.

Cunha LCR. A cor no ambiente hospitalar. Anais do I Congresso Nacional da ABDEH – IV Seminário de Engenharia Clínica, 2004. Disponível em: http://bvsms.saude.gov.br/bvs/publicacoes/cor_ambiente_hospitalar.pdf. Acessado em 23/02/2012.

Cunha NHS. O significado da brinquedoteca hospitalar. In: Viegas D (org). Brinquedoteca hospitalar: isto é humanização. 2ª ed. Rio de Janeiro: Wak Ed; 2008.

D'ornelas S. A cor não existe: o que você vê é luz. Artigo. 2011. Disponível em: http://hypescience.com/a-cor-nao-existe-o-que-voce-ve-e-luz. Acessado em 24/03/2012.

De La Torre F. Administração hoteleira, parte I: departamentos. São Paulo: Roca; 2001. 154p.

Di Dio GSCZ, et al. Hotelaria hospitalar: estratégia de diferenciação na busca da vantagem competitiva. In: Trigo LGG (ed). In: Netto AP, Carvalho MA, Pires PS (coeditores). Análises regionais e globais do turismo brasileiro. São Paulo: Roca; 2005. p 806-15.

Dias MA de A. O novo conceito na hospedagem do cliente. Notícias Hospitalares: gestão de saúde em debate. São Paulo, nº 42, ano 4, agosto/setembro de 2003. Disponível em: http://www.noticiashospitalares.com.br/set2003/pgs/hotelaria.htm. Acessado em 12/04/2008.

Dias R, Pimenta MA (orgs.). Gestão de hotelaria e turismo. São Paulo: Pearson Prentice Hall; 2005. 282 p.

Duarte VV. Administração de sistemas hoteleiros – conceitos básicos. São Paulo: SENAC; 1996.

Farias RM. Gestão hospitalar: indicadores de qualidade e segurança higiênico-sanitários na hotelaria. Caxias do Sul, RS: Educs; 2016. 194 p.

Farias RM. Manual de segurança na higiene e limpeza. Caxias do Sul-RS: Educs; 2011.

Farias RM. Manual para lavanderia. A revolução na arte de lavar. Caxias do Sul-RS: Educs; 2006.

Feix E. Reflexões sobre o lúdico. In: Rodrigues RP (org). Brincalhão: uma brinquedoteca intinerante. Petrópolis, RJ: Vozes; 2000.

Figueiredo NMA. Fundamentos, conceitos, situações e exercícios. São Paulo: Difusão; 2003.

Fortuna TR. Brincar, viver e aprender. In: Viegas D (org). Brinquedoteca hospitalar: isto é humanização. 2ª ed. Rio de Janeiro: Wak Ed; 2008.

Franco P. Consultoria e treinamento em turismo e hospitalidade. Barbacena: Senac de Barbacena/UFJF; 2004. (Apostila do Curso de Pós-Graduação em Administração Hoteleira, 2004).

Galvão de Oliveira MAR. Ampliando a visão sobre a governança: características, atribuições e importância do setor. In: Trigo LGG (ed). In: Netto AP, Carvalho MA, Pires PS (coeditores). Análises regionais e globais do turismo brasileiro. São PAULO: Roca; 2005. p 840-50.

Ghellere JLP. Experiências em hospitais. Portal Humanizar. Disponível em: www.humanizar.com.br. Acessado em 19/4/2005.

Giacomete F. Uma análise da Hotelaria Hospitalar, através do mapa estratégico de um hospital privado do interior do Estado de São Paulo. Trabalho de conclusão de curso (Especialista em Hotelaria Hospitalar) – Instituto Israelita de Ensino e Pesquisa Albert Einstein, São Paulo, 2013.

Godoi AF. Hotelaria hospitalar e humanização no atendimento em hospitais: pensando e fazendo. São Paulo: Ícone; 2004.

Godoi AF. Hotelaria hospitalar e humanização no atendimento em hospitais. 2ª ed. São Paulo: Ed. Ícone; 2008. p. 54.

Grabois V. apud Boeger M. Hotelaria hospitalar: gestão em Hospitalidade e Humanização. 3ª ed. São Paulo: SENAC; 2018.

Guimarães ER. Gestão de negócios em saúde – hotelaria hospitalar. Belo Horizonte: [s.n.] 2002. (Apostila do Curso de Qualificação em Gestão de Saúde, 2002).

Gusmão VC, Brotherhood R. A influência das cores no estado psicológico dos pacientes em ambientes hospitalares. Artigo. 2010. Disponível em: http://www.ebah.com.br/content/ABAAAAmH0AB/a--influencia-das-cores-no-estado-psicologico-dos-pacientes-ambientes-hospitalares. Acessado em 18/03/2012.

Hamel GP. Competindo pelo Futuro. Elsevier; 2005.

Hiles A. Service Level Agreements: managing cost and quality in service relationships. London: Chapman & Hall; 1993. 126p.

Jacob Neto PER. Cores ajudam a curar doenças. Disponível em: http://www.revistavigor.com.br/2011/06/16/cores-ajudam-a-curar-doencas. Acessado em 24/03/2012.

JCR. Gerenciando o Fluxo de Pacientes: Estratégias e Soluções para Lidar com a Superlotação Hospitalar. Joint Commission Resources (JCR) – Artmed; 2008.

Kaplan N. Balanced Scorecard, Harvard Business Review Press, 2006.

Kaplan RS, Norton DP. 1940 mapas estratégicos – balanced socre card: convertendo ativos intangíveis em resultados tangíveis. Tradução de da Cunha Serra AC. Rio de Janeiro: Elsevier; 2004.

Kishimoto TM. A brinquedoteca no contexto educativo brasileiro e internacional. In: Oliveira VB (org). Brinquedoteca uma visão internacional. Petrópolis, RJ: Vozes; 2011.

Lakatos EM, Marconi MA. Fundamentos de metodologia científica. 6ª ed. São Paulo: Atlas; 2006. 315p.

Laranjeira MS. Desumanização no atendimento á criança e a sua família. In: Viegas D (org). Brinquedoteca hospitalar: isto é humanização. 2ª ed. Rio de Janeiro: Wak Ed; 2008.

Lima MBS, et al. A brinquedoteca hospitalar a visão dos acompanhantes. Revista Psicologia: Teoria e Prática. 2015.

Lisboa TC. Organização estrutural e funcional do hospital. Curitiba-PR: Intersaberes; 2007.

Lisboa TC, Borba VR. Teoria Geral de Administração Hospitalar. Rio de Janeiro-RJ: QualityMark; 2006

Lisboa TC, Torres S. Gestão dos serviços. Limpeza, higiene e lavanderia. 3ª ed. São Paulo-SP: Sarvier; 2007.

Lukiantchuki MA, Caram RM. Arquitetura hospitalar e o conforto ambiental: evolução histórica e importância na atualidade. Artigo. Disponível em: http://www.usp.br/nutau/CD/160.pdf. Acessado em 03/03/2012.

Macedo JJM. A criação de uma brinquedoteca hospitalar com enfoque psicodramático. In: Viegas D, et al. Brinquedoteca hospitalar: isto é humanização. Associação Brasileira de Brinquedotecas. 2ª ed. Rio de Janeiro: Wak Ed; 2008.

Malagón-Lodoño G. Introdução. In: Malagón-Lodoño G, Morera RG, Laverde GP. Administração hospitalar. 2ª ed. De Paula AF. Rio de Janeiro: Guanabara Koogan; 2000.

Martins VP. A humanização e o ambiente físico hospitalar. Anais do I Congresso Nacional da ABDEH – IV Seminário de Engenharia Clínica, 2004. Disponível em: http://bvsms.saude.gov.br/bvs/publicacoes/humanizacao_ambiente_fisico.pdf. Acessado em 26/02/2012.

Mascarello VLD. Princípios bioclimáticos e princípios de arquitetura moderna – evidências no edifício hospitalar. 2005. Programa de pesquisa e pós-graduação em arquitetura. Porto Alegre, 2005. Disponível em: http://www.ufrgs.br/labcon/mestrado/vera_lucia.pdf. Acessado em 10/03/2012.

Masetti M. Doutores da ética da alegria da ética da alegria. Interface – Comunic, Saúde, Educ, v.9, n.17, p.453-8, mar/ago 2005.

Maslow AH. Maslow no gerenciamento. Rio de Janeiro: Qualitymark; 2000.

Maslow AH. Uma teoria da motivação humana. Rio de janeiro: Saraiva; 1975.

Mendes KDS, Silveira RCCP, Galvão CM. Revisão integrativa: método de pesquisa para a incorporação de evidencias na saúde e na enfermagem. Florianópolis, 2008.

Mezomo JC. Gestão da qualidade na saúde: Princípios Básicos. 10ª ed. São Paulo: Manole; 2001.

Mezono JC. Gestão da qualidade na saúde: princípios básicos. São Paulo: JC Mezono; 1995.

Mitre RMA, Gomes R. A promoção do brincar no contexto da hospitalização infantil como ação de saúde. Ciência Saúde Coletiva. 2004.

Morgan A. Hotelaria hospitalar – qualidade nos serviços, satisfação garantida. Disponível em: http://www.cpt.com.br. Acessado em 04/04/2013.

Norton D. Mapas estratégicos – Balanced Scorecard: convertendo ativos intangíveis em resultados tangíveis. Rio de Janeiro: Elsevier; 2004.

Nunes CJRR, et al. A importância da brinquedoteca hospitalar e da terapia ocupacional sob a ótica de uma equipe de enfermagem de um hospital público do Distrito Federal. Cad Ter Ocup UFSCar, São Carlos. 2013;21(3):505-10.

Oliveira LDB, et al. A brinquedoteca hospitalar como fator de crescimento e desenvolvimento infantil: Relato de experiência. Revista Brasileira de Crescimento e Desenvolvimento Humano. 2009.

Oliveira VB. O lúdico na realidade hospitalar. In: Viegas D (org). Brinquedoteca hospitalar: isto é humanização. 2ª ed. Rio de Janeiro: Wak ed; 2008.

Organização Pan-Americana da Saúde. A transformação da Gestão de hospitais na América Latina e Caribe. Brasília: OPAS/OMS; 2004.

Peccin A. Iluminação hospitalar. Estudo de caso: espaços de internação e recuperação. Dissertação de mestrado. 2002. Disponível em: http://www.lume.ufrgs.br/bitstream/handle/10183/3213/000333963.pdf?sequence=1. Acessado em 21/02/2012.

Piaget J. A formação do símbolo na criança: imitação, jogo e sonho, imagem e representação. 3ª ed. Rio de Janeiro: Zahar Editores; 1978.

Pina RH. O hospital: história e crise. São Paulo: Cortez; 1993.

Pitta A. Hospital: dor e morte como ofício. 4ª ed. São Paulo: HUCITEC; 1999.

Redação do diário da saúde. Lâmpadas são críticas para a saúde das pessoas. 2009. Disponível em: http://www.diariodasaude.com.br/news.php?article=lampadas-sao-criticas-para-a-saude-das-pessoas&id=4126. Acessado em 21/02/2012.

Reichheld F, Markey R. A Pergunta Definitiva 2.0. Elsevier; 2011.

Ribeiro AB. A hotelaria hospitalar como um diferencial no setor de saúde. Revista Especialize On-line IPOG – Goiânia – 6ª ed. Nº 006 Vol. 01/2013.

Ribeiro BV, Oliva FA. Balanced scorecard: ferramenta gerencial para organizações hospitalares. São Paulo: Iátria; 2004.

Ribeiro HP. O hospital: história e crise. São Paulo: Cortez; 1993.

Ribeiro N. O ambiente terapêutico como agente otimizador na neuroplasticidade em reabilitação de pacientes neurológicos. 2005. Disponível em: http://faculdadesocial.edu.br/dialogospossiveis/artigos/7/09.pdf. Acessado em 14/04/2012.

Sabatés AL, Borba RIH. As informações recebidas pelos pais durante a hospitalização do filho. Rev Latino-Am Enferm. 2005.

Santos AMR, et al. Vivências de familiares de crianças internadas em um serviço de pronto-socorro. Rev Esc Enferm USP. 2011.

Schmidt B. A relação entre arquitetura e serviços de hotelaria hospitalar. Trabalho de conclusão de Curso na especialização de gestão em Hotelaria pelo Instituto Israelita de Ensino e Pesquisa Albert Einstein, São Paulo; 2018.

Schmitt PS, Bier CA. Gestão de Níveis de Serviços: um instrumento para aprimorar as contratações da administração pública estadual e municipal. RACE, Revista de Administração, Contabilidade e Economia; 2017. Consultado em 17 de julho de 2018.

Silva M. A Importância do brincar para crianças hospitalizadas e a brinquedoteca como espaço de humanização. Revista Científica da FASETE. 2017. p. 165-78.

Silva ML. Luz, lâmpadas e iluminação. Rio de Janeiro: Ciência Moderna Ltda.; 2004. p. 157.

Silva PL. Hotelaria hospitalar. Conhecimento para a gestão. Brasília (DF): UnB – Universidade de Brasília; 2009.

Silva TMA, Matos ELM. Brinquedoteca hospitalar: uma realidade de humanização para atender crianças hospitalizadas. IX Congresso nacional de Educação EDUCERE, III encontro Sul Brasileiro de Psicopedagogia. 2009.

Sturm R, Morris W, Jander M. Foundations of Service Level Management. Indianápolis: Sams; 2000. 272p.

Taraboulsi FA. Administração de hotelaria hospitalar. São Paulo: Atlas; 2003.

Taraboulsi FA. Administração de hotelaria hospitalar: serviços aos clientes, humanização do atendimento, departamentalização, gerenciamento, saúde e turismo, hospitalidade. São Paulo: Atlas; 2004. 190p.

Teisberg E, Porter M. Repensando a saúde. Estratégias para melhorar a qualidade e reduzir os custos. Bookman; 2007.

Universidade Federal do Rio de Janeiro, 2003. Disponível em: http://mtarquitetura.com.br/conteudo/publicacoes/5CAP4_O_HOSPITAL.pdf. Acessado em 03/03/2012.

Vergara S. Projeto e relatórios de pesquisas em administração. 6ª ed. São Paulo: Atlas; 2005.

Viegas D. Associação Brasileira de Brinquedotecas – ABB. In: Santos SMP. Brinquedoteca: o lúdico em diferentes contextos. 14ª ed. Petrópolis, RJ: Vozes; 2011.

Walker JR. Introdução à hospitalidade. Tradução Verçosa Filho EG. Barueri: Manole; 2002. 508p.

Watanabe S. Hotelaria hospitalar. Disponível em: http://soniawatanabe.sites.uol.com.br. Acessado em agosto de 2007.

Wiezzel ACS, Villela FCB. A brinquedoteca e o brincar no hospital: diálogo entre o lúdico e o terapêutico. Nucleus – Revista Científica da Fundação Educacional de Ituverava, v.5, n.2, out. 2008.

Ziglar Z. Over the top. HarperCollins Leadership; 1994.

ÍNDICE REMISSIVO

A

ABIH, 23
ABNT, 116, 117, 162, 246
Aboyeur, 136
Absenteísmo, 221, 222, 225, 232, 233, 288, 289
Aceitabilidade, 211
Acessos, 46, 133
Achados e perdidos, 59, 60, 161, 174
Acidentes no trabalho, 221
Acolhimento, 8, 32, 34, 37, 46, 49, 65, 71, 93, 152, 158, 217
Acreditação, 3, 54, 251, 253, 354-358, 360
Agência Nacional de Vigilância Sanitária, 100, 124, 129, 234
Águas medicinais, 28
AHA, 221
Alimentação, 19, 53, 54, 59, 64, 83, 134, 135, 137, 138, 140, 143-145, 160, 176, 266, 287, 289, 292
Alta
  competitividade, 51
  complexidade, 16
  hospitalar, 29, 60, 142
Alvejamento óptico, 246, 279
Ambiente
  acolhedor, 3, 61
  de cura, 29
  hospitalar, 1, 29, 32, 34, 35, 37, 38, 41, 42, 47, 48, 49, 53, 55, 62-64, 82, 88, 127, 128, 130, 145, 146, 157, 162, 163, 168, 169, 176, 217, 228, 229, 240, 249
American Hospital Association, 221
ANAHP, 223, 230, 232, 234, 235, 237, 294, 297, 302

Análise
  de Perigos e Pontos Críticos de Controle, 144, 261
  de Risco e Controle da Biocontaminação, 267, 269
ANVISA, 100, 116, 123, 124, 126, 129, 224, 234, 249-251, 253, 258, 268, 271, 281, 282
APPCC, 144, 261, 262, 267, 268, 271
A qualidade (conformidade), 321
Áreas
  críticas, 100
  não críticas, 100
  semicríticas, 100
Arquiteto hospitalar, 79, 81
Arquitetura, 3, 42, 78-81, 217
  hospitalar, 3, 78, 80, 81
Asilos, 250, 257, 271, 272, 274, 275, 282
Atendimento, 2-5, 8, 11, 12, 16, 17, 26, 27, 32-35, 37-43, 45, 47-53, 55, 57-60, 62, 64-67, 71, 72, 74, 76, 78, 80, 83, 88, 89, 96, 98, 99, 100, 120, 122, 123, 132, 133, 134, 136, 139, 141-143, 146, 149-155, 157, 160, 176, 180, 187, 188, 192, 194, 203, 211, 217, 219, 224, 229, 233, 234, 242, 255, 286, 288, 289, 294, 298, 302, 304, 357
Atividades lúdicas, 170

B

Bacillus cereus, 259
Bacillus sp., 256, 257
Baixa complexidade, 16
Balanced score card, 203, 205
Bar code, 114

Belgisch Instituut voor Normalisatie, 268
Bem-estar, 1, 13, 14, 17-28, 31-34, 42, 43, 47-49, 54, 59, 61, 62, 64, 65, 71, 74, 76, 83, 90, 91, 93, 101, 157, 163-165, 168, 170, 171, 188, 192, 211, 229, 233, 287
Benchmarking, 73, 203, 204, 212, 217-219, 230, 240, 253, 356, 357
BIN, 268, 271
Biocontaminação, 263, 264, 267, 269, 273
Bioindicadores, 3, 58, 118, 248, 249, 252, 253, 255, 261, 263, 267-269, 271, 281, 282
Brasil Sorridente, 6, 11
Brigada de incêndio, 133, 186
Brinquedoteca, 170, 171, 173, 174
British Standards Institution, 268
BSC, 3, 203, 204, 291
BSI, 252, 268, 271
Business intelligence, 218

C

Camareira, 78, 97, 110, 112, 113, 118-123
Capabilidade, 179, 180
Capela ecumênica, 170, 173
Capitão-porteiro, 78, 132, 150, 152-154, 158
Cara de hospital, 41, 47, 82
Cargos, salários e plano de carreira, 69
Casas de saúde, 250
CCIH, 103, 108, 130, 289
Centrífuga, 256, 257, 263
Centro de convivência, 172, 173
Check in, 57, 71, 149, 154, 159, 240
Check list, 104, 105, 123, 181
Check out, 71, 98, 149, 154, 159, 240
Chefe de cozinha, 135, 136, 142
Chefs, 67, 136
Chipe, 114, 116
Ciclo
   de lavagem, 114, 244, 250, 256, 257, 262, 268, 270
   do enxoval, 116, 240, 267
   limpo, 118
   operacional e produtivo, 91
   sujo, 118
Círculo
   de Deming, 90
   de Sinner, 251

Cliente da saúde, 2, 17, 33, 35, 41, 47, 49, 53, 55, 57, 60, 63, 66, 70, 72, 74, 76, 95, 109, 139, 148, 153, 161, 170, 211, 217
Código de barras, 116, 240
Colaboradores, 25, 33, 37, 40, 43, 47, 56, 59, 65, 69, 72, 73, 89, 91, 96, 99, 104, 106, 131, 133, 141, 178, 229, 232, 233, 289, 299
Coliformes, 258
Combate à dengue, 6, 11
Comissão de Controle de Infecção Hospitalar, 103, 108
Competência, 45, 52, 54, 55, 70, 74, 91, 123, 190, 201, 203, 273, 282
Competitividade, 46, 47, 51, 74, 146, 179, 190, 193, 203, 216, 220, 242, 299, 300
Concierge, 59, 71, 93, 149, 152, 159, 160
Confiabilidade, 155, 212
Conformidade, 73, 141, 189, 206, 211, 224, 229, 240, 247, 260, 262, 267, 271-273, 275, 282, 356
Conforto, 1, 8, 17, 19, 28-30, 32-34, 42, 43, 47-49, 51, 53, 54, 57, 59, 61-65, 67, 71, 76, 78, 79, 83, 90, 101, 114, 131, 135, 153, 157, 161, 163, 166, 168, 176, 180, 182, 187, 229, 240, 248, 254, 255, 261, 269, 276, 279, 280, 287, 302
   do paciente, 30, 42, 163
Consumo de água, 73, 219, 237
Contagens microbianas, 256, 260
Contaminação da roupa, 257
Contrato, 305, 309, 311-313, 315, 316, 318, 319, 324, 329, 331
   cumprimento do, 329
   de serviços, 317, 319
   execução, 317
   público, 316, 317
   tradicional, 317
Contrato, 309, 310, 312, 315, 317, 318, 319, 326, 331
Contratos, 305, 309, 311, 313, 316, 317, 319, 329
Controle
   de pragas, 3, 74, 127, 128-131, 297
   higiênico-sanitário, 250-254, 269, 270, 276, 281-283
   integrado de pragas, 96, 128
Copa e serviço de quarto, 136
Cordialidade, 156
Cores, 38, 67, 79, 80, 102, 114, 135, 162-166, 174, 250, 254

Corretiva, 181
Cortesia, 1, 33-36, 41, 57, 71, 72, 131, 132, 140, 150, 153, 158
Cozinha, 67, 78, 135-137, 142, 274, 275, 298, 299
Credenciamento das operadoras, 58
Criticidade, 108, 109, 184, 185
Cromoterapia, 163, 164
Cuidados paliativos, 34, 62
Cultura, 2, 7, 27, 36, 37, 39, 40, 43, 44, 48, 59, 60, 61, 66, 72, 73, 158, 171, 180, 194, 211, 212, 218, 229, 235, 249, 253, 258, 356
Custo do leito, 304

D

Danos, 67, 73, 110, 113, 127, 131, 180, 234, 240, 242, 247, 275, 281, 282
Decoração, 35, 54, 79, 80, 97, 135, 138, 139, 150, 152
Defeitos, 220
Deming, 189, 208, 209
Departamentalização, 88
  dos serviços, 3
Depreciação, 185
Descarte, 113, 114, 116, 127, 129, 183, 192, 216, 234, 235
Desempenho, 3, 25, 43, 44, 47, 63, 69, 72, 99, 102, 107, 110, 118, 143, 144, 180, 189-196, 201, 203, 204, 206, 216, 222, 230, 253, 254, 260, 261, 267, 270, 272, 276, 281-288, 291, 293, 295, 297-299, 302-304, 321, 327
  higiênico-sanitário, 283-285
Desempenho (abastecimento), 328
Desempenho (performance), 321
Disponibilidade (pontualidade), 328
Desgastes naturais, 113
Desinfecção, 100, 102, 103, 108, 256, 262, 263, 271, 272, 289
  de superfícies, 100
Desospitalização, 289
Desperdícios, 43, 44, 55, 61-63, 72, 73, 109, 179, 180, 192, 219, 220, 237, 243, 288, 299
  da produção, 220
Detectiva, 181
DHS, 283
Diária média, 24

Dietas, 135, 141, 142
Diferencial competitivo, 55, 217, 219
Dimensão holística, 83
Discrepância, 106
Disponibilidade (pontualidade), 328
Doutores da alegria, 168

E

EAS, 1, 26, 54, 59, 74, 123, 222, 224, 229, 235
EBITDA, 287, 288
Educação em saúde, 10
Efetividade, 192, 211
Eficiência, 33, 34, 41, 42, 44, 51, 59, 76, 89, 94, 99, 122, 130, 147, 148, 150, 156, 178, 179, 190, 192, 211, 229, 237, 255, 256, 262, 287-290, 299, 304
EMBRATUR, 19, 23
Encantamento do cliente, 32, 63, 157
Energia, 62, 73, 100, 109, 119, 127, 165, 178, 185-187, 192, 195, 197, 219, 230, 234, 237, 242, 263, 270
Enfermagem, 12, 34, 43, 64, 96, 106, 121-123, 157, 274
Entremetier, 136
Enxoval, 60, 61, 67, 73, 97, 113, 114, 116, 118, 119, 157, 176, 230, 235, 240-243, 245-249, 251-259, 261, 263, 264, 266-272, 274-276, 278-283, 289, 290, 298, 299, 304
  cirúrgico, esterilização, 118
  mudas do, 114
  rastreamento, 119
  recontaminação do, 256, 257, 266, 270
  vida útil, 114, 240
EPI, 144, 250
Equidade, 211
Equipamentos, 16, 42, 48, 62, 66, 67, 73, 80, 98, 100, 102, 103, 108, 111, 112, 120, 122, 127, 129, 135, 136, 142-145, 150, 151, 153, 178-182, 185-187, 230, 237, 250, 251, 253, 255, 260-264, 266, 268, 269, 272, 275, 300, 355
  de proteção individual, 144
Escherichia coli, 257
Estabelecimentos Assistenciais de Saúde, 1, 74, 218
Estada hospitalar, 36, 53

Estado da Arte, 1, 2, 43, 44, 55, 65, 72, 73, 88, 217, 240, 269, 281
Esterilização do enxoval cirúrgico, 118
Estoque, 220
Estratégia da organização, 91
Estrutura, 61, 76, 78, 102, 187, 225, 355, 356
  organizacional, 3, 25, 43, 182
Ética e transparência, 69
European Standard, 252, 268, 271
Evasão, 73, 113, 119, 219, 240, 242, 243, 294, 299
Excelência organizacional, 219

F

Facilities, 3, 82, 88, 90, 96, 176, 177, 178, 186, 188, 236, 237, 242, 286-290, 292, 294, 295, 297-299, 301, 304
Farias, gráfico de, 114, 251
Farmácia popular, 6, 10
Fatores intangíveis, 294
FBH, 25
Ferramentas
  de aprendizagem em saúde, 10
  de qualidade, 58, 104, 206
Fibras, 114, 247, 261, 278
Ficha de indicadores, 214
Fidelização, 1, 33, 34, 46, 58, 74, 94, 97, 104, 118, 146, 205, 238
  cliente, 1, 33, 94, 118
Fontes termais, 28
Frigobar, 60, 74, 80, 136, 140
Funcionários, 14, 18, 33, 34, 38-40, 42, 60, 62, 63, 69, 74, 79, 98, 99, 103, 104, 110, 114, 132, 133, 135, 138, 140-144, 149-152, 161-163, 172, 177, 178, 188, 221, 225, 230, 235, 240, 242, 244, 250, 255, 259, 260

G

Garde-manger, 136
Gastronomia, 54, 55, 67, 134, 135, 139
  hospitalar, 212
"Gemba", 312
Gemba, 312
Gerenciamento
  de leitos, 156, 157, 289, 294, 301, 304
  de Resíduos de Serviço de Saúde, 234
Gerente de hotelaria, 96

Gestão, 6, 8, 10, 14, 17, 26, 27, 33, 34, 37-39, 42-44, 46, 47, 51, 54, 55, 58-61, 63, 73, 88-90, 92, 94, 96, 98, 104, 106, 107, 112-114, 116, 118, 124, 125, 128, 131, 156, 157, 176-180, 182, 186, 188-194, 196, 201, 203, 206, 209, 211-213, 216, 218, 223, 224, 228-230, 232, 233, 235-237, 239, 240, 242-244, 247, 251, 253, 254, 261, 267, 269, 270, 271, 282, 283, 287, 288, 291, 293, 301, 304, 356
  de *facilities*, 176-178
  de leitos, 3, 26, 27, 43, 58, 106, 156, 157
  de pessoas, 194, 223, 232-244
  de produtos e serviços, 2
  de resíduos, 3
  do enxoval, 113, 118
  dos resíduos, 124, 125
  hospitalar, 2, 17, 34, 55, 61, 63, 203, 224, 230, 251, 254
  por indicadores, 3, 190, 218, 228, 240, 254
Giro de leito, 289
Globalização, 24, 46, 51, 193
Governança, 3, 25, 57, 60, 73, 82, 83, 88, 89, 96-99, 108, 113, 120-123, 130, 140, 201
Gráfico de Farias, 114, 251
Gramatura, 246
Grau de brancura, 279
GRSSS, 123
Grupo A – Resíduos biológicos, 124
Grupo B – Resíduos com risco potencial, 124
Grupo C – Rejeitos radiativos, 124
Grupo D – Resíduos comuns, 124

H

HACCP, 261, 262
Hazard Analysis and Critical Control, 261
Healing hospitality, 27, 30
Healing hotels, 31
Higiene nas mãos, 256
Higiênico-sanitários, 3, 99, 141, 142, 219, 238, 248-254, 256-258, 261, 266, 267, 269, 270, 275, 276, 278, 280-285
História da hotelaria, 3, 49
Home care, 29, 250, 271, 274, 281
Hospedagem, 1, 19, 20-22, 24, 25, 32, 33, 37, 39, 42, 45, 46, 48-50, 53, 57, 76, 82, 83, 93, 94, 96, 98, 99, 118, 151, 254, 275, 298, 302

Hospitais, 2-4, 6, 8, 13, 14, 16-19, 25, 26, 29, 32-35, 37-43, 45-67, 70, 73-76, 78, 79, 80, 82, 83, 88, 89, 94-96, 98, 99, 101-104, 107, 113, 114, 116, 118, 119, 121, 122, 127-130, 132-134, 136-141, 144-149, 152-156, 158-172, 174-176, 180, 192-194, 217, 218, 220-225, 229, 230, 232, 233, 235, 237, 239, 240, 242, 248-250, 255-261, 269, 272, 282, 285-289, 291, 292, 294, 297, 298, 300-304, 355-358, 360
   filantrópicos, 4
   particulares, 54, 58
   públicos, 4, 17, 39, 54, 55, 59, 156, 291
Hospitalidade, 1, 2, 3, 12, 24, 27, 29-38, 41, 42, 45, 48-50, 53-55, 59, 61, 63, 65, 66, 69, 71, 72, 74, 76, 78, 80, 82, 88, 90, 94, 96, 104, 146, 157, 158, 176, 212, 217, 219, 228, 229, 240
Hotel, 19, 20-22, 57
Hotelaria, 1, 2, 3, 14, 19-26, 29, 32, 34, 35, 38-45, 47-50, 52-67, 69-73, 76, 78-80, 82-84, 88-91, 93-98, 106, 107, 110, 112, 113, 116, 118, 119, 121, 122, 131-136, 139-143, 145-147, 149-153, 157-160, 170, 174-177, 212, 217, 223, 228-230, 235-240, 243, 252, 255, 274, 286-302, 304
   hospitalar, 1-3, 26, 32, 34, 38, 39, 42-45, 47-49, 52-55, 57-59, 61, 63-67, 69, 71-73, 78-80, 82-84, 88-91, 93-98, 106, 107, 110, 113, 121, 131, 134-136, 140, 141, 145, 149, 151-153, 157, 158, 160, 170, 174-177, 217, 223, 228, 229, 236, 237, 239, 240, 243, 293, 295, 298, 302
   hospitaleira, 2, 43, 45, 49, 53, 61, 70, 88, 212
Humanização, 1-3, 6, 7, 12, 32, 37-42, 48, 49, 59, 61-64, 66, 67, 70, 71, 72, 78, 80, 82, 83, 88, 90, 104, 121, 152, 157, 163, 169, 170, 212, 217, 228, 229, 240, 302
HUMANIZASUS, 6, 7

I

IFMA, 176
Iluminação, 19, 64, 68, 79, 81, 161-163, 166
Imperícia, 255
Imprudência, 143, 255
Indicadores, 3, 43, 44, 58, 61, 69, 72, 73, 90, 99, 116, 118, 128, 142, 157, 189-204, 206, 211-224, 228-230, 232-240, 242-245, 247, 248, 252-254, 260, 261, 267, 269, 271, 274, 276, 282, 286-291, 294, 295, 297, 298, 356

Índices, 119, 190, 193-196, 198, 199, 218, 219, 224, 233, 255
   de mancha, 119
Infecção hospitalar, 54, 62, 80, 102, 116, 146, 219, 221, 224, 248, 253, 255, 259, 282, 290
Infectantes, 234, 235
Infestação, 127-130
Informações, 2, 5, 59, 73, 74, 76, 90, 98, 106, 130, 143, 147-155, 159, 165, 175, 190, 194-196, 198-200, 206, 210, 213, 215, 218, 224, 228, 229, 268, 286
Infraestrutura, 33, 43, 47, 61, 66, 132, 176, 178, 188, 220, 358
Inseparabilidade, 155
Insourcing, 311
Instituto
   de Pesquisa Hohenstein, 271, 278
   Robert Koch, 273
Instruções de trabalho, 69
Intangibilidade, 155
Internação, 26, 32, 34, 42, 43, 46, 54, 67, 71, 74, 78, 80, 82, 88, 90, 97, 100, 104, 106, 109, 121-123, 135, 136, 140, 142, 143, 145-148, 152-154, 157, 223, 224, 238, 240, 254, 282, 289, 290, 298, 303, 304, 354
International Facility Management Association, 176
Inventários, 240, 242
Ishikawa, diagrama de, 104

J

JCI, 357
JCR, 294, 295
Joint Commission International, 357
Joint Commission Resources, 294
Justiça
   organizacional, 69
   social, 194

K

KPI, 3, 291, 293

L

Lavadora extratora, 264
Lavagem
   de roupas, 20, 94, 230, 242, 247, 253, 255, 262

do enxoval, 3, 251-254, 256, 258, 263, 269, 270, 272, 274, 282
Lavanderia, 3, 43, 59, 62, 73, 74, 78, 96, 97, 99, 100, 112-114, 116, 118, 121, 123, 131, 230, 240-244, 247, 250-259, 261-264, 267-270, 272-276, 278-285, 287, 288, 295, 297, 300
   hospitalar, 116, 251, 253, 254, 255, 262, 267, 270, 272, 273, 281, 282
   terceirizada, 325, 326, 330
Lean Manufacturing, 220
Legitimidade, 211
Limpeza, 3, 43, 45, 54, 60-62, 64, 72, 73, 83, 94, 96-110, 112, 114, 119-122, 127, 137, 142, 151, 152, 154, 158, 161, 171, 219, 230, 238-240, 250, 251, 253, 256, 262, 263, 268, 271, 289, 290, 295, 304, 355
   com jato d´água, 101
   concorrente, 45, 101, 104, 106, 121, 122, 219, 289
   diária, 101
   hospitalar, 99-101, 107, 110, 230
   molhada, 101
   seca, 101
   terminal, 101, 104, 106, 121, 219, 289, 290
   úmida, 101
Lixo hospitalar, 97, 126, 234
Locação de enxoval, 118, 241, 242
Logística, 26, 106, 114, 118, 119, 140, 156, 193, 218, 355

M

Manobrista, 152, 289
Mantas TNT, 235
Manuais de Boas Práticas, 104
Manutenção, 3, 25, 27, 60, 96, 98, 101, 109, 122, 127, 129, 130, 134, 142, 152, 154, 157, 176, 178-182, 183-185, 187, 188, 194, 219, 220, 236, 237, 243, 253, 282, 290, 299, 301, 355
Mão de obra, 185
Maslow, 2, 52, 64, 93
MBP, 104, 107
Média complexidade, 16
Melhoria contínua, 49, 90, 210, 254, 270
Mensageiros, 66, 132, 152-154, 158

Metas, 66, 67, 69, 72, 83, 91, 99, 106, 156, 191, 192, 197, 199, 201, 202, 210, 217, 224, 229, 253, 287, 288, 291
Métodos, 10, 27, 48, 61, 101, 102, 107, 108, 128, 136, 197, 203, 212, 213, 220, 228, 252, 253, 261-263, 267, 281, 301
Ministério da Saúde, 6, 16, 39, 144, 224, 255, 261, 357
Modelo de atendimento, 51
Monitoramento integrado de pragas, 96
Mudas do enxoval, 114

N

Não conformidades, 57, 229
Negligência, 62, 251, 254, 255
Nível 1 – Acreditado, 356
Nível 2 – Acreditado Pleno, 356
Nível 3 – Acreditado com Excelência, 356
Norma ISO, 206
Nutrição, 3, 39, 43, 54, 55, 59, 134, 135, 140-143, 157, 230, 295
Nutrição e dietética, 142, 212
Nutricionistas, 59, 134-136, 138, 142, 143

O

Ociosidade, 155, 220, 302
OEE, 321
OMS, 13, 16, 17, 144
ONA, 251, 355, 358
OSE, 321, 322
Otimização, 211
Outsourcing, 311
Ouvidoria, 160, 161, 176, 202, 212

P

Pagamento baseado em valor, 304
Palhaço-doutor, 168, 169
Parâmetros, 33, 45, 66, 67, 69, 73, 99, 104, 108, 109, 181, 191, 194, 195, 198, 201, 217, 222, 228-230, 239, 242, 245, 251-254, 256, 260-262, 267, 268, 271, 274-278, 282, 283, 287
Pâtissier, 136
PCMSO, 144
PDCA, 90, 209-211

Peças danificadas, 114
Perecibilidade, 155
Perfurocortantes, 225, 234, 235
PGRSS, 96, 123, 234, 235
PNHAH, 39
PODC, 89, 90, 189
Políticas de RH, 91
Pontos críticos de controle, 3, 144, 242, 256, 257, 261, 262, 264, 266, 271, 282
Pontualidade (disponibilidade), 321
POP, 104, 107, 281
Portaria, 3, 11, 133, 142, 149-151, 153, 255
PPHO, 144
PPRA, 144, 162
Prevenção de incêndios, 132, 186
Previsões de altas, 106
Procedimentos, 16, 17, 24, 29, 42, 44, 45, 56, 58, 62, 69, 71-73, 89, 100, 102, 104, 123, 126, 131, 132, 135, 141, 142, 145-151, 153, 154, 168, 176, 182, 192, 206, 210, 223, 225, 229, 237, 239, 249, 251, 255, 258, 262, 268, 270, 281, 355, 356
   operacionais padrões, 104, 107
   padrões de higiene operacional, 144
Processamento
   da roupa, 116, 247-250, 254, 256-260, 267, 274, 282
   do enxoval, 240, 242, 251, 253, 261, 274, 275, 281
   inapropriado, 220
Processo de lavagem, 98, 116, 250, 251, 254, 256, 259, 260, 263, 270-272, 275, 277
Produtividade, 2, 44, 47, 58, 61, 63, 72, 73, 79, 102, 107-110, 176, 177, 179-182, 188, 190, 192, 194, 204, 211, 218, 219, 221, 230, 232, 239, 242, 244, 248, 260, 270, 287, 288, 356
Produtos, 1, 2, 10, 28, 33, 34, 45, 46, 48, 51, 61, 62, 67, 73, 74, 93, 98, 102, 103, 107, 108, 110, 114, 120-122, 124, 126, 129, 131, 136, 140, 141, 155, 179, 180, 189, 190, 192, 193, 201-203, 205-207, 220, 228, 230, 242, 244, 250-252, 255, 260-263, 267-269, 271, 273, 275, 277, 278, 281, 282, 290, 293, 298-300, 302
Programa
   de Controle Médico de Saúde Ocupacional, 144
   de Gestão de Resíduos Sólidos da Saúde, 96
   de Prevenção de Riscos Ambientais, 144
   Nacional de Humanização da Assistência Hospitalar, 39
   Saúde da Família, 11
PROHASA, 222
Pseudomonas aeruginosa, 250
PSF, 11
Psicologia, 166, 167

Q

Qualidade, 2, 3, 5, 7, 8, 10-14, 17, 18, 20, 25, 28, 31, 33-35, 37-47, 49-53, 55, 56, 58, 59, 61-64, 67, 71-74, 76, 78, 80, 88-90, 94, 96, 99, 102-104, 110, 111, 113, 114, 116, 118, 121, 128, 132-134, 139-144, 146-148, 150, 156, 157, 160-162, 167, 168, 176, 177, 179-182, 185, 187, 189, 190, 192, 197, 203, 206-209, 211, 212, 216-218, 224, 229, 230, 232, 233, 238, 239, 243, 244, 247, 248, 250-255, 257, 258, 260-263, 266-284, 286-288, 293, 294, 297-299, 301, 304, 321, 354, 356, 357, 360
   dos serviços, 2, 18, 20, 41-43, 45, 61, 63, 73, 74, 88, 89, 96, 103, 110, 118, 121, 147, 217, 244, 276, 282, 283, 294, 298, 299, 354, 357, 360
   higiênico-sanitária, 3, 141, 248, 251, 253, 254, 261, 266, 267, 270, 276, 280-282
Qualidade (qualidade), 328
Qualificação, 11, 78, 116, 132, 232, 233, 254, 283, 360
QUALISUS, 6, 8
Quarteirização, 44, 45, 230, 311
Quarteirizadores, 311
Queda do leito, 225

R

RABC, 267, 269, 271, 273
Radiativos, 234
RAL-GZ 992/1, 272-275, 282
RAL-GZ 992/2, 272-275, 282
RAL-GZ 992/3, 272-275, 282
RAL-GZ 992/4, 272, 274, 275, 282
Recepção, 3, 7, 25, 32, 35, 43, 54, 57, 60, 78, 79, 94, 96, 98, 107, 110, 114, 116, 120, 122, 133, 146-154, 160, 230

Recepcionistas, 20, 132, 133, 152
Reclamações, 39, 57, 61, 98, 104, 128, 160, 176, 219, 221
Recontaminação do enxoval, 256, 257, 266, 270
Recuperação da saúde, 17, 27, 28, 58, 74, 134, 171
Redução dos custos, 2, 55, 73, 237, 303
Rejeitos
 comuns, 124
 radiativos, 124
Remoção
 de manchas, 247
 de sujidades, 100, 101
Rentabilidade *per capita*, 219
Reocupação do leito, 26, 58, 230, 238, 240
Reservas, 3, 59, 71, 78, 146, 147, 148, 151, 153, 154, 157
Resíduos
 biológicos, 124
 com risco potencial, 124
 comuns, 234
 sólidos, 72, 124, 219, 230
 sólidos da saúde, 74
Resistência à tração, 246
Restauração da saúde, 33, 34, 37, 38, 63, 71
Restaurante, 55, 136-138, 140, 142, 143
Revenue management, 301
REVPAR, 24, 25, 302
Riscos ocupacionais, 68
Risk Analysis and Contamination Control, 269
RKI, 252, 256, 257, 267, 271-274, 278, 282
Robert Koch Institute, 252, 256
Rondas internas, 133
Rotatividade do leito, 225
Rôtisseur, 136
Roubos e furtos, 132
Roupa
 contaminada, 275
 hospitalar, 112, 116, 248-250, 254, 255, 257, 260, 267, 273, 282
Rouparia, 3, 62, 83, 96-98, 112-114, 116, 118, 119, 121, 129, 157, 240, 243, 251, 252, 255, 256
 central, 73
 e lavanderia, 112
 limpa, 114, 118, 119, 240
 satélites, 113, 240, 253, 256
 suja, 114, 118, 119, 240

S

SAC, 160, 176
Salmonella
 choleraesuis, 250
 typhimurium, 259
Satisfação, 3, 8, 19, 32, 33, 35, 37, 41-43, 47, 48, 58, 59, 61, 63, 65, 70-73, 81, 84, 90, 91, 93, 94, 97, 143, 144, 147, 148, 156, 157, 160, 165, 171, 177, 188, 192, 203, 205, 211, 219, 222, 230, 244, 289, 293, 294, 356
 do cliente, 8, 35, 43, 61, 71-73, 90, 94, 156, 157, 160, 192, 211, 219, 289, 356
Saucier, 136
Saúde
 da família, 6
 pública, 4, 10
Segurança, 3, 24, 25, 29, 32-34, 42, 43, 47, 49, 53, 54, 58, 61, 63-65, 71, 76, 78, 80, 83, 90, 93, 94, 96, 101, 102, 114, 118, 130-133, 144, 145, 152, 154, 157, 158, 161, 176, 179, 180, 182, 185, 186, 188, 194, 224, 238, 248, 254, 255, 261-263, 269, 272, 273, 275, 276, 287, 288, 297, 299, 301, 355, 356
 ocupacional, 180
 patrimonial, 132, 297
 sanitária, 78, 118, 161, 248, 254, 263, 269, 276
Sentinela, 225
Service Level Agreement, 283, 295
Serviços, 1, 2, 3, 5, 7, 11, 13, 14, 17-20, 25, 26, 28, 30, 32, 33-35, 38, 40-51, 53-55, 57-60, 62-64, 66, 67, 70-72, 76, 78, 83, 84, 88, 89, 93-97, 99, 104, 105, 110, 112, 118, 120, 121, 131, 132, 136-142, 147, 148, 152-155, 157-160, 171, 175, 177, 178, 180, 185-190, 192, 194, 201, 203, 205, 207, 208, 211, 212, 223, 228-230, 232, 237, 240-242, 244, 248, 251, 253, 254, 255, 258, 262, 272, 273, 275, 277, 282, 283-285, 287-295, 297-302, 304, 311, 317, 354, 357
 contrato de, 317
 de apoio, 18, 43, 47, 62
 de atendimento ao cliente, 160
 de excelência, 17
 de luxo, 20
 de nutrição e dietética, 74, 134, 292

gerais, 3, 110, 112, 120, 142
quarteirizadores, 311
terceirizados, 311, 325
Sinalização, 68
SINHA, 222, 223
SIPAGEH, 222
Sistema
  de alarme, 132
  Único da Saúde, 5
SLA, 283, 295, 305-309, 329
  contratos, 305, 310, 311
SND, 74, 82, 88, 89, 96, 130, 134, 135, 141, 143, 144, 289, 292, 295
Solidariedade, 33, 36-38, 49, 53, 63
Staphylococcus aureus, 250
Staphylococcus spp., 259
Streptococcus spp., 259
Sujidades, 100, 114, 250, 251, 254, 255, 261, 268, 270
Superlotação, 59
Superprodução, 220
SUS, 5-8, 10, 12, 14, 16, 17, 26, 39, 222, 225, 298
Sustentabilidade, 190, 235, 236

T

Taxa
  de absenteísmo, 194
  de altas prescritas, 157
  de cirurgias canceladas, 221
  de evasão, 242
  de homogeneidade, 43
  de leitos, 26, 74
  de mortalidade, 221, 223, 225
  de ocupação, 24, 26, 58, 156, 193, 217, 221, 223-225, 290, 302
  de relave, 282, 299
  de reocupação, 27, 240
  de reposição, 113
Tecnologia, 16, 17, 37, 51, 56, 58, 63, 65-67, 69, 116, 145, 146, 155, 174-176, 204, 355
  de informação, 10
Tempo médio
  de alta, 157
  de higienização, 157
  de permanência, 221, 289
  para internação, 157
Terceiriza, 313, 326
Terceirização, 44, 99, 116, 118, 136, 230, 241, 242, 297, 309-313, 315, 317, 321, 330
  contrato, 309-311, 313, 314
Terceirizada, 310, 325
Terceirizado, 314
Terceirizadora, 321
Terceirizados, 311, 312, 317, 325, 326
Terceirizam, 313
Terceirizar, 310, 312
Terceirize, 310
Textiles – Laundry Processed Textiles, 252, 268
Ticket médio, 242, 302
Tolerância de pontos de controle, 283
Tomada de decisão, 7, 88, 118, 128, 157, 190, 191, 196, 197, 199, 201-203, 213, 214, 219, 230, 253, 286, 290, 293
Total productive maintenance, 180, 181
TPC, 283
TPM, 180-183, 185
Trabalho voluntário, 168
Transporte, 220
Tratamento médico, 46, 53, 57, 229
Treinamento e desenvolvimento, 40, 69, 194
Túnel de lavagem, 266
Turismo
  da saúde, 25, 28, 29
  de lazer, 28, 29, 170
Turnover, 194, 222, 232, 295

U

UNASUS, 6, 8
Unidade de Pronto Atendimento, 6, 11, 16
Uniformidade, 156
UPA, 11, 16

V

Valores de confeitaria, 45
Value-based payment, 304
Variabilidade, 155
Ventilação, 61, 79, 81
Vida útil do enxoval, 114, 240
VIPs, 175
Visão sistêmica, 41, 48, 83, 243, 251